羅光全書 冊七

中國哲學思想史

兩漢南北朝篇

臺灣學生書局印行

羅光著

中國哲學思想史

兩漢、南北朝篇

臺灣學生書局印行

目錄

緒論

第一章　漢代哲學思想的成素

第二章 兩漢儒家哲學思想

第三章 東漢到唐──儒家思想的變遷

第四章　兩漢的易學

第五章　兩漢到隋唐的道家思想

緒論

在中國的思想史上，兩漢、魏、晉、南北朝，和隋唐，為一個很長久的時代。在這個時代裡，儒家的思想進入了一個黑暗時代，雖然在形式上成為一尊，實際上則失去了統制民間思想和生活的權威。道家則有一種畸形的發展而成為道教，佛教由印度傳入，驟然得勢，幾乎掌握了中華民族的日常生活，且進入思想界。在這個長時間裡，兩漢和唐朝為治平的天下，中間的魏晉南北朝，則為戰爭連續的時代，思想的發展，有點像春秋戰國時百家爭鳴的狀態，却又沒有春秋戰國的偉大思想家。

(一) 兩漢儒家思想

在政治歷史上，漢朝承繼了秦朝的統治權，在思想史上則沒有承繼的學派，幾乎一切都是新創。這中間的最大原因，爲秦始皇的焚書。他燒了私人所藏的詩書百家語，秦末大亂，官府所藏書，又遭焚毀。漢初，學者的工作，在口授經書；皇帝的努力，則在搜求遺書。求得遺書後，學者們集中精力，注解經文。這種口授和注解，乃造成兩漢經學的師傅門戶的習氣。一種經書以開始傳授的學者爲師祖，門生等必要嚴守師法。史記儒林傳說：『言詩於魯則申培公，於齊則轅固生，於燕則韓太傅。言尚書，自濟南伏生。言禮，自魯高堂生，言易，自菑川田生，言春秋，自魯胡母生，於趙自董仲舒。』後來，傳授漸廣，師傳也加多。易經有施讎、孟喜、梁丘賀、京房四家，書經有歐陽生、夏侯勝、夏侯建。禮，有戴德、戴聖。春秋有嚴彭祖、顏安樂。師徒傳授，不得有背，到了古文經書出現以後，經學有今古文的分別，有的學者宗今文，有的學者宗古文，東漢皇帝也親自參加今古文的辯論。

兩漢的經學以訓詁和解釋經義爲主，在哲學思想沒有深入的哲理，但有一種新的現象，卽是陰陽五行的思想，進入經義裡；而且讖緯的神話也被採用。漢代最大的經學家鄭玄，把陰陽五行的思想，起自戰國時代。宣傳這種思想的地方爲齊魯的山東，因爲稱爲齊國。鄒衍在戰國末期，倡五行感應說。漢朝學者不分儒家和道家，都採用這種思想，且加以發揮，使成爲中國思想的中心。儒家董仲舒的春秋繁露，班固的白虎通義，都是這種思想的宣傳者。道家的淮南子也多這種思想。

董仲舒爲西漢儒家的代表，他建立陰陽五行的系統，又將天人感應的學說成爲儒家的正統思想。當時漢武帝罷黜百家，獨尊儒家。董仲舒一反孔子孟子的禮教高於君主的思想，却以人君爲天子，主張君權至上。

東漢儒家可以以王充爲代表，王充和董仲舒雖不立在一正一反的對立一面，兩人的思想在基本點上不相同。王充主張唯物自然主義，反對讖緯的迷信，極力攻擊天人感應的信仰。他的思想近且進而主張萬物由氣生化而成，氣自然生化，並不是易經所說天地以生物爲心。於老莊的天地無心的思想。人由氣而成，乃由禀氣厚薄而講人性。人性論上，他想綜合孟子荀子揚雄的性善性惡性無善惡論，而成性分三品說。由於氣的禀受不同，人的命運也就不同。王充極力反對鬼神迷信，却誠心堅信人的命運，說明人的命運可由骨相推測。這種信仰，也是唯物自然論的結論。

西漢末年和東漢初年，讖語和祥瑞滿天飛，班固的白虎通議充斥祥瑞，影響了當時的政治和人心。王充遂起反動，執意要破除這種迷信。當時儒家中有桓譚向光武帝直言讖語不足信，幾乎招了殺身之禍。張衡也倡言圖讖爲虛妄，決不是聖人之法，進而以天文學說明宇宙的結構，代表兩漢的天文科學思想。漢末仲長統也反對圖讖的迷信，激勵人君善自爲政，指責天人感應爲虛妄，但和桓譚張衡一樣主張善惡有天的報應。漢末有一位純粹儒者徐幹，忠於孔子，著中論一書，講明修身治國之道。

魏晉的儒者隱而不顯，被道家所掩蔽，而且佛教漸興，學者多倡儒道合一，或儒道佛合一，儒家學者乃專心反對佛教和道教的信仰，繼承王充張衡研究自然科的趨勢，以科學而主張無神。楊泉、歐陽建、裴頠、何承天、范縝等人都是以攻擊道教和佛教而寫著作。反對的理由，都用王充的唯物自然論，但是這些儒者，在哲學思想上，則接受老莊的「道」，把道和氣相混。

儒家在兩漢和魏晉南北朝，在思想上雖然沒有深入的理論，且多通俗的迷信。但是他們接收了陰陽五行的思想，又接受了自然科學的宇宙觀，給宋朝理學家留下了許多觀念，開闢了朱熹學說的途徑。

(二) 漢易

兩漢的學術，有兩大特色，一爲經學，一爲易學。經學給後代學者奠定了研究古人思想的根基，易學則使易經成爲後代中國社會生活的重要依據。中國歷代的社會生活常以占卜作生活的指南，不論大小事件，都用占卜詢問吉凶，占卜則用漢易的卦象。

易經在秦始皇焚書時，沒有被燒，因爲算是卜筮的書。易經的傳授，乃可上溯到孔子。司馬遷在史記仲尼弟子列傳裡說：『孔子傳易於瞿（商瞿），瞿傳馯臂子弘，弘傳江東人矯子庸疵，疵傳燕人周子家豎，豎傳淳于人光子乘羽，羽傳齊人田子莊何，何傳東武人王子中同，同傳菑川人楊何，何元朔中以治易爲漢中大夫。』史記儒林列傳也有這種易經傳授的記載。司馬遷的父親司馬談曾受敎於楊何，研究易經。

田何爲漢代傳授易經的第一人，有門生四人，王同、周王孫、丁寬、服生。田王孫的弟子，施讎、孟喜、梁丘賀，成爲西漢易學的三大家。漢初的易學，繼承孔子以後的易學思想，一面保全易經的義理，一面開卦氣的學說。孟喜說卦常以氣爲本，梁丘賀則自命得田王孫所傳的易家候陰陽災異書。漢朝的思想以陰陽五行爲主，夾有術士的迷信。

漢初的易學已偏向陰陽五行的氣論，專重卜筮，由孔子的義理之易變成了卜筮之易。

孟喜既開卦氣之說，京房繼而發揮，創建易經卦氣說。卦氣說以萬物由氣而成作理由根據，氣分陰陽五行，繼續變化，凡百事物都由陰陽五行而成。宇宙變化，以一年爲代表。一年內有四季，有二十四節氣，有十二月，有三百六十五日。卦氣說以卦和爻，配十二月，二十四節氣，三百六十五日。

孟喜創『消息』說，消爲陰進，息爲陽進，按陰陽的盛衰，列十二消息卦，荀爽和虞翻以十二消息卦爲十二辟卦。孟喜以乾坤坎離四正卦，以四正卦的二十四爻，配一年的二十四節氣。又以十二消息卦的七十二爻，配一年的七十二候。然後再以六十卦的三百六十爻配一年的日數；但是一年的日數爲三百六十五又四分之一日，把六十四卦的爻數和一年的日數相比，多出五又四分之一日。每一日以八十分計算，五又四分之一日共得四百二十分。把這個數目由六十卦去分，每卦得七分。因此六十卦各得六日七分。

京房對於卦氣，創『納甲』說，拿八卦和十干相配，又以八卦和十二支相配，用以比附五行。鄭玄以六十四卦配星辰，創爻辰說。魏伯陽根據月亮的盈虛，創煉丹的納甲說。

漢易的特色又在於以卦象解釋易經。易傳的說卦有卦象，以卦象解釋易經，春秋戰國時已經行於社會，漢初田何傳繼這種易學。漢朝易學者發展這種方法，荀爽另造卦象。唐陸德明經典釋文收有荀爽的九家逸象三十一。虞翻也造有八卦逸象，清惠棟的易漢學于以紀錄，惠棟且在周易虞氏易錄有說卦逸象四百五十七個。卦象在漢代可以說是繁盛到了極點。幾乎每一個爻，都可以用卦象的解釋。因此，漢易稱爲象數易。實際上，易數在漢朝祇有河圖洛書和緯書的數，對於解釋易經，則沒有很廣的應用。

象數的易，不合於哲理，也不合於數理邏輯。漢易有一種學術，則非常合於數理邏輯，那就是『卦變』。

易傳的序卦曾對易經六十四卦的變化次序，予以說明。序卦的說明以『生』爲根據，把六十四卦的次序，以生化的程序作解釋。有些卦的解釋有道理，有些卦的解釋則很牽强。漢朝易學家在「卦變」上費了許多心思，也想出了許多合於邏輯的變法。但是每種變法都不能徹底，總有一部份不能按照所取的邏輯法去講。

第一種卦變的變法，爲京房的『八宮圖』。八宮圖把八卦按照陽卦陰卦的次序排列，作爲八個主體，然後每個主體卦由第一爻變到第五爻，每一爻變稱爲一世。第五爻變以後則繼續變第四爻，稱爲遊魂，最後則變下卦的三爻，稱爲歸魂。作圖說明，以八主體卦橫列在上，由右到左，把一世到五世及遊魂歸魂列在右旁，由上往下。上下經緯共成六十四小方塊，每小方塊有一卦，共六十四卦。八宮圖在邏輯方面，由第一爻到第五爻的變化，合於邏輯，然而遊魂和歸魂便不合於邏輯了。

第二種卦變法，爲荀爽的『升降法』。以陰爻陽爻的變換，或升或降。宋朝俞琰採取升降法的升，而不用降，作成了『先天六十四卦直圖』，合於邏輯，然而沒有六十四卦的次序。

虞翻又有反對和旁通法，在易傳的序卦和雜卦裡，已經有反對和旁通的變法，八卦是四對卦，乾坤兩卦爲基礎，其餘六卦，爲三對反對卦，反對卦卽是上面一卦倒置則成下面一卦。六十四卦除乾坤兩基本卦以外，其他的六十二卦不能配成三十一對反對卦。旁通法爲兩卦的陰陽爻互相反，乾卦和坤卦爲旁通卦。按照旁通法虞翻列成二十對，共計四十卦。京房除以八宮圖說明六十四卦的變化外，又創『飛伏』和『互體』兩法。這兩法用爲增加占卜的用途。尤其互體法到了虞翻增加了多種，一個卦可以變成五個卦。而且虞翻又創了『半象法』，以兩爻代表一卦象，用爲占卜，用爲解釋易經經文。這些卦變法，對六十四卦的變化雖多有說明；然而究竟不是哲理的產物，也並不合於邏輯。

漢易對於後世影響最大的，還是漢代的易經注釋家。這些注釋家爲漢代有名的經學家，如馬融、鄭玄、管輅，到了魏晉則有王弼。漢代的易經注釋家，都以易象和卦變等方法著易，又加入當時的天文學和易緯中的星辰迷信。鄭玄算是經學大家，他的易經注釋洋洋大觀。但是後來王弼完全推翻他的注釋，改用以義理注釋易經。明末王船山唾棄漢朝的易學，然也批評王弼以老莊的思想混入易經。因此，後代人對於漢朝易學的評價不高，因爲漢易偏於占卜，忽略了易經的哲理。然而漢易推行了陰陽五行的思想，使陰陽五行應用到人生的各部份，成爲一種自然科學，阻礙了客觀科學的發展。

㈢ 兩漢魏晉南北朝的道家思想

春秋戰國時，各家各派的哲學思想傳佈全國，到了秦朝却祇有法家被朝廷採用，民間則有齊學。漢朝繼承了秦朝的天下，澈底改革了秦始皇的暴政，以無爲而治使百姓安息。漢武帝雖罷黜百家，獨尊儒學。儒家却僅有注釋家的經學；道家則以「無爲相安」和「長生方術」支配社會人心，成爲漢代思想的主流。魏晉南北朝歷年戰爭不息，人民流離顛簸。智識階級乃清談高論，逃避現實，平民則追隨道教佛教，暫求心身的寄託。這個長時期的社會思想，也以道家爲主。然而由兩漢到隋唐的道家思想，已經滲入當時的陰陽五行，又加入儒家的仁義禮智，和老莊的思想不相同；所相同的祇是保留「道」的觀念和「無爲」的人生觀。

漢初的道家，承接呂氏春秋的思想，滲入了陰陽五行。現今尙存有的內經一書，雖託名黃帝，又爲醫學，然書中也包含漢初的道家思想，以陰陽五行爲萬物的根本，根據陰陽五行以求養生和治病的方術。

漢朝道家的代表著作，爲劉安的淮南子書。淮南子的宇宙論以老莊的「道」爲根原，參入列子的宇宙變化過程。由道而有陰陽，由陰陽而有和氣和精氣，由和氣精氣而成人。人的心身和天地相配，有些像董仲舒春秋繁露的天人相應論。人性率眞，自然流露，淮南子運用中庸的率性以發揮老莊的自然無爲。人若能自然無爲，便能長壽保生。

淮南子的作者，爲淮南王劉安的門客，思想雜亂，並沒有一貫的系統，祇以道家思想爲主，中間也夾有儒家的思想。在東漢和魏晉時代，學者有調和儒家和道家的趨向，尤其是道家的學者喜歡接受儒家的倫理道德。王弼注易，皇侃和向秀注論語，以道家思想滲入儒家思想，向秀郭象注莊子，以儒家思想滲入道家思想。

魏晉南北朝的思想稱爲『玄學』，號爲『清談』。何宴、阮籍、嵇康爲著名的學者。清談玄學的基本，是荊州劉表和門客。劉表長於易學，當時學者多依附在他的門下。曹操在洛陽掌權，延攬南方學者，玄學由荊州轉入洛下。晉朝遷都以後，名門貴族都相率南遷，學者也來金陵，清談玄學乃盛行南朝。

清談爲一種學術研究方式，玄學則爲學術內容。清談的風氣遠源在東漢的清議，發分於魏正始時。當時談論的內容，在於評論人物。晉朝的清談風氣延續不衰，東晉以後則漸衰微。

清談玄學的內容，在初期爲老莊的玄理，談論有無，以體無而後用大；討論才性，有同、異、離、合，四種主張，名爲四本論；討論有無，有崇有和貴無兩派；嵇康又有言不盡意論。清談的最初主題，在於品評人物，魏晉清談也常運用這類題材，現存的世說新語，保留了這類清談的資料。

魏晉南北朝的道家思想，盛行於詩歌裡，曹植和阮籍的詩，充滿悲觀的情調。田園詩人陶潛的詩，也是以自然無爲作主調。至於唐的詩仙李白，已是頹廢派的求樂者，而且追求長仙，作了道教的信徒。

道教本不是道家的繼承者，然而道教奉老子爲太上眞君，以無爲之道作爲教名，便自認繼承老子，却也將老子的部份思想流傳到後世；因爲道家在南北朝以後沒有繼承的學者。

道教起於漢末的張道陵，由他的兒子孫兒廣爲傳揚。有魏伯陽和葛洪的著作奠定學術上的根基，加以神仙傳說和求長生方術，乃能流傳後世。魏伯陽著參同契，根據漢易的卦氣說和卦變說，造納甲圖，借易學的陰陽五行思想，建立煉丹和養氣的哲理。葛洪著抱朴子，肯定神仙的存在，說明鍊丹和養氣的方法。一切雖屬虛構，却常常借用易經的理論。因此，道教可以說是漢末魏晉道家思想的結論，集玄學和長生方術於一爐，加以修煉，成爲道家的繼承者和傳授者。

結　語

兩漢和魏晉南北朝的哲學思想，不足以承繼春秋戰國的百家之學，沒有繼續發揮。在中國哲學思想史上，可稱爲黑暗時代。然而這個長時期的思想，也有幾點特色；經學家的注釋，自唐代以明經取士以後，範圍了士人的思想；陰陽五行的學說，開啓了宋代理學的門徑，儒釋道合一的趨勢，塑造了中華民族生活的型態；儒家思想的獨尊，開始了中國思想的道統。雖然後代講道統者，以宋代直承孟子，然而漢代學者對於宋朝思想的影響是不可抹殺的。

第一章　漢代哲學思想的成素

漢代的學者，距離孔子老子和莊子以及墨子，都相當遠了，中間經過了戰國的混亂和秦國的統一，他們沒有能够直追儒道墨各家的根源，而祇能接着他們的支流。儒道墨在戰國末期已漸趨綜合，綜合的媒介，則是戰國末期興起的陰陽五行。

陰陽五行的思想，由鄒衍倡導，盛行齊國，造成了齊學，齊學因着陰陽五行，結成了一種宗教信仰，產生了追求不死之藥的方士或術士。術士揑造長生不死的神仙，奉承秦始皇和漢武帝的貪心。春秋戰國時社會人士多信鬼神，以人事吉凶託之於鬼神的掌握。方士們再把長生之術和鬼神的信仰相連，於是五帝八神成了秦漢的宗教。這種宗教又和五行的思想相揉，既是迷信，又是哲學。

孔子創立儒家的人文思想，撇棄鬼神，以禮樂爲人生規律，發展書經的思想，以上天的賞罰，在人行爲的善惡，人對自己的行善應負責任。人知天命而畏天命，纔可以爲君子，否則，將成爲小人。秦漢的宗敎思想，以五行混入了天命，天命成了機械物，方士術士可以推測，也可以降服。漢的哲學思想乃和宗敎，以及方士之術互相混雜。漢朝易學就是這一類的產物，董仲舒和班固的思想，也是這一類的產物。淮南子雖傾於道家稍遠於五行的迷信，然書中的神仙觀，充份表示由道家到道敎的過程。

因此，在研究漢代的哲學思想以前，先研究漢代哲學思想的成素。

(一) 呂氏春秋

漢代儒家的思想，和孔子孟子的思想，不相承接，却走上了道家的途徑。而所謂道家也不是老莊的思想，乃是戰國末年的陰陽五行。陰陽五行本來不出於道家，然而在秦漢之間，術士和方士鼓吹這種思想，加入宗敎的信仰；繼而讖緯之書出現，使五行的學說進入了一種神妙莫測的境界。儒家學者便接受了這種思想，並把這種思想牽進經書以內。

五行的學說，雖以鄒衍爲宣揚的人；但是他的書已經失落了，祗有在呂氏春秋書中保留了片段的思想。呂氏春秋一書，爲秦相呂不韋門客所著，沒有遭到秦始皇的焚燒，在漢初乃爲儒者所傳誦，所發生的影響力很大。

胡適之曾說：『雜家是道家的前身，道家是雜家的新名，漢以前的道家可叫做雜家，秦以後的雜家應叫做道家。』(1)呂氏春秋屬於雜家，便是和漢朝道家相連，而這本書很影響了漢朝儒家；所以說漢朝儒家和孔孟不相承接，宋朝朱熹講儒家的道統時，由孟子直跳到周敦頤，把漢唐的儒者都跳過了。

呂氏春秋爲秦相呂不韋集合賓客所作。史記呂不韋傳說秦莊襄王元年，以呂不韋爲丞相，封文信君。秦始皇立，尊不韋爲相國，號稱仲父。食客三千人，家僮萬人。他以荀卿等人著書布天下，乃使門客各著所聞，集爲一書，分爲八覽，六論，十二紀，凡二十餘萬言。呂不韋編書的宗旨，在十二紀末的序意裡說明：

『蓋聞古之清世，是法天地，凡十二紀者，所以紀治亂存亡，所以知壽夭吉凶也，上揆之天，下驗之地，中審之人；若此，則是非可不可，無所遁矣。』

呂氏春秋全書的思想，以十二紀爲主要部份；十二紀的思想，在於法天。所謂法天，則不是易經孔孟法天的物則，也不是老莊的法天的自然，而是一種天人相應的思想。天人相應的思想貫串了呂氏春秋全書，也成了漢朝思想的中心點。

高誘爲呂氏春秋作訓解，寫了一篇序，序裡說：『此書所尙，以道德爲標的，以無爲爲綱紀，以忠義爲品式，以公方爲檢標，與孟軻孫卿淮南楊雄相表裡也。』然而在內容方面，這本書和淮南王書相似，不出於一人的手筆，可以說是一本論文集。

(1) 天人相應

(甲) 宇宙論

春秋時代的宇宙論，有兩種思想：一是易經的思想，一是老莊的思想。到了戰國末期，陰陽五行的思想已經漸漸興起，『氣』在宇宙論裡便佔了很大的地位。書經和詩經原來以上天造生萬物，天地由上天所造。到了春秋戰國時候，民間的信仰，還相信上天，且增加了對鬼神的信仰；哲學思想則傾向以『氣』爲宇宙的元素，『氣』自然而化，化生天地萬物。呂氏春秋便跟隨這種思想：

『天地有始，天微以成，地塞以形；天地合和，生之大經也。以寒暑，日月晝夜知之，以殊形殊，能異宜說之。夫物合而成，離而生，知合知成，知離知生，則天地平矣。』（呂氏春秋，卷十三、有始篇）

有始篇爲在十二紀以後的八覽的第一篇；八覽的第一覽稱爲有始覽，以第一篇的篇名名覽，第二篇名爲名類篇，即君王受命即位，必有先兆；天地人物之氣，同類者互相感應。呂氏春秋的意見，便是以宇宙論作天人感應的基礎。

有始篇以『天地合和，生之大經。』這是易經的思想。易經說明天地相合，則萬物化生。易經的天地代表陰陽，陰陽互相結合，化生人物。呂氏春秋說：『天微以成，地塞以形。』高誘注解爲『天，陽也，虛而能施，故微以生萬物；地，陰也，實而能受，故塞以成形兆也。』天爲陽，陽氣淸輕，故爲微，似乎不可見；地爲陰，陰氣重濁，故塞，故成形；這種注解已和宋朝理學家一系了。『夫物合而成，離而生；知合知成，知離知生，則天地平矣。』合與離有分別，生與成有分別。高誘沒有注解。這個『成』字，應該用易經繫辭傳所說『成之者性也。』（繫辭傳上第五）的成字去解釋。易傳說：『一陰一陽之謂道，繼之者善也，成之者性也。』陰陽相合而成物之性。至於『離而生』的『離』字則在易經沒有。在道家的思想中，合則生，分則死；陰陽之氣相合則物生，陰陽之氣相分離，則物死。呂氏春秋却說：『離則生』，這個離字，不是分離或分開，應和「麗」字意義相同，即附着的意思，不是相合而是相附，陰陽相附則物生，要不然，則是說天爲陽而成物性，地爲陰而成形，因着天地的互相分別，物乃化生，『天微以成，地塞以形。』

陰陽兩氣，在呂氏春秋的十二紀中，顯明地被列爲天地的成素。陰陽兩氣週遊於天地，週而復始，循還不息，乃有四季十二月。季和月的成素卽是陰陽兩氣。

『孟春之月，……是月也，天氣下降，地氣上騰，天地和，草木繁動。……』（呂氏春秋，卷一、正月紀）

『季春之月，……是月也，生氣方盛，陽氣發泄，生者畢出，萌者盡達。……』（呂氏春秋，卷三、三月紀）

『仲夏之月，……是月也，長日至，陰陽爭，死生分。……』（呂氏春秋，卷五、五月紀）

『仲秋之月，……是月也，……殺氣浸盛，陽氣日衰。……』（呂氏春秋，卷八、八月紀）

這是篇中所言陰陽兩氣的盛衰，陽氣爲生氣，在春夏兩季興盛，陰氣爲殺氣，在秋冬兩氣興盛。在呂氏春秋的十二紀中，所紀的音律，味，蟲鳥和獸，也象徵陰陽兩氣之消長。

『孟春之月，……律中太簇，……其味酸，其臭羶，……魚上冰，獺，祭魚，……』（呂氏春秋，卷一、正月紀）

高誘注說：『太簇陽律也，竹管音與太簇聲和。太陰氣衰，少陽氣發，萬物動生，簇地而出，故曰律中太簇。魚，鯉鮒之屬也，應陽而動，上負冰。獺獱水禽也。取鯉魚置水邊，四時陳之，世謂之祭魚。』音律禽獸按時而動，春季屬陽，春季的音律禽獸和口味，都以陽爲主氣。

『孟夏之月，……其蟲羽，其音徵，律中仲呂，』（呂氏春秋，卷四、四月紀）

高誘注說：『盛陽用事，鱗散而羽，故曰其蟲羽。……徵，火也，位在南方。仲呂，陰律也、陽散在外、陰實在內，所以類陽也，故曰仲呂。』夏季，強盛的陽氣，充滿天地，一切以陽爲主。到了秋季，陽氣漸衰了。

『孟秋之月，……律中夷，……』（呂氏春秋，卷七、七月紀）

高誘注說：『夷則陽律也，竹管音與夷則和，太陽氣衰，太陰氣發，萬物肅然，應法成性，故曰律中夷。』秋季天氣漸寒，木葉凋落，乃是陰氣漸盛，陽氣漸衰。陰爲寒冷之氣，性爲肅殺，萬物的生氣因而減縮。

『孟冬之月，……律中應鐘，……』（呂氏春秋，卷十、十月紀）

高誘注說：『應鐘陰律也，竹管音與應鐘和也，陰應於陽，轉成其功，萬物聚藏，故曰律中應鐘。』

多季，五穀收藏在倉庫，萬物的生氣隱藏在根幹，天地滿着陰殺之氣。但是生氣沒有消滅，却正待發生，故曰『陰應於陽，轉成其功。』陰和陽相應和，助萬物生發之功。

四季的分別，全在於陰陽兩氣的消長。由陰陽的消長，化生五行，五行再結合而化生萬物。所謂萬物，包含時空，和時空的一切。十二紀裡，列出每一月的數，律，味，草，蟲，禽獸，以及天地自然氣候，和君王應穿的衣服，應吃的食物，應行的政事。這一切都含有五行，都要和時間中的五行相配合。時間爲月季，君王應按月季去安排一切，以實現天地人的合一，結成一個生命的大調協。

『孟春之月，日在營室，昏參中，旦尾中。其日甲乙，其帝太皞，其神句芒，其蟲鱗，其音角，……其數八，其味酸，其臭羶。』（呂氏春秋，卷一、正月紀）

高誘注說：『參，西方宿，晉之分野；尾，東方宿，燕之分野。是月昏旦皆中於南方。甲乙，木日也。太皞伏羲氏，以木德王天下之號。死，祀於東方，爲木德之帝，句芒，少皞氏之裔子，曰重佐，木德之帝，死爲木德之官。東方少陽，物去太陰，甲散爲鱗，鱗，魚屬也，龍爲之長。角，木也，位在東方。……五行數三，木三，故數八。春，東方，木王。木，味酸。酸者，鑽也。萬物應陽，鑽地而出。羶，木香羶也。』我們現在看這些解釋，像是算命先生，把事物雜湊上去，說來似乎很有道理。個中的道理，在於以五行配天地萬物，然後按類排列。然而五行配萬物的配法，則出於臆斷。上面所舉的例，爲春季正月的配合，其他各季各月都有一行的配合。這樣，天地萬物，彼此互相聯繫，互有次序；假使一事一物違反次序，則牽動整個的天地，眞是牽一髮而動全身。徐復觀教授說：『把風雨、草木、疾病、雨水、霜雪、稼穡等，都組入進去了。其中由夏小正來的，本是與時令相關的，這是合理的一部份；其餘的都是憑藉聯想，而牽强附會上去的。但一經組入到陰陽五行裡面去，便賦予了一種神秘的意味，使萬物萬象，成爲一個大有機體。若把它在知識上的眞實性及由此所發生的影響的好壞，暫置不論，這確要算是呂氏門客的一大傑構，而爲以前所沒有的具體，完整，而統一的宇宙觀，世界觀。』(2)

宇宙運行之道爲一圓道，周而復始，生生不息。這本是易經的思想。呂氏春秋解釋宇宙的圓道，也和易經一樣，不僅是四季運行，爲周而復始，天地人事的現象，都取循環的圓道。呂氏春秋卷三有『圜道』一篇，以天屬時間，地屬空間，天主圓，地主方，圓道在時間內實現，在空間內運行。

(乙) 賞罰的前兆

講到中國宗敎思想的學者，有的常講書經詩經的有位格的天帝，到了孔子，被看成了虛位的天。孔子以道德的規律在於人性，擺脫了外在的位格之天。漢朝則以道德的規律和陰陽相配合，以陰陽爲天的性格。(3)這種思想把中國的哲學和宗教相混。儒家的哲學不含宗教信仰，但不排斥宗教信仰，中庸說『天命之謂性，率性之謂道。』和書經詩經的天，絕對沒有衝突。書經和詩經雖說天生人物，有物有則；但沒有說明天則何在。易經則講宇宙內有天道地道。天地之道爲人道的模範，孔子主張道德規律爲禮，禮則是按照天理而定。中庸以人性爲道德的規律，却並沒有摒棄禮，同樣也沒有摒棄了天。中國人對於宗教信仰的範圍，常限定在宗教典禮和人生禍福上，至於人生的善惡，上天立定了道德規律；道德規律稱爲天理，既在萬物，又在人心。人的生活按照天理而生活，天不直接干涉；天所干預的，則是對於善惡的賞罰。因此孔子不講宗教信仰，却講賞罰；所以無所謂擺脫位格的上天。

天的賞罰，在書經和詩經裡屢屢講到。這兩本書不是哲學書，而是紀錄人的生活的書，便多次提到上天的賞善罰惡。孔孟講哲學則少提到春秋戰國時，一般人很信鬼神，以鬼神操賞罰之權，孔子乃說：『獲罪於天，無所禱也。』(論語　八佾) 又說：『敬鬼神而遠之。』(論語　雍也) 孔子以賞罰的權，操之在天，不要事事求鬼神。

春秋戰國時代，鬼神既加入了賞罰的信念裡；同時五行的思想發生，五行乃和鬼神相混，也滲入了賞罰的信念中。

五行在漢時，已成為五行之氣，氣運行於宇宙中，氣為上天所造，受上天的統制，氣的運行便在上天的統制下，便可以象徵上天的意向。氣在宇宙間運行時，化成五行，由五行化生萬物。人也由五行而成，人的五行之氣，和宇宙的五行之氣相通。人的善惡行為，乃反映到宇宙的氣中，造成一些反乎尋常的自然現象。這種現象即善有祥瑞，惡有凶象；這些善惡的反映，象徵上天將對於善惡施行賞罰。祥瑞和凶象並不是賞罰，而是賞罰的象徵，號稱為先兆。這樣，天人相應，人的事件，在天地有反應，引起上天的賞罰。這種思想本不屬於哲學範圍，已進入宗教信仰的領域了。

呂氏春秋有名類篇，通常稱為應同篇。篇中敍述五德終始的思想，以帝王的興起，必有上天給的一種祥兆。這種祥兆，和五行之氣的次序相合。

『凡帝王之將興也，天必先見祥乎下民。黃帝之時，天先見大螾大螻，黃帝曰土氣勝，土氣勝，故其色尚黃，其事則土。及禹之時，天先見草木秋冬不殺，禹曰木氣勝，木氣勝故其色尚青，其事則木。及湯之時，天先見金刄生於水，湯曰金氣勝，金氣勝故其色尚白，其事則金。及文王之時，天先見火赤烏御丹書集於周社，文王曰火氣勝，火氣勝故其色尚赤，其事則火。代

火者必將水，天且先見水氣勝，水氣勝故其色尙黑；其事則水。』（呂氏春秋，卷十三）

由歷史方面看朝代的興替，研究興替的原因，原因雖在人事，人事却和天相通；人事的善惡，招得天的賞罰；天的賞罰由五行之氣先予顯露；五行之氣的運行，有自己的次序。這種自然之次序，和人事相配合，由於同類之氣互相感應。

『故曰同氣賢於同義，同義賢於同力，同力賢於同居，同居賢於同名。』（同上）

然而休戚的自然現象，如黃帝時先見大螾大螻，文王時先見赤烏啣赤書，這些現象的選擇，則出於天意。人事的善惡，因同氣而引起自然界的反應，爲表示反應所能有象徵現象，可以有多種，在多種象徵現象之中，出現了一種，這一種由於天意所選擇。從這一方面說，天人感應不僅是天地間同類氣的感應，也是人事和天意的感應。

古代的聖王，互相繼承，雖說有五行之氣的繼承次序。然也是天意的安排。

『夫舜遇堯，天也。舜耕於歷山，陶於河濱，釣於雷澤，天下說之，秀士從之，人也。夫禹遇舜，天也。禹周於天下，以求賢者，事利黔首，水潦川澤之湛滯壅塞可通者，禹盡爲之，人也。夫湯遇桀，武遇紂，天也。湯武修身積善為義，以憂苦於民，人也。』（呂氏春秋，卷十四、慎人）

堯舜禹湯文武的繼承，在人的一方面，是他們自己修身積善，使天下之人心歸向他們；但是他們正好遇着該繼承的人，則是來自天意。這也是天人感應。

天字在呂氏春秋裡，意義究竟若何？

『夫審「天」者，察列星而知四時，因也。』（呂氏春秋，卷十五、貴因）

『亂國之俗，甚多流言，……毀譽成黨，衆口熏「天」，賢不肖不分，以此治國，賢主猶惑之也。』（呂氏春秋，卷十八、離謂）

『天行不信，不能成歲；地行不信，草木不大。……信而又信，重襲於身，乃通於「天」，以此治人，則膏雨甘露降矣，寒暑四時當矣。』（呂氏春秋，卷十九、貴信）

『禹南省，方濟乎江，黃龍負舟，舟中之人五色無主，禹仰視天而嘆曰：吾受命於「天」，竭力以養人。生，性也；死，命也；余何憂於龍焉！龍俛耳低尾而逝。則禹達乎死生之分，利害之經也。凡人物者，陰陽之化也；陰陽者，造乎「天」而成者也。「天」固有衰嗛廢伏，有盛盈坌息；人亦有困窮屈匱，有充實達遂；此皆「天」之容物理也，而不得不然之數也。』（呂氏春秋，卷二十、知分）

『昔王季歷葬於渦山之尾，欒水齧其墓，見棺之前和。文王曰譆！先君必欲一見羣臣百姓也，「天」故使欒水見之。』（呂氏春秋，卷二十一、開春）

從上面所引的幾段文句裡，「天」字的意義不只一義。第一，天指書經詩經的上天，如『禹仰視天而嘆曰：吾受命於天』『文王曰……天故使欒水見之。』天命所來，來自有位格的上天。有位格的上天，爲書經詩經裡的宗敎信仰。第二，天指自然，卽指易經的天地之天，如『夫審天者，察列星而知四時，……』『衆口薰天，』『乃通於天，』『陰陽者，造乎天而成者也。天固有衰嗛廢伏，……』『此皆天之容物理也，而不得不然之數也。』第三，天指蒼蒼之天，如『禹仰視天而嘆曰：』。這幾個天字的意義，在書經、詩經、易經裡都已經有，並不是在秦漢時所造；祇是書經詩經記述人生，乃偏重宗教信仰的天，易經講天地之道，便偏重自然之天。呂氏春秋的作者，志在講人生之道，所以偏重易經的天字。至於說，孔子以倫理道德的標準在人心，從外在的天地之道，進入內在的人性；這是學術思想的演變，並不是揚棄書經詩經的天而以人爲天。

(丙) 氣運相通

呂氏春秋卷二十，有召類篇，此篇的開端說：

『類同相召，氣同則合，聲比則應，故鼓宮而宮應，鼓角而角動，以龍致雨，以形逐影，禍福之所自來，衆人以爲命，焉不知其所由。』

禍福之所來，原因在於人所行的善惡。善惡的行爲，引起同類的氣，氣在自然間遂起反應。惡是反於善，惡所引起氣的反應，即是違反氣的次序，即是自然界亂的現象。人爲避禍求福，便應知道順着氣的次序去行動。呂氏春秋有十二紀，列舉十二月的氣運，說明帝王順着氣運的政令。

正月，氣運屬木，色爲青，『東風解凍，蟄蟲始振。』天子率諸侯迎春於東郊，祈穀於上帝，親載耒耜行開耕禮，宣布農事。在正月裡，『天氣下降，地氣上騰，天地和同，草木繁動。』（卷一、正月紀）

二月，日夜的時間相等，雷始動，冬眠的蟲都出來了。皇帝省查度量衡，務使鈞等。（卷二、二月紀）

三月，『生氣方盛，陽氣發泄，生者畢出，萌者盡達。』天子行開漁業禮，乘船薦鮪於祖廟。勸蠶事，皇后和妃子親到東郊耕桑。因『時雨將降，下水上騰，』便應修治堤防，導達溝瀆。（卷三、三月紀）

四月，立夏，氣運屬火，天子迎夏於南郊，勸民不要失農時，驅獸不要害五穀。蠶事畢后妃獻繭，政府收繭稅。（卷四、四月紀）

五月，日較夜長，『陰陽爭死生分，』行雲祭求雨，祀山川百神，君子齋戒靜心，避免暴躁。（卷五、五月紀）

六月，『土潤溽暑，大雨時行，』『樹木方盛，』皇帝告勸百姓，各自出力。但不可興土木，不可動衆擧大事，不可伐樹木。（卷六、六月紀）

七月，立秋，天子親率百官迎秋於西郊，氣運屬金，『天地始肅，』五穀熟，『天子嘗

新，薦於祖廟。』修理宮室，完堤防，補城廓，預防水潦。（卷七、七月紀）

八月，日夜長短相等，雷始收，陽氣衰。『命有司申嚴百刑，斬殺必當。』『乃命有司趣民收斂，務蓄菜，多積蓄。（卷八、八月紀）

九月，霜始降，皇帝祭天，教民田獵，使民伐薪爲炭，『申嚴號令，命百官貴賤無不務入，以會天地之藏。』（卷九、九月紀）

十月，立冬，氣運屬水，『天氣上騰，地氣下降，天地不通，閉而成冬』。天子迎冬於北郊，『命太卜禱祠龜策占兆，審卦吉凶。』飭令官吏視察喪葬所用衣裳棺槨，一切合於禮規。（卷十、十月紀）

十一月，日短，『陰陽爭諸生蕩』，『天子乃命有司祈祀四海大川名原淵澤井泉。』君子齋戒、禁欲、安形性。（卷十一、十一月紀）

十二月，『日窮於次，月窮於紀，星迴於天，數將幾終，歲將更始。』『命漁師始漁，天子親往，乃嘗魚，先薦寢廟。』（卷十二、十二月紀）

十二個月集成四季，每季配一行，又配一神一帝。春季的帝爲太皞，神爲句芒。高誘注說：『太皞伏羲氏，以木德王天下之號，死，祀於東方，爲木德之帝。……句芒，少皞氏之裔子，曰重佐，木德之帝，死爲木官之神。』唐孔穎達疏解禮記月令說：『言大皞句芒者，以此二人生時木王，主春，立德立功，及其死後，春祀之時，則祀此大皞句芒，故言也。此之言，據死後享祭之時，不論生存之日，故云其神句芒。句芒言其神，則大皞亦神也。大皞言帝，則句芒當云臣也，互而相通。大皞在前，句芒在後，相去縣遠，非是一時，大皞木王，句芒有主木之功，故取以相配也。』

呂氏春秋的月紀，在禮紀中稱爲月令，在淮南子稱爲時則訓。月令和月紀完全相同，祇有些許的字有變異；時則訓不抄襲月紀，而是加入了一些別的思想。

十二月紀的中心思想，在於帝王法天；天的表現對於農業民族在於化生五穀；五穀的化生，在於四時的順序。四時的順序，在現在天文學已經發達的時代，沒有神秘，乃是地球繞太陽週轉的距離；但是在古代天文學還沒有發達時，學者認爲乃是陰陽兩氣的結合。天地間有一元之氣，周流不停；一元之氣分而爲陰陽，結而成萬物。四時代表一元之氣的周流次序。帝王行政便要順着這種次序。順着次序而行，則蒙天福，不順着次序而行，便遭天罰。如在孟春正月，帝王若行夏天或多天的政事，則有天災。

『孟春行夏令，則風雨不時，草木早槁，國乃有恐。行秋令，則民大疫，疾風暴雨數至，藜莠蓬蒿並興。行冬令，則水潦爲敗，霜雪大摯，首種

不入。』(呂氏春秋，卷一、正月紀)

天子行政，應該理陰陽，順四時，以贊天地的化育。漢書以及後代的史書，都有五行志，紀載自然界的變異。在月紀裡，作者把宇宙間關於人生的重要事物，都排入了五行的氣運裡，四季、十二月、日星、蟲類動物、音樂、數目、五味、祭祀、房屋、身體五臟、氣候、食物、衣物、用具、疾病、以及風雨霜雪。都按五行氣運去安排，都含有氣運的意義。人的一生，便都包括在五行之中。

(2) 生生

易經講宇宙的變化，變化的目標在於化生萬物，易經乃說『生生之謂易。』(繫辭上，第五) 生生的思想，在孔子論語裡有『四時行焉，百物生焉，天何言哉！』(論語陽貨) 在中庸有『贊天地之化育。』生生的思想在秦漢之際的五行思想裡，成了中心點；因爲五行的繼續變化，在於使萬物化生。講五行便要講生命，專於五行的術士，乃講長生；秦漢時代乃有許多這等講求長生術的術士。

呂氏春秋一書裡，生命的思想也很重要。

(甲) 人

『生，性也；死，命也。……凡人物者，陰陽之化也。』(呂氏春秋，卷二十、知分)

人爲陰陽之氣所化生，有性、有心、有情。呂氏春秋常以生之爲性。

『性也者，所受於天也，非擇取而爲之也。豪士之自好者，其不可漫以汚也，亦猶此也。』(呂氏春秋，卷十二、誠廉)

『凡人之性，爪牙不足以自守衛，肌膚不足以扞寒暑，……』(呂氏春秋，卷二十、恃君)

『始生人者，天也，人無事焉。天使人有欲，人弗得不求。天使人有惡，人弗得不辟。欲與惡，所受於天也，人不得與焉。不可變，不可易。世之

學者有非樂者矣，安由出哉。』（呂氏春秋，卷五、大樂）

『民之有威力，性也。性也者，所受於天也，非人之所能為也。武者不能革，而工者不能移。』（呂氏春秋，卷七、蕩兵）

呂氏春秋所說的性，和告子所說食色為性相同，卽是人自生所有的本能傾向，眼耳鼻舌身五官的天然欲望。性受之於天；所謂天，乃是自然，自然之後則為上天。人生而有性，人不能改變。呂氏春秋沒有提到人的善惡問題，祇以性為人在生活中自然而然地所有的傾向，這種傾向超越人的自由意志。但是這種超越自由意志的傾向，常傾於善。

『石可破也，而不可奪堅。丹可磨也，而不可奪赤。堅與赤，性之有。性也者，所受於天，非擇取而為之也。』（呂氏春秋，卷十二、誠廉）

石的堅性，為石的特色，不堅則不足以為石。丹的赤性，為丹的本色，不赤則不是丹。人的性，也是人的本色和特色。失了人性，則不是人。孟子曾以眼目之欲，雖稱為性，實在不是人性；人性是仁義禮智。呂氏春秋沒有解釋究竟何者為人的本性或特色；但因為呂氏春秋以道家思想為主，常講任性自然；道家的任性自然，在於人性自全其生，不會殘害自己；自全其生，不僅是身體的生命，也是仁義的生命，則呂氏春秋所講的性，是傾於善。情，也是受之於天，不可變，不可滅。呂氏春秋便主張情慾不是惡，人不要克欲。荀子曾以欲不宜克，呂氏春秋便主張君王善用人之情欲，使人為國家之用。老子認為人民若多欲則天下亂，因而人君要使人民無欲。老子的無欲不是克欲，而是使人不以外物為可貪想。可是在通常的情形下，人民不能無欲；若是無欲，則必不為君王所用；便更好使民多欲，多欲則可為國家所用。

『使民無欲，上雖賢猶不能用。……故人之欲多者，其可得用亦多；人之欲少者，其得用亦少；無欲者不可得用也。……善為上者，能令人得欲無窮，故人之可得用亦無窮。』（呂氏春秋，卷十九、為欲）

欲雖可以多，然而情要合於理。情出自性，性合於道。呂氏春秋主張多欲，但不主張縱欲，縱欲則天下必亂，人民不能得到利益。

『古之君民者，仁義以治之，愛利以安之，忠信以導之，務除其災，思致其福。』（呂氏春秋，卷第十九、適威）

君主使民多欲，同時要以仁義治民，要以忠信導民向善，然後纔能夠以愛利去安民。每個人自己也該知道善用情欲之道，情欲之用在於心。荀子曾以心爲一身的主宰，呂氏春秋的作者必定看見荀子的著作，知道人爲管理自己是靠自己的心。

『人之有形體四肢，其能使之也，爲其感而必知也，感而不知，則形體四肢不使矣。』（呂氏春秋，卷三、圜道）

人爲使用形體四肢，要有所知；形體四肢能感，但不能知；知，屬於心。人爲使用形體四肢，即對形體四肢發令由心有知而後發出號令。

『生則謹養。謹養之道，養心爲貴。』（呂氏春秋，卷四、尊師）

心在道家的思想中，也視作精神；精神在道家的思想中，則和元氣相同。呂氏春秋以人有形氣，有神氣，有精氣。形氣爲形骸，神氣爲元氣，精氣爲氣之精。養生在於養氣，莫以感官的嗜欲傷害形骸，莫以情感的衝動傷害元氣心靈，莫以身體行動的過或不及而傷害精氣。

精氣爲氣之精，爲生命的動力。呂氏春秋在許多篇裡說到精氣，或說到精字，如卷三的盡數，先已，論人，圜道，卷七的禁塞，卷九的精通，卷十九的君守，勿躬，卷十八的具備，卷二十四的博志，卷二十六的士容。

精是生命的動力，是氣之精，即是人之氣的最純粹最聚集點。人的生命由氣而化生，氣之精便是生命的中心點，是生命的動力。人和天地萬物相通，以元氣而相通，莊子所講的『氣知』，即是以元氣和天地相通而能大知。至於精氣，則是人的生命中心點，即是生命的動力。人身內外的動，都發自精氣。五官之動，情欲之動，雖由精氣而發；但都有形跡，爲精氣通過形骸而動。人心之動，亦爲精氣所動，沒有形骸，且又靈明多能代表精氣之動力。

(乙) 貴生

(A) 生爲本

呂氏春秋的思想」，以道家爲基礎，以儒家爲外形，以法家爲制度。道家的思想重在養生，莊子列子都講養生之道。莊子的養生，在於隳棄形骸，以養精神，進而培養元氣，能和天地長終。道家的楊朱，因養自己的生命，拔一毛以利天下都不願意做。雖然他說天下不是一毛所可以予以利益，但是他的自私心非常重，把天下和自己的生命相比較，楊朱捨天下而保生命。呂氏春秋書中的思想，特別貴重生命。十二紀所講的自然界現象，爲生命的生長收藏，所以在第一紀的第一篇正月紀，講了草木繁動，應陽，鑽地而出。第二篇本生。就講人的生命，以人的生命爲本，萬物爲人的生命而用。生命由人性去代表；萬物是爲養性，而不是以性去養物。這就是說萬物供人所用，不是人爲萬物所用。

『物也者，所以養性也，非所以性養也。今世之人惑者，多以性養物，則不知輕重也。……是故聖人之於聲色滋味也，利於性則取之，害於性則舍之，此全性之道也。……是故聖人之制萬物也，以全其天也。天全則神和矣，目明矣，耳聰矣，鼻臭矣，口敏矣，三百六十節皆通利矣。若此之人者，不言而信，不謀而當，不慮而得，精通乎天地，神覆乎宇宙。其於物無不受也，無不裹也，若天地然，上爲天子而不驕，下爲匹夫而不惛，此

之謂全德之人。』（呂氏春秋，卷一、本生）

這種養生的思想，近於莊子的思想。所謂『全其天』，是保養人的天性，保養人的元氣，不令消耗。人的身體因着元氣而康强，五官聰明，筋骨血脈都流暢。然後人身元氣通於天地之氣，不爲而無不爲，和天地萬物相通，成爲全德的人。這是莊子的全德之人，不是孔子的全德之人。

生命爲人之本，生命乃可貴。呂氏春秋卷二，在二月紀以後，就有一篇貴生。貴生篇的主要思想，生命爲最貴，人只能『全生』，不要『虧生』，更不能『迫生』。雖以天地之大，人君之貴，也不能和生命相比。

『天下重物也，而不以害其生，又況於他物乎。』（呂氏春秋，卷二、貴生）

怎麼樣能全生呢？全生在於一切感覺和情欲都得所當得的，不過也無不及。若是有時過了或有時不及，便要虧生。虧生是有虧於自己的生命。若是一切感覺和情欲都用得不當，所得的都是不應該得的，那便要迫生了。迫生的生命，不如死了更好。因是若是所要的不得，所得的是不要的，還是不得更好。

『所謂全生者，六欲皆得其宜也。所謂虧生者，六欲分得其宜也。……所謂迫生者，六欲莫得其宜也。……故曰迫生不若死。奚以知其然也？耳聞所惡，不若無聞，目見所惡，不若無見，……故迫生不若死。嗜肉者，非腐鼠之謂也；嗜酒者，非敗酒之謂也。尊生者，非迫生之謂也。』（同上）

這種思想，又離莊子的思想遠了，和楊朱的思想頗相近。以六欲所得享受爲全生，便不合於莊子所說『隳汝形骸』了。

呂氏春秋所說的生命，由情欲而顯出來。若是按照孟子和荀子所提倡節欲，則生命便將萎縮。貴生要使情欲能够發揮。但是也不能放縱情慾，放縱情欲也可以殺生。呂氏春秋便主張情要有節制，節制的標準，在於不害生，害生的情欲行動必要加以節制，利生的情欲行動便不節止。

『天生人而使有貪有欲。欲有情，情有節。聖人修節以止欲，故不過行其情也。……由貴生動，則得其情矣；不由貴生動，則失其情矣。此二者，死生存亡之本也。』（呂氏春秋，卷二、情欲）

『聖人深慮天下，莫貴於生。夫耳目鼻口，生之役也，耳雖欲聲，目雖欲色，鼻雖欲芬香，口雖欲滋味，害於生則止，在四官者不欲。利於生者，則弗爲（止）。由此觀之，耳目鼻口，不得擅行，必有所制。』（呂氏春秋，卷二、貴生）

在儒家的思想裡，人的生命貴在精神生活，孟子以心思之官爲人的大體，使人和禽獸有分別。儒家的貴生，貴乎道德生活，以仁義禮智去治人的情欲，中庸所以要求人要使自己的七情在動時合乎人性天理。道家所貴的生命，是生理的生命，使人長壽。人的耳目之官和心思之官，都要爲壽命所役使。『耳目鼻口，生之役也。』從這一方面說，呂氏春秋的貴生，和莊子的『隳汝形骸』去養生，又有相同之點。呂氏春秋主張節欲以貴生，莊子主張絕欲以養生，祇是五十步和百步的分別，在根本上都是以情欲供長生的使用。呂氏春秋以善用情欲可以長壽，莊子以不用情欲可以長壽。兩者和儒家節欲以發揚仁義道德的思想不同。呂氏春秋卷二的情欲篇在篇尾舉個實例說：普通一般討論政治的人都認爲做官要像孫叔敖遇到荆莊王纔算幸運。因爲荆莊王專心娛樂，把一些的政事都委託給孫叔敖，孫叔敖日夜不息，使莊王成霸。但是讓有道的人去看孫叔敖，祗能說荆國得了孫叔敖爲一椿幸事，孫叔敖自己則很愚蠢，他日夜操作，沒有休息，結果自己累死了。荆莊王『功迹著乎竹帛，傳乎後也。』孫叔敖自己得了什麼呢！

(B) 養 生

生命所以稱謂生命，在於生理上能够繼續存在，生命在生理上繼續存在，便是長壽。長壽的養生法，也該從生理方面去行。人的生命由陰陽五行之氣而成，陰陽五行之氣在人身內部結爲精神元氣，在外則有五官。五官發而爲情欲，情欲若過長則能害生。養生之法，在於使情欲之動不要耗廢人的精神元氣。

『天生陰陽寒暑燥溼，四時之化，萬物之變，莫不爲利，莫不爲害。聖人察陰陽之宜，辨萬物之利，以便生，故精神安乎形，而年壽得長焉。長也者，非短而續之也，畢其數也。畢數之務，在乎去害。』（呂氏春秋，卷

三、盡數）

什麽事是對生命有害呢？盡數篇說：大甘大酸大苦大辛大鹹，這五種飲食有害於形體。大喜大怒大憂大恐大哀，這五種情緒有害於精神。大寒大熱大燥大濕大風大霖大霧，這七種氣候有害於精氣。呂氏春秋把人體所有分成三類：一類是形氣，一類是神氣，一類是精氣。形氣卽是五官四肢。神氣卽是元氣。精氣則是生命的精力。精力，爲神氣聚集而成，乃氣之精，成爲生命的動力。

『精氣之集也，必有入焉。集於羽鳥，與（高注爲成）爲飛揚；集於走獸，與爲流行；集於玉珠，與爲精朗；集於樹木，與爲茂長；集於聖人，與爲敻明。精氣之來也，因輕而揚之，因走而行之，因美而良之，因長而養之。』（同上）

又說：

『凡食之道，無饑無飽，是謂之五藏之葆，口必甘味，和精端容，將（高注爲養）之以神氣。』（同上）

這種養生之道，在於飲食有節，不要過度；在於情緒有節，不要太興奮感動；在於氣候調協，力求適應。呂氏春秋說明爲養生，不能求巫求神，越求越來。去疾病之道，在於保全自己心的正和氣的順，不使邪氣進入身內。高誘注說：『古之人治正性，保天命者也。不然，則邪氣乘之以疾病，使巫醫毒藥除逐治之，故謂之賤之也。』

情欲不可過度，然也不可過少：情欲過多，消耗人的神氣，情欲過少，則沉鬱不動，不動則精氣鬱塞，邪氣乘虛而入，好比水若不動，則成腐水。

『形氣亦然。形不動則精不流，精不流，則氣鬱。鬱處頭，則爲腫爲風；處耳，則爲挶爲聾；處目，則爲䁾爲盲。……』（同上）

水腐則壞，精鬱則病。養生之道在使精力動。精力動，需要形氣和神氣流通。這一點似乎現在的生理衞生和身體運動，使人的血脈流通，筋骨靈活，感官和感情得有滿足。

『凡人三百六十節，九竅，五藏，六府，肌膚，欲其比也，血脈欲其通也，筋骨欲其固也，心志欲其和也，精氣欲其行也。若此，則病無所居，

而惡無由生矣。病之留，惡之生也，精氣鬱也。』（呂氏春秋，卷二十、達鬱）

每個人都求養生，以自己的生命爲貴，當然養成爲我主義。楊朱的爲我，乃是道家養生的自然結論；呂氏春秋既然隨從道家的養生主張，也就接受道家的爲我主義了。

(C) 爲我

胡適之說：『我們即使不信列子的楊朱篇，至少可以從呂氏春秋裏尋得無數的材料來表現那個時代的個人主義的精義，因爲這是呂氏春秋的中心思想。』(4)

『今吾生之爲我有而利我亦大矣！論其貴賤，爵爲天子不足以比焉。論其輕重，富有天下不可以易之。論其安危，一曙失之，終身不復得。此三者，有道者之所愼也。』（呂氏春秋，卷一、重己）

貴生則重己，重己便是爲我主義。事事以生命爲貴，處處以保身爲重。然而呂氏春秋的爲我，沒有楊朱那麼偏激，因爲人是生活在社會國家裡，爲養生，爲保全生命，要緊和人共同相處，更要緊有國家的保障。因此，呂氏春秋也主張有仁義，也主張有君主，又主張有社會生活。

『凡生，非一氣之化也，長非一物之任也，成非一形之功也；故衆正之所積，其福無不及也；衆邪之所積，其禍無不逮也。』（呂氏春秋，卷六、明理）

萬物之生，有陰陽五行之氣，不是一氣之化。萬物之長，由風雨霜露和太陽共同調合而使生長，不是一物所能勝任。因此人的生命，在培養方面，決不是自己一個人所能做到。好比音樂不是一個聲音所能成，而是調協多個聲音而成。否則，因自私而彼此反目，羣相爭鬪，生命便受傷害了。

『故至亂之化，君臣相賊，長少相殺，父子相忍，弟兄相誣，知交相倒，夫妻相冒，日以相危，失人之紀。心若禽獸，長邪苟利，不知義理。』（同上）

因自私而造成亂世，便像孔子所說苟不正名，父不父，子不子，臣不臣，君不君，雖有米，也沒有辦法吃了。(論語，顏淵) 祇是目標不同，孔子的正名爲求倫理道德生活，呂氏春秋的義理，則爲貴自己的生命。

生命爲貴，然而有時自己的志氣也可貴；自己的志向高貴，便不惜犧牲生命以殉自己的志氣。呂氏春秋說：

『豪傑之自好者，其不可漫以汚也。……伯夷叔齊此二士者，皆出身棄生以立其意，輕重先定也。』(呂氏春秋，卷第十二、誠廉)

呂氏春秋爲貴生重己，乃講貴公去私。呂氏春秋的公，不是孔孟的仁義之道，而是老子的自然主義。天地生物，不分彼此，萬物皆得生育的福利，天地不以爲自己的功勞。君主治國，無爲而治，順乎自然，使人民得保全天性，每個人滿足自己的要求。

『昔先聖王之治天下也，必先公，公則天下平矣，平得於公。……荆人有遺弓者，而不肯索，曰：荆人失之，荆人得之，又何索焉。孔子聞之曰：

去其荆而可矣。老聃聞之曰：去其人而可矣。故老聃至公矣。天地大矣，生而弗子，成而弗有，萬物皆被其澤得其利，而莫知其所由始；此三皇五帝之德也。』（呂氏春秋，卷一、貴公）

老子之公，教人忘記國家，忘記人類，以同於自然；這種公，實際乃是一種大的自私，所謂保全自己的天性，就是不折不扣地滿足自己天性的需求。

但是呂氏春秋的呂不韋乃法家之徒，任秦始皇的相父，必主守法。故書中去私篇，主張在法律前，不能徇私，且舉墨家守法的精神作爲標榜。

『天無私覆也，地無私載也，日月無私燭也，四時無私行也，行其德而萬物得遂長焉。……王伯之君亦然。誅暴而不私，以封天下之賢者，故可以爲王伯。若使王伯之君，誅暴而私之，則亦不可以爲王伯矣。』（呂氏春秋，卷一、去私）

去私，法天地日月四時，仍舊是以自然爲法。自然主義用到法家，後來影響了漢朝文帝和景帝的政治。

但是在先己篇裡，却有了孔子爲政以正，先正其身的思想，治國，先要治身，『凡事之本，必先治身。』然而所謂治身，却不是孔子所講的仁義之道，以正心誠意，呂氏春秋的治身，乃是治理自己的生命，『精氣日新，邪氣盡去，及其天年，此之謂眞人。』這種眞人，是莊子的眞人。正身的目標，在於有利於自己的生命。

『詩曰：淑人君子，其儀不忒，其儀不忒，正是四國。言正諸身也。故反其道而身善矣，行義則人善矣，樂備君道而百官已治矣，萬民已利矣。三者之成也在於無爲。無爲之道曰勝天，義曰利身，君曰無身。』(呂氏春秋，卷三、先己)

以儒家孔孟之道作爲外表，內容則爲道家老莊之道，正身在於無身，無身則利身，一切歸於無爲，順乎自然。

君主怎樣可以達到無爲而治呢？人君無爲，以事托諸宰相，胡適之稱爲虛君責任內閣制，君主虛而無爲，宰相有權而實行。(5)

但是在實行上，困難很多，危險也大。呂氏春秋又主張人君聽忠言，選賢臣，和許多政治上的善德。然而一切的最終目的，還是在養自己的生命。全書最後一卷講農業。卷中的最後一篇，講農業的四時，以農業的政策，應適合時季。適合時季則五穀生長，五穀生長則可以得佳食，身體的生命可以維持。『是故得時之稼，其臭香，其味甘，其氣章。百日食之，耳目聰明，心意叡智，四衞（枝）變彊，殈氣不入，身無苛殃。黃帝曰：四時之不正也，正吾穀而已矣。』（呂氏春秋，卷二十六、審時）

結　語

呂氏春秋爲一部雜家的書，胡適之雖以雜家爲道家，然其實呂氏春秋雜有各家的思想；因爲作者不一，是一部呂氏門客的論文集。書中的中心思想爲道家思想，集中在貴己養生。然因爲是一部治國的書，故書中滿了政治思想。一部政治思想書，却歸結到無爲。因此書中思想雜亂，自相矛盾。

這部雜家的書，對於漢朝的思想影響很大，不必講政治方面的影響，在哲學思想方面的影響就很不輕。而哲學方面的影響，特別在於陰陽五行的思想。呂氏春秋的作者並沒有把傳揚陰陽五行的思想，作爲他們的目標，他們祇是把當時以陰陽五行觀察事物的態度，寫在書中，沒有正式發揮這種態度的理論。這種態度後來到了漢朝則成了講論學問的原則，這項原則應用到一切的問題上，成了一切學問的基本。

徐復觀一再地說陰陽五行的觀念，把垮掉了的人格神的天，代以四時的生發作用，使這種性格的天更爲人所接受。(6)我們若從宗教信仰的外面表現，或者可以相信這種說法是對的；若向宗教信仰的深處研究，這種說法就不對了。春秋戰國時代的人最信鬼神，把一切人事都交給鬼神管理，常求神問卜，孔子乃主張『敬鬼神而遠之』(論語　雍也)，陰陽五行配到四季和事物上，解釋事物發生的緣由，是由氣的流行而不是鬼神的能力。陰陽五行可以說是代替了鬼神，而不是代替了上天。結果，鬼神的信仰在漢朝並不因陰陽五行而減輕，反而加重。至於說天人感應的思想以自然之天，以陰陽五行之氣，代替了書經詩經的上帝，把人格之神變成了自然；實際上，陰陽五行解釋天人相應，爲哲學上的解釋，在這種天人相應的深處乃有天命，選人做皇帝的天，則仍舊要回到書經上的上帝。中國歷代皇帝都說『奉天承運』，所奉的天，不是自然的天，而是有位格之上天。

胡適之說：『呂氏春秋的十二月令是陰陽家的分月憲法，其貴生重己是楊朱一派的貴己主義，其孝治之說是儒家的，其無爲無知的君道是愼到等人的思想，其尙賢主義雜採儒墨之說，其反對無欲之說頗近於荀卿，其主張不法先王，因時而化，是根據於莊子一派的自然演變和韓非的歷史演進論的。這便是漢書時代所謂的雜家，這便是史記時代所謂的道家。』(7)

註：

(1) 胡　適：中國中古思想史長編，頁八三〇，胡適紀念館民六十年版。
(2) 徐復觀：兩漢思想史，卷二，頁二三，學生書局民六十五年版。
(3) 徐復觀：兩漢思想史，頁七五——七八。
(4) 胡　適：中國中古思想史長篇，頁九五。
(5) 胡　適：中國中古思想史長篇，頁一五〇。
(6) 徐復觀：兩漢思想史，卷二，頁七八。
(7) 胡　適：中國中古思想史長篇，頁一七〇。

(二) 陰陽五行

(1) 齊學

胡適之說：『陰陽的信仰起于齊民族，後來經過齊魯儒生和燕齊方士的改變和宣傳，便成了中國中古思想的一個中心思想，這也是齊學的民族的背景。』(1)所謂齊學的民族背景，是齊國濱海，人民數多溟想，富於宗敎迷信，方士很多。儒士在初起時，和方士的關係很密切，馮友蘭曾說：『蓋儒士禮樂專家，而禮樂原來最大之用，在於喪祭。喪祭用巫祝，亦用禮樂專家，此二種人乃常在一處之同事。……在秦漢儒家之人亦爲陰陽之人；儒士爲方士』(2)

儒士卽是方士，乃是一種偏激的話，在歷史沒有證據，若說儒士和方士在初起時，有密切關係，則在史記裡有許多例證；故秦漢的儒者多是陰陽家的人。

鄒衍爲齊國的儒者，也是陰陽家，他倡『五德終始說』，把五行由日常行業的觀念，化爲哲學觀念，加上了宗敎色彩，運用到政治制度上。在他以前氣字的觀念，由雲氣和節氣的通俗意義，已經變成了哲學意義，爲萬物的構成素。氣分陰陽，在春秋戰國時，已經相當明顯。鄒衍把陰陽的氣和五行連合起來，成爲陰陽家言。記載這種思想的書爲呂氏春秋。漢書藝文志在陰陽家的書裡，除鄒子外，載有鄒奭子十二篇公檮生終始十四篇其餘有六國時人數十篇。從史記和漢書裏，可以得到一些對陰陽家的認識：

『嘗竊觀陰陽之術，大祥而衆忌，使人拘而多所畏。然其序四時之大順，不可失也。……夫陰陽四時八位十二度二十四節，各有教令，順之者昌，逆之者不死則亡，未必然也，故曰使人拘而多畏。夫春生夏長，秋收冬藏，此天道之大經也，弗順則無以爲天下綱紀。故曰四時之大順，不可失也。』(太史公自序)

『雖然，禍不妄至，福不徒來。天地合氣，以生百財，陰陽有分，不離四時，十有二月，日至爲期。聖人徹焉，身乃無災。明王用之，人莫敢欺。』(史記，龜策列傳)

『陰陽家流，蓋出自羲和之官。敬順昊天，歷象日月星辰，敬授民時，此其所長也。及拘者爲之，則牽於禁忌，泥於小數。』(漢書，藝文志、陰陽家)

漢朝陰陽五行的思想，和律歷聯繫，配合一年四季，也配合二十四節氣。在農事方面，標出農時，使農夫按時作農事，『春生夏長，秋收冬藏。』在占卜方面，按照五行運行的生剋觀念，推算吉凶。這些思想的基礎，都建築在兩個哲學觀念上：第一，五行爲陰陽兩氣的五種結合；第二，整個宇宙都是氣，氣週流不息，使萬物調協和諧。

漢朝儒者爲解釋五行，常把五行配合四時，又常把四時配合四方，四方和四季代表宇宙：四方代表空間，四季代表時間。四方和四季的變化，便是代表整個宇宙的變化。中國古人爲農人，農人所體驗的變化，乃是四季的變化。四季變化的表現，在農人的心目中，由五穀的變化代表；於是四季的變化觀念，乃是『春生夏長秋收冬藏』。這種變化所以實現的理由，在於陰陽結合的變化：陽爲進，陰爲退。進則生長，退則收藏。陽爲熱，熱力使五穀生長；陰爲涼，涼氣使五穀凋敝。五行配合四季，又配合四方，便有了陰陽結合的意義。

『陽氣起於東北，盡於西南；陰氣起於西南，盡於東北。』(淮南子，詮言訓)

『春時，陽始長，陰始消，萬物得陽而萌生；故春配東，似乎太陽初出；又配木，似乎木生芽。夏時，陽極盛，陰極衰，萬物因陽而暢茂；故夏配南，似乎南方多熱；又配火，似乎火盛熱氣强。秋時，陽始消，陰始長，萬物遇陰而零落；故秋配西，似乎西方太陽將落；又配金，似乎金屬的冷殺，冬時，陽極衰，陰極盛，萬物遭陰而凋殘；故冬配北，似乎北風的冰冽；又配水，似乎水的陰暗向下。陰陽至歲末，在中央相會合。中央爲土，土代表陰陽相隱，不動不顯。所以五行與四時五方相配，便看得出是陰陽相交的方式了。』(3)

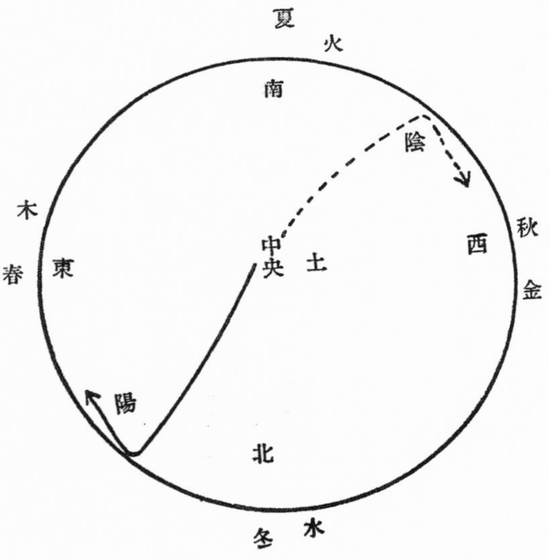

五行既是陰陽的結合，便含有陰陽的特性；特性或多或少，則要看陰陽在結合時的盛衰。陰陽在宇宙內週行不息，不斷地結合；五行就散佈宇宙，結合成萬物。

陰陽的特性，由陰陽原先的意義而出，陽爲有太陽的地方或氣候，陰爲沒有太陽的地方或氣候，有太陽則明亮，溫暖、剛健，有生氣……；沒有太陽則昏暗，寒冷，柔弱，呆滯。按照這些特性把相似的事物，和五行配合起來，便有五德配五行，五色配五行，五聲配五行，五臟配五行等等的比配。在漢朝時，幾乎沒有一樁事物，不和五行相配，五行支配了一切。

(2) 萬物相調協

調協的觀念，爲儒家的一個非常重要的觀念。從書經就開始：

『曰若稽古帝堯，……克明俊德，以親九族；九族既睦，平章百姓；百姓昭明，協和萬邦。黎民於變時雍。』（堯典）

這是人類社會的調協，人和人，國和國，互相協和。然而人類社會的協和，要靠自然界的協和，舜帝登位以後就調協律歷：

『協時，月，正日；同律、度、量、衡。』（堯典）

四時，十二月，和月的首日，要有調協；就是所用歷書要和自然界的四季，月、日相合。

歷時調協，不僅自然界和人類社會相調協，天神地祇也將和人類社會協合。

『帝曰：夔，命汝典樂，……八音克諧，無相奪倫；神人以和。』（堯典）

神人的協和，常以人類社會的協和爲基礎，人類社會不和，則神明和人也不協合。

『王訪于箕子。王乃言曰：嗚呼！箕子。惟天陰騭下民，相協厥居，我不知其彝倫攸敍。箕子乃曰：我聞在昔，鯀湮洪水，汩陳其五行；帝乃震

怒，不畀洪範九疇，彝倫攸斁。鯀則殛死，禹乃嗣興，天乃錫禹洪範九疇，彝倫攸敍。』（洪範）

書經所講的調協，在於倫理方面的調協。孔子繼承書經詩經的倫理思想，爲求社會的調協，主張守禮愛樂；禮樂成爲協調人類社會的重要要素。禮，使人人各有自己的名分和地位。孔子實行正名，也實行言行不出自己的位置。樂則使社會人士各從自己的地位上，互相融洽，互相聯合。禮樂的原則，本於天理。在禮記的樂記說：

『子夏對曰：夫古者天地順而四時當，民有德而五穀昌，疾疢不作而無妖祥，此之謂大當。然後聖人作爲父子君臣以爲紀綱。紀綱既正，天下大定。天下大定，然後正六律，和五聲，弦歌詩頌，此之謂德音；德音謂之樂。』（禮記，樂記）

『是故禮必本於天。』（禮記、禮運）

『是故禮必本於大一，分而爲天地，轉而爲陰陽，變而爲四時，列而爲鬼神。……』（禮記，禮運）

氣。

禮本於天，禮要和自然界的秩序相合，自然界的秩序有陰陽，有四時，有五行，有節

『故天秉陽，垂日星；地秉陰，竅於山川，播五行於四時，和而后月生焉。……五行之動，迭相竭也。五行四時十二月，還相爲本也。五聲六律十二管，還相爲宮也。五味六和十二食，還相爲質也。五色六章十二衣，還相爲質也。』（同上）

禮記正義註釋說：「播五行於四時者，播謂播散五行金木水火土之氣於春夏秋多之四時也。和而后月生也者，若四時不和，日月乖度，寒燠失所，則生不得依時而生。若五行四時調和，道度不失，道度不失，而后月依時而生也。」

這種思想爲戰國末年和漢朝初年的思想。天地萬物都由氣而成，氣分陰陽五行。陰陽五行之氣流轉在天地間，在萬物以內，也在人事以內。人事和物和地，需要彼此調協。人身有五行之氣，時間空間也有五行之氣：人的行動便要和時間的五行之氣相調和，和則吉，不和則凶。卜卦，看相，看風水，都是爲求人事和空間時間的氣能够相協調。一切是氣，氣流行

不息，人事不宜阻礙氣的流行，人事順利於氣，則和氣相協和；人事阻礙氣，則和氣不調協。陰陽家思想的中心，在於求這種調協。雖然陰陽家的行事滲入了許多迷信，可是中心的思想則是儒家的傳統思想。因此漢書藝文志說：『陰陽家者流，……敬順昊天，歷象日月星辰，敬授民時，此其所長也。及拘者爲之，則牽於禁忌，泥於小數，舍人事而任鬼神。』又在兵家陰陽的序說：『陰陽者，順時而發，推刑德，隨鬬擊，因五勝，假鬼神而爲助者也。』

陰陽五行的學說，在漢朝的社會裡很盛行，進入了人類社會和自然界的一切現象。漢書裡有五行志五篇，由易經的一個大原則，『易曰：天垂象見吉凶。』去觀察歷史上的災異，認爲來自人事和天的秩序不相調協。又由五德終始的思想，解釋春秋戰國諸侯的興亡：

> 『左氏經曰：陳災。傳曰：鄭裨竈曰：五年，陳將復封。封五十二年而遂亡。子產問其故？對曰：陳，水屬也，水火妃也，而楚所相也。今火出而火，陳逐楚而建陳也。妃以五陳（成）。故曰；五年。歲五及鶉火，而後陳平亡，楚克有之，天之道也。』
>
> 『說曰：顓頊從水王，陳其族也。今兹歲在星紀，復五年在大梁，大梁昴也。金爲水宗，得其宗而昌，故曰五年陳將復封。楚之先爲火正，故曰楚

所相也。天以一生水，地以二生火，天以三生木，地以四生金，天以五生土。五位皆以五而合，而陰陽易位，故曰妃。以五成。然則水之大數六，火七，木八，金九，土十。故水以天一爲火二，牡木以天三爲土十，牡土以天五爲水六，牡火以天七爲金四，牡金以天九爲木八。牡陽奇爲牡，陰耦爲妃，故曰水火之牡也。火水妃也，於易，坎爲水，爲中男；離爲火，爲中女；蓋取諸此也。自大梁，四歲而及鶉火，四周四十八歲，凡五及鶉火，五十二年而陳卒亡，火盛水衰，故曰天之道也。』（前漢書，二十七上、五行紀）

陳亡於楚，稱爲天道，天道則在於水衰火盛。這是五德終始的思想，爲解釋五和五十二的兩個數字，漢書借用了易經的數字；但在易經上沒有五行，漢書以五行配天地。水一，火二，木三，金四，土五。「五位皆以五爲合」，便是水六，火七，木八，金九，土十。奇數屬天，偶數屬地。漢書的思想，已經是東漢的思想，對於漢初齊學，則更加複雜了。

(3) 春秋繁露的五行思想

(甲) 陰陽五行和天道的關係

董仲舒著春秋繁露，全書的思想以陰陽爲主，陰陽結成五行，五行在春秋繁露裡特別重要，陰陽運行於天地之間，陽在春天出顯，在秋天入隱；陰在秋天出顯，在春天入隱。春夏秋冬四時，配合四方，又配前後左右，便可看到陰陽在天地間運行之道。

『天道大數，相反之物也不得俱出，陰陽是也。春出陽而入陰，秋出陰而入陽。夏右陽而左陰，冬右陰而左陽。陰出則陽入，陽出則陰入，陰右則陽左，陰左則陽右。是故春俱南，秋俱北，而不同道；夏交於前，冬交於後，而不同理。並行而不相亂，澆滑而各持分，此之謂天之意。』（春秋繁露卷十二，陰陽出入上下、第五十）

陰陽不同出不同入，所謂出入，乃是隱顯盛衰。在冬天，陰由東方來，陽由西方來，相遇於北方，陽向左，陰向右；陰向右爲逆方向，乃左上；陽向左爲順方向，乃右下。故『多右陰而左陽』，下煖上寒。過了冬天，陰陽都向南，歸向中央，然後陽由東北出，陰由西南出。到了春天，陽在正東，陰在正西，稱爲春分，春分爲陰陽各半。到了夏天，陰陽相遇於南方，陽往右，陰往左，故『夏右陽而左陰也。』過了夏天，陰陽都向北，歸向中央，然後陰由東北出，陽由西北出。到了秋天，陽在正西，陰在正東，稱爲秋分，秋分陰陽各半。

『天之常道，相反之物也，不得兩起，故謂之一，一而不二者，天之行也。陰與陽相反之物也，故或出或入或右或左，春俱南，秋俱北，夏交於前，冬交於後，並行而不同路，交會而各代理。此其文與！天之道有一出一入一休一伏，其度一也。』（春秋繁露卷十二，天道無二，第五十一）

陰陽的運行，合於天道。因着陰陽的運行，一切事物都應遵守天道。『事無大小，物無難易，反天之道無成者。』（同上）一切事物，皆和陰陽相配，『君臣父子夫婦之義，皆取諸陰陽之道。君爲陽，臣爲陰，父爲陽，子爲陰，夫爲陽，妻爲陰。』（春秋繁露卷十二，基義，第五十三）春夏秋冬，更明顯陰陽的功化。『天之道，春煖以生，夏暑以養，秋清以殺，冬寒以藏。煖暑清寒，異氣而同功，皆天之所以成歲也。聖人副天之所行以爲政，故以慶副煖而當春，以賞副暑而當夏，以罰副清而當秋，以刑副寒而當冬。慶賞罰刑，異事而同功，皆王者之所以成德也。慶賞罰刑與春夏秋冬以類相應也如合符，故曰王者配天。』（春秋繁露卷十三，四時之副、第五十五）

（乙）五行次序

人事應和天道相符合，人事和天道的符合，在陰陽的運行裡實現。由陰陽而有五行。

『天地之氣，合而爲一，分爲陰陽，判爲四時，列爲五行。行者行也，其行不同，故謂之五行。五行者五官也，比相生而間相勝也，故為治，逆之則亂，順之則治。』（春秋繁露卷十三，五刑相生、第五十八）

陰陽，四時，五行，都由天地之氣而成。『列爲五行』，行是陰陽運行之道，五行爲陰陽五種運行之道。五行在『五德終始』的學說裡，已經有相生相勝的次序，董仲舒明明把這種次序提出：

『天有五行：一曰木，二曰火，三曰土，四曰金，五曰水。木，五行之始也，水五行之終也，土，五行之中也。此其天次之序也。木生火，火生土，土生金，金生水，水生木，此其父子也。木居左，金居右，火居前，水居後，土居中央，此其父子之序，相受而布。是故木受水而火受木，土受火而金受土，水受金也。諸授之者皆其父也，受之者皆其子也，常因其父以使其子，天之道也。』（春秋繁露卷十一，五行之義、第四十二）

五行相生的次序，爲常識所看見的現象，木生火，爲鑽木取火；火生土，爲火燒物而成灰；土生金，乃金屬生在土中；金生水，即金屬鎔化成爲液體；水生木，乃樹木由水而能生長。這種常識的現象應用到本體論的物體元素上，則沒有哲理的根據。

五行相勝相剋的次序：『金勝木，水勝火，木勝土，火勝金，土勝水。』（春秋繁露卷十三，五行相勝、第五十八）這種相勝的次序，也是一些常識的現象；鐵刴木，水淹火，木揷入土，火鎔化金屬，土塡寒水溝。在哲學本體論，這種五行相勝也沒有哲學的理論。但是在陰陽家則以常識的現象作爲哲學理論的根據。這種理論，在呂氏春秋的應同篇已經出現。

在春秋繁露書裡，還有『五行逆順』，『治水五行』，『治亂五行』，『五行變救』，

『五行五事』。以君主行政，應和春夏秋多的木火金水土相配。春季木氣，勸農事，不奪民時，則樹木華美；若君主出入不時，好酒好色，則罪到草木，草木枯槁。夏季火氣，舉賢才，封有德，則火順人而甘露降；若人君惑於讒言，內離骨肉，外疎忠臣，則火氣作殃而有大旱。夏中爲土氣，百穀成熟。人君好好整頓宮室的制度，謹守夫婦的分別，加親戚以恩，則恩及土而五穀成，嘉禾興；若人君過於喜歡婚姣妻妾，侮辱親戚，咎及於土則五穀不成。秋季爲金氣，人君執旄鉞，警百官，誅不法，恩及於金則涼風出；若人君好戰，侵陵諸侯，咎及於金，則秋變熱，凍堅不成。多季爲水氣，人君祭宗廟，郊天地，恩及於水則醴泉出；若人君簡慢宗廟的祭祀，咎及於水則霧氣冥冥。必有大水。（春秋繁露卷十三，五行逆順，第六十）

在一年四季裡，五行的氣循環在天地間，四季的氣候，就是五行的氣的表現。

『日冬至七十二日，木用事，其氣燥濁而清。七十二日火用事，其氣慘陽而赤。七十二日土用事，其氣濕濁而黃。七十二日金用事，其氣慘淡而白。七十二日水用事，其氣清寒而黑。七十二日復得木，木用事則行柔惠。』（春秋繁露卷十三，治水五行，第六十一）

五個七十二日，合爲三百六十日，成爲一年，一年分隸於五行，五行的表現，由氣的功用和顏色而顯。這種五行的次序，乃是天然的次序。假使這種天然的次序，遭了擾亂，擾亂的緣因或來自物，或來自事，就會引起不調協的怪現象而發生災異。

『火干木，蟄蟲蚤出，蚿雷蚤行。土干木，胎夭卵毈，鳥蟲多傷。金干木，有兵。水干木，春下霜。土干火，則多雷。金干火，草木夷。水干火，夏雹，水干火，則地動。金干土，則五穀傷有殃。水干土，夏寒雨霜。木干土，倮蟲不爲。火干土，則天旱。水干金，則魚不爲。木干金，則草木再生。火干金，則草木秋榮。土干金，五穀不成。木干水，冬蟄不藏。土干水，則蟄蟲冬出。火干水，則星墜。金干水，則冬大寒。』（春秋繁露卷十四，治亂五行、第六十二）

干是干犯，反背五行的次序，侵入另一行的氣節裡，天地間就會有反應，因着反應乃產生不適合氣節的現象，生物遭受壞的影響。

董仲舒對於五行，建立了一個相生相剋的系統，也藉用漢朝易學的卦氣思想，講解五行之氣，在一年四季的運行情形。

(4) 白虎通的五行思想

(甲) 五行爲行事法則

後漢書章帝紀載，建初四年（西元七九年）十一月，聚羣臣於虎觀，討論五經同異，作白虎通德論，令班固纂集成書。在白虎通德論或白虎通有五行一篇，在這篇書裡載有五行相生相勝，和董仲舒的春秋繁露相同，但是這一篇書有些特點，第一，說明五行的意義。第二，列舉了許多人事在五行方面的意義。

『五行者，何謂也，謂金木水火土也。言行者，欲言爲天行氣之義也。』

（白虎通德論，卷三、五行）

五行，爲天行氣的五種變化，即是陰陽結合的五種變化。陰陽周行於天地之間，互相結合。結合的變化，有五種，稱爲五行。五行再結合乃成萬物。

『五行所以更王何？以其轉相生，故有終始也。木生火，火生土，土生金，金生水，水生王。……五行所以相害者，大地之性，衆勝寡，故水勝火也；精勝堅，故火勝金；剛勝柔，故金勝木；專勝散，故木勝土，實勝虛，故土勝水也。……』(同上)

五行相生相剋的次序，在漢朝時已經是一個大家公認的主張。白虎通對於相剋的次序，稍加有說明，然並沒有新的思想。在白虎通的五行篇裡，最特出的一點，就是解釋種種人事和五行的關係，以五行的意義，作爲人事的理由，所有的人事取法五行。

『父死子繼，何法！法木經火王也。兄死弟及，何法？法夏之承春也。善善及子孫，何法？法春生待夏復政也。惡惡止其身，何法？法秋煞不待冬也。主幼臣攝政，何法？法土用事於季孟之間也。子之復讎，何法？法土勝水，水勝火也。子順父，臣順君，妻順夫，何法？法順天也。男不離父母，何法？法火不離木也。女離父母，何法？法水流去金也。娶妻親迎，何法？法日入陽下陰也。……政幼何法？法四時有孟仲季也。朋友何法？法水合流相承也。……』(同上)

人事不論大小，都以五行爲法，不僅以五行配萬物，且以五行爲萬事的師了。

(乙) 五行配人事

在禮樂篇裡，班固以四夷之樂配合四方五行。四夷雖爲蠻夷之人，中國先聖王，配合五行作樂以樂之。

『樂元語曰：東夷之樂，持矛舞，助時生也。南夷之樂，持羽舞，助時養也。西夷之樂，持戟舞，助時煞也，北夷之樂，持干舞，助時藏也。誰制夷狄之樂，以爲先聖王也。先王惟行道德，和調陰陽，覆被夷狄，故夷狄來朝中國，於是作樂樂之。』(同上)．

這些配合和師法，在我們看來都是勉强湊合的，沒有內在的理由。漢朝的儒者却認爲最重要的事，最合符天道，誰也不敢違背。

人身的內外器官，由氣而成，分含五行之事。人有五臟，肝、心、肺、腎、脾。每一臟由一行之氣而成，配合仁義禮智信：肝爲仁爲木，肺爲義爲金，心爲禮爲火，腎爲智爲水，脾爲信爲土。目屬於肝，鼻屬於肺，舌屬於脾，口屬於心，耳屬於腎。由五臟而有情，情爲六：喜怒哀樂憂惡。情由五臟而生，和五行相配，喜在西方，怒在東方，好在北方，惡在南方，哀在下，樂在上。

『故人生而應八卦之體，得五氣以爲常，仁義禮智信是也。六情者何謂也？喜怒哀樂愛惡謂六情，所以扶成五性。性所以五，情所以六者，何？人本含六律五行氣而生，故內有五臟六腑，此情性之所由出也。……五臟，肝仁肺義，心禮，腎智，脾信也。肝所以仁者何？肝，木之精也。仁者好生，東方者陽也，萬物始生，故肝象木，而有枝葉。……肺所以義者何？金之精氣者斷決，西方亦金成萬物也。故肺象金，色白。……心所以爲禮何？心，火之精也，南方尊陽在上，卑陰在下，禮有尊卑，故心象火，色赤而銳。……腎所以智者何？腎者水之精也，北方水，故腎色黑。……脾所以信者何？脾者土之精也，土任養萬物爲之象，生物無所私，信之至也，故脾象土，色黃也。……或曰：肝繫於目，肺繫於鼻，心繫於口，脾繫於舌，腎繫於耳。六府者，何謂也？謂大腸小腸胃膀胱三焦膽也。……胃者，脾之府也，……膀胱，腎之府也，……三焦者，包絡府也，……膽者，肝之府也，……小腸大腸，心肺府也。……』（白虎通德論，卷八、情性）

這種配合，在學理方面，沒有根據；雖五臟六腑五官都由五行之氣而成，但究竟那一臟由那一行之氣而成，在學理上則不能說明，所有相配，只是臆測。可是中國的醫藥，則受這種相配的影響很大。

(5) 五行思想籠罩漢朝的思想

(甲) 五行對學術的影響

在呂氏春秋書裡，有四季十二紀，共六十一篇。在十二紀裡，五行的思想，配合各種事物。如以五行配十干，配五帝，配五靈，配五音十二律，配數字，配五味，配五祀，配五臟，配明座位，配五色，配禾畜，配四時四方，配政敎。這種思想，在禮記，淮南子，逸周書等書中已經見到。呂氏春秋的十二紀，則收集了散見各書的五行思想，滙集在一書裡。(4)

到了漢朝，五行的思想更傳播到各種學術和各種社會現象裡。漢朝的學術，以經學爲主，各種經學裡都受有五行思想的影響。漢朝的易學，以卦氣說爲中心，卦氣說爲陰陽五行思想的結晶。孟喜和京房等人都根據陰陽五行去講論卦氣。『孟喜……以陰陽五行，比附天地間的事物；復取相生相剋之理，來牽合人事之吉凶的。』(5)漢朝易經的註釋家馬融和鄭玄常以五行思想註釋易經。傳釋書經詩經周禮春秋孝經等書的人，也喜歡運用五行的思想。

清朝皮錫瑞的經學歷史在「經學極盛時代」論漢朝經學，他說：『漢有一種天人之學，而齊學尤盛，伏傳五行，齊詩五際，公羊春秋，多言災異，皆齊學也。易有象數占驗，禮有明堂陰陽，不盡齊學，而其旨略同。』指出了漢朝經學所受五行思想的影響。

然而最重要的現象，則是五行思想影響到漢朝人生活的各方面。

五行的思想影顯了漢朝的政治，李漢三在所著先秦兩漢之陰陽五行學說書裡，論五行思想對於漢朝政治的影響，結語說：『綜觀上述兩漢政治，與「五德終始說」，「陰陽災異說」，「四時禁忌說」所發生的關係，是那樣的深刻，普遍，則知齊人鄒衍之學，播種於戰國末期，生根於嬴秦，花孕怒放，則在兩漢了。兩漢這樣的政治，「君主」之上，還有「天主」，「天主」的意見是什麼，要由陰陽五行專家來判斷，人神揉雜，又近乎古代巫祝政治；所不同者，只是把巫祝易爲明經達識的士子而已。……至於兩漢政治，何以接受了鄒氏之學這個問題，筆者認爲研究過西漢學術的來源（主要的是經學），纔敢論定。』(6)

春秋戰國時，對於鬼神的敬禮很盛，敬鬼神的心理在於求福免禍。禍福雖出於鬼神，但禍福的構成，常現於自然界的現象；自然界現象的構成，則由於陰陽五行之氣。因着對於禍福的心理，乃求明瞭自然界現象的眞象，五行的學說便爲答覆這種要求而興。天人相應，萬事萬物都同爲一氣，一氣而爲陰陽五行，則一切事物都具有陰陽五行。明瞭了陰陽五行運行的道理，則對於人事的禍福就可以從根本上解決了，五行的思想和禍福問題相連。所謂五德終始，陰陽災異，四時禁忌，也都是政治上的禍福問題。

(乙) 五行和術數

對於禍福問題，關係最密切的，爲術數。術數的意義，即是從自然界的現象以求知人事的禍福吉凶。術數包括天文學的星宿和歷法，又包括推算吉凶的占卜和堪輿形相。漢代天文學所有星宿位置以及歷數的時日，處處和人事的禍福相關，這種關係的說明，由五行思想作根據。班固漢書天文志說：『天文者，序二十八宿，步五星日月，以紀吉凶之象，聖王所以參政也。』漢代天文說明五星宮的佈置，按照地上五行六位去講。漢書天文志記載五星的占驗，占驗純粹是講吉凶禍福。占驗的方法，『要言之，他們只是以五行配五星，把握住五行的時，方，性能，就來談占驗。』(7)

占卜，堪輿，形相，統制人生的大小諸事，漢人凡行事，都要占卜；建屋，營墓必定要請堪輿家；每個人又要以自己的形相，請看相先生預言命運。占卜，堪輿和形相，都根據五行而立說。

例如王充論衡詰術篇說：

『……圖宅術曰：商家門不宜南向，徵家門不宜北向。則商金南方火也，徵火行方水也，水勝火，火賊金，五行之氣不相得。故五姓之宅，門有宜嚮，嚮得其宜，富貴吉昌，嚮失其宜，貧賤衰耗。』

王符潛夫論有相列篇，篇中論人相說：

『詩所謂天生蒸民，有物有則。是故人身體形貌，皆有象類，骨法角肉各有分類，以著性命之期，顯貴賤之表，一人之身而五行八卦之氣具焉。』

潛夫論有卜列一篇，論漢時人民濫用卜筮：

『……聖人甚重卜筮，然不疑之事，亦不問也；甚敬祭祀，非禮之祈亦不爲也。故曰：聖人不煩卜筮，敬鬼神而遠之，夫鬼神與人殊氣異務，非有事故，何奈於我，故孔子善楚昭王之不祀河，惡季氏之旅泰山。今俗人筴於卜筮，而祭非其鬼，豈不惑哉。亦有妄傳姓於五音，設五宅之符第，其爲誣也甚矣！古有陰陽，然後有五行五帝，右據行氣以生人民。』

漢書「藝文志」中記各種術數雜占的書籍很多，著龜十五家四百一卷，占家的書籍，七十六家千五百三十二卷，其他五行志和天文志的書也都含有五行的思想。漢朝的學術和人民生活，都在五行思想的籠罩之下。

註：

(1) 胡　適：中國中古思想史長編。頁二十五。胡適紀念館民六十年版。
(2) 馮友蘭：中國哲學史補。頁七三。香港太平洋圖書公司。一九六八年版。
(3) 羅　光：中國哲學大綱。上冊，頁二七。臺灣商務印書館。
(4) 李漢三：先秦兩漢之陰陽五行學說。頁八五——一〇二。維新書局。臺北民五七年版
(6) 同　上：頁二五四。
(6) 同　上：頁一八八。
(7) 同　上：頁三五六。

附註：五行相配圖

五行	木	火	土	金	水
五星	木星	火星	土星	金星	水星
五時	春	夏	土用	秋	冬
五方	東	南	中央	西	北
五色	青	赤	黃	白	黑
五聲	角	徵	宮	商	羽
五常	仁	禮	信	義	智
五數	八	七	五	九	六
五味	酸	苦	甘	辛	鹹
五帝	青帝	赤帝	黃帝	白帝	黑帝
五情	喜	樂	慾	怒	哀
五臟	肝	心	脾	肺	腎

五位——班固東都賦：上帝宴饗，五位時序。（注）善曰：漢書曰，天神之貴者太一，其佐曰五帝。河圖曰，蒼帝神名靈威仰，赤帝神名赤熛怒，黃帝神名含樞紐，白帝神名白招拒，黑帝神名汁光紀。揚雄河東賦曰，靈祇既饗，五位時序，濟曰，上帝天神……五位，五方神也。

五音——爾雅，釋樂：宮謂之重，商謂之敏，角謂之經，徵謂之迭，羽謂之抑，（注）皆五音之別名。（郝懿行義疏）唐徐景安樂書，引劉歆云、宮者、中也、君也、爲四音之綱，其聲重厚，如君之德爲重。商者，章也，臣也，其聲敏疾，如臣之節而爲敏。角者，觸也、民也，其聲圓長經貫清濁，如民之象而爲經。徵者，祉也，事也，其聲抑揚遞續，其聲如事之緒而爲迭。羽者，宇也，物也，其聲低平掩映，自高而下，五音備成，如物之聚而爲柳。

五常——白虎通、情性。五常者何，謂仁義禮智信也。

禮樂記，合生氣之和，道五常之行。(注)五常，五行也。(疏)合生氣之和，道達人情，以五常之行，謂依金木火水土之性也。

五情——列子、黃帝；養正名，娛耳目，供鼻口，焦然肌色皯黣，昏然五情爽惑。

曹植，上責躬應詔詩表：五情愧赧。(注)良曰：五情，喜怒，哀樂怨也。

五色——書，禹貢：徐州，厥貢惟土，五色。(注)王者封五色土爲社，建諸侯，各劃其方色土與之，使立社。(疏)韓詩外傳云：天子社廣五丈，東方青，南方赤，西方白，北方黑，上冒以黃土。

左傳，桓，二：五色比象，順其物也。(注)車服器械之有五色，皆以象天地四方，以示器物不虛設。(疏)正義曰：考工記云，畫繪之事，雜五色，東青，南赤，西白，北黑，天元，地黃，是比象天地四方也。比象有六，而言五者，元在赤黑之間，非別色也。

五星——淮南子，天文訓：何謂五星？東方木也，南方火也，中央土也，西方金也，北方水也。

說苑，辨物：所謂五星者：一曰歲星，二曰熒惑，三曰鎭星，四曰太白，五曰辰星。

羣芳譜：五星，五行之星也。木星曰歲星，曰攝提，曰重華，曰經星，曰紀星，秉東方木德之精，司春，主角，亢，氐，房，心，尾，箕，星。火星曰熒惑，曰赤星，曰執法，曰罰星，秉南方火德之精，司夏，主井，鬼，柳，星，張，翼，軫，七星。土曷曰鎭星，曰地侯，秉中央土德之精，寄旺四季，主東井。金星曰太白，曰殷星，曰太正。曰熒星，曰明星，秉西方金德之精，司秋，主，奎，婁，胃，昴，畢，觜，參，七星。水星曰辰星，曰能星，曰鉤星，曰司農，秉北方水德之精，司冬，主斗，牛，女，虛，危，室，壁，七星。

㈢ 宗教思想

中國的宗教敬神的思想，在春秋戰國時，起了很大的影響。在書經和詩經的時代，中國古人信上天，信神祇。上天爲皇天上帝，爲一精神體，造生神物，主宰人事，有善必賞，有惡必罰。人民由皇帝作代表，祭祀上天。天神地祇，也是精神體，由皇帝，由諸侯祭祀。到了春秋戰國，周朝的皇帝形同虛設，和列國諸侯相等，祭天的典禮不再舉行。人民對於鬼神特別信仰，求福免禍，孔子所以有『敬鬼神而遠之』（論語，雍也）的話。鬼神應是和人有距離，不宜事事請求鬼神。春秋時代的人，已經把這種距離消除了。到了戰國時，陰陽五行的思想興起，又產了一些術士，把五行的思想滲入了宗教信仰裡，於是皇天上帝，天神地祇，和自然的現象相接合，同時又把人事和自然現象相貫通，於是發生了天人感應的思想。這種思想到了漢朝，成爲宗教信仰的重心。

(1) 天人感應

(甲) 異象和政治罪

孔子作春秋，用意在於保全古代的倫理道德，以寫史的書法，使人君和臣子有所畏懼。在春秋書裡，孔子記載許多災異，如『日有食之』記載了三十六次，又有『恆星不見』，『星隕如雨』，『有星孛入于北斗』，等等異象。在孔子的思想中，這些異象，代表上天懲罰罪惡的天意。人有犯罪，臣下作惡，上天必定懲罰。上天懲罰的意旨，由天象表現出來。到了漢朝，術士們一見有異象，就要推算將有什麼禍事發生，並推算禍事將降在何人身上，便設法禳解。

漢文帝二年（西元前一七八年）十一月晦，有日食，下詔罪己。漢元帝永光元年（西元前四三年）春霜夏寒，日青無光。這是一種異象，人君應當認罪；元帝卻不認過，而以罪過由丞相去承當，丞相于定國自劾而去。漢成帝永始二年（西元前十五年）有隕星和日食，丞相薛宣被免了職。成帝綏和二年（西元前七年）熒惑星守住了心星，凶象要落在皇帝身上，成帝卻要丞相翟方進自殺，替代應驗凶象。漢儀注裡竟規定丞相因着異象自殺的儀式。(1)

漢書天文志記載從漢元年到漢哀帝元壽元年兩百多年間的星辰異象，徵應於事實。如孝景二年（西元前一五五年）『其十二月，水火合於斗，占曰為淬，不可舉事用兵，必受其殃。一曰為北軍，用兵舉事，大敗。斗，吳也，又為粵。是歲，彗星出西南。其三月，立六皇子為王，淮陽、汝南、河閒、臨江、長沙、廣州。其三年，吳楚膠西膠來淄川濟南趙七國反。……』『孝武建元三年（西元前一三八年）三月，有星孛於注張歷，太微干紫宮，至於天漢。春秋星孛於北斗，齊魯晉之君，皆將死亂。今星孛歷五宿。其後濟東、膠西、江都王皆坐法，削黜自殺。淮陽衡山謀反而誅。』『四年十月而地動，其後陳皇后廢。六年，熒惑守輿鬼，占曰為火變，有甚。是歲，高園有火，竇太后崩。』『地節元年（西元前六九年）正月戊午乙夜月食熒惑，熒惑在角亢，占曰：憂在宮中，非賊而盜也，有內亂，讒臣在旁，其辛酉，熒惑入氐中，氐，天子之宮也，熒惑入之，有賊臣，其六月戊戌甲夜，客星又居左右角間，東南指，長可二尺，色白。占曰有奸人在宮廷間。其丙寅，又有客星見，貫索東北，南行，至七月癸酉夜，入天市芒炎東南指，其色白。占曰有戮卿，一曰有戮王，期皆一年，遠二年，是時楚王延壽謀逆，自殺。』『黃龍元年（西元前四九年）客星居王梁東北，可九尺，長丈餘，西指，出閣道間，至紫宮，其十二月，宮車晏駕。』『元延元年（西元前十二年）四月，丁酉日，餔時，天暒晏，殷殷如雷聲，有流星，頭大如缶，長十餘丈，皎然赤白色，從日下東南去，四面或大如盂，或如雞子，燿燿如雨，下至昏止，郡國皆言星隕。春秋星隕如雨，爲王者失執，諸侯起伯之異也。其後王莽遂顓國柄。王氏之興，萌於成帝，是以有星隕之變，後莽遂篡國。』『哀帝建平二年（西元前五年）二月，彗星出牽牛七十餘日，傳曰：彗所以除舊布新也，牽牛，日月五星所從起，歷數之元，三正之始，彗而出之，改更之象也。其出久者，爲其事大也。其六月甲子夏，賀良等建言當改元易號，增漏刻。詔書改建平二年爲太初元將元年，號曰陳聖劉太平皇帝，刻漏以百二十爲度。八月丁己，悉復除之，賀良及黨皆伏誅流放。其後，卒有王莽篡國之禍。』

（乙）感應的哲學理由

這一類的事件，漢志記載很多，當時的人都信以爲眞。班固說明天人感應的理由，以爲日月星辰都由陰陽五行之氣而成，五行有運行的次序。人的行事也會有五行之氣，人事有失，反對五行的次序，便使天象有變。

『五星所行合散犯守陵歷鬪食，彗孛飛流，日月薄食……此皆陰陽之精，其本在地而上發於天者也。政失於此，則變見於彼，猶景之象形，鄉之應

聲。是以明君覩之，而寤飭身正事，思其咎謝，則禍除而福至，自然之符也。』(漢書，天文志)

班固肯定這種天人感應，爲『自然之符』，不是迷信，也不是宗教信仰，而是自然界必然的事。理由，就是在於陰陽五行之氣，運行不息，宇宙的一切事物，都包含在陰陽五行之氣的裡面，受陰陽五行運行的規律所統制。胡適之也說：『這樣的說法，純是自然主義的，純是唯物的，豈不能令自然主義者點頭贊同嗎？好了！陰陽家又說，陰陽之氣分爲五行，陰陽相推，而五行相生相勝，相爲終始，這豈不是純粹自然的，唯物的嗎？於是五德終始之說可以得哲學家的承認了。……陰陽家又說：我們現在可以來談舊宗教嗎的感應了。感應並不是我在地下叩個頭，就可以感動天上的上帝老頭子，那是迷信，我們不要睬他。我們現在要談科學的感應論！也可以說是哲學的感覺論！你愛聽？你當然愛聽了。這種半科學半哲學的感應論，叫做氣類相感應論。……這種感應論全是根據在一個自然界的通則之上，與初民迷信的感應論大不相同了。人受天地的精氣，人的精神也是一種精氣，物類能以陰陽同氣相感應，人與天地也能以陰陽同氣相感召。』

胡適之曾引用淮南王書(淮南子)天文訓，地形訓，時則訓，覽冥訓，人間訓，泰族訓等篇，說明天人感應的哲學基礎。在淮南子以前，呂氏春秋已經有了這種自然思想。

『精氣之集也，必有入也。集於羽鳥，與爲飛揚；集於走獸，與爲流行；集於珠玉，與爲精朗；集於樹木，與爲茂長；集於聖人，與爲夐明。精氣之來也，因輕而揚之，因走而行之，因美而良之，因長而養之，因智而明之。』（呂氏春秋，卷三、盡數）

精氣，爲氣的純淨凝集，具有氣的特點，在每一物裡，結成每一物的優美點。鳥能飛，獸能行，珠玉明朗，樹木茂盛，聖人明智，都是精氣的表現。在天上的星辰日月，也有精氣，表現爲日月的光明，風雨霜雪的調協。天地人物的精氣相通，週遊運行。

『今夫攻者，砥厲五兵，侈衣美食，發且有日矣。所被攻者不樂，非或聞之也，神者先告也。身在乎秦，所親愛者在於齊，死而志氣不安，精或往來也。……月者，羣陰之本也，月望則蚌蛤實，羣陰盈，月晦則蚌蛤虛，羣陰虧。夫月形乎天，而羣陰化乎淵。……父母之於子也，子之於父母也，一體而兩分，同氣而異息，若草莽之有華實者，若樹木之有根心也。雖異處而相通，隱志相及，痛疾相救，憂思相感，生則相歡，死則相哀，此之謂骨肉之親。神出於忠，而應乎心，兩精相得，豈待言哉。』（呂氏春秋，卷九、精通）

這種現象古代有，現代也有。在一地忽然感到另一地的親人有變故，或是預先感到將發生的社會大事。現代科學還沒有確實的解釋，有的說是電流。中國古人則說是氣的感應；另外是父子兄弟姊妹的氣，同是一體，更易感應。天地萬物本來同是一氣，雖有陰陽清濁和五行的分別，在根本上究竟總是一氣。呂氏春秋也說：

『類固相召，氣同則合，聲比則應，鼓宮而宮動，鼓角而角動。』（應同篇）

淮南子書裡很多這一樣的話，以物氣相同，人事的好壞，反應到自然界的現象。人由自然界的怪異現象，就可知道人事的得失，也就推測將來的禍福。

『物類相動，本標相應。……人主之情上通於天，故誅暴則多飄風，枉法令則多虫螟，殺不辜則國赤地，令不收則多淫雨。』(天文訓)

『夫物類之相應，玄妙深微，知不能論，辨不能解。……君臣乖心，則背譎見於天，神氣相應徵矣。』(覽冥訓)

在董仲舒的春秋繁露裡，感應的思想也很顯露，先講在自然界氣類相應。陽氣在天成象，在天便有相應的象；陰氣在天成象，在地也有相應之象。

『陰陽之氣，俱相併也。中春以生，中秋以殺。由此見之，天之所起，其氣積，天之所廢，其氣隨。故至春少陽東出就木，與之俱生，至夏太陽南出就火，與之俱煖，此非各就其類，而與之相起與？少陽就木，太陽就火，火木相稱，各就其正，此非正其倫與？』(春秋繁露，卷十二、陰陽終始、第四十八)

少陽太陽，因着五行，和木火，和春夏相應。春有生，夏有長，春在東，夏在南；所以都是彼此同類相應。其他一切的相應，都由這種五行和萬物相配而生。

『今平地注水，去燥就濕；均薪施火，去濕就燥；百物其去所與異，而從其所與同。故氣同則會，聲比則應，其應皦然也。試調琴瑟而錯之，鼓其宮則他宮應之，鼓其商而他商應之。五音比而自鳴，非有神其數然也。美事召美類，惡事召惡類，類之相應而起也。如馬鳴則馬應之。帝王之將興也，其美祥亦先見，其將亡也，妖孽亦先見，物故以類相召也。……天有陰陽，人亦有陰陽。天地之陰氣起，而人之陰氣應之而起；人之陰氣起，而天之陰氣亦宜應之而起；其道一也。……非獨陰陽之氣可以類進退也，雖不祥禍福所從生，亦由是也。無非己先起之，而物以類應之而動者也。……』（春秋繁露，卷十三、同類相動，第五十七）

這種同類相應的思想，在漢朝是一種普遍的思想，淮南子有，春秋繁露有，篇中的話和呂氏春秋的話相同：『氣同則會，聲比則應』（春秋繁露）『氣同則合，聲比則應』，明明表示這種思想來自秦末的齊學。

自孔子以前，史書常記載這種災異相應的實例，目的在於警戒人君，勸他們爲善。人君既不聽從臣下的勸諫，便只好假借天意。

『災者，天之譴也，異者，天之威也。譴之而不知，乃畏之以威，詩云畏天之威，殆此謂也。凡災異之本盡生於國家之失。國家之失，乃始萌芽，而天出災害以譴告之。譴告之而不知變，乃見怪異以驚駭之，驚駭之尚不知畏，恐其殃咎。乃至以此見天意之仁，而不欲陷人也。……故見天意者之於災異也，畏之而不惡也，以爲天欲振吾過救吾失也，故以此救我也。』（春秋繁露卷八，必仁且知、第三十）

人君若是明主，則不怨恨有天災，祇知道畏懼天災，因畏懼而自知改過。故沒有天災，却不應該喜歡，而應該害怕遭天厭棄，不予警戒，將趨滅亡。

(2) 五德終始說

鄒衍倡五德終始說，呂氏春秋的應同篇有所說明，到了秦漢，這種學說成了中國的一種正式政治思想，一直流傳到後代。中國後代的史家有的信，有的不信，宋代歐陽修司馬光朱熹在這方面都各有一說。史記秦始皇本紀記載秦始皇平定了六國，議帝號，稱始皇帝，以水德而興，符合五德之數。

『始皇推終始五德之傳，以爲周得火德，秦代周，德從所不勝。方今水德之始，改年始，朝賀，皆自十月朔，衣服旄旌節期，皆上黑。數以六爲記，符法冠皆六寸，而輿六尺，六尺爲步，乘六馬，更名河曰德水，以爲水德之始。』（史記，秦始皇本記）

秦始皇以秦爲水德，周爲火德，水勝火，秦乃勝周而爲帝。秦朝滅得很快，繼起的人爲漢高祖，按照秦始皇所信五德說，漢應爲土，因爲土勝水。漢高祖劉邦却不這樣相信，他也相信自己是赤帝子，又以自己爲水德。

史記記載劉邦爲亭長時，解送囚徒，徒多逃亡，乃索性把囚徒都放了，自己逃亡澤中，圖謀起兵。囚徒中的壯士，有十幾個人跟着他一起逃亡。

『高祖被酒，夜徑澤中，令一人前行。行前還報曰，前有大蛇當徑，願還。高祖醉，曰；壯士何畏，乃前，拔劍擊斬蛇，蛇遂分爲兩，徑開。行數里，醉臥。後人來，至蛇所，有一老嫗夜哭。問何哭？嫗曰；人殺吾子，故哭之，人曰；嫗子何爲見殺？嫗曰；吾子，白帝子也，化爲蛇，當道，今爲赤帝子斬之，故哭。人乃以嫗爲不誠，欲笞之，嫗忽不見。後人告高祖。高祖乃心獨喜，自負，諸從者日益畏之。』（史記，高祖本記）

劉邦因此以十月到灞上，和諸侯平定咸陽自立爲漢王時，以十月爲歲首，以赤爲正色。到了漢文帝時，魯人公孫臣上書，以秦爲水德，漢則應爲土德。但是當時的丞相張蒼反對，仍保持不變。

『魯人公孫臣上書曰；始秦得水德，今漢受之，推終始傳，則漢當土德。土德之應，黃龍見，宜改正朔，易服色，色上黃。是時丞相張蒼好練歷，以爲漢乃水德之始，故河決金提，其符也。年始終十月，色外黑內赤，與德德相應。如公孫臣言，非也，罷之。後三歲黃龍見成紀，文帝乃召公孫臣拜爲博士，與諸生草改歷服色事。』（史紀，封禪書）

但是文帝並沒有改變曆數服色，到了武帝時於太初元年（西元前一〇四年）纔改信土德，以正月爲歲首，色尙黃色，以應土德。

『夏，漢改曆，以正月爲歲首，而色上黃，官名更印章以五字，爲元初元年。』（史記，封禪書）

漢武帝終於回到了五德終始的次序，以秦爲水德，土勝水，漢朝應該是土德。又根據三統說，以漢爲黑統，寅月爲首，便以正月爲正。三統說有兩種意義：一種意義以夏商周屬於天統地統人統。夏以寅月爲正月，屬於人統，商以丑月爲正月，屬於地統，周以子月爲正月，屬於天統。一種意義以夏爲黑統，商爲白統，周爲赤統。周以後輪到黑統。漢武帝以漢爲黑統，以正月爲歲首，直接繼承周朝。後來王莽以自己的新朝爲白統。但是漢昭帝卻又改漢朝爲火德，尙赤。劉向父子以伏羲氏爲木德，以母傳子，漢得火德。班固漢書郊祀志贊曰：

『漢興之初，庶事草創，唯一叔孫生，略定朝廷之儀，若迺正朔服色效望之事，數世猶未章焉，至於孝文始以夏郊。而張倉據水德，公孫臣賈誼更以爲土德，卒不能明。孝武之世，文章爲盛，太初改制。而兒寬司馬遷等猶從臣誼之言，服色數度，遂順黃德，從所不勝，秦在水德，故謂漢據土而克之，劉向父子以爲帝出於震，故包犧氏始受木德，其後以母傳子，終而復始，自神農皇帝下歷唐虞三代，而漢得火德焉。故高祖始起，神母夜號，著赤帝之符，旗章遂赤，自得天統矣。昔共工氏以水德，閒於水火，與秦同運，非其次序，故皆不永，由是言之，祖宗之制，蓋有自然之應順時宜矣。』

但是秦爲水德，乃秦始皇所定，漢書郊祀志記載很清楚。秦始皇定秦爲水德，也是上溯到黃帝和三代。漢書郊祀志說：

『秦始皇旣卽位。或曰：黃帝得土德，黃龍地螾見。夏得木德，青龍止於郊，草木暢茂。殷得金德，銀自山溢。周得火德，有赤烏之符，今秦變周水德之時，昔文公出獵，獲黑龍，此其水德之瑞，於是秦更名河曰德水。以冬十月爲歲首，色尚黑。』

這種上溯皇帝的德運爲土，祗是一種傳說，沒有證據。劉向父子則以中國歷史上的第一位帝王，乃是伏羲，五德終始的開端，應從伏羲開始，伏羲爲木德，一代一代算，周爲木德，秦爲金德，漢爲火德。漢高祖作亭長時，起兵，斬蛇。夜中老嫗以蛇爲白帝子，被赤帝子所斬。白帝爲金，赤帝爲火，漢朝便屬於火。王莽做了皇帝，改制，以漢爲火德，他自己屬於土德。王莽所用的五德終始次序，不是相勝，而是相生。

(3)

包犧氏	木德
神農氏	火德
黃帝	土德
少皞	金德
顓頊	水德
帝嚳	木德
堯	火德
舜	土德
禹	金德
湯	水德
周	木德
漢	火德
新莽	土德

漢書王莽傳記王莽篡位時，以漢爲火德，自己繼承漢統。漢書說：

『於是新皇帝立登車，之漢氏高廟受命。受命之日，丁卯也。丁，火，漢氏之德也。卯，劉姓所以爲字也。明漢火德盡而傳於新室也。』（王莽傳中）

王莽却在三統說中自居白統，以十二月爲正月，犧牲用白色，以白統繼黑統。在五德說中，則自居土德。他採用五德相生的理論，因爲他自以爲不是以兵馬奪漢家天下，便不應用五德相勝說，而是受漢家的禪讓，禪讓應是五德相生。而且他又以王氏爲舜王的後代，家漢劉氏爲堯王的後代，堯禪帝位給舜，堯爲火德，舜爲土德，那麼，漢朝應是火德，王莽他自己便是土德了。(4)

後漢光武帝劉秀攻王莽，以火德爲王，就是恢復漢高祖火德的天下。當劉秀起兵時，他的長安同學彊華從關中帶來「赤伏符」給他，符上寫着：『劉秀發兵捕不道，四夷雲集龍鬬野，四七之際火爲主。』後來他做了皇帝，爲後漢光武帝，以火德自居，色尚赤。

五德終始說，到了漢代以後，就不常爲皇帝所採用了。唐書爲歐陽修所撰，歐陽修在所作正統論鄙棄五德說：『而曰五行之運有伏王，一以彼衰，一以此勝，此歷官術家之事，而謂帝王之興，必乘五運者，繆妄之說也，不知出於何人。蓋自孔子歿，周益衰亂，先王之道不明，而人人異學，肆其怪奇放蕩之說。後之學者，不能卓然奮力而誅絕之，反從而附益其說，以相結固。故以秦推五勝以水德自名，由漢以來，有國者未始不由於此說，此所謂溺於非聖之學也。』(正統論上)

(3) 封禪

封禪的意義，是封於泰山，禪於梁父。封是祭天，禪是祭地。『積土爲封，闡廣土地爲墠，墠又改爲禪，故稱爲封禪』⑸在秦以前，遵照古禮，天子祭天，諸侯祭境內的山川。諸侯祭山川的祭祀稱爲『望』祭。齊桓公稱覇諸侯，會諸侯於葵丘，想行封禪的祭禮；齊國人以泰山爲天下最高的山，在泰山祇能祭最高的上帝，登泰山行封禪，便是帝王天子。桓公想行封禪，管仲認爲不可；因爲行封禪祭禮者以往都是受命的帝王，而且在封禪以前都有祥瑞。齊桓公便沒有行封禪。秦始皇併吞了六國，巡幸到泰山，登山行封禪禮。

司馬遷作史記，有封禪書一篇。在開端時，說明封禪的條件；要是受命帝王，要有祥瑞，要有德，最後還要有時間去巡狩，古代只有帝王纔能祭天，爲行封禪最基本的條件當然是受天命而爲帝王。帝王受命爲代天行道，若是國家不太平，人民不樂業，人君便沒有盡到職務，怎麼好登泰山去祭天呢？因此封禪典禮成了顯耀政治功績的標識，可是那一位帝王敢說自己的功德高，得到上天的讚賞呢？祇有祥瑞發現，顯露天意，纔能使人君知道得到上天的歡心了，便可以登泰山，行封禪。史記記載舜王曾到泰山，禹王也到過泰山，以後便沒有皇帝上泰山了。可是書中記管仲的話，『古者封泰山，禪梁父者，七十二家，而夷吾所記者，十有二焉。』這些史事都很不可靠，在舜王時，一年中巡幸東岳南岳西岳北岳，那是不可能的事！

封禪是齊國人所想出的事，秦始皇到了齊國泰山，纔想到封禪。齊國鄒衍曾倡五德終始說，司馬遷在封禪書裡說：『騶衍以陰陽主運，顯於諸侯，而燕齊海上之方士，傳其術，不能通；然則怪迂阿諛苟合之徒，自此興，不可勝數也。』秦始皇封泰山禪梁父，便是聽信齊地的怪迂阿諛之徒的話。秦朝在封禪後十二年就亡了，儒生們便譏刺秦始皇，說『始皇上泰山，爲暴風雨所擊，不得封禪。此豈所謂無其德而用事者邪？』漢高祖得天下，沒有時間去上泰山，文帝景帝都是求天下安寧，不願擾亂天下，不出巡幸。漢武帝登極後，北擊匈奴，西通西域，南取楚粵，便自認爲功德可比古代帝王了。當時編造祥瑞的消息，接二連三送到京師，漢武帝便行封禪大典了。

漢武帝行封禪，也因齊人公孫卿假造寶鼎，藉着嬖人奏聞皇帝，所得寶鼎和皇帝所得寶鼎相同。皇帝曾祭天，成了仙，登天。在古代封禪者有七十二家，祇有皇帝上了泰山。漢武帝正忙着求不死之藥，便很想仿效皇帝能够和神相通，乃和公卿等官談封禪。可是公卿儒者中沒有一個人知道封禪的禮儀，於是採用周官王制的「望」祀。這時，又出來一個齊地的老人丁公，年九十餘，他奏聞武帝說：『封者，合不死之名也。秦皇帝不得上封，陛下必欲上，稍上，卽無風雨。』武帝就決定上封，盡罷儒生們所擬的封禪禮，用祭泰一的禮去封泰山，又禪於山下的肅然山，命人把遠方的珍禽異獸放在泰山上，作爲祥瑞，正式改元爲元封元年（西元前一一〇年），後來又四次行封禪禮。定『五年一修封。』

在漢武帝的封禪典禮中，有兩點値得注意：第一，封禪典禮和不死的神話連在一起，第二，封祭用祭泰一禮。

秦始皇求不死長生之藥，聽信齊地方士的話。漢武帝更想長生不死。方士們竟以「封」爲合『不死之名也。』本記說：『封禪祠，其夜有光，晝有白雲起封中。』『天子既已封禪泰山，既無風雨菑，而方士更言蓬萊諸神山，若將可得。於是上欣然，庶幾遇之，乃復東至海上望，冀遇蓬萊焉。奉車子侯暴病，一日死。上乃遂去。』

漢以後，封禪之禮作廢。

(4) 五帝

書經和周禮所記，都是皇帝郊祭昊天上帝，昊天上帝唯一，郊祭也只是一，只有行祭的時間，在一年內可以有一兩次。到了戰國末年，五行的學說興起，五行的精氣乃有結有五帝之說，於是在漢朝便新生了五帝的祭祀。

五帝的由來，來自秦國，史記封禪書記秦國原祭少皞，爲白帝。

『秦襄公旣侯，居西埵，自以爲主少皞之神，作西畤，祠白帝。』（史記，封禪書）

封禪書也補充說明祠白帝的另一段事由，乃是因爲秦文公出去行獵，夢見一條黃蛇由天降地，口止於鄜衍，文公問史敦，這是什麼意思。史敦答說：

『此上帝之徵，君其祠之。於是作鄜畤，用三牲，郊祭白帝焉。』

『秦宣公（西元前六七二年）作密畤於渭南，祭青帝。』

『自秦宣公作密畤後二百五十年（前四二二），而秦靈公於吳陽作上畤，祭黃帝；作下畤，祭炎帝；作下畤。』

漢高祖入關（西元前二〇五年），聽說秦朝祭四帝，便加祭黑帝，以符合五行，乃有五帝。

『問：故秦時上帝祠何帝也？對曰：四帝，有白，青、黃、赤帝之稱。高祖曰：吾聞天有五帝，而何四也？莫知其說。於是高祖曰：『吾知之矣，乃待我而具五也。乃立黑帝祠，名曰北時。』（史記，封禪書）

漢高祖雖祀黑帝，但並沒有把五帝和昊天上帝的祭祀連在一起。到了漢武帝時，五帝的祭祀之上，加一太一，因此在封泰山時，以祭泰一的祭禮祭昊天上帝。

封禪書說：

『亳人謬忌奏祠太一方曰：天神貴者太一，太一佐曰五帝。古者天子以春秋祭太一東南郊。……於是天子會太祝立其祠於東南郊，常奉祠，如忌方』

『其後人有上書言，古者天子三年壹用太牢祠神三，一天，一地，一太

一。天子許之，令太祝領祠之於忌太一壇，如其方。』（封禪書）

這樣乃有了六帝；太一，青、白、黃、赤、黑。武帝決定以太一爲尊，五帝爲佐。

『令祠官寬舒等具太一祠壇。祠壇仿亳忌太一壇，壇三垓，五帝壇環居其下。』

封禪書又記武帝祭后土，后土也設五壇，似乎祭五后土。后土也成了五。

『今上帝朕親郊，而后土無祀，則禮不答也。有司與太史公祠官寬舒議，天地牲，角繭栗，今朕下親祠后土，后土宜於澤中圓丘，爲五壇。……於是天子遂東，始立后土祠汾陰脽丘，如寬舒等議。上親望拜，如上帝禮。』（封禪書）

五后土的祭禮，後代沒有繼續。三一，天一，地一，太一，的祭祠也不傳於後世；惟有五帝的祭祀，則流傳很久；而且把古代郊典變成了五郊。五郊始於後漢明帝永平二年。（西元五九年）。

『永平二年，……是歲始迎氣於五郊。』（後漢書，明帝記）

『迎五氣五郊之兆。四方之兆，各依其位。中央之兆在未，壇皆二尺。立春之日，迎春於東郊，祭東帝句芒，車服皆青。歌青陽，八佾舞，雲翹之舞。立夏之日，迎夏於南郊，祭赤帝祝融，車服皆赤，歌朱明，八佾舞，雲翹之舞。先立秋十八日，迎黃靈於中央，祭黃帝后土，車服皆黃，歌朱明，八佾舞，雲翹育命之舞。立秋之日，迎秋於西郊，祭白帝蓐收，車服皆白，歌白藏，八佾舞，育命之舞。立冬之日，迎冬於北郊，祭黑帝玄冥，車服皆黑，歌玄冥，八佾舞，育命舞。』（注。續漢書）

五帝而有五郊，完全是依照五行的思想。五帝的名字出自緯書；但是在呂氏春秋裡已經有這些名字，祗是不大清楚。

『一曰孟春之月，……其帝太皞，其神句芒。』（呂氏春秋，孟春）

仲春和季春的帝都是太皞，其神句芒。春天的帝便是太皞，神是句芒。

『一曰孟夏之月，……其帝炎帝，其神祝融。』（呂氏春秋，孟夏）

仲夏和季夏的帝也都是炎帝，神是祝融，夏天的帝便是炎帝，神是祝融。

『一曰孟秋之月，……其帝少皞，其神蓐收。』（呂氏春秋，孟秋）

仲秋和季秋的帝也都是少皞，神是蓐收。秋天的帝便是少皞，神是祝融。

「一曰孟冬之月……其帝顓頊，其神玄冥。』（呂氏春秋，孟冬）

仲冬和季冬的帝也都是顓頊，神是玄冥。冬天的帝便是顓頊，神是玄冥。

五郊的五帝為句芒，祝融，后土，蓐收，玄冥。五帝的名字，就是呂氏春秋的四神，祗加了后土。這四帝在呂氏春秋稱為四神，呂氏春秋中四帝則為古代的四位帝王，太皞、炎帝、少皞、顓頊。呂氏春秋的四帝四神和禮記月令所有四神四帝相同，五郊的祭祀加上了黃帝，安置在春夏秋多的中央，以代表中央的土，所以祭后土。其實漢高祖已經建后土祠，以祭天的典禮祭后土。

後代在祭祀中，乃出現了五人帝，五神帝：五人帝為太皞、炎帝、黃帝、少皞、顓頊。五神帝為青帝句芒，赤帝祝融，黃帝后土，白帝蓐收，黑帝玄冥。在祭昊天上帝時，兩種五帝都有自己的位置。這種典禮之所以形成，原因在於鄭玄的注經，引用這種思想注釋經書，成了正式的儒家思想。鄭注又以五色的五帝，各有星座的名字，即青帝靈威仰，赤帝赤熛怒，黃帝含樞紐，白帝白招樞，黑帝汁光紀，唐孔穎達曾在禮記月令孟春天子迎春於在郊一段作疏說：『禮器云，饗帝於郊，而風雨寒暑時是人帝，何能使風雨寒暑得時？』人帝不能治天象，乃以木德之主為靈威仰，火金水土之德，也都是一神帝。歐陽修撰新唐書在禮樂志裡說得很清楚，『自周衰，禮樂壞于戰國，而絕于秦。漢興，六經在者皆錯亂，散亡雜偽，而諸儒方共補緝，以意解詁，未得其眞。而讖之書出以亂經矣。自鄭玄之徒，號稱大儒，皆主其說。學者由是牽惑沒溺。而時君不能斷決，以為有其舉之莫可廢也。由是郊丘明堂之論，至於紛紛而莫知所止。禮曰：以禋祀昊天上帝，此天也，玄以爲天皇大帝者，北辰耀魄寶也。又曰：兆五帝於四郊，此五行精氣之神也。玄以爲青帝靈威仰，赤帝赤熛怒，黃帝含樞紐，白帝白招樞，黑帝汁光紀者，五天也，由是有六天之說，後世莫能廢焉。』

唐朝的祭典也祭五帝，到了唐高宗纔因禮部的奏議，廢除五天的祭禮，祗祭昊天上帝。

『高宗顯慶二年，（西元六五七年）禮部尙書許敬宗等議曰：六天出于緯書，而南郊圜丘一也。元（鄭玄）以爲二物，郊及明堂，本以祭天，而元皆以爲祭太微五帝，傳曰：凡祀，啓蟄而郊，郊而後耕，故郊祀后稷，以新農事，而元謂周祭感帝靈威仰，配以后稷，因而祈穀，皆謬論也。由是盡黜元說，而南部祈穀，祭昊天上帝。』（舊唐書禮儀志，唐會要，頁二〇一）

然而唐高宗的詔令，並沒有結束五帝的祭祀，後代的帝王有人重起五帝的祭祀，有人廢除。這樣到了明朝，明洪武纔把這個問題解決。

『洪元元年（西元一三六八年）二月壬寅朔，中書省李善長等奉敕撰進郊祀議，略言：王者事天明，事天察，故冬至敎天，夏至敎地，所以順陰陽之義也。祭天於南郊之圜丘，祭地於北郊之方澤，所以順陰陽之位也。周禮大司樂：冬日至，禮天神，夏日至，禮地祇。此三代之正禮，而釋經之正說。自秦立四畤，以祀白青黃赤四帝，漢高祖復增北畤，以祀黑帝。至武帝有雍五畤，及謂陽五帝，甘泉太乙之祀，而昊天上帝之祭，則未嘗舉行。魏晉以後，宗鄭玄者，以天有六名，歲凡九祭。宗王肅者，以天體惟一，安得有六？一歲二祭，安得有九。雖因革不同，大抵多參二家之說。自漢武帝用於祠官寬舒議，立后土祠於汾陰脽上，禮如祀天。而後世因於北郊之外，仍祀后土。鄭玄又惑於緯書，謂夏至於方丘之上，祭崑崙之祇，七月於泰圻之壇，祭神州之祇，析而爲二。後世又因之，一歲二祭。元始間，王莽奏罷甘泉泰畤，復長安南北郊，以正月上辛若丁，天子親合祀天地於南郊。由漢唐歷千餘年間皆因之。其親祀北郊者，惟魏文帝，同武帝，唐高祖，唐元帝（睿宗）四帝而已。宋元豐中，議罷合祭。紹聖政和間，或分或合。高宗南渡以後，惟用合祭之禮。元成宗始合祭天地五方帝，已而立南郊，專祀天。泰定中，又合祭。文宗至順以後，惟祀昊天上帝。今當遵古制，分祭天地於南北郊。』(明會典，卷七、頁九六—九七)

明清兩朝五帝的祭祀再沒有舉行了，郊祀典禮都按古制。五帝的思想，在中國的祭祀和宗教思想裡，混了兩千年，來源出自五行。五行進入了宗教生活，造成了五帝，五帝乃五行之精。到了明朝，纔把這種思想澄清。

(5) 明堂

明堂本來和五行沒有關係，因爲是天子聽政行禮的處所。但是後來五行的思想支配了明堂，把宗教的思想也牽進去了。

明堂在夏商周三代名稱不同，夏稱世室，商稱重屋，周稱明堂，也稱淸廟。通常的朝覲，祭天，祭祖，養老，尊賢，都在明堂裡舉行。故周禮考工記注曰：『明堂者，明政教之堂。』孟子說：『明堂者，王者之堂也。』(梁惠王下)

周禮考工記匠人篇說：『夏后氏世室，堂修二七，廣四修一，五室九階。殷人重屋，堂修七尋，崇三尺，四阿重屋。周人明堂度九尺之筵，東西九筵，南北七筵，堂崇一筵，五室，凡室二筵。』

關於明堂的用度，古書多有記載：

『昔者周公朝諸侯於明堂之位，天子負斧南鄉而立，』（禮，明堂位）

『宗祀文王於明堂。』（孝經，聖治章）

『明堂石室，金匱玉版。』（史記，太史公自序）

『天子躬於明堂臨觀。』（史記，樂書）

在三禮圖明堂的注裏，就有了五行思想：

『堂上爲五室，象五行，以宗廟制如明堂。明堂中有五天帝五人神之坐，皆法五行，以五行先起於東方，故東北之室爲木，其實兼水矣。』

這段注文，明明反映了漢朝的宗教思想。在禮記月令裡說明天子按照五行配四季和四方的次序，每一個月，換任在明堂的一室裡，同時服飾的顏色也要合於五行的次序。明堂成正方形，在東西南北各有一個正廳，又各有兩個廂房『天子每一個月應當換住一個地方，穿這一個月應穿的衣，吃這一個月應吃的飯，聽這一個月應聽的音樂，祭這一個月應祭的神，祇辦這一個月應行的時政；滿十二月轉完這一道圈子。在這大院子的中間又有一個廳，是天子在季夏之月裡去住的。另有一說是每一季裡抽出十八天（所謂土王用事）去住的。這把方向的東南中西北和時令的春夏秋冬相配，使天子按着木火土金水的運行去做天人相應的工作，眞是五行思想的最具體的表現。記載這個制度的，叫做十二紀（呂氏春秋），又叫做時則（淮南子），又叫做月令（禮記）(6)

鄭玄注周禮考工記匠人篇說：『上五室法五行，木室處東北，曰青陽，火室東南曰明堂，金室西南曰總章，水室西北曰玄堂，土室中央曰太室。蓋夏以不毀爲名，故曰世室。商加重擔，故曰重室。周以明布政令，故曰明堂。』

蔡邕有一篇明堂論，他說：『明堂者，天子太廟，所以宗祀其祖，以配上帝者也。』

禮記月令說：

『孟春之月……天子居青陽左个，乘鸞路，駕倉龍，載青旂，衣青衣，服倉玉，食麥與羊。其器疏以達。

仲春之月，……天子居青陽大廟，乘鸞路，駕倉龍，載青旂，衣青衣，服倉王，食麥與羊……

『季春之月……天子居青陽右个，乘鸞路……。

『孟夏之月，……』天子居明堂左个，乘朱路，駕赤騮，載赤旂，衣赤衣，服赤玉，食菽與雞，其器高以粗。

『中央土，……天子居大廟大室，乘大路，駕黃騮，載黃旂，衣黃衣，服黃玉，食稷與牛，其器圜以閎；……

『孟秋之月，……天子居總章左个，乘戎路，駕白駱，載白旂，衣白衣，服白玉，食麻與犬，其器廉以深。……

『孟冬之月，……天子居玄室左个，乘玄路，駕鐵驪，載玄旂，衣黑衣，服玄玉，食黍與彘，其器閎以奄。』

禮記出自呂氏春秋的十二紀，然而這種五行思想，以及所記天子迎春夏秋冬於東西南北四郊，已是漢武帝祭五帝的祭祀，鄭玄的注釋明明說出五帝的星座名字。因此，這種明堂，不能是夏商周三朝的皇帝明政教之堂，而是漢朝人所造的明堂，在漢朝以後作廢。

在後漢書的祭祀志中，記載皇帝在明堂裡祭五帝，『是年（建武中元元年）初營北郊明堂，辟雍，靈台未用事。……明帝卽位，永平二年正月辛未祀五帝於明堂。』

晉書禮樂志有在明堂行祭祀的記載。『太康十年詔曰：孝經郊祀后稷，以配天宗，祀文王於明堂，以配上帝。而周官云，祀天旅帝，又曰祀地旅四望，望非地，則明堂上帝，不得爲天地。往者衆議除明堂五帝位。考之禮文不正。……其復明堂及南郊五帝位。』『（魏）明帝太和元年，始宗祀文帝於明堂。……庚午詔書明堂及南郊，除五帝之位。』

歐陽修的唐書禮樂志卷一說：『凡歲之常祀，二十有二，冬至正月上辛，祈穀，孟夏雩祀昊天上帝于圓丘，季秋大享于明堂。……』大享爲祭祖的祭祀，在明堂舉行。

漢以後，明堂在各朝代，時建時廢，僅爲祭祀之用，等於皇帝的祖廟，已經不是宣佈政敎的地方，也脫離了五行的思想，不成爲宗敎信仰的特別點。

關於明堂的考據，王國維曾作有一篇明堂廟寢通考(7)

(6) 神仙與不死之藥

在十三經和老子道德經裡沒有仙字，在莊子裡有眞人，有至人的稱呼。莊子的眞人和至人，頗有秦漢時代所謂神仙的色彩。莊子達生篇講至人入火不焚，涉水不沉，和天地萬物相終始，『其天守全，其神無郤。』齊物論講至人，『至人神矣！大澤焚而不熱，河漢冱而不寒，疾雷破山，風振海，而不能驚。若然者，乘雲氣，騎日月，而游乎四海之外，死生無變於己，而況利害元端乎！』莊子的話固然是寓言體，後來術士們所談的神仙，則是把莊子的話作爲實話了。

神仙的信仰和長生的希望相連。莊子講養生，隱約含有求長生的希望，在春秋戰國時，有人以爲這種希望有可能成爲事實，當時已有術士製造不死之藥。戰國策楚策有獻不死之藥於荆王者，中級的弓箭手奪去吃了，荆王要殺他，弓箭手說那副不死之藥就是死藥了，荆王纔醒悟是人騙他，乃沒有殺弓箭手。韓非子外儲說客有教燕王不死的方法。人若不死，便成神仙。

莊子逍遙遊有神人，『藐姑射之山，有神人居焉，肌膚若冰雪，淖約若處子，不食五穀，吸風飮露。』列子黃帝篇說『列姑射山在海河洲中，山上有神人焉，吸風飮露，不食五穀。』和莊子書中所說的神人一樣，也就是後來所說的神仙。莊子天地篇已有了仙字，『千歲厭世，去而上仙。』

秦始皇時，神仙之說流行社會。當始皇到泰山行封禪典禮時，齊人徐市（徐福）上書，說東海有三座神山，名叫蓬萊，方丈，瀛洲，有仙人居在山上，請發童男女去求僊人。始皇遂遣徐市率領數千童男女到海上去會仙人。仙人當然沒有會到。這椿事記載在史記的秦始皇本紀裡。始皇本紀還記載了許多求仙不死之藥的史事，始皇派燕人盧生入海求僊，盧生回來奏說鬼神圖書，『亡秦者胡』，始皇遂派蒙恬北擊胡人。盧生又奏說求靈芝奇藥，不遇仙人，因爲皇帝的行止，大衆都知道，仙人恐走漏不死之藥的秘密，請皇帝以後在宮中，不要讓人知道居在何處。始皇聽了他的話，令阿房宮的人誰也不能說他住在那一宮裡。

漢朝信神仙和不死之藥的皇帝爲漢武帝，史記封禪書記載了許多事。當時有個方士，名李少君。他自稱幾百歲人，奏請武帝祠竈，『祠竈則致物，致物，而丹砂可化爲黃金，黃金成，以爲飮食器，則益壽，益壽則海中蓬萊仙乃可見。』又說海上有仙人安期生，和蓬萊山相通。武帝便遣人入海求安期生，又親自祠竈，修煉丹砂。後來李少君病死了，皇帝認爲仙化了，齊人少翁，以鬼神方見上，欲使皇上夜會已死的王夫人，但忙了一年，王夫人的神不來。便假裝一個牛腹中有神書，武帝知道受騙，遂把他殺了。後來他又後悔，便又喜歡另一個名叫欒大的方士。欒大說自己曾往海上見安期生，仙人都以他賤，不接待他。武帝封他爲樂通侯，又以衞長公主做他的妻子。他却托言入海求師，實際上到了泰山祠，武帝知詐，也把他殺了。接着來了一個齊人公孫卿，給武帝講黃帝成仙和申公學仙的事。武帝便封他爲卿，使他到東方太室去迎接神仙。他奏說在河南緱氏城看見了仙人的跡象，武帝親自到緱氏城去看。後來皇帝到泰山，東巡海上，齊人上疏言神怪者幾萬人。武帝令發船入海求蓬萊山，公孫卿持節先行，他回來奏說見了巨人，並說神人欲見皇帝。武帝封公孫卿爲中大夫，親往緱氏城，不遇神仙。公孫卿怪帝性太急，爲見仙人須多等候，而且仙人喜歡住在高樓。武帝便在長安和甘泉等處建築「觀」，以候神仙。神仙不到，方大等奏言黃帝時爲五城十二樓，以候神人於執期，命曰迎年。武帝接受他們的奏言，令按照所奏修建迎神城樓，命名曰明年。後來還有粵人勇之，齊人公玉帶和寬舒，一班方士，武帝始終不放棄求不死之藥的決心，至終抱着這種心願死了。

神仙和方士以及不死之藥，對於漢朝的易學，頗有影響；而對於漢末魏晉的道教，則成爲眞本的教義。

注：

(1) 漢代學術史略。第六章、啓業書局，民六四年版。

(2) 胡適。中國中古思想史長編。頁四七二—四七九。胡適紀念館。民六十年版。
(3) 漢代學術史略、第十六章。
(4) 漢代學術史略、第十五章。
(5) 胡適。中國中古思想史長編。頁五〇五。
(6) 漢代學術史略、頁六。
(7) 見觀堂集林、卷第三。

(四) 經　學

漢唐時期的儒家的中心工作，在於作經書的注疏。一千多年裏，所作的注疏，汗牛充棟，可惜大部份都遺失了。雖然經過了清朝學者的考訂，現在也祇能知道大略的情形。

經書本來在孔子以前就有了；但因爲經過了孔子的刪定，纔從此成爲儒家的經典。到漢朝再經過皇帝立爲政府官員所必讀的書，經書更成爲中華民族思想的基礎，唐朝規定了經書正義，思想成爲一統。唐宋明的科學制度，以明經受士。社會的思想，完全包括在經書的範圍以內，經書也就成了中華民族文化的生命。

經書，按照古代對於孔子刪定經書的傳說，該是六經：詩、書、易、禮、樂、春秋。禮記經解篇說：『孔子入其國，其教可知也。其爲人也，溫柔敦厚，詩教也；疏通知遠，書教也；廣傳易良，樂教也；潔淨精微，易教也；恭儉莊敬，禮教也；屬辭比事，春秋教也。』後來因樂經已經遺失了，乃稱五經。漢朝時論語和孝經已列入經書中，經書的數目爲七經。唐朝時以三禮（周禮，儀禮，禮記）三傳（左傳，公羊傳，穀梁傳）易、書、詩爲九經。宋朝又增論語，孝經，孟子，爾雅，爲十三經。實際上，五經以外所增列的書，乃是傳。皮錫

瑞說：『孔子所定謂之經，弟子所釋謂之傳或謂之記，弟子輾轉相授謂之說。』(1)

經字的意義，從字義源起說，說文解釋『經，織從絲也，從糸，聲巠。』從經書方面說釋名解釋『經，徑也；如徑路無所不通，可常用也。』

六經稱經，皮錫瑞以爲在孔子删書之後，因孔子删書後，以六書授徒，爲儒家傳統的常道。(2)章太炎以爲六經稱爲經書，因係竹簡，編綴而成，故稱經。(3)在戰國時，已有經和說，如墨子的經和說；經和解，如管子的經和解。又有經和傳，如韓非子內外儲說。到了漢朝，以經書稱六書，則有尊重此六經書，以爲人生的常道。

(1) 今文

秦始皇因李斯的奏議，下令焚書。『焚燒詩書百家語』，禁止私學，禁止以古非今，禁止批評政制。這時候雖然也有私藏的書，但在這統一的專制帝政之下，人人都有『無所逃於天地之間』的感覺。藏書的人須把書藏在壁裏，傳書的人須在夜半鷄鳴之間秘密約會，思想的不自由可以想見了。皇帝今天想求仙，於是學者都得講神仙。皇帝明天要封禪了，於是博士先生們又都得講求封禪典禮了。(4)六書中僅易經得免於焚燬。

秦始皇雖焚燒了詩書，然僅焚了私家所藏，官府所藏沒有燒。但是在秦二世時，天下大亂，官府所藏的書也遭焚燬。司馬遷史記說：『秦之季世，焚詩書，阬術士，六藝從此缺焉。陳涉之王也，而魯諸儒持孔氏之禮器，往歸陳王，於是孔甲爲陳涉博士，卒與涉俱死。陳涉起匹夫，驅瓦合讁戍，旬月以王楚，不滿半歲竟滅亡。其事至微淺，然而搢紳先生之徒負孔子禮器，往委質爲臣者，何也？以秦焚其業，積怨而發憤於陳王也。』（史記，儒林列傳）項羽入關時，縱火燒秦宮室，火三月不滅，宮中所藏書籍，又付之一炬。（史記，項羽本紀）

漢興，天下初定。漢高祖，輕慢儒生，爲求得朝廷上的次序，乃命叔孫通定朝儀。漢惠帝四年，（西元前一九一年）纔廢除私家藏書的法律，藏書漸漸出現。當時離秦始皇焚書的年代還不太遠，儒者通五經的人還有活着的。叔孫通歸漢時，帶了一百多個弟子。他議訂禮儀制度時，又招了三十三個魯國的儒生。但是當時朝廷上的皇帝好刑名和黃老，他沒有機會教授經書。到了孝文皇帝時，晁錯纔從伏生習尚書。

漢武帝元光元年（西元前一三四年）置五經博士。博士官職，在秦朝已經設立，職掌書敎，解說古今變故。漢文帝曾立申公和韓嬰爲詩經博士，又立伏生的弟子歐陽生爲書經博士。武帝元光元年則立五經博士，董仲舒公孫弘等以經術進。元朔五年（西元前一二四年）擧經典遺逸者，置博士弟子員。天漢間（約在西元前一〇〇年）孔安國獻古文經傳。河間王後來又以古文經傳獻於朝。宣帝元康元年(西元前六五年)，詔博學明先王之術者，劉向、張子僑、華龍、柳褒、蕭望之、梁丘賀、夏侯勝、韋元成、嚴彭祖、尹更始等都以儒生進官。宣帝甘露元年（西元前五三年）召五經儒者蕭望之等在殿中，議公羊和穀梁的同異。甘露三年，（西元前五一年）詔蕭望之，劉向，韋元成、薛廣德、施讎、梁丘臨、林尊、周堪、張山拊、歐陽地餘等儒者，在石渠講論五經古今文的同異，皇帝親臨，立梁丘易、夏侯建，爲尙書穀梁春秋博士。宣帝黃龍元年（西元前四九年）增五經博帝員十二人，博士弟子員各百人。成帝河平三年（西元前二六年）遣陳龍求遺書於天下，詔劉向劉歆父子校經傳諸書。

經書在漢代，已經在民間傳誦，朝廷又設有學校，置有博士員和郎中的官職，給通一經的學者，後來五經博士分爲十四：易經分立施讎、孟喜、梁丘賀、京房、四家博士；書經立歐陽生，夏侯勝，夏侯建三家博士；詩經立魯、齊、韓三家博士；禮立戴德、戴聖兩家博士；春秋立嚴彭祖、顏安樂兩家博士。

前漢的經學，稱爲今文經學。經學分今文古文，皮錫瑞以爲由於文字的不同，今文爲隸書，古文爲籀書，籀書卽是篆文。秦以前的文字爲篆文，稱爲大篆。秦初省改篆文，稱爲小篆，後又創隸書，作日用文字。秦始皇所焚的書簡，係用篆文所書。漢朝文、景、武三帝時，老儒口傳的經書，用隸字傳寫；由私人所獻的書，也用隸字抄傳；西漢的經書乃稱爲今文。

漢朝經書的傳授，開始時書簡殘缺，全靠幾位老儒生口傳和解釋，由老儒生的弟子再傳與弟子；漢朝的經學乃很堅守師門。史記儒林傳說：

> 『今上（武帝）卽位，趙綰，王臧之屬明儒學，而上亦鄉之，於是招方正賢良文學之士。自是之後，言詩於魯，則申培公，於齊則轅固生，於燕則韓太傅。言尚書，自濟南伏生。言禮，自魯高堂生。言易，自菑川田生。言春秋，於齊魯，自胡毋生，於趙自董仲舒。』

皮錫瑞在經學歷史裏說：『劉歆稱先師皆出於建元之間。自建元立五經博士，各以家法教授。據儒林傳贊：書、禮、易、春秋四經，各止一家；惟詩之魯齊韓，則漢初已分，申公、轅固、韓嬰。此三人者，生非一地，學非一師，詩分立魯齊韓三家，此固不得不分者也。其後五經博士分爲十四。……漢人治經，各守家法；博士教授，專主一家。而諸家中，惟齊魯韓詩本不同師，必應分立；若施讎、孟喜、梁丘賀同師田王孫；大小夏侯同出張生，張生與歐陽生同師伏生；夏侯勝、夏侯建又同出夏侯始昌；戴德、戴勝同師后倉；嚴彭祖、顏安樂同師眭孟，皆以同師共學而各顯門教授，不知如何分門，是皆分所不必分也。』(5)

這種由師門而分家，在我們現在既不能看到當時的書籍，便更沒有辦法可以明瞭眞正的意義。按照我們的推測，分家的理由，可以來自三方面：第一，各家所傳的書本不同，篇章數目或有同異；第二，因口傳而篇章中的句文或能有所同異；第三，所有解釋，必定各有所見。

在皮錫瑞的經學歷史一書有一篇序言，沒有署名。序言把中國的經學分成三派：西漢今文學，東漢古文學，宋學。關於三派的特性，作了簡單的說明：『這三派的不同，簡明些說，就是今文學以孔子爲政治家，以六經爲孔子致治之說，所以偏重於「微言大義」，其特色爲功利的，而其流弊爲狂妄。古文學以孔子爲史學家，以六經爲孔子整理古代史料之書，所以偏重於名物訓詁，其特色爲考證的，而其流弊爲煩瑣。宋學以孔子爲哲學家，以六經爲孔子載道之具，所以偏重於心性理氣，其特色爲玄想的，而其流弊爲空疏。總之，三派固各有其缺點，亦各有其優點。我們如果說，因經今文學的產生而後中國的社會哲學，政治哲學以明；因經古文學的產生而後中國的文字學，考古學以立；因宋學的產生而後中國形而上學，倫理學以成，決不是什麼武斷或附會的話。』

經書的傳授，按照古書的傳說，有下列的師門傳授：易經的傳授：孔子，商瞿、橋庇子庸、馯臂子弓、周醜子家、孫虞子乘、田何。田何在漢初傳於服生、王同、周王孫、丁寬。丁寬傳於田王孫。田王孫傳於梁丘賀、施讎、孟喜。王同傳於楊何，楊何傳於京房。

書經的傳授：漢初伏勝傳於張生、歐陽生。張生傳於夏侯都尉，再傳於夏侯勝、夏侯建。

詩經分為魯申培，齊轅固、燕韓嬰。

禮的傳授：魯人高堂生傳於蕭奮，再傳孟卿，而至后蒼。后蒼的弟子有戴德、戴聖、慶普。

公羊傳：以齊人胡母生、董仲舒為最著。四傳至眭孟，眭孟傳嚴彭祖與顏安樂。

穀梁傳的傳者為魯人申培。

左氏春秋，由劉歆所獻。

在西漢時代，無所謂今文古文之爭。古文經書是在西漢末年出現而在東漢被舉為學官，然後統有今古文經學。西漢的經學，在當時所有的發現，第一，在重新建立經書的書本，經書書本在秦漢年間已經被燒燬了，漢初儒者或用口授，或用殘本，重新寫定經書的書本。第二，解釋經書的意義，以為治國之道。漢高祖治國不以儒家，文帝景帝喜用黃老和刑名法家，武帝則尊重儒學，使成爲一尊，漢朝乃正式以儒家思想作爲政治哲學。因此，西漢的經學家偏於政治。

董仲舒的春秋繁露和班固的白虎通可以作西漢經學的代表著作。這兩本書雖然會有宇宙觀和倫理學的哲學思想，但是政治的色彩很濃，而且目標在於治世。又因當時因陰陽五行之談盛行社會，秦始皇和漢武帝喜歡方士，尋求長生術，所以書中也充滿了五行感應的思想。西漢皇帝所看重的經書，爲春秋、書經、詩經：因爲以春秋決獄，以禹貢治河，以三百五篇詩當諫書。易經則在當時社會生活上，成了天道的代表。

(2) 古文

劉向在漢成帝時受命校對六經和傳記，諸子，詩賦等書。作了二十年的工作，對於每部書，都編有篇目，寫有提要。他在漢成帝綏和二年（西元前七年）去世，兒子劉歆繼承校書官職，編了一部七略，爲中國第一部目錄書。

劉歆在校書的時候，看到了一部古文字的左傳，他便以傳中的文字來注經，成了一册春秋左傳。後來又看到一部毛詩，一部逸禮，一部尚書。這些書都是古文字，和西漢所流行的經書，篇章有所不同。他因此請求皇帝把這幾册經書也設立博士官。當時儒者羣起反對，龔勝上書乞休，乃起今文古文之爭。

第一次請立古文經書博士，是在漢哀帝時，劉歆和太常博士爭立古文尙書，逸禮，左傳。第二次在東漢光武帝建武四年，（西元二八年），韓歆、陳元與范升爭立費氏易，左氏春秋。第三次，在東漢章帝時，賈逵爭立左氏傳，李育爭立公羊傳。第四次在東漢桓靈的時代，鄭玄和何休爭論公羊傳。漢明帝永平明十五年（西元七二年），皇帝親自到辟雍講自製的五經章句。漢章帝建初元年（西元七六年），詔賈逵到北宮白虎觀講經，又令他撰寫關於歐陽大小夏侯古文尙書的同異，以及齊魯韓和毛詩的同異。建初四年（西元七九年）章帝令大夫、博士、議郎、郎官和諸生諸儒，聚齊到白虎觀，講論經書異同，皇帝親制臨決。學者中如博士趙博李育，校書郎班固，衞士令賈逵，議郎楊終，魯陽侯丁鴻，廣平王羨，太常樓望，少府成封，屯騎校尉桓郁等人，皆參加了會議，班固撰集了會議紀錄，著爲白虎通義一書。

古文經書在劉歆爭立學官時，祗有左氏春秋和尙書，逸禮三種；左氏春秋爲漢初丞相張蒼所獻，後被棄於秘書閣，書和禮則是魯恭王毀孔子宅時所得。後來劉歆一班古文學者却說從孔子宅中，得有禮記尙書春秋論語孝經五種經書。漢書藝文志則每一種經書，都有今文古文並列。

古文經書的出現，都是劉歆所造成的。他首先把左氏春秋、古文尚書，逸禮，毛詩都立於學官。後來又編了樂經，也立於學官。再後，增加六經博士爲三十人，每一博士領三百六十個學員弟子，總共一萬零八百人。最後他奏准徵求天下異能之士，凡通一經和懂得逸禮古書，毛詩，周官，爾雅以及天文、圖讖、歷算、鐘律、月令、兵法、史篇、醫術、本草的人，都由地方官送來京師，在漢平帝元始四年和五年（西元四年五年），來了幾千人，都安置在未央宮，從事研究經書，改正前人的錯謬，以統一經學。

當劉歆第一次奏請立古文經書於學官時，儒者羣起反對，他寫了一篇移太常博士書，書中說魯恭王要造宮殿，（漢景帝初年）宮殿建地內有孔子的舊屋，拆毀這座舊屋時，發現了一些古書，書中有禮三十九篇，書十六篇。漢武帝天漢年間（西元前一〇〇年到九七年）由孔子的十二世孫孔安國獻給朝廷。當時正當朝廷上有太子戾巫蠱的大事，便把所獻的書擱下了，到他校書時，纔發現這三種本子。

今文尚書由伏生所傳，共二十九篇，或合爲二十八篇。古文尚書較比今文古書多十六篇，共四十五篇。但到了漢光武帝建元年間已遺失了武成一篇，後來在永嘉的變亂時，其餘十五篇都失落了。今所有古文尚書則爲東晉時梅賾所造的二十五篇。

康有爲以逸禮三十九篇，爲劉歆所僞造：『禮經十篇，自西漢諸儒無以爲不全者。……劉歆爲七略，修漢書，於是雜竄古文諸經於藝文志、河間獻王、魯恭王傳中。然史記河間獻王魯恭王傳俱無此事，其爲竄僞易明。……或以爲多三十九篇，卽河間獻王所輯禮樂古事五百餘篇之文。然史遷河間獻王傳無之，則獻王所輯之五百餘篇，亦歆之僞文。』（新學僞經考）

春秋左氏傳的左氏春秋本是一部眞的古書，司馬遷在史記中曾說『左丘失明，厥有國語』，又在十二諸侯年表中說：『魯君子左丘明懼弟子人人異端，各安其意，失其眞，故因孔子史記，具論其語，成左氏春秋。』然而後代考訂學家都以左氏所作爲國語，劉歆把左氏的作品以注解春秋，乃成左氏春秋傳。

本來，劉歆在秘書省府找到了幾册古書，也是很可能的事，因爲當漢景帝時有獻書的詔令，民間所獻的書必定都是古文書簡，古文書簡中的經書也可以較比博士們所傳的經書多些篇數的書。因爲博士等所傳的經書爲孔子删定的書，孔子删定的書由弟子們傳述後人。然而孔子並非國家的皇帝，可以把所删定的經書公佈天下，使全國奉行。和孔子同時或稍後的道家、墨家、名家，都不奉孔子爲師，他們的弟子也繼續到戰國末年。在孔子删定經書以後，必定還有沒有經過删定的古代經書簡册。這些簡册雖曾被秦始皇和項羽等人所焚燒，在民間必定還有藏本，後來被獻於朝廷，藏於秘書府。漢初經學由儒者口傳，由博士傳授，於是孔子所刪的經書乃成爲六經的定本。但是口傳可能有錯，傳抄也可能有謬；因此，就劉歆在秘書省府發現古書三種的事實說，本來很是可能有的事。不幸的事，則在於劉歆利用這種可能有的事實，憑自己的心理，僞造了許多篇章，以假混眞。及到清朝所有考據的資料出現，纔清理眞僞的書籍了。

孔安國獻書的事，依照閻若璩的考證爲不可能，因爲司馬遷在孔子世家中說定國蚤卒。又在兒寬傳說孔安國爲博士，爲兒寬的老師。劉歆說安國在太子戾事變的獻書，太子戾事變在武帝征和元年，距兒寬時已三十多年，則死時，不能說是蚤卒。故獻書的人不能是安國本人。閻氏後閱荀悅漢紀中成帝紀有武帝時，孔安國「家」獻書的記載，則古文書是孔安國的後人所獻，則能有這事。王鳴盛在尙書後案中考證在劉歆的原文中也在定國下有「家」字。

獻書事雖可以是眞的，尋到古書也可以是眞的；但是劉歆所立於學官的古文書則有許多僞造的書，由他一人所包辦。『我們說劉歆作僞，人家聽了往往以爲言之過甚，說他一個人的精力如何造得了許多。須知一個人的精力固然有限，但他借着帝王的權勢，收得三十個博士，一萬零八百個弟子員，數千個奇材異能之士，莫說幾十部書，就是幾百部書也未始作不出來呢！劉歆何須親手做，只消他發凡起例，便自有人承應工作。這承應工作雖成於他人之手，難道他就不可負造意的責任嗎？錢玄同說「古文經對於今文經的態度是這樣：『我的篇章比你的多，我的字句比你的準；我的解釋比你的古；我有你所沒有的書，而你所有的我却一概都有。』因爲他是這樣的態度，所以上了今文家一點小當。今文經中漢朝人僞造的文章，古文經也居然有了，如易之說卦以下三篇和書之太誓皆是。古文經據說非得自孔壁，即發自中秘，或獻自民間；總之皆所謂先秦舊書。先秦人用古文寫的書中居然有漢朝人僞造的篇章，這不是僞作的顯證嗎？他們不但要造僞經，而且要造僞經的傳授系統。例如毛詩，本來沒有什麼傳授可說的，但們也想出一個很長的系統來。」(7)

至於說今文經學和古文經學的分別，在於文字，因今文爲隸字，古文爲篆文。這種分法不很合實際情況。除非今文經全部由於口授，由隸書傳抄，則西漢經書的來源，不是來自漢以前的古文。但漢景帝開了獻書之路和漢成帝的遣使求書，不能不尋得古簡本，然後用隸書傳抄，則今文經也有源自古文本的。所謂劉歆的古文經都用篆書刻寫，也能有疑問，因爲李斯曾經奏請統一文字，則在戰國時，各國的文字不完全統一，至少秦在西方，楚在南方，和在中原的齊魯等國的文字不完全一樣，這些國的文字據現有金石文，則已經和篆文有些不同。故劉歆若得有古文經書，經文書的文字則不定是篆文。王莽居攝時，令大司空甄豐校書，改定古文字，分當時所有字爲六種：一是古文，說是孔壁中的遺文；二是奇字，爲古文的變體字；三是篆書，卽是小篆；四是左書，卽隸字，五是繆篆，是用爲刻印的；六是鳥蟲書，是來寫旗幟的。今文經爲隸字所寫，古文經雖列爲古文，然也能是奇字。因此今古文經學的分別，若以文字的標準，祇是就古文經的來源說，指爲所謂孔壁古書。而今古文經學的爭端，則不在文學，而在內容和注解。

(3) 注經

漢朝和三國南北朝的儒家，一生的精力常用在注解經書，最有名的學者，都是經書的注釋家，如賈逵、服虔、馬融、鄭玄、王肅、王弼、梅頤。其中，鄭玄對於後代的影響力最大。唐太宗詔孔穎達撰寫五經義疏，凡一百七十卷，名曰五經正義。唐高宗永徽四年（西元六五三年）頒佈於天下。五經正義中，易經用王弼注，書經用梅賾注，詩經用鄭玄注，禮記用鄭玄注，左傳用杜預注，又加上周禮儀禮，都用鄭玄注。在七部正統經典的注釋中，四部是鄭玄作的注。

鄭玄同時有王肅，注解尚書，和賈逵、馬融、鄭玄一樣，祇注今文尚書的篇章。但却僞造孔叢子和孔子家語。王肅爲司馬炎外祖，他所注的經，在西晉時立於學官。在東晉時，仍爲學者所尊。

東晉梅頤注尚書，僞造古文尚書篇章。隋書經籍志說：『晉世秘府所存有古文尚書經文，今無有傳者。及永嘉之亂，歐陽大小夏侯尚書並亡。至東晉豫章內史梅賾，始得安國之傳奏之。時又闕舜典一篇，齊建武中吳興姚方興於大航頭得其道奏之，比馬鄭所注多二十八字，於是列國學。』梅賾所奏的書，就是現在的尚書孔傳。所多的二十八字，乃是把堯典『愼徽五典』以下爲舜典，在舜典起頭加上了二十八字。

魏晉的時代，老莊之學盛行，染入了經學。王弼注易，皇侃作論語義疏，就是一個實例。

隋朝統一了南北，王肅的注解被捨棄，鄭玄的注釋爲儒者所重。唐朝孔穎達編輯五經正義。五經中詩經和禮記用鄭玄注。

註：

(1) 皮錫瑞。經學歷史，頁六七。河洛圖書出版社，民六三年版。

(2) 皮錫瑞。經學歷史，頁十九。

(3) 章太炎。國故論衡。文學總略。
(4) 胡適之。中國中古思想史長編。頁一七八。
(5) 皮錫瑞。經學歷史，頁七五。
(6) 皮錫瑞。經學歷史，頁三。
(7) 漢代學術史略。頁一五五－一五七。啓業書局印行，民六十四年版。
(8) 後漢書三十六。賈逵傳。
(9) 後漢書六十上。馬融傳。
(10) 後漢書三十五，鄭玄傳。

附註

(甲) 賈逵

賈逵字景伯，扶風平陵人，生於漢光武帝建武五年（西元二九年）卒於漢和帝永元十三年（西元一〇一年），壽七十三歲。

賈逵幼年從父親受經學，父親名徽，曾從學劉歆，專習左氏春秋，兼習國語周官，又從塗惲習古文尙書，從謝曼卿習毛詩。賈逵傳父業，幼入太學。漢明帝永平年代，逵年三十餘，上疏獻所作左傳國語訓詁五十一篇，帝很看重，詔藏秘書館。因臨邑侯劉復的推薦，拜爲郎，爲秘書府校書，和班固同事。漢章帝建初元年，（西元七六年）奉詔入講北宮白虎觀和南宮雲台，四年，參與白虎觀會議。逵長於左氏春秋，上書，請立於學官。書中，指出左氏春秋應圖讖的預言，證明漢朝爲火德；而且崇尚君權，卑抑臣下。

『今左氏崇君父，卑臣子，強幹弱枝，勸善戒惡，至明至切，至直至順。……又五經家皆無以證圖讖，明劉氏爲堯後者，而左氏獨有明文。五經字皆言顓頊代黃帝，而堯不得爲火德。左氏以爲少昊代黃帝，黃帝卽圖讖所謂帝宣也。如令堯不得爲火，則漢不得爲赤！其所發明，補益實多。……』（後漢書三十六，賈逵傳）

這種發明，對於東漢的皇帝，非常重要，漢光武帝信圖讖而恢復漢室皇位，章帝造明堂，深信五行。皇帝怎麼可以不接受賈逵的奏書呢？章帝便嘉賞他，令他自己選擇研究嚴彭祖，顏安樂的公羊傳的高才生二十人，教他們研究左氏春秋。後來章帝又命他撰寫歐陽大小夏侯尚書古文同異，又令他寫齊魯韓三詩與毛詩的異同。章帝八年，（西元八三年）詔令儒者選高才生，學習左氏春秋，穀梁春秋，古文尚書，毛詩。賈逵終生受章帝，和帝的優待，他作了經傳義詁及論難百餘萬言，去世時，年七十三歲。(8)

賈逵爲一個古文經學的學者，在思想方面受五行和緯書的影響。他的門生頗多。

(乙) 馬 融

馬融字季長扶風茂陵人，爲馬援的從孫。少從摯恂學，博通經籍，善長頌賦。官爲校書郎中，詣東觀典校秘書。十年沒有調升。安帝時，出爲河間王廓長史。以大將軍梁商表奏爲從事中郞，轉武都太守。因事忤大將軍梁冀，被㝵官，徙朔方。得赦，還拜議郎，再到東觀著述，後因病去官。卒時，年八十八歲，時延熹九年（西元一六六年）。著有孝經注論語注毛詩疏周易注，文賦對策二十一篇。

馬融爲人美辭貌、有俊才，博通羣經，世稱通儒，爲古文經學家。喜弄琴笛，好女樂，達生任性，不守儒者的節操。他的學生四百餘人，升堂入室中五十餘，中有鄭玄。

(丙) 鄭 玄

鄭玄字康成，北海高密人。少爲鄉閭嗇夫，掌聽訟，收賦稅。性好學，從學官受業。父親怒禁，仍不能改。乃送往太學，因而通京氏易公羊春秋三統歷九章算術，又從東郡張恭學左氏春秋周官韓詩古文尚書。遂西入關，入馬融門下。馬融初不看重他，後來認識了他的才學，爲他解疑。他辭馬融東歸時，融說：『鄭生今去，吾道東矣。』(10)

玄年七十時，因病，曾作書誡兒子益恩。書中述說自己一生大事。他說少時，家貧，不爲父母和弟弟們所喜愛。放棄了小官，到周朝和秦朝都邑所在的地方遊學，也到了河北河南等處，拜見了達官通儒，乘機請教，因此，能够博通六藝。到了四十歲，回鄉，供養父母，設學教書。不幸，竟遭閹宦誣爲黨人，被執下獄，禁錮了十有四年。後來遇赦出獄，令學賢良方正，召出作官，但他沒有接受。黃巾賊起，他漂流南北，一直到了七十歲。

到了七十，袁紹想邀他到幕府，舉他爲茂才，上表薦他爲左中郎將。他都不接受，乃歸鄉，後以病死。遺命薄葬。玄著有周易，尚書、毛詩、儀禮、禮記、論語、孝經、尚書大傳、中候、乾象厤，又著有天文七政論，魯禮禘祫義等書。

鄭玄雖爲古學家，但是他兼採今文。他在六藝論說裏說：『注詩宗毛爲主，毛義若隱略，則更表明，如有不同，卽下己意，使可識別也。』陳澧東塾讀書記說：『鄭注周禮，並存故書今書，注儀禮並存古文今文；……從今文則注內疊出古文，從古文則注內疊出今文。』

後漢書鄭玄傳『論曰：自秦焚六經，聖文埃滅。漢興，諸儒頗修藝文，及東京學者、亦各名家。而守文之徒，滯固所禀，異端紛紜，互相詭激，遂令經有數家，家有數說。章句多者，迺百餘萬言。學徒勞而無功，後生疑而莫正。鄭玄括囊大典，網羅衆家，删裁繁誣，刋改漏失，自是學者略知所歸。』但是鄭玄也是時代的產兒，他接受漢代陰陽五行和讖緯的思想。在經書的注釋上，常用這種學說。例如注釋禮記則滿紙的五行五帝。後代唐宋明的儒者，對他常有攻擊。歐陽修在唐書的禮樂志說：『自周衰，禮樂壞於戰國，而絕于秦。漢興，六經在者皆錯亂，散亡雜僞，而諸儒方共補緝，以意解詁，未得其眞。而讖之書出以亂經矣。自鄭玄之徒，號稱大儒，皆主其說。』

第二章　兩漢儒家哲學思想

㈠緒　論

漢唐的儒家哲學思想，在中國哲學史上沒有重要的地位；緣因有好幾種。在戰國末年時，各派的哲學思想已經衰微，漸趨結合，儒家道家和法家的思想趨於合一，儒家和陰陽家更結爲一家。秦始皇旣焚書坑儒，又改變了文學，漢朝儒者畢生從事註釋經文。易經本是儒家重要經典，十翼代表孔子和弟子們的思想。易經到了漢朝和讖緯的思想相揉合，成了卦氣之學，幾乎走在儒家以外了。漢朝皇帝崇尚無爲之政，重視老莊的思想。到了武帝，纔置五經博士，尊尙儒家。

古文今文的爭端，耗費了許多學者的心血，增加了考訂學的煩惱。武帝置五經博士，以今文爲主。王莽簒位，從劉歆所說，立古文經傳博士，東漢皇帝都重古文。到了末年，鄭玄注經，兼採今文古文。

漢武帝崇尚儒學，罷黜百家，使儒學成了中國的正統思想。但是在漢唐却沒有一位儒學大師，發揚孔孟的思想，建立儒學系統。等到宋朝，因了佛教思想的刺激，纔有理學家朱熹，完成這種大業。漢唐的儒者，都只能發揮一些片斷的思想；而且還不能深入孔子孔門弟子的中心觀念。因此，宋朝朱熹乃說孟子以後沒有傳人，又到宋朝周敦頤，纔繼承了孔孟的道統。

(1) 陸賈

漢朝儒家的思想以陸賈開端。陸賈爲楚人，善口才，爲辯士。漢高祖起兵後，陸賈來遊，嘗以儒家的治國之道向高祖陳說，高祖很不喜歡聽，譏笑他說：迺翁以馬上得天下，安用詩書！陸賈答說：陛下以馬上得天下，可以在馬上守着嗎？漢高祖覺着有意思，就吩咐他寫一寫秦朝所以亡的原因。陸賈乃作新語十二篇。漢高祖後來兩次遣他出使南越，說服南越王歸順。高祖死了以後，諸呂專權，有意更移漢朝天下。當時兩位握有兵權的大臣陳平和周勃又鬧意見，彼此不和。陸賈設法斡旋，使兩人和睦，共力推翻諸呂，保全了漢室的皇位。

他却不貪功求爵，退居家中。他大約死在西元前一百七十年。所著新語十二篇，流傳到今；但中間缺字錯字不少。

(甲) 新語十二篇

新語十二篇的中心思想，在於說明秦朝爲什麼亡了；所以篇中所有的都是政治思想。陸賈對於秦朝亡國的原因，和漢朝怎樣纔能够長久存在的辦法，可以用一句話總括：即是皇帝要學聖人去效法天地。

新語的第一篇爲道基，說明治國之道的基本，國家因聖人而治，聖人則法天地。聖人治國之道，稱爲術事，爲新語的第二篇，術事不祇在遠古的聖王，也在於今世的聖賢。陸賈不主張法先王，他受秦始皇痛恨不古以非今的影響，然也是法家的思想，新語第三篇爲輔政。聖王治國全靠有賢良的臣子，好似老年人的柱杖。秦朝則任刑罰，用趙高李斯，安得不亡。聖王有了賢臣，便可以無爲而治。無爲而治是老莊的思想，天地生化萬物，不自以爲功，一切任其自然。漢朝承秦朝暴政和戰亂之後，民思安息，文帝景帝都傾向無爲而治，儒者如董仲舒也主張無爲而治。但是儒家的無爲，不是道家的一切都無爲，而是在一些方面，政府仍須積極動作。第四篇無爲的結論是『未有上仁而下殘，上義而下爭者也。』第五篇爲辨惑，秦二世竟相信趙高指鹿爲馬，不辨是非，『夫馬鹿之異形，衆人所知也，然不是分別是非也，況於闇昧之事乎。易曰：二人同心，其義斷金。羣黨合意，以傾一君，孰不移哉。』第六篇愼微，『夫建大功於天下者，必先脩於閨門之內；垂大名於萬世者，必先行之於纖微之事。』第七篇資質，論賢臣的資質，『質美者，以通爲貴，才良者，以顯爲能。』陸賈主張有才應求有用，人君應善用人才。不然，如同秦朝賢臣隱退，佞臣在朝。『佞臣之黨存於朝，則下不忠於君；下不忠於君，則上不明於下；上不明於下，是故天下所以傾覆也。』第八篇至德，以無爲而治爲至德，『是以君子之爲治也，塊然若無事，寂然若無聲，官府若無吏，鄉閭無夜名之征。……於是賞善罰惡而潤色之，與辟雍庠序而教誨之；然後賢愚異議，廉鄙異科，長幼異節，上下有差，强弱相扶，小大相懷，尊卑相承，雍行相隨，不言而信，不怒而威，豈恃堅甲利兵，深刑刻法，朝夕切切而後行哉。』第九篇懷慮，主張以天地之道爲治國之道，人君專心於這一道，則天下可治，『故聖人執一政以繩百姓，持一槩以等萬民，所以同一治而明一統也。……故事不生於法度，道不本於天地，可言而不可行，可聽而不可傳也，可翫而不可大用也。』陸賈在這一篇中，反對常言災異的人，『異聖人之意，惑學者之心，移衆人之志，指天畫地，是非世事，動人以邪變，驚人以奇怪。聽之者若神，視之者如異，然猶不可以濟於危而度其身，或觸罪法不免辜戮。』第十篇本行，以德爲上，以仁義爲本。第十一篇明誡，却又提出天象以作人君之誡，君有惡政，天地必有惡象，乃是氣因同類而相應。『惡政生於惡氣，惡氣生於災異，蝮蟲之類，隨氣而生，虹蜺之屬，因政而見。治道失於下，則天文度於上，惡政流於民，則蟲災生於地。賢君智則知隨變而改，緣類而試思之。』第十二篇思務，『夫長於變者不可窮以詐，通於道者不可驚以怪，審於辭者不可惑以言，……』人君不可『目放於富貴之榮，耳亂於不死之道。故多棄其所長，而求其所短，得其所亡而失其所有。』

看了以上十二篇的題目和大意，知道陸賈所願意諫誡漢高祖的事，在於用賢人遠小人，在於行仁義減刑罰，在於與百姓相民勿重賦稅。他不像孟子專以仁義爲重，却講權術；他更不像荀子專重禮法，却重無爲而治。但是他自稱爲儒者，實際還脫不了戰國辯士的口風。他的十二篇都談政治，很少有哲學思想；祇有兩點在書中提出，代表漢初儒學的轉變：第一點爲天地人三才的思想，第二點爲天人感應的思想。

(乙) 天地人

天地人三才的思想出之於易經，易經的卦以三爻爲基數，三字代表天地人，『易之爲書也，廣大悉備，有天道焉，有人道焉，有地道焉，兼三才而兩之故六。六者非它也。三才之道也。』(繫辭下，第十章)易經以乾坤爲萬物的元始，乾坤以天地爲代表，易經便常講天地。然而易經的天地所有意義，在於陽陰兩氣，所以說天地合則萬物生，天地不合則萬物不生。中庸也講天地，中庸的天地所有意義，則在於天地對於萬物生存所有的功用，天覆萬物，地載萬物，萬物處於天地之中。易經和中庸都稱崇聖人的德化，聖人能够同天地合德，同日月合明，聖人乃是人中的最完全的人，所以眞正代表人。

『傳曰：天生萬物，以地養之，聖人成之，功德參合，而道術生焉。』(新語，卷上、道基)

陸賈所說的天地，不是易經所講的乾坤兩種德能，也不是陰陽兩種動力，又不是宇宙間的兩類現象。而是兩類現象的主動者。

『張日月，列星辰，序四時，調陰陽，布氣治性，以置五行，春生夏長，秋收冬藏，陽生雷電，陰成雪霜。養育羣生，一茂一亡，潤之以風雨，曝之以日光，溫之以節氣，……改之以災變，當之以禎祥，動之以生殺，悟

之以文章。』（同上）

這一段陳說天和生物的關係，另外是和人的關係。陸賈不從現象去談天，却從這些現象的動因去講天；這些現象都因「天」而成。「天」使日月星辰存在，使四時運行，調和陰陽，目的在於使萬物化生。而且更用災變禎祥規誡人的生活。這種「天」便不是蒼蒼的形天，乃是主宰之天；但是這種主宰之天的動作，則是天上的現象。

地對於生物的影響，在於使地上的自然現象互相調協，以利於生物的生化。

『故地封五嶽，畫四瀆，規洿澤，通水泉，樹物養類，苞殖萬根，暴形養精，以立羣生。不違天性，不奪物性，不藏其情，不匿其詐。』

地的功用，不僅在供給水土，而是在於使水土調和，適於物性，『以立羣生。』天地的功利，便不只是『天覆地載』。中庸曾說：『天地之道，博也，厚也，高也，明也，悠也，久也。今夫天，斯昭昭之多，及其無窮也，日月星辰繫焉，萬物覆焉。今夫地，一撮土之多，及其廣厚，載華嶽而不重，振河海而不洩，萬物載焉。』（中庸，第二十六章）這一段講天地的現象，這些現象表示天地的大，『其大無限，其小無內。』（中庸，第十二章）。但是中庸講天地，是以天地對於生物的關係，『天地之道，其爲物不貳，則其生物不測。』（中庸，第二十六章）陸賈發揮天地對生物的關係，也是以生化的功用爲主。

『故知天者，仰觀天文；知地者，俯察地理。跂行喘息蜎飛蠕動之類，水生陸行根著葉長之屬，爲寧其心，而安其性。蓋天地相承，氣感相應而成者也。』（道基）

一切生物，都賴天地的功化而生。天地的功化在自然界的現象，是天上的日月雨露等現象和地上的山水土石等現象；功化的動力，則是易經所說的乾坤陰陽。陸賈不是哲學家，未加說明，祇用了『天地相承，氣感相應』，也就是易經所說天地相感或相合，則萬物化生。易經在乾卦和繫辭裡，很强調聖人的功化。天地的功化使植物動物化生；但爲人的發育，則須要聖人。聖人和天地相通，以天地的化功施之於人。陸賈的天地人三才，以人指聖人。由中國古代歷史，述說聖人的功化。

『於是先聖乃仰觀天文，俯察地理，圖畫乾坤以定人道，民始開悟。』（道基）

陸賈的新語，向漢高祖建議以儒道治國，便強調聖人的功化。一方面足以勉勵漢高祖效法古代的聖人，一方面也爲諷刺高祖，在皇帝以上，可以有聖人，聖人的治國功效，遠在皇帝以上。最古的先聖，使遠古未開化的漢民族，進入開化的階段。中古的聖人，繼續開化的功作，以敎育培育中華民族，使民族道德乃能建立。孔子則是後聖，後聖『定五經，明六藝，承天統地，窮事察微，原情立本，以緒人倫。』聖人建立了人道，和天地之道相合，『天人合策，原道悉備。』

『道基』這篇文章，爲新語的第一篇，可看作全書的基礎，是陸賈政治哲學的根本。由天地之道以到人道，陸賈沒有演出純粹的儒家政治論，却帶有道家和法家的思想，尤其道家的無爲政治論，成爲漢朝初年的政策。

『道莫大於無爲，行莫大於謹敬。』（新語，無爲）

『夫形重者則身勞，事衆者則心煩。心煩者則刑罰縱橫而無所立，身勞者則百端廻邪而無所就。是以君子之爲治也，塊然若無事，寂然若無聲，宮

府若無吏，亭落若無民。……』（新語，至德）

無為而治，乃漢初各位皇帝的政綱。經過戰國長期的變亂，經過秦始皇的暴政，民心思安，漢初各帝乃採用道家的政術。呂氏春秋本來已經主張人君無為，讓宰相有為。陸賈則更主張整個政府採取無為的政綱，使民衆安定。

（丙）天人感應

天人感應的思想，起自孔子春秋記載自然界的異象，成於呂氏春秋的感應，到了漢朝五行的思想盛行以後，便作為中國歷史哲學的一個重點。漢書和唐書等史書都有五行志，專門記載這些災異，以說明天人感應的實例。

在秦漢的時候，社會上有許多術士，紛紛向皇帝奏聞祥瑞，又陳說不死之藥。史記的秦始皇本紀裡充滿了這些事蹟。陸賈反對這些術士，因術士根本為一些不學無術，欺詐人君。

『夫世人不學詩書，行仁義，□聖人之道，極經藝之深；乃論不驗之語，學不然之事，圖天地之形，說灾變之異，□□王之法，異聖人之意，惑學者之心，移衆人之志。指天畫地，是非世事，動人以邪變，驚人以奇怪。聽之者若神，視之者如異。然猶不可以濟於厄而度其身，或觸罪□□法，不免於辜戮。』（新語，懷慮）

對於當時術士的言語和身世，刻畫得很清楚。不讀聖賢的書，不習人生之道，專講一些不能實驗的怪說，今天說天上有異象，明天講地上有靈芝妙藥，『指天畫地』。又藉異象評論國家大事，自以爲有神明附身，結果却常遭誅戮。陸賈極力說這班術士的話不能聽，因爲他們所講的不合於聖賢之言，不本於天地之道。

『故事不生於法度，道不本於天地，可言而不可行也，可聽而不可傳也，可□翫而不可大用也。』（同上）

但是陸賈並不否認天人感應的學說，他所反對的，乃是假藉這種學說欺詐人君的術士。天人感應的學說，以『氣』爲根基，氣週遊宇宙，同類相感。人君的惡事必生惡氣，惡氣在宇宙間引起感應，乃生怪異的現象。

『惡政生於惡氣；惡氣生於災異。蝮蟲之類隨氣而生；虹蜺之屬因政而見。治道失於下，則天文度於上；惡政流於民，則災蟲生於地。賢君智則知隨變而改，緣類而試思之。』（新語，明誡）

在專制極權之下，臣下的人都不敢指責皇上的錯失。祇有藉着自然界的異象，表明上天的意旨，以諫說皇上行政的得失。在自然界異象和皇上行政的得失，中間有着密切的關係。『惡政生於惡氣』，凡是事物都由氣而成，每樁事有每樁事的氣，惡事由惡氣而成。惡氣所以成惡事，則由於皇上的心意，皇上對是惡事應負責任。惡事既是惡氣，人事的惡氣在天地裡引起惡氣的感應，人事的惡氣在天地裡引起惡氣的感應，天地間的惡氣乃生出異象，或是天文的異象，或是地上的異象，例如天上的月食日食和虹蜺，地上的芝草和蝗蟲。『蝮蟲之類隨氣而生，虹蜺之屬因政而見。』明智的皇上看到這些異象便知道反省，改正自己的錯誤。這種歷史哲學思想，從古到今，常流傳在中國的社會裡。

胡適之評論陸賈的新語，認爲是雜家之言。『此書仍是一種雜家之言，雖時時稱引儒書，而仍不免帶點左傾的色彩，故最應該改在呂氏春秋和淮南王書之間，決不是後人所能僞造的。』(1)

(2) 賈　誼

賈誼，洛陽人，長於文。二十多歲時，以河南太守吳公的推薦，被漢文帝任爲博士官，又遷太中大夫。屢次上書，對朝廷政治有很多的建議；文帝很賞識他，也頗採納他的政見。但因他主張列侯應住在所封的國內，乃受列侯的陷害，文帝便遣他爲長沙王傅。賈誼到了長沙，渡湘江，作賦弔屈原，悲自己的身世。文帝後來覺得寃屈了他，遂遣他任懷南王傅。懷南王爲帝的幼子，很得皇帝的寵愛；不幸因騎馬墜死。賈誼自己責備自己沒有盡到師傅的職務，憂傷成疾，過了一年，便死了，死時年僅三十三歲。留有新書五十八篇，現缺問孝和禮容語上兩篇，實存五十六篇。

新書爲一本政治思想書，少有哲學思想。賈誼政治思想的重點，在於削弱王侯的權力。漢高祖即位後，大封功臣；但在他七年的皇帝御極時間內，（西元前二〇二年到一九五年），把異姓王侯都誅殺了，又大封宗室同姓的王侯，而且皇后的親戚也大攬政權。賈誼認爲這種親戚分封的制度危險很多。親戚侯王常是專恣跋扈，不受朝廷節制。賈誼在新書裡再三向皇上陳說弊害。

新書的第一第二篇爲過秦論，討論秦朝政治的過錯，第三篇宗首，第四篇藩傷，第五篇藩疆，第六篇大都，第七篇等齊，第九篇益壤，第十篇權重，第十一篇五美，第十二篇制不定，第十四篇審微，都專門討論這個問題，可見賈誼對於這個問題心中懷有很大的憂慮。

『然而天下少安者何也？大國之王，幼在懷袵，漢所置傅相方握其事。數年之後，諸侯王大抵皆冠，血氣方剛。漢之所置傅，歸休而不肯住。漢所置相，稱病而賜罷。彼自丞尉以上，偏置其私人。如此有異淮南濟此之爲耶？此時而乃欲爲治安，雖堯舜不能。』（新書，宗首）

賈誼憂懼皇上以當時侯王並沒有反抗的事跡，便以爲可以長久下去。他認爲暫時的安定，是因爲侯王都年青，後來歲數大了，血氣方剛，就會作亂了。

『既已令之爲藩臣矣，爲人臣下矣，而重其力重其權，使有驕心而難服從也，何異於善砥鏌鋣，而子射子，自禍必矣。愛之固使飽粱肉之味，玩金石之聲，臣民之衆，土地之博，足以奉養，宿衛其身。而權力不足以徼幸，勢不是以行逆，故無驕心，無邪行，奉法畏令，聽從必順，長生安樂，而無上下相疑之禍。活大臣，全愛子，孰精於此？』（新書，藩傷）

王侯的封域，供大臣愛子的享受，以金錢口味飽養他們的身體，但不能分給他們兵權和政權。否則，他們必起變心；這也是賈誼在當時所有的經驗。

『竊迹前事，大抵彊者先反。淮陰王楚最彊則最先反，韓王信倚胡則又反，貫高因趙則又反，陳豨兵精彊則又反，彭越用梁則又反，黥布用淮南則又反，盧綰國北最弱則最後反。長沙乃纔二萬五千戶耳，力不足以行逆，則少攻而最完，執疏而最忠，全骨肉。時長沙無故者，非獨性異人也，其形勢然矣。』（新書，藩彊）

當時皇帝和臣下都以爲天下太平，賈誼獨以爲不然，三番五次向皇上陳說這種弊病。皇上稍爲採納了一些建議。

(甲) 禮

儒家的政治思想，由孔子發端，注重守禮。禮在孔子的思想中，爲倫理的規範。荀子在戰國末期，目覩社會的變亂，諸侯的爭奪，乃主張禮法，以法家的精神，使用禮治。漢朝初年，叔孫通定朝儀，約束好武好鬪的朝臣，漢高祖深表看重。賈誼的政治主張在於尊君，然不主張秦始皇和法家的獨夫制度，而主張按照禮規。上下守禮，君尊臣也貴。

『故道德仁義，非禮不成；敎訓正俗，非禮不備；分爭辯訟，非禮不決；君臣上下，父子兄弟，非禮不定；官學事師，非禮不親；班朝治軍，涖官行法，非禮不誠不莊。是以君子恭敬撙節退讓以明禮。禮者，所以固國家、定社稷，使君無其民者也。』(新書，禮)

賈誼對於禮的評價，完全從政治方面去看；而且他是給皇上說理，便從皇上一面去看禮。孔子談禮時，從個人修身方面去講，訓誡門生非禮勿視勿聽勿言勿動。賈誼則以禮爲固國家定社稷的要道。人君守禮，有利於民，在天地間引起善的反應，使陰陽調協，萬物生暢，人民乃得安樂。

『故仁人行其禮則天下安，而方理得矣。逮至德渥澤洽，調和大暢，則天清徹，地富煴，物時熟，民心不挾詐。』（同上）

禮和理相連，禮記曾以禮爲天理。仁人行禮，德澤流於萬物，天地陰陽調和大暢。甚至毒蟲猛獸惡草，都將因着天地的調合之氣而得化。賈誼說：『鑠乎大仁之化也。』（同上）這種天人感應的思想，用到禮的觀念，乃是漢朝學者的特色。

在新語卷六第一篇爲禮，第二篇爲容，賈誼陳說按照禮規，應有的容貌。容表現心的志，容正心乃正。容正在乎敬；雖然在各種不同的場合裡，容色有所變，有喜有懼，但都會有一種敬意。賈誼以容色有四種最基本的表現；在朝廷，『整以敬』；在祭祀，『敬以婉』；在軍旅，『肅然固以猛』；在喪葬，『儡然若不還』。他又陳說立容，行容，坐容，趨容，跘旋之容，跪容，拜容，伏容，坐車之容，立車之容，兵車之容。論語鄉黨章，記述孔子守禮的生活，賈誼的論容，頗有孔子守禮的氣象。他引易經乾卦的潛龍和亢龍，「龍變無常，能幽能章。故聖人者，在小不寶，在大不窕，狎而不能作，習而不能順，……察中居

宜，此之謂有威儀。』（同上）

（乙）道

禮的本體爲道，『禮者，此之體者也。』（新書，道德說）禮記曾以禮之本爲天理，天理即是天地運行之道。賈誼的新書有道術篇，有道德說。在這兩篇裡，賈誼講論道術和道德。道是什麼呢？

『請問道者何謂也？對曰：道者所從接物也。基本者謂之虛，其末者謂之術。虛者，言其精微也，平素而無設儲也。術也者，所以從制物也，動靜之數也。凡此皆道也。』（新書，道術）

『道者，德之本也。……道者無形，平和而神，道物（此字爲多）有載物者，畢以順理和（此字爲多）適行。故物有清而澤。……未（夫）變者道之頌也，道冰而爲德，神載於德，德者道之澤也。道雖神，必載於德，而頌乃有所因以發動變化而爲變，變及諸生之理，皆道之化也。各有條理以載於德。德受道之化而發生之各不同狀。』（新書，道德說）

賈誼的『道』所有意義，不是儒家傳統中所有的意義，乃是來自道家；然而和老子的道，也不完全相同。道術的名詞出自莊子的天下篇，莊子用這種名詞，在意義上也和賈誼新書用這種名詞不相符合。因此，賈誼取莊子所用的名詞，加以自己願意加上的意義；他自己是儒家，所加給『道』的意義也就有儒家的成份。結果，賈誼的『道』成了一種儒道混合的名詞。

『道』，『所從接物也』。這種意義乃是儒家的意義，中庸說：『率性之謂道』，中庸之道爲人生活之道；接物爲人生的重要部份，而且可以說是人的整個生活，賈誼所說的道可以說是中庸所說的道。這種『道』爲人生的規律，乃抽象的原則，不是具體的實有物。

『其本者謂之虛，……虛者，言其精微也，平素而無設儲也。』虛字爲道家的名詞，以道爲虛，乃是老莊一貫的思想。老莊所講的『道』係一實有體，他們稱這實有體之『道』爲無爲虛。賈誼稱他自己所講的『道』在本體上稱爲虛，可是他馬上加以解釋，以爲自己所講的虛，指着『道』的精微，也指着『道』的平樸誠實。因此，他講的虛，是說接物之道，很精微，很誠樸。

然而賈誼在道德說篇裡所講的『道』，却不平素樸實了。他以『道』爲德之本，德又爲氣之本，氣又爲性之本；這個『道』字似乎不是指着接物的原則，而是天地人物的生化的根源了。徐復觀說：『賈誼之所謂道德，皆指老子創造天地萬物之道德而言，老子五十一章『道生之，德畜之』，道生萬物，由其變動不居而有所凝聚（畜）。道的本身即凝聚於萬物之內而爲萬物所得。『德者得也』，故即稱之爲德，德與道是同質的。』(2) 這種解釋，和賈誼的思想不大相合。

賈誼的道，和易經繫辭所說的道相近。繫辭說：『一陰一陽之謂道，繼之者善也，成之者性也。』（繫辭上、第五章）朱熹注釋說：『陰陽迭運者，氣也，其理則謂之道。道具於陰而行乎陽。繼言其發也。善謂化育之功，陽之事也。成言其具也。性謂物之所受，言物生則有性，而各具是道也。』（周易本義）

陰陽兩氣因着運行之道，互相結合，循環不已，萬物乃能生化。一物生化時，因着陰陽運行之道而得性。賈誼以道凝而爲德，德受道之化而發動各種不同的變化，乃有陰陽天地人與萬物，而爲生生之法，結成物之性。

道乃是德之本，平和而神，載着萬物，使萬物順理適行。萬物相通，互有空竅。物的眼目，即是空竅，眼目能够看見，因爲目的氣清沒有雜穢。眼目所見的是物的外形，物的外形，爲道德的潤澤。『目成也，形乃從，是以人及有因之在氣，莫精於目，目清而潤澤若濡，無毳穢襍焉，故能見也。由此觀之，目足以明道德之潤澤矣。』

『德者變及物理之所出也。未變者道之頌也。道冰疑而變，變及諸生之理，皆道之化也。各有條理，以載於德。德受道之化而發之各不同狀。』(新書，道德說)

道究竟是什麼呢？道爲一無形的物，這物有如後來宋朝張載的太虛之氣。太虛無形，凝聚而爲陰陽，再成爲萬物。賈誼所講的『道』，當然和太虛也有不同；然而又和老子的道也不相同。

賈誼的道常變，變時凝聚而爲德，德載着道，有如朱熹講氣載着理。德因着道之化而有理，理卽萬物生生之理。『道』究竟是一實有體呢或爲一抽象之理呢？賈誼在漢初，當時的思想常是儒道相混。賈誼的道，含有易經所說的陰陽變化之道，乃一抽象之理；然而他却把易經的道和道家老莊的道相混合，給『道』加給一種實有體的意義。他以萬物出於道，道變而有德，德爲物生化之理。道在德以內，道德再變化，乃凝聚而生萬物。他却又說道爲六德之一，道又在德之下了。道的實有體意義既不明顯又不清楚，宋朝理學家從來不提賈誼的『道』。

(丙) 德和理

易經講二儀四象和八卦，沒有提出六的數字，漢初講五行，五字的數目在中國思想裡佔着非常重要的地位。賈誼提出六字的數目，以六字計算宇宙的變化。

在六術篇，賈誼說德有六理，因六理而有六法，因六法而有六術，因六術而有六行，然後再有六藝、六律、六親。最後說『事之以六爲治者，不可勝數也。』這種以六德配人生的事物，有似漢朝以五行配人生的事物，而六字的來源，可能來自易卦的六爻。

現在，首先，我們要研究『德』的意義。

『德者變及物理之所出也。未變者，道之頌也。道冰疑而變，變及諸生之理，皆道之化也，各有條理，以載於德。德受道之化而發之，各不同狀，德潤，故曰如膏謂之德。德生理，通之以德之畢離狀。(新書，道德說)『德者，離無而之有，則偌然濁而始形矣。故六理發焉。六理所以爲變而生也，所生有理。然則物得潤以生，故謂潤德。』(同上)

上面所引第二段，本在第一段以前，兩段互相連接。我們把兩段分開研究，較爲清晰。『德者，離無而有』，乃是道家的思想，道爲無，德爲有，有乃有形『濁而始形矣』。這一句又像後來宋朝張載的思想，太虛之氣，變而爲陰陽，陰陽之氣較太虛元氣爲濁，陰陽爲太虛之氣所凝結。道既凝結爲德，德爲有形之氣，由德而有六理，六理爲萬物的生化之理。

『如膏之謂德，德生理，』如膏，膏較水爲濁，德乃較道爲濁。膏用以潤物，德用以生物，『然則物得潤以生，故曰潤德。』萬物不直接由無形之道而生，乃直接由有形之德而生。德以六理而生物，六理相合而又相離，『德生理，通之以六德之畢離狀。』德爲生之理，宋朝理學家以性爲生之理；性爲抽象之理，德則爲具體之理；因爲德可以說是有形之氣。

德有六理，也稱六德。六理爲道、德、性、神、明、命。

> 『德有六理。何謂六理？曰：道、德、性、神、明、命。此六者，德之理也。諸生者，皆生於德之所生，而能象人者獨玉也。寫德體六理，盡見於玉也。各有狀，是故以玉效德之六理。澤者鑑也，謂之道。腒如竊膏之

理，謂之德。湛而潤厚而膠，謂之性。廉若濼流，謂之神，光輝謂之明。礐乎堅哉謂之命。此之謂六理。』（新書，道德說）

『德有六理，何謂六理？道、德、性、神、明、命。此六者德之理也。六理無不生也。已生而六理存乎所生之內。是以陰陽地人盡以六理爲度。』（新書，六術）

中國古人很少注意理則學的法則，說理論事，常能自相矛盾。賈誼既以道爲德之本，却又以道爲德的六理之一。德既統六理，六理之中却又有一理爲德。這不是自相矛盾嗎？賈誼自己認爲不相矛盾，因爲他的道和德在這兩種情況下所有的意義上下不相。然而難處就在明道他所用的意義何在！

道和德用於無形之道和離無而有之德，意義是生化萬物的實體，由道到德，由德到理，合理而生物。現在把道和德列爲德的理，道和德的意義，代表德的特性。賈誼以玉比喻德的體，以玉的六種特性，比喻德的六理。玉的特性是光澤，滑潤，凝厚，色澤和樂，光明閃鑠，堅靭不碎。光澤如鑑稱爲道，滑潤稱爲德，凝厚稱爲性，色澤和樂稱爲神，光明閃鑠稱爲明，堅靭稱爲命。但是六理之中，性和命則不能稱爲特性，而是實有的附體，爲人之所有。六理應該視爲德的六種功用，或六種生化之理。道稱爲理，是生化人的靈明之理，使人有知，所以說『鑑生空竅而通之以道。』德稱爲理，是生化人身的形之理，所以說：『理生理，通之以六德之畢離狀。』又說：『德生理，通之以德之畢離狀。』性稱爲理，是生化人的性之理。神稱爲理，是生化人的精神之理，精神變化不可測。明稱爲理，是生化人心光明之理。命稱爲理，是生化人的命之理。

每一個人，有身體，有靈明，有性，有命，有精神，有光明之心。這六者都由德而生，因此乃說德有六理。

『六得者，德之有六理。理離狀也，性生氣而通之以曉，曉神生變，而通之以化，生識而通之以知命，生形而通之以定。』(新書，道德說)

人有理、有氣、有曉、有神、有知命、有形。賈誼常以六字數目做構架，不免牽强。人有理有氣有性有形有知有命。

德因着六理乃有六美，六美爲德、道、仁、義、忠、密。道和德又另有一種意義了。

『何謂之美？有德、有道、有仁、有義、有忠、有密；此六者，德之美也。道者，德之本也。仁者，德之出也。美者，德之理也。忠者，德之厚也。信者，德之固也，密者，德之高也。六德六美，德之所以生陰陽天地人與萬物也，固爲所生法。』（新書，道德說）

在答覆何謂六美時，擧出德、道、仁、義、忠、密。在解釋時，却又擧出道、仁、美、忠、信、密。這就是不用理則方法，任意書寫。六美是從倫理道德方面去講，以六理配合六種道德，和漢宋儒者以五行配五常一樣，沒有特別的哲理。可是，賈誼接着說：『六德六美，德之所以生陰陽天地人與萬物也。固爲所生法。』六德爲生化天地萬物之理，意義明瞭；但以六美爲生化天地萬物之理，意義便不明瞭了。祇可以說六美爲人性所具有，如同孟子所講人心有四端；萬物也具有六美，然而不能顯露出來。後來宋朝理學家講人性之理爲生生之理，爲仁。人和萬物都有仁之理，祇有人心能顯露仁之理，萬物則不能。

賈誼以理爲生理，即生化之理，和後來宋代理學家所講的天理生生之理相同。這種思想來自易經，也是儒家的傳統思想。

(丁) 性和命

賈誼講了性和命。他以性爲氣所聚，氣因道由德而聚集凝結乃生性，性似乎一種光澤而膠集的物體。

『湛而潤厚而膠，謂之性。……性者，道德造物，物有形、而道德之形，專而爲一氣，明其潤益厚矣。濁而膠相連在物之中爲物，莫生氣，皆集焉，故謂之性。性，神氣之所會也。』（新書，道德說）

性，爲神氣之會。神和氣，來自道德，因道和德乃是造物者。道變而有道，道有形，形爲氣，氣聚於人乃有性。氣聚時相凝結，有似膠。所謂『潤厚而膠』乃是比喻，以實物解釋性的特點。易經繫辭以陰陽兩氣相結合而成性，這種思想爲賈誼對於性的思想之淵源；祇是賈誼在漢初，還不宜以抽象的理論明瞭地解說性！

『性立，則神氣曉，曉然而通行於外矣。與外物之感相應，故曰潤厚而膠

謂之性。性生氣，通之以曉。』（同上）

人性旣成立，在人以內有神有氣。人因着神和氣，乃有能知之心。心和外物相接，相接不相合却又不離，如同一件潤澤之物和別的物不相結合，但因外物的膠質而不相離。這是說人的知識，由感覺和外物相接，人不和外物相結合，可是物的印象，膠附在知覺上，人對外物乃能知曉。賈誼以人性使人有清氣，而能通曉外物以有知識。說法很粗淺，理論則深。人性的氣，神而明。神，『變化無所不爲。』明，『得失事理是非，皆識於知……明生識通之以知。』

命，由道和德所生。道變而有德，德變而有氣，氣聚而有性和形。性和形以成一物。每物爲一定體，不能隨意改變。性和形在一物內，便爲一定的性和形，這種定稱爲命。命旣然堅定不能改，故比喻爲堅固的石頭。

『礜然堅哉謂之命。……命者，物皆得道德之施以生，則澤潤性氣神明及形體之位分數度，各有極量指奏矣。此皆所受其道德，非嗜欲取捨然也。出受此具也，礜然有定矣，不可得辭也，故曰命。命者不得毋生。生

則有形，形而道德性形神明，因載於物形，故礜堅謂之命。命生形，通之以定。』（同上）

命，附在形上。人因氣有性有形；性和形是人的本體，由本體人有生命，有智慧，有活動；這些都由本體而定，本體是生來的，人生來就對於生命，智慧，活動帶有一定的定量，生命的長短，智慧的高低，一生活動的成就，都有定量，這種定量稱爲命。賈誼說人由道和德的施惠而生，道和德生化一個人時，『則澤潤性氣神明及形體之位分數度，各有極量指（節）奏矣。』

人由生所得的命，不能再生，不能像嗜欲一樣或要或不要，人同意或不同意，都要承受道和德在造化時和定的數量；因此稱爲命。

結語

賈誼爲一政論家，所作新書爲政治論文集。唯有『道德說』一篇却具有哲學的思想。可惜文章的字句有錯誤，不易讀。賈誼本長於文藝，過秦論爲古文中的佳作。但是新書的篇章中有時文氣不通順，字句不整齊，必定是年代久遠，原書的字句有脫落誤寫的原故。

賈誼的哲學思想，包括道德性命幾個重要觀念。他的思想，以道爲根本，無形。道變而有德，德有形。道和德造生陰陽天地人物。造生人物的過程，德以六理而變化乃有氣，氣聚而有性有形，性形一定而有命。他的思想既有儒家易經的思想，又有道學老莊的思想，混雜不清楚，說理用辭也不明瞭。但在大綱上，和後來定期的理學有點接近。惟因他用道和德的意義不一致，而且道德在儒家和道家都有了一定的意義，後來的學者便沒有跟隨賈誼的思想，並且沒有人注意他的哲學思想。

註：

(1) 胡適之中古思想史長編，頁二一六。
(2) 徐復觀兩漢思想史，卷二、頁一五八。

(二) 董仲舒的哲學思想

漢朝的哲學思想，經過了西漢學者整理經書以後，乃能有系統思想家的產生。漢朝第一位有系統的思想家是董仲舒。

董仲舒，爲廣川人，廣川在今河北省冀縣。他的生卒年代，大約在漢文帝初年到漢武帝太初年間。（西元前一七六到一〇四年）(1)以治公羊春秋著名。漢書本傳說他：『下帷講誦，弟子傳以見，以相授業，或莫見其面；蓋三年不窺園，其精如此。』仲舒爲人很嚴肅，行動言談，必守古禮；當時學者都以師禮尊重他。漢景帝時，爲博士官。武帝即位，舉賢良文士，仲舒上賢良對策；被任爲江都王的相國。他治春秋，好談災異；後因言遼陽高廟，長陵高園殿火災，被判下獄，罪當死，遇赦，乃不敢再談災異了。出爲膠西王的相國，以禮義規勸王的驕恣。但恐怕久居將爲王所惡而得罪，乞以病歸鄉，老年壽終於家。漢書本傳說漢武帝尊崇儒家，罷黜百家，乃是董仲舒的功勞。『自武帝初立，魏其武安侯爲相，而隆儒矣。及仲舒對策，推明孔氏，抑黜百家，立學校之官，州郡舉茂材孝廉，皆自仲舒發之。』仲舒對策裡所說，在提倡仁義禮樂，天對人民任德不任刑，朝廷不宜專用法官，應用儒士。

君王要法天以立道，博愛無私，使天下財富均有。

仲舒以壽終於家，所著書有對策和說春秋的書。漢書本傳記載他所著明經的書和奏疏對策，凡百二十三篇；又有說春秋事得失，有數十篇。但是漢書藝文志則錄有春秋和治獄。隋書藝文志載有春秋繁露十七卷。『現在可以看到仲舒的言論著作，春秋繁露外，計漢書本傳賢良對策，食貨志所記前記兩端，匈奴傳一端，春秋決獄輯佚共十三條。』(2)

董仲舒治公羊春秋，他的思想以孔子的春秋作基礎。春秋重宗法禮制，公羊則更重君王的地位，稱人君爲天王。董仲舒提倡儒家尊王的思想，適合漢武帝的性格，武帝乃罷黜百家獨尊儒學。春秋記載災異，公羊更說災異是出於天的警戒，警戒人君的罪惡。仲舒發揮這種思想，把陰陽五行和天意相結合，結成一種天人相應的學說。這種學說不是仲舒所創，在呂氏春秋和淮南子裡已經成立；但是仲舒進而講天人相應，以人體仿傚天體而成，人成了一個小天地。五行的思想，更藉着他的天人相應說進入了人事的各方面。

(1) 氣

(甲) 元　氣

氣的觀念，在易經裡還沒有很顯明地成爲哲學上的術語，作爲宇宙萬物的元素；到了春秋戰國時，陰陽五行的思想漸漸興起，氣的觀念在宇宙的生化中，成了普遍的成素。漢朝易學藉着陰陽五行的思想，和四時運行配成一個系統。四時的運行有古代流傳的二十四節氣，和卦的陰爻陽爻相混，便成爲漢易的卦氣說。於是氣成爲天地萬物和人事的成素，也成了中國哲學的中心觀念。

董仲舒在春秋繁露裡沒有把『氣』提出來予以說明，但在許多篇章裡都假定『氣』爲一個已經普遍的哲學觀念，也假定『氣』的特性已經是大家所知道的。

氣字在字義裡，原來指着雲，由地面的水蒸氣熱而化成。『易經，禮記，和國語的氣字，有雲氣的意思。左傳的六氣，也是雲氣的意思，地上的氣和天上的氣，都是雲氣，有乾有濕，有熱有涼。這種雲氣變成風雨晦明陰陽；風氣爲乾濕之氣所成，雨爲濕氣所成，氣凝聚則晦暗，氣輕則明朗，氣熱爲陽，氣寒爲陰。……氣字由雲氣的意義，進而代表元素。人

的生命由魂魄而成，魂爲陽氣，魄爲陰氣，左傳和禮記都有這種思想。』(3)

董仲舒對於氣的觀念，正是禮記和國語的思想。天地有氣，氣由地起，到天上爲天氣而成爲風雨。

『地出雲爲雨，起氣爲風；風雨者，地之所爲，地不敢有其功名，必上之於天，命若從天氣者，故曰天風天雨也，莫曰地風地雨也。勤勞在地，名一歸於天。』（春秋繁露，卷十、五行對）

地起雲氣，變而成風雨，風雨屬於天氣。天地之氣，合而爲一，名曰『元氣』。元代表一，代表始。董仲舒不講太極，也不講泰一，却講『元』。

『謂一元者，大始也。』（春秋繁露，卷三、玉英）

『是以春秋變一謂之元，元猶原也，其義以隨天地終始也。』（春秋繁露，卷五、重政）

元爲一，爲開始，爲根源。天地萬物的根源和開始，在於一氣，這種氣稱爲元氣。元氣不分陰陽，周遊天地，爲天地萬物的成素。人的成素也是元氣，元氣流行於四肢百體；生命的長短便在於元氣的保養與否。

『一國之君，……布恩施惠，若元氣之流皮毛腠理也。』（春秋繁露，卷十七、天地之行）

『民皆知愛其衣食，而不愛其天氣。天氣之於人重於衣食，衣食盡，尚猶有間，氣盡而立終。』（春秋繁露，卷十六、循天之道）

這一段所說人身的天氣，指着元氣，爲人的精氣，元氣盡則人立刻要死。在萬物裡也是一樣，每物都有元氣；元氣周遊天地，便通行萬物中。人藉着元氣可以和天地萬物相通。元氣分而爲陰陽，再相給合而成四時，四時相配於五行。董仲舒說：

『天地之氣，合而爲一；分爲陰陽，判爲四時，列爲五行。』（春秋繁露，卷十三、五行相生）

董仲舒的宇宙觀，以氣爲元爲一，由氣而分陰陽，四時，五行。陰陽四時五行，都是氣。易經曾講陰陽，以陽爲剛陰爲柔，陽爲明陰爲晦；然而易經還沒有明顯的陰陽爲氣的兩類。董仲舒則明明指出這一點。

(乙) 陰陽之氣

陰陽到了春秋戰國時代，已有兩種 氣的意義，春秋穀梁傳和春秋左傳有陰陽兩氣的思想，到了漢朝，這種思想已成定論。禮記更明顯地說明陰陽爲兩氣，董仲舒的陰陽也有同樣的含義。

『陽氣煖而陰氣寒，陽氣予而陰氣奪，陽氣仁而陰氣戾，陽氣寬而陰氣急，陽氣愛而陰氣惡，陽氣生而陰氣殺。是故陽常居實位而行於盛，陰常居虛而行於末。』(春秋繁露，卷十一、陽尊陰卑)

陰陽分明，互相對立，天地間凡相對的現象都由陰陽而成，其中最重要的爲男女。男爲陽，陰爲女。在相對的現象中，好的一面屬於陽，壞的一面屬於陰；結果貴陽而賤陰，重男而輕女。董仲舒以這種價值觀出自天道。

陰陽兩氣按照一定的法則周遊宇內。陽氣出於東北，南行，入於西北。陰氣始於東南，北行，入於西南。陽以南爲位，陰以北爲位。陰由東方來西，陽由西方來東，至於中冬之月，相遇北方，合而爲一，稱曰至。後又分開，陰往右，陽往左。往左爲順道，往右爲逆道。冬月盡，陰陽都向南歸，陽往南面來，出於寅，陰往南面來，出於戌；這是陰陽出地入地可見的處所。到了中春之月，陽在正東、陰在正西，稱爲春分；春分謂陰陽相半，晝夜長短相等。大夏之月，陰陽相遇南方，稱曰至。然後分別，陽往右，陰往左，往左由下，往右由上。夏月盡，陰陽俱向北歸，陽向北歸入於申，陰北還入於辰，這又是陰陽出地入地可見的處所。到了中秋之月，陽在正西，陰在正東，稱爲秋分；秋分謂陽陰相半，晝夜長短相等。到了季秋，天降霜，到了孟冬，大寒，天降雪。物已成，天功終。（春秋繁露，卷十二、陰陽出入）

陰陽出入，各有軌道，乃成四時，四時便有四時之氣。

四時之氣，春氣暖，萬物得生；夏氣溫，萬物得養；秋氣清，萬物得收；冬氣寒，萬物得藏。春氣爲愛，夏氣爲樂，秋氣爲嚴，冬氣爲哀。

『陰，刑氣也；陽，德氣也。陰始於秋，陽始於春。春之爲言，猶偆偆也；

秋之爲言，猶湫湫也。僖僖者，喜樂之貌也；湫湫者，憂悲之狀也。是故春喜夏樂秋憂冬悲。悲死而樂生，以夏養春，以冬藏秋，大人之志也。是故先愛而後嚴，樂生而哀終，天之當也。』（春秋繁露，卷十一 王道通三）

『四時不同氣，氣各有所宜，宜之所在，其物代美。視代美而代養之，同時美者雜食之，是皆其所宜也。』（春秋繁露，卷十七、天地之行）

陰陽周遊於天地，配成四時。四時之氣所有的性格，各不相同，四時之氣的性格以陰陽之氣而各有特點，特點所在，在於對萬物的生命所有的關係。這種關係不僅是哲理方面的關係，更是生理方面的關係。萬物的生命都由氣而生化，人的生命也是由氣而生化。四時的氣影響萬物的生化，也影響人的生命。董仲舒和莊子一樣講養氣以養生。在呂氏春秋的十二月紀裡，列舉每月君王該穿的衣服和該吃的食物，因爲衣服和食物也和四時之氣相關連，對於人身的氣，便該按照四時去調協。董仲舒的養生法，在卷第十六，循天之道篇裡講養氣以求中和，以長壽命，對於男女房事，有所節制。在卷第十七天地之行篇裡，講按四時而吃菜蔬。如冬天吃薺，夏天吃芥。四時之氣，代表天意。天不言語，以物作代言者。用物得其宜，乃合於天意。合於天意，纔可以延年壽考。

『天無所言，而意以物。物不與羣物而生死者，必深察之，是天所告人也。』（春秋繁露、卷十七、天地之行）

人物合天，合成一大系統，天以氣而生化萬物，人處在生化的大系統中，力求適合，使氣流通，不致阻塞。道家的思想，滲入儒家的思想裡，揉合不分。

在生化的大系統中，有當遵循的途徑。董仲舒稱爲『循天之道』『天地之行』。這種途徑，在其他的篇章裡，也有所說明。

『天之道，有序而時，有序而節，變而有常，反而有相奉，微而至遠。』（春秋繁露、卷十一、天容）

『天地之常，一陰一陽。陽者，天之德也；陰者，天之刑也。』（春秋繁露、卷十二、陰陽義）

『天道大數，相反之物也，不得俱出，陰陽是也，春出陽而入陰，秋出陰而入陽，夏右陽而左陰，冬右陰而左陽。陰出則陽入，陽出則陰入，陰右則陽左，陰左則陽右。是故春俱南，秋俱北而不同道。夏交於前冬交於後

而不同理。並行而不亂，澆滑而各持分，此之謂天之意。」(春秋繁露、卷十二、陰陽出入)

『天之道，出陽爲煖以生之，出陰爲清以成之。』(春秋繁露、卷十二、煖燠孰多)

『天之道，春煖以生，夏暑以養，秋涼以殺，冬寒以藏。煖暑清寒，異氣而同功，皆天之所以成歲也』(春秋繁露、卷十三、四時之副)

『循天之道，以養其身，謂之道也。天有兩，和以成二中，歲立其中，用之無窮。』(春秋繁露、卷十六、循天之道)

在春秋繁露一書中，凡講天之道，都是關於陰陽。在董仲舒的天道裡，有相反的兩種動力，各以相反的軌道，在天地間運行。這兩種相反的動力，就是陰陽。陰陽雖不同軌道而行，都是有次序有節奏，也有常有變。陰陽的次序節度，按照天道使萬物發生而成長；天道的次序乃排成四季，以得中道，以成一歲，一歲爲一週，週而復始。在這種天道裡，我們可以看到後來宋代理學家所說變化之理，有一有二，沒有一，則不能有恆，有貫通；沒有二，則不能有變。變起於兩種動力，而且是兩種相反的動力。陰陽爲兩氣，兩氣爲相反的動力，氣乃有變化。氣的變化在相反裡求中，使萬物生發而成長。

(2) 五　行

鄒衍倡五行之說，以五行爲五德。德雖爲善德，然也是德能，也是動力；鄒衍的五德便是以五行爲五種動力。陰陽既是兩種動力，陰陽結合而成五行，五行當然是五種動力了。不過，鄒衍並未明白說出五行爲陰陽兩氣的五種結合。在呂氏春秋裡，五行已經明顯地是五種氣，在感應篇有木氣，金氣，水氣，土氣等。董仲舒一年四季『異氣而同功』，也是以春夏秋冬的氣不同。春夏秋冬配木火金水，實際上，四季之氣，就是五行之氣。

春秋繁露書中以五行名篇者，有五行對篇，五行之義篇，五行相勝篇，五行相生篇，五行逆順篇，治水五行篇，治亂五行篇，五行變救篇，五行五事篇，一共九篇。在其他篇章裡，也提到五行。董仲舒對於五行，很加注意；而對五行所注意的，乃是五行的次序。五行爲氣，氣常流行不息；五行爲動力，動力常動；在流動當中，一定要有次序。次序的意義，在於萬物的和諧，一切得到中和。

（甲）五行的意義

我們已經說了，五行是陰陽之氣的五種結合，爲五氣。但是五行也是動力，也是物的成素。在天地間有五行，然而五行的功用，則祇有四，土是其他四行的根基，不參加活動，不稱爲動力。所以五行配四方時，土在中央；五行配四季時，土在夏秋之間；土沒有自己的方位和季候。

『五行莫貴於土，土之於四時無所命者，不與火分功名。木名春，火名夏，金名秋，水名冬。忠臣之義，孝子之行，取之土。土者，五行最貴者也。』（春秋繁露，卷十、五行對）

土之可貴，因爲是四行的基礎，隱而不顯，不與他行爭功。『土，五行之中也。』（春秋繁露，卷十一、五行之義）

董仲舒說：

『五行者，五行也。』（春秋繁露，卷十、五行對）

所謂『五行者，五行也』之行字有什麼意義呢？上面的行者是名詞，指着金木水火土；下面的行字，是『行』動的行。然而這種行，不是行動，而是金木水火土的自性之行，卻是自性的化生，卽是動力。

『天有五行，木火土金水是也。木生火，火生土，土生金，金生水。水爲冬，金爲秋，土爲季夏，火爲夏，木爲春。春主生，季夏主養，秋主收，冬主藏。……故五行者，五行也。』（同上）

由生化方面去看五行，五行爲五種生化，木生火，火生土，……。由這種生化而有四時，四時的變化，生化萬物。五行便是五種生化。生化是金木水火土自性的『行』。董仲舒以五行之行去講孝道，父生子，子奉承父的生化，成全父的生化。就像五行中的次序有生、養、成、收、藏，子對於父之『行』，也要養、成、收、藏。

『是故父之所生，其子長之；父之所長，其子養之；父之所養，其子成之。諸父所爲，其子皆奉承而續行之。』(同上)

因此，董仲舒所注意的，在『行』這個行字，有些相似先總統　蔣公所講『行的哲學』之行。

行的對面爲受，主體爲行，客體爲受。行的生化由自體而向外，生一客體，客體『受』主體之行，因而得生。五行的次序，有相生的次序；在相生的次序中，有行有受。

『木生火，火生土，土生金，金生水，水生木；此其父子也。木居左，金居右，火居前，水居後，土居中央；此其父子之序，相受而布。是故，木受水而火受木，土受火而金受土，水受金也。諸授之者，皆其父也；受之者，皆其子也。』(春秋繁露，卷十一、五行之義)

五行爲行，行爲生化，有行纔有生化。五行彼此之間有生化，而每一行對外又有生化。在五行次序之中，木生火，然而木對外生化萬物，爲春；火對外養成萬物，爲夏。土生金，金生水。土居中央，作五行的基礎。金對外收成萬物，爲秋；冬對外藏蓄萬物，爲冬。每行都是生化之『行』。

『五行之隨，各如其序；五行之官，各致其能。是故木居東方而主春氣，火居南方而主夏氣，金居西方而主秋氣，水居北方而主冬氣。是故木主生而金主殺，火主暑而水主寒。使人必以其序，官人必以其能，天之數也。土居中央，爲之天潤，土者，天之股肱也，其德茂美不可名以一時之事。故五行而四時者，土兼之也。』（同上）

行則有能，無能則不有行。五行有行，五行便有能；五行是五行，五行也是五能。五行和五能的本體則是氣。五行的能和行，在宇宙的時間和空間裡表現出來，時間爲春夏秋冬，空間爲東西南北中央。木氣的能和行，在東方和春季表現出來，使萬物發生，木氣主生。火氣的能和行，在南方和夏季表現出來，使萬物成長，火氣主成。金氣的能和行，在西方和秋季表現出來，使萬物成熟可以摘收，金氣主熟。水氣在北方和冬季表現出來，使萬物凋落以便收藏，水氣主凋。土氣居於空間和時間的中央，沒有特別的功能，而是其他四氣的中和，『其德茂美不可名以一時之事。』

(乙) 五行的次序

在前面講五行時，已經講過董仲舒所講的五行次序和五行的相配。五行相生相勝的次序，來自對自然界的常識。木生火，爲鑽木取火。火生土，爲火燒物成灰。土生金，爲金屬礦石在土中。金生水，爲金屬熔化成爲液體。水生木，爲草木需要水份以能生長。這種相生的次序，以五行通常所稱呼的五種物件，在自然界所有的一種關係。五行相勝的次序也是一樣。金勝木，爲刀鋸可以伐木。水勝火，水可以滅火。木勝土，爲草木可以破土而出生，木桿又可以揷入土中。火勝金，爲火可以熔化金屬。土勝水，爲土可以塡滿水。這種自然界的現象，轉移到哲學裡去，便應該有另外的一種意義。五行在自然界是五種物質，在哲學上乃是五種氣，木氣不是木，火氣不是火，金氣不是金，水氣不是水，土氣不是土。但是漢朝人的五行思想，則以氣爲萬物的成素，不僅是哲學上的成素，也是物理上的成素。陰陽五行都是氣，於是便也是物體的物理上的成素，陰陽五行都是氣，於是便也是物體的物理成素。陰陽五行既是物理上的成素，則必定是具體的成素，而成爲一種物質。因此，五行成爲五種物質，如同現在物理學上所講的原子，因子，電子。每種物體都由五行組成。五行在外面的表現，爲能和行；五行致於人所引起的認識，也是能和行。能和行的目標，在於物的生化。五行的次序，便也依照物的生化次序。這種生化的次序，應該是一年四季的次序，即是木火金水，土則居於中央，木爲春，火爲夏，金爲秋，水爲冬。然而五行既是物質，五行的物質雖是氣，可是五行之氣由五行的物體名詞去稱呼，這五種物體在自然界有相生相勝的次序，這種自然界的物質次序，和四季的次序相合便也成了五行之氣的次序。自然界的五行次序，在物理上沒有內在的緣因，在哲學上更沒有本體上的理論，而僅是以常識的現象勉强配合到哲學上。哲學便不成爲哲學，而成了物理學。在物理上，整個宇宙都是氣，氣分陰陽，陰陽成天地。陰陽再成五行，五行構成物體。在漢朝學者的思想中，天地萬物互相通，所謂相通爲氣的相通。氣週流天地間，上天下地都是氣，萬物也是氣，萬事也是氣。氣分陰陽五行，陰陽五行便也週流在天地萬物和萬事以內。週流的次序，則有易經之十四卦陰爻陽爻的次序，又有五行相生相勝的次序。從物理方面說，陽陰代表剛柔明暗進退等等特性，陽陰的次序隨着這些特性而定；五行代表自然界五種物體，五行的次序隨着五種物體的特性而定。這幾種次序由自然界進入了人事界，成了人生的規範。

『天地之氣，合而爲一，分爲陰陽，判爲四時，列爲五行。』（春秋繁露，卷十三、五行相生）

天地之氣爲一，一氣分爲陰陽，再分爲五行。宇宙間便是氣的宇宙，一切由氣而成。董仲舒不講宇宙生化的來源，這幾句話就代表他的宇宙論。

『天之任陽不任陰，好德不好刑。如是，故陽出而前，陰出而後，尊德而卑刑之心見矣。……是於天凡在陰位，皆惡亂善，不得主名，天之道也。』（春秋繁露，卷十二、天道無二）

這種陰陽次序，爲易經的思想，陽尊陰卑，陽上陰下，陽前陰後。

『天爲君而覆露之，地爲臣而持載之。陽爲夫而生之，陰爲婦而助之。春爲父而生之，夏爲子而養之，秋爲死而棺之，冬爲痛而喪之。王道之三綱，可求於天。』（春秋繁露，卷十二、基義）

四時之氣，順着次序輪廻，生養死喪；這是萬物生成的次序，在自然界表現出來。

『木者，春生之性，農之本也。……火者，夏成長，本朝也。……土者，夏中，成熟百種。……金者，秋殺氣之始也。……水者，冬藏至陰也。……』（春秋繁露，卷十三、五行逆順）

『東方者，木農之本，司農尚仁，……積蓄有餘，家給人足，倉庫充實，司馬食穀。司馬，本朝也，本朝者，火也。故曰，木生火。南方者，火也，本朝司馬，尚智，……天下既寧以安君。官者司營，司營者，土也，故曰火生土。中央者，土，君官也，司營尚信，……應天因時之化，威武強禦以成大理者，司徒也。司徒者。金也，故曰土生金。西方者，金，大理司徒也，司徒尚義。……執法者，司寇也。司寇者，水也，故曰金生水。北方者，水，執法司寇也，司寇尚禮，……百工維時以成器械。器械既成，以給司農。司農者，田官也。田官者，木，故曰水生木。』（春秋繁露，卷十三、五行相生）

相生的次序，木生火，火生土，土生金，金生水，水生木，乃是自然界的常識。董仲舒却又從政治制度方面去說明相生的次序，司農，司馬，司營，司徒，司寇，配合木火土金水。同時，藉着這種政治制度，又將仁智信義禮配合於五行，木爲仁，火爲智，土爲信，金爲義，水爲禮。這種倫理的次序，導源於易經。易經說『乾，元亨利貞』。易經以乾含有元亨利貞的德能，漢朝儒者則以仁智義禮配元亨利貞，然後又配五行。仁爲元爲木，意義在於生。智爲亨爲火，意義在於養。義爲利爲金，意義在於肅殺。禮爲貞爲水，意義在於藏。信則爲土。後來宋朝理學家，通常以智配水，以禮配火。從仁義禮智信去說，具有和所配的一行之特性。但是這種特性，並不是本性上的特性，祇是附加的特性；所說相生的次序，也是附加的特性之次序。

中國哲學上，氣，陰陽，五行，幾個觀念，爲最複雜的觀念，也是最籠統的觀念；因爲既代表哲理方面物的成素，又代表物理方面物的原素，更進一步又代表人事方面的成因。這幾個觀念既是哲理的觀念，又是物理的觀念，而且是政治的觀念。用這幾個觀念，董仲舒和漢朝的學者構成了一個龐大的宇宙和人生觀。在董仲舒的思想裡，也同樣在漢朝儒者的思想裡，宇宙是一個活的整體，整體由氣而成，氣分陰陽五行，生化各種物體。氣在天地萬物裡週流不息，生化不停。每一物都在生化，由生到成到死到藏。人爲這個整體的一部份，含有陰陽五行。人的存在常在生化，在生理上在心理上這種生化爲陰陽五行的變易，在心靈上，智識和情欲的活動也是氣的變易，而且也是陰陽五行的變易。若用我們現在的自然科學去講，氣和陰陽五行，不合於物理的原素，失去科學的價值，而在講解漢朝的哲學思想時，也沒有適當的現代術語去解釋。

(3) 天人相合

這種哲學和物理科學相混合的現象，在氣和陰陽五行的觀念上，已經很濃厚，以至於不能分別；但是在董仲舒所講的天人相配合的思想上，更見顯明；以至於把天和人都物質化了，使他的思想看來很膚淺幼稚。

(甲) 天

在春秋繁露裡，天有兩種意義：一種指着無形無限的最高上天，一種指着由事物可現的自然之天。這兩種天似乎互相混合，又互相衝突，使現在研究董仲舒思想的人感到困惑；因爲一方面看到他誠心信仰上天，一方面又看到他講人和形天的合一，便不容易了解他對於『天』究竟有什麼意義。

(A) 位格之天

書經和詩經所信仰的天，爲位格的上天，乃最高的靈明，無形無線，造生人物，賞罰善惡。春秋戰國的社會則迷信鬼神，遇事就問神求卜。秦漢時，更因五行的學說而信有五天帝，書經和詩經對於「上天」的信仰。

『是故大改制於初，所以明天命也。更作樂於後！所以見天功也。……今所謂新王必改制者，非改其道，非變其理，受命於天，易姓更王，非繼前王而王也。……事父者，承意。事君者，儀志。事天亦然，……故，必徙居處，更稱號，改正朔，易服色者，無他焉，不敢不順天志而明自顯也。』（春秋繁露，卷一、楚莊王）

『春秋之法，以人隨君，以君隨天。……人受命於天，有善善惡惡之性，可養而不可改！……』（春秋繁露，卷一、玉杯）

『天之爲人性命，使行仁義，而羞可恥，非若鳥獸然。……今善善惡惡，好榮憎辱，非人能自生，此天之施在人者也。』（春秋繁露，卷二、竹林）

『是故三代必居中國，法天奉本，執端要以統天下，朝諸侯也。』(春秋繁露，卷七、三代改制質文)

『堯舜何緣而得擅移天下哉！孝經之語曰：事父孝故事天明，事天與事父同禮也。今父有以重予子，子不敬擅予他人，人心皆然。然則王者，亦天之子也，天以天下予堯舜，堯舜受命於天而王天下，猶子安敢擅以所重受天者予他人也。……且天之生民，非為王也；而天立王，以為民也。故其德足以安樂民者，天予之，其惡足以賊害民者，天奪之。……』(春秋繁露，卷七、堯舜不擅移湯武不專殺)

『天之生人也，使之生義與利，利以養其體，義以養其心。』(春秋繁露，卷九、身之養重於義)

『為人子而不事父者，天下莫能以為可。今為天之子而不事天，何以異是？是故天子每至歲首必先郊祭以享天。』(春秋繁露，卷十五、郊祭)

『天者，萬物之祖，萬物非天不生。』(春秋繁露，卷十五、順命)

以上所引各篇文句，所有天字，意指上天。董仲舒解釋春秋，遵循書經的思想，且加以發揮。君王所以爲王，乃受命於上天；上天主君王使治人民，代天行道。董仲舒標明『天命』『天志』；上天立一人爲國君，以天下授予他，這是天命，也是天志。君王受命於天，成爲天之子。君王爲天之子，不是生爲天之子，而是因受命爲王而成天之子。既爲天之子，則應事天如事父，應該祭天。

董仲舒追隨呂氏春秋的思想，以爲一位新朝代的君王，應該改制。然而他不注重五德終始的學說，不因五德的次序而改制；他却說改制爲表明『天命』。上天另外選立一個君王，這個君王不是因着血統繼任前王，而是因着天命，則應該在制度服色上表明上天改選君王的意旨；天命乃是改制的理由。

董仲舒在這一方面很明顯地表現自己對於上天的信仰；他所信的上天，是書經的皇天上帝，是位格的靈明。

另一點，董仲舒以天生人，天予人性命，這種思想來自書經詩經和中庸。人和物一樣，都是天所造生。天生人，給人人性，使行仁義。中庸講『天命之謂性』，若以中庸獨立來講，『天命』可以解釋爲自然，爲生來所有；但若以中庸和書經詩經一起來解釋，人既是上天所生，人性便是上天所授予，上天所授予稱爲天命。有些學者說中庸在講倫理上較比書經詩經前進了一步，書經詩經講外在的天道，爲倫理規律，中庸進而講內在的人性，爲倫理規律，由外在倫理進到內在倫理。對於這一點，我也同意。然而我看不出爲什麼因着這種前進務必要把書經詩經的上天而變成自然。內在的人性爲人天生所有，爲人自然所有；可是天生所有或自然所有，乃是上天所授予，並不見得有衝突。上天授予人性，不是直接授予，而是藉着人的生命而授予。同樣，董仲舒所講天生人，『天之爲人性命』，也該是這樣的解釋。他相信上天造生人物，授予人性，使人善善惡惡。

(B) 自然之天

自然之天的觀念來自易經，易經講乾坤，以天地爲代表，乾爲萬物之元，坤爲萬物之始。乾爲天，坤爲地；易經以天地爲萬物的元始。天覆地載，萬物在天地之中。中庸也有天覆地載的思想，春秋繁露接受了這種思想。天覆地載的天地，爲有形的天地，由氣所成。因着氣成天地的思想，漢朝的皇帝乃信五帝。春秋繁露中沒有五帝的思想，也沒有明說天地爲自然；然而自然之天或有形之天，則充塞春秋繁露書中。春秋繁露在前半部解釋春秋時，用位格上天，在下半部講陰陽五行時，用自然之天。

『天者，萬物之祖也，萬物非天不生，獨陰不生，獨陽不生，陰陽與天地

參然後生。』（春秋繁露，卷十五、順命）

這幾句話，包含有複雜的思想。第一個天字，應該是上天之天，即位格的靈明上帝。因爲董仲舒相信書經和詩經的上天造生人物，天便是萬物之祖。但是接着往下看，則意義就不是這樣簡單了；下面接着講陰陽，以陰陽化生萬物。陰陽爲乾坤；易經以乾爲萬物之元，以坤爲萬物之始；那麼『天者，萬物之祖也』的天字，便可以說是乾，祖便是元，萬物由陰陽和天地相和而生。

董仲舒講天心，天道，所說的天，應是自然之天，因由可見的萬物而現天心和天道。

『霸王之道皆本於仁，仁，天心。』（春秋繁露，卷六、兪序）

『天高其位而下其施，藏其形而見其光。』（春秋繁露，卷六、離合根）

『天積衆精以自剛，聖人積衆賢以自彊。天序日月星辰以自光，聖人序爵祿以自明。』（春秋繁露，卷六、立元神）

『求天數之微，莫若於人。』（春秋繁露，卷七、官制象天）

『天有五行。』（春秋繁露，卷十一、五行之義）

『天之大數畢於十。……十者，天數之所止也。』（春秋繁露，卷十一、陽尊陰卑）

『天之道有序而時，有度而節，變而有常。』（春秋繁露，卷十一、天容）

『天之道終而復始，故北方者，天之所終始也。』（春秋繁露，卷十二、陰陽終始）

『天地之常，一陰一陽。』（春秋繁露，卷十二、陰陽義）

對於『天之道』，春秋繁露書中還多着哩！上面所引的各段，已經可以表示這個『天』的意義。人立天地之中，人之上有天，天照日月星辰而表現自己的光輝。人頭上的天，本是蒼蒼之天，蒼蒼之天在哲學上沒有意義。哲學上所研究的，乃是萬物變化之理。萬物所以會有變化，因爲有變化之道，稱爲『天之道』，天之道就是我們所稱的自然律。天地萬物變化按照這種自然律而行，所以能起變化，乃因有陰陽相反的兩種因素，由兩因素而成五行。陰陽五行的變化都在自然律之內，故曰：天有陰陽，天有五行。

自然之天，乃是天地萬物變化的主因。自然之天的表現，則以一年的四季十二月和三百六十日爲有形的變化現象。自然之天既爲天地萬物化生的主因，則視爲萬物之元，爲萬物之祖。但是按照自然律『獨陰不生，獨陽不生。』天要和地相聯而後纔可以生化萬物，於是自然之天，常與地相伴又相對，稱爲天地。再進而以人之上的蒼蒼之天，代表自然之天。這種思想後來在宋朝理學家的學說裡很爲盛行。

中國古代哲學家講哲學，不談宗敎信仰。宗敎信仰乃人生的一部份活動，和人的求福免禍的心理相連。一個人要求免災禍時，就表現自己的宗敎信仰去求神問卜。宗敎信仰不是一種思維的工作，也不是有系統的思想，祇是具體生活的一部份活動，不影響一個人的整體生活。因此哲學可以和宗敎脫離，然不互相衝突。一位哲學家可以信仰上天，也可以在哲學裡祇講太極，講自然。自然之天不反對位格上天，而且可以互相聯繫，以自然之天爲位格上天的表現，即是天對於萬物的聯係。一切萬物，由天所造作，萬物變化之道，便表現上天的旨意。因此，天之道，便解釋爲天意。『是故明陰陽入出實虛之處，所以觀天之志；辨五行之本末順逆小大廣狹，所以觀天道也。』（春秋繁露，卷十七、如天之爲）

(C) 天人相配

在董仲舒的思想裡，有一個特別點；他以天人相配合，進而說到『天人一也。』（春秋繁露、卷十二、陰陽義）

天人相配合的學說，以『人爲天所生』作爲基礎。人既爲天所生，人便和天相似。相似的程度達到很大的程度，人乃是一小天。

人和天相像，從各方面去研究，可以得到證明。首先從人的身體去看，身體的結構和天的形態相似。

『唯人獨能偶天地。人有三百六十節，偶天之數也。形體骨肉，偶地之厚也。上有耳目聰明，日月之象也。體有空竅理脈，川谷之象也。心有哀樂喜怒，神氣之類也。觀人之體，一何高物之甚而類於天也，物旁析取天之陰陽以生活耳；而人乃爛然有其文理。……故所取天地少者旁析之；所取天地多者正當之，此見人之絕於物而參天地。……天地之符，陰陽之副，常設於身，身猶天也。數與之相參，故命與之相連也。天以終歲之數成人之身，故小節三百六十六，副日數也。大節十二分，副月數也。內有五臟，副五行數也。外有四肢，副四時數也。乍視乍暝，副晝夜也。乍剛乍柔，副冬夏也。』（春秋繁露，卷十三、人副天數）

這種副合的方法，爲一種物質性的方法，把天看成了物質，把人也看成了物質。天地上下的物質合成一個整體，稱爲天，或稱爲天地。也可以稱爲天的人格化，把天地宇宙成看了一個有人格的人，有情感，有思索。天地萬物成了一個整體，一年四季十二月三百六十六日，合成一個整體；這個整體由數來代表，漢朝的易學講氣講數，開啓宋代邵康節的易數。董仲舒頗講數，然祇講到天之數。天地間的萬物聯合成一體：日月星辰山谷河川合成一體的結構，寒暑晦明晴雨風雷合成一體的活動，把這個整體看做天，拿來和人的整體相比較，結果兩者相合。

第一種相合，在於身體結構上的相合，人身的骨骼和內外器官的數目和天體結構的數目相合；這種結合爲物質性的相合。第二種相合爲心理方面的相合，以人的心理生活來自天，也和天的活動相似。

『夫喜怒哀樂之發，與清暖寒暑，其實一貫也，喜氣爲暖而當春，怒氣爲清而當秋，樂氣爲太陽而當夏，哀氣爲太陰而當冬。四氣者，天與人所同有也，非人所能蓄也，故可節而不可止也。』（春秋繁露，卷十一、王道通三）

『故曰：天乃有喜怒哀樂之行，人亦有春秋冬夏之氣者，合類之謂也。』

（春秋繁露，卷十一天辨在人）

還有第三種相合，即是『命與之相連也』。漢朝人最信感應之說，人行爲的善惡因着氣類的相同，在天方面引起感應。惡的行爲引起災異，善的行爲引起祥瑞。災異感應的思想，塡滿了漢書的五行篇，一切自然界的現象凡是和自然界的通常表現不同便稱爲異，異而有禍於人則稱爲災，有福於民則稱爲祥。凡是災祥和異象都因人的善惡而引發。這就是天人的命相連。

『刑罰不中，則生邪氣。邪氣積於下，怨惡畜於上，上下不和，則陰陽繆戾而妖孽生矣，此災異所緣而生也。』（董仲舒賢良對策第一）

『其大略之類，天地之物有不常之變者謂之異，小者謂之災；災常先至而異乃隨之。災者，天之譴也，異者，天之威也，譴之而不知畏，乃畏之以威。……凡災異之本，盡生於國家之失。國家之失，乃始萌芽，而天出災以譴告之。譴告之而不知變，乃見怪異以驚駭之。驚駭之尚不知畏恐，其殃咎乃至。以此見天意之仁而不欲陷人也。』（春秋繁露，卷八、必仁且知）

天人相配，天人相合，天人一也，董仲舒很有系統地提出這種主張。他所根據的理由，是人由天所生，人肖似天。人所以肖似天的成素則是氣，天之氣卽是人之氣，氣旣相同，天人乃一。別的萬物也都是天所生，也應該似天。但因爲物之氣偏，人之氣全，物則相似天的一部份，而不能和整體的天相配。這種思想，後來在宋朝的理學家中，便成爲人因氣淸乃得天理之全的思想。

董仲舒講天人一也，他所得的結論有兩個：一個是法天，一個是畏天。

法天的思想，本是書經和論語的思想。書經和論語的法天，在於遵守天命，執行天的意志。董仲舒則以天人旣相配而同爲一，天爲人的根本，人便該奉天爲法。不過通常一般人，不懂得天之道，聖人則懂得，董仲舒便特別注重聖人法天。君王受天的選擇，治國治人，更應該法天；天爲君王之父，君王爲天之子，子應該法父。

『春秋之法，以人隨君，以君隨天。』（春秋繁露，卷一、玉杯）

『故爲人主者，法天之行。』（春秋繁露，卷八、離合根）

『故聖者法天，賢者法聖。』（春秋繁露，卷一、楚莊王）

畏天，是天的罰。君王一見有災異，立卽改過，以免天的嚴罰。在秦漢君權極盛的時代，儒家爲防止君王的淫暴，而主張天人感應的學說，使人君有所忌憚。

從法天和畏天的主張去看，則『天』不能祇是自然之天，必定要上溯到位格的上天。假使董仲舒所說的天僅祇指着自然之天，則天意，天志，天罰的觀念毫無意義，況且他絕對相信君王爲上天所立，則君王所該法的天和所畏的天，當然應該是有位格的最高靈明的上天。上天的旨意藉着所造生的萬物而表現出來，天地萬物的現象就代表上天的旨意。西方大哲學家聖多瑪斯常說人藉萬物而能認識造物主。

(4) 人

(甲) 心

從天人相合的思想裡，可以看到董仲舒很看重人。儒家被稱爲人文主義，當然看重人，儒家看重人，由天一方面去看。易經八卦三爻代表天地人，人和天地併立，人所以很貴重。宋代理學家以人最貴，因人稟受天地的秀氣，得天理之全。董仲舒生在漢朝，他說人得自天者多，物得自天者少，人所以爲貴。

人得於天者多，究竟是得到什麼？人有四肢百體，和天地之數相合，可算得於天者較禽獸爲多。但最要者，人有心，有性，有情，有仁義，這是禽獸草木所沒有的，人自天取得，人得於天者眞正多了。

『氣之清者爲精，……治身者以積精爲實，……身以心爲本，……』（春秋繁露，卷七、通國身）

人之氣清，清氣積爲精，在於人身。人身的最要點爲心，心之氣一定爲清氣。

『性有善端，心有善質。』（春秋繁露，卷十、深察名號）

『栣衆惡於內，弗使得發於外者，心也。故心之爲名，栣也。』（同上）

『一國之君，其猶一體之心也；隱居深宮，若心之藏於胸；至貴無與敵，若心之神無與雙也。……內有四輔，若心之有肝肺脾腎也；外有百官，若心之有形體孔竅也；親聖近賢，若神明皆聚於心也。』（春秋繁露，卷十七、天地之行）

『心，氣之君也，何爲而氣不隨也。』（春秋繁露，卷十六、循天之道）

心爲一身之主，位雖尊高，聚精會神，主宰善惡。栣，原註云『疑袵，如甚切，栩也。』意如門栓『栣衆惡於內，弗使得發於外。』荀子曾說心爲一身之主，董仲舒也有這種思想，爲能使心爲一身之主，則應使心習慣於仁義之道，董仲舒主張以仁義養心。

『天之生人也，使人之生義與利。利以養其體，義以養其心。心不得義不能樂，體不得利不能安。義者心之養也，利者體之養也。體莫貴於心，故養莫重於義。』（春秋繁露，卷九、身之養）

養爲修養。孟子曾經主張養氣，也主張養心，孟子曾說『養心莫善於寡欲。』（盡心下）對於心，則主張收心；因爲孟子主張仁義禮智爲心所固有，人若收心，則仁義禮智則見。不過，孟子主張心有仁義禮智也不過祇是善端，善端須要培養纔能發育。故孟子所說收心養性，實際上就是養心的善端。董仲舒說以義養心，意思和孟子主張性善，董仲舒主張性有善惡；因此董仲舒主張以義養性，則是以義在心外，爲倫理道德的模範，人要以這種倫理模範去範圍心的活動，使心習於義，則能使惡不發出來，而祇使善發出來。所以心的作用，還是主宰的作用。養心的修養工夫，也是最要緊的工夫。

(乙) 性・情

董仲舒論性的善惡，和孟荀的主張都不相同；但是他自己的思想，也不清楚。又似乎主張性善，却又主張性中有善有惡，又主張性分三別。三種主張究竟若何解釋，又若何連繫，要費一番周析。

(A) 性的意義

在深察名號一篇裡，董仲舒解釋性的意義。他以質字解釋性，又解爲天生之資。現在我們常說一個人的資質怎樣，然而通常一般人所說的資質，不指着人性，而是指着人的才質和性格，即是指着一個人所有的個性，個性乃是特質，是附加的屬性，不是本性。

董仲舒說：

『今世闇於性，言之者不同，胡不試反性之名。性之名非生與！如其生之自然之資謂之性，性者，質也。詰性之質於善之名，能中之與？既不能中矣，而尚謂之質善，何哉？性之名不得離質，離質如毛，則非性已，不可不察也。』（春秋繁露，卷十、深察名號）

性的意義和生字的意義相同，人生而有的資稱爲性，生而有的資稱爲質，所以說『性者，質也。』質不是質料，不是人之所以成人的質料，不是從物質方面去看，然而也不是像宋朝理學家從理方面去看。董仲舒還是從孔孟論性，從才方面去看。性是人生來所有的才質。所謂才質不是理論上的抽象才質，乃是具體上的才質，由氣而成。才質，在孟子書中也稱爲性，不過孟子說更好不稱爲性。才質爲人所有的天生才能，在孟子的思想，才能指着人的善端，卽人的天然傾向。董仲舒以質來解釋性，質的意義和孟子所說的才相同。

(B) 性善

由性爲天所生去說，性應該是善的。天生人物，授與規則。中庸已經講過『天命之謂性，率性之謂道。』天命之性必定是善。董仲舒說：

『天之爲人性命，使行仁義，而羞可恥。非若鳥獸然。……今善善惡惡，好榮憎辱，非人能自生，此天之施在人者也。』（春秋繁露，卷二、竹林）

在一方面，董仲舒所講的話不太清楚。他說天給人性命，使行仁義，所謂『使行仁義』的使字，可以說性本來善，也可以說性生來具有向善的本能。就董仲舒的思想說應該以第二種解釋爲對，向善的本能稱爲質，他也曾說：

『性有善端，心有善質。』（春秋繁露，卷十、深察名號）

他以性爲質，質就是孟子所說善端。他又把質屬於心，不過孟子也說心有善端，因性由心而顯。他和孟子不同之點，在於孟子以心祇有善端，惡不屬於心，也就不屬於性；董仲舒則以性有善質也有惡質，性便不完全是善。

(C) 性有善惡之質

孟子以人性祇有善質，荀子以人性祇有惡質，董仲舒以人性有善質也有惡質。同是一個人，有時行善，有時行惡，善若屬於性，惡也屬於性。宋朝程顥以善惡皆來自性，董仲舒在漢朝已有這種主張，兩個人所說的理由不相同，程顥以清濁之氣都屬於性，董仲舒以性情同是性。情若是性，情有惡，乃是儒家一貫的主張，善惡當然出於性。後來宋朝朱熹把性和情分開，性爲理，情爲氣，情之惡便不屬於性。

董仲舒說：

『天地之所生，謂之性情。性情相與爲一瞑，情亦性也。謂性已善，奈其情何！故聖人莫謂性善，累其名也。身之有性情也，若天之有陰陽也。言人之質而無其情，猶言天之陽而無其陰也。』（春秋繁露，卷十、深察名號）

情和性，乃是氣的陰陽，陽爲性，陰爲情，陰陽爲一氣之分兩，情和性也是一之分兩，『性情相與爲一。』這明明說性由氣而成，性中有陰陽。漢朝許愼所作說文有云：『情，天之陰氣有欲者，性，人之陽氣性善者也。』可見漢朝學者中也有這種思想。

『人之誠有貪有仁，仁貪之氣，兩在人身。身之名取諸天，天兩有陰陽之

施，身亦兩有貪仁之性。』(同上)

貪爲欲，欲爲惡；仁爲德，德爲善；兩者都屬於性。董仲舒在深察名號篇裡用兩個比喻來解釋。他說性好比是禾，米好比是善，禾生米，禾不是米；善生於性，性不是善。還有一點，不是禾所生的都是米，那麼也不是性所生的都是善。另一個比喻，以性爲繭爲卵，繭也繅了以後纔成絲，卵要孵了以後纔有雛，性要教了以後纔爲善。這兩個比喻，不完全和他所要說的主張相符合，但也說明他的思想。董仲舒以人有陰陽之氣，便有情和性，情和性相合稱爲性，情有惡質，惡便屬於性。

但是不能說董仲舒主張情惡，他祇主張情有貪欲，貪欲爲惡。他便不主張寡欲或禁情，因爲情爲人之性，性不能寡或禁，祇能予以節制。

『夫喜怒哀樂之發，與清暖寒暑，其實一貫也。……四氣者，天與人所同有也，非人所能畜也，故可節而不可止也。』(春秋繁露，卷十一、陽尊陰卑)

節制情欲在於心，故應以義養心。心養於義，習慣向善，知道義理，然後可以『桎衆惡於內，弗使得發於外。』

(D) 性有三品

在實性篇裡，董仲舒却又說性有三品，分聖人，中民，斗筲。聖人之性爲善，斗筲之性爲惡，中民之性待教而爲善。

『名性不以上，不以下，以其中名之。』(春秋繁露，卷十、深察名號)

『聖人之性，不可以名性。斗筲之性，又不可以名性。名性者，中民之性。中民之性，如繭如卵。』(春秋繁露，卷十、實性)

從教導一方面去看，孔子曾說上智與下愚不移。上智爲聖人，下愚爲斗筲之人；這兩等人都不多，多的是中民。董仲舒稱爲中民，民表示一般人。一般人的性稱爲性，代表人性。這種人性有善惡之質，要待受了教育纔能爲善。因此，董仲舒乃說中民所行之善不稱爲性，性是天生的，善則待教而有的，這似是荀子所說善爲僞，是人所勉力而有的。他以孟子所說的善祇是善端，不足稱爲善，聖人所行的善，纔是善。

『善，教訓之所然也，非質樸之所能至也，故不謂性。性者，宜知名矣，無所待而起生，而所自有也。』（同上）

他和荀子又不相同，荀子以性惡，善爲人所造；他以人性有善質，能爲善，善質因着教育而生善。董仲舒很尊重君王，以君王爲教民爲善。假使人性是善，善由人性自然而生，何必還要君王呢？

『今案其真質而謂民性已善者，是失天意而去王任也。萬民之性苟已善，則王者受命，尚何任也！』（春秋繁露，卷十、深察名號）

總括起來，董仲舒的人性善惡論，雖似乎自相矛盾，實際上是互相聯繫而爲一。他主張性有善質也有惡質，要由君王予以教訓，人乃能發揚善質，而抑制惡質。

(5) 春秋制度

(甲) 王　權

董仲舒研究春秋，特別研究公羊傳。他所寫的春秋繁露和賢良對策，都按照春秋的思想發表他的政治論。他沒有做過大官，沒有表現什麼政治才幹，他的政治論祇能作爲漢朝經學家的政治思想，對於朝廷的政策，不發生作用。劉向在漢書裡曾說董仲舒有王佐的才能，可以和伊尹管仲相比。實際上他祇是一個閉門教書的人！

孔子作春秋旨在尊王攘夷，董仲舒發揮春秋的思想，爲漢朝的君主專制政體作學理上的說明。公羊傳稱皇帝爲天王；天王的稱呼，可能因爲皇帝受命於天，代天行道；可能因爲攘夷，把中國的皇帝稱爲天王，以高於夷狄之王。董仲舒則注重第一種思想，以君王爲天所選擇，作天之子。君王在行政上法天，在權力上用上天的權威，在目標上敎民爲善。君王所有的一切都出於天，唯其一切來自天，故君王高於一切，人世間沒有人或事可以限制君王的權力，這是一種極權的思想。

『春秋何貴乎元？而言之元者，始也。言本正也，道王道也。王者，人之始也。』（春秋繁露，卷四、王道）

『君人者，國之元，發言動作，萬物之樞機。』（春秋繁露，卷六、立元神）

『君者，元也。君者，原也。君者，權也。君者，羣也。……天生民性有善質而未能善，於是爲之立王以善之，此天意也。民受未能善之性於天，而退受成性之教於王，王承天意以成民之性爲任者也。』（春秋繁露，卷十、深察名號）

人世既沒有人或事可以限制君王的權力，然而又必須限制君王的權力使不行惡，君王權力的限制應求之於天。君王的權力來自天，君王權力的限制也來自天。董仲舒乃主張君王必須法天，君王必須行天意，君王如不善將遭天所棄。天意的表現，見之於災異。董仲舒雖因言災異而遭禍，幾乎丟掉了性命。災異感應的主張，還是他思想的特色。

『君王法天，創立法制。』

(乙) 王　制

一個人得了上天的選擇，受命爲王，便應改制。改制的辦法，以五行的思想作根據，改正朔，易服色，制禮樂。在漢初賈誼已經提議改制。以漢爲土德，色尚黃，數用五。漢高祖沒有採用賈誼的建議，仍舊沿用黑色，自居水德。到了漢武帝時，董仲舒又建議改制。他在春秋繁露的三代改制質文篇，提出三統三正和五常的學說；這種學說不是他的創見，而是漢代一般儒生的思想。

『其謂統三正者，曰：正者正也，統致其氣，萬物皆應而正，統正，其餘皆正。凡歲之要，在正月也。』（春秋繁露，卷七、三代改制質文）

改正，是改正朔，定一歲之正月。夏商周三代都各有各朝的歲首。建子（十一月），建丑（十二月）建寅（一月）歲首爲氣在一年裡週遊的始點，『統致其氣，萬物皆應。』三統爲天統地統人統，以建子爲天統，屬赤，建丑爲地統，屬白，建寅爲人統，屬黑，故爲黑統白統赤統。統屬於五行，規定服色。五帝屬於五德。漢武帝以漢屬於土，王莽後來却以漢爲火德，他自己新莽屬於土德。這些主張都源自呂氏春秋，各自加以解釋。

董仲舒又寫了一篇官制象天，說明他對官制的主張。皇帝建立官制，以天象爲規模。

『天有四時，時三月。王有四選，選三臣。是故有孟有仲有季，一時之情也；有上有下有中，一選之情也。三臣而爲一選，四選而止，人情盡矣。……三公爲一選，三卿爲一選，三大夫爲一選，三士爲一選，凡四選三臣，應天之制。凡四時之三月也。是故其以三爲選，取諸天之經；其以四時爲制，取諸天之時；其以十二臣爲一條，取諸歲之度；其至十條而止，取之天端。何謂天之端？曰：天有十端，十端而止已。』(春秋繁露，卷七、官制象天)

在這篇文章以下，有制度篇，有爵國篇，董仲舒詳細說明這種王制。王制爲封建制度，但不是周朝的諸侯列國，而是分封親戚與功臣。封建制度有等級，凡二十四等。

『二十四等，祿八差。有大功德者受大爵土，功德小者受小爵土，大材者

執大官位，小材者受小官位，如其能宣，治之至也。』（春秋繁露，卷八、爵國）

王制之下有均田制度，『方里八家，一家百畝，以食五口。上農夫耕百畝，食九口，次八人，次七人，次六人、次五人，多寡相補。』（同上）

在漢朝初年，博士等曾擬定一種王制，漢文帝和竇太后都沒有接受。董仲舒的王制，也是紙上談兵，僅僅有選舉官吏的主張，漢武帝在元封五年（西元前一〇六年）詔舉茂材，有幾點被採用了。

對於董仲舒提倡改制，後來產生了春秋改制的問題。春秋改制的主張認爲孔子獲麟應登帝位，實際上孔子沒有做皇帝，乃稱孔子爲素王。孔子作春秋，以筆法誅伐不義的君王和諸侯，孔子應用他的王權，春秋便應爲新王之書，應改正朔，『是故孔子立新王之道』（春秋繁露，卷一、玉杯）。『故春秋應王作新王之事，時正黑統，王正魯，尙黑，絀夏親周故宋。』（春秋繁露，卷七、三代改制質文）這些話並不是證明董仲舒以孔子爲王，連「王魯」的王字，在古本中應是正字，「正魯」不是王魯，更不能說孔子爲魯王。春秋改制的主張雖然有符瑞篇所說獲麟作證據，『有非力之所能致而自至者，西狩獲麟，受命之符也。然後托乎春秋正與不正之間，而明改制之義，統乎天子，而加憂於天下之憂也。』（春秋繁露，卷六、符瑞）所說受命之符，指着孔子受命作春秋，並不是說孔子受命作帝王。春秋的價值和功用，在於規定一種禮制，作萬世的準繩。『仲尼之作春秋也，上探正天，端王公之位，萬民之欲，下明得失，起賢才，以待後聖。』（春秋繁露，卷六，兪序）『而顧以上通五帝，下極三王，以通百王之道，而隨天之終始，博得失之效，而考命象之爲極理，以盡情性之宜，則天容遂矣。』（春秋繁露，卷六、符瑞）近世康有爲研究春秋公羊傳，便有托古改制，尊孔子爲素王的學說。然而這種學說和公羊傳沒有任何關係，和董仲舒也沒有關係，都是一些附會。

結語

董仲舒爲漢代的一位大儒，也爲漢代經學家中唯一有哲學思想的儒者。但是他的哲學思想祗代表漢朝一般思想的趨勢，少有自己的見解。然而他有兩個特點：第一，天人相配的思想是他自己的思想，第二，他把五行的思想，天人感應的思想，用天人相配作線索，聯成一個系統。他的天人感應說較比鄒衍的五德終始說前進了一步，更嚴密了一點，對於中國通俗的宗教信仰和五行對日常生活的關係，影響很大。漢代易學的卦氣說，在這一方面也有了很大的影響。但是在哲學方面，則宋代理學不接受董仲舒和漢代儒者的思想。朱子所講的儒家道統，把漢朝撇開不算，以宋儒直承孔孟，漢朝在儒家思想史上成一空白。董仲舒所構造的天人相配的系統，爲一種物質化的系統，爲一種機械化的系統。這種現象，不僅在漢朝的儒家裡出現，在漢朝易學，和漢末的道家思想裡也是一樣，乃是漢朝思想的通病。

宋朝二程曾詆毀荀卿和王充談性而不知性，這種批評也可以用之對董仲舒。董仲舒講性，而以性爲質，質須要教養，也是不知道性的意義，把性和情和才相混。

徐復觀教授推重董仲舒，以他的思想，爲中國思想史上一大轉折，在思想史上意義重大。⑷所謂轉折，所謂意義，實際上是董仲舒代表漢朝儒家的思想，然而漢朝儒家的思想，在中國哲學思想史上，價值很低微。

胡適之祇談董仲舒在政治方面的主張，稱揚他的均貧富井田制，設學校的建議，又指出他定儒學爲一尊的政策。⑸這種政策對於後代的學術思想影響很大很深。

渡邊秀方以董仲舒『一生事業，要在其擁護儒學，爲儒家張聲勢的點而止。』⑹

董仲舒的學術價值，在於把漢朝儒家的思想結成了一個系統，又使儒家成爲中國思想的正統。

註：

(1) 蘇 輿 春秋繁露義證卷首。

(2) 徐復觀 兩漢思想史，卷二、頁三〇九、學生書局、民六十五年

(3) 羅 光 中國哲學思想史(一)，頁六二二、先知出版社、民六十年

(4) 徐復觀 兩漢思想史，卷二、頁二九五

(5) 胡適之 中古思想史長編，頁六八八

(6) 渡邊秀方 中國哲學史概論，中世哲學、頁二十四

㈢ 揚雄的哲學思想

揚雄字子雲，蜀郡成都人。生於漢宣帝甘露元年，（西元前五三年）卒於王莽天鳳五年（西元十八年），年七十一歲，他年少時，不以訓詁章句爲事，博覽羣書。常羨慕司馬相如的賦，文辭弘麗都雅，便仿效相如作賦。又崇拜屈原的離騷，作反離騷，廣騷，畔牢愁等篇。孝成帝時遊於京師，召爲待詔，元延二年（西元前十一年）正月獻甘泉賦，三月又獻河東賦，十二月獻校獵，元延三年獻楊賦。哀帝時升黃門侍郎，專心草太玄，以病去府。王莽篡位，召爲大夫，作法言。天鳳五年去世。

揚雄的思想包含在太玄和法言兩書裡。太玄仿效易經，法言仿效論語。但是他的思想，則混雜儒家道家和陰陽家在一起。

(1) 玄

(甲) 太玄一書的結構

揚雄的太玄一書，文字很不容易懂，經常使用方言中不常見的字和假借的字。思想則仿效老子的道，結構則仿效易經。然而他要表示自己有所創作，把「道」稱爲「玄」，把易經的陰陽二元改成三元。

『他的組織擬於易，但易爲二元論，他爲三元論，根本地相違異。現在挪他的組織和易對較時，易的大成卦成於六爻，太玄則成於方州部家四重。易八卦相重，成六十四卦，太玄則以一二三雜於方州部家四重內，成八十一首。易每卦合六爻，成三百八十四爻，太玄則每首合九贊，成七百二十九贊。其外又附二贊，這二贊附加的理由，則是認二贊爲一日，所以合於三百六十五日半的數的。其他易有元亨利貞，太玄則有罔直蒙酋冥五德。易大衍的數五十，其用四十有九，太玄則天地的策各十八，合爲三十六，而虛其三，因爲三十三策。易揲之以四，太玄揲之以三。易有七九八六呼爲四象，太玄則有一二三，稱爲三摹。易有象，太玄有贊。易有象，太玄有測。易有文言，太玄有文。易有繫辭，太玄有攡瑩掜圖告五辭。易有說卦，太玄有數。易有序，太玄有衡。易有雜卦，太玄有錯。諸如此之類，兩兩相對，摸合而成的。而對於易的二元，用始中終三元以作說明點，則爲其組織的中心。所以會得周易的理以臨太玄時，當別無難解處。』(1)

太玄的三，來自老子所說『三生萬物』，三也代表天地人。易經以一 - - 兩元爲基素，以天地人三數以作三爻而成卦，太玄以三爲基素，再加一爲四而成「首」，四代表方州部家：方爲方伯，州爲九州，部爲郡縣，家爲家族。一首有三方，九州，二十七部，八十一家。以家爲起點，八十一家便成爲八十一首。

易的卦有六爻，每爻有象，太玄每首本應有四贊，但爲適應三的數字，乃有九贊，八十一首的贊，共爲七百二十九贊。一贊爲一晝，一贊爲一夜，兩贊合爲一日。七百二十九贊，當爲三百六十四日半。較比每一年的日數三百六十五又四分之一日，少了一天的四分之三。揚雄便加了兩贊，即踦和嬴兩贊，兩贊合爲一日，則總共爲日數三百六十五日之半，又多出一日的四分之一。(2)

這種勉強湊數的結構，和漢朝易學氣數的學者以卦爻配一年的日數相同，都不能和曆數相符合。

（乙）玄

揚雄在太玄賦說：『豈若師由聃兮，執玄靜於中谷。』他作太玄，雖是仿效周易的體例；但是他所講的『玄』，則是仿效老子的『道』。

揚雄以『玄』爲宇宙的根本，玄的本身像『道』一樣，無形可見，然不稱爲無。『玄』發佈陰陽二氣，相互交散，形成了天地萬物。『玄』又是天地萬物變遷的規律法則、萬物變遷的規律，乃是循環，乃是磨擦，乃是調協而聯結。

揚雄太玄的原文，文筆晦澀，多用不常見的字和假借字，不容懂，現在引用今釋白話文。『玄，他在暗中擺佈萬物，但看不到他的形迹。他從虛渺無端之中，體現了周而復始的原理，又從變化之中形成一定的規律；貫通古今，區別了萬物的種類；錯綜陰陽，發出了吉凶之氣。一開一合，天地就此形成了。天體和太陽的運行，顯現着剛柔的交替作用，這運行要回復到原來位置，那起點和終點，是有一定的。這個一生一死，所謂天人性命的道理，也就顯得明白了。』（玄攡）

『這玄，見不到他的位置，也看不見他的範圍，在深厚的基地下尋不到他的根底。他不表現他的功勞，也不說明他的所以然。因此，他卓傑地在人前顯示他的幽遠，曠遠地顯示他

的偉大，淵點地引人深入，飄渺地又叫人看不見他的微妙。緘默而能概括的是玄，把他發揮出來的那是人啊。』（玄攡）(3)

揚雄擅長作賦，太玄的文章也帶有賦的溢詞。他描寫了『玄』的飄渺偉大；可是沒有說明『玄』是像老子的『道』爲一實體呢？或祇是一個抽象的觀念。但從他給與『玄』的作用，則應承認『玄』爲宇宙根本的實體。

『玄』也有『道』在莊子思想中的意義；莊子常以『道』爲至高的原則規律。『玄』，爲周而復始的原理，是宇宙變化中的一定規律。當然也可以說原理和規律由『玄』而發，並不是『玄』的本體。可是揚雄在另一段說：

『懸秤東西的是秤，平量東西的是斗斛，渾濁的使他澄清，危險的使他平定。……這個玄，就是用來平量天下的事物。太高的使他降下，太低下的使他墊高，多餘地把他取出，缺少的把他添補一些。』（玄攡）

用秤量比譬『玄』，以『玄』平量天下的事物，『玄』難道不是原則規律嗎？

揚雄又說：

『作者必須有所遵循，才能體現自然的道理。他所遵循的宏偉，他所體現的必然壯大；他所遵循的窄狹，他所體現的自然是渺小；他所遵循的是正直，那他所體現的必然渾厚；他

所遵循的彎曲，那他所體現的自然是淩亂。所以不排斥他本來所有的，也不勉强加上他所沒有過的。』（玄瑩）

萬物變化應有所遵循，所遵循的是自身所有的道，即是老莊所講的自然。每物所有的道爲『玄』，『玄』在萬物以內，爲萬物變化之道。

『玄』的運行之道，爲往復，爲動靜，動則造新物，靜則消滅萬物，生滅繼續不絕，周而復始。揚雄說：

『它的運動，每天創造原來沒有的東西，對新的東西加以很好的扶持；它的靜止，每天減少它的作爲，損害它已經造成的東西。動靜總是這樣反復更替着。所以用刻漏來推算晝夜的時間，用日晷來觀察太陽的行度，可以發現它的程序總是循環往復，道路總是周而復始。這樣就得以看到它那通常看不到的運動的形跡，尋找出它那通常尋繹不出的端緖，從而和萬事萬物聯繫起來。玄，它上臨照於天，下深入到淵，它的纖細可以進入一莖草之內，它的廣大可以包容大地。』（玄攡）

這豈不是莊子所講的『道在萬物』嗎？把莊子的道換上一個玄字，一切就可以懂了。但是揚雄的『玄』，和莊子的『道』有不同之點，則是『道』是自然無爲，『玄』則是有爲而爲仁義之根本。老莊講自然，棄聖絕智，雖以玄德爲高，可是摒棄仁義。揚雄則依據孔子的倫理思想，講論仁義道德；以仁義道德發自『玄』。揚雄說：

『所以，玄是具有最普遍的功用的：觀察而能了解的是智，見到而加以愛護的是仁，果斷而決定的是勇，統籌兼顧而使物盡其用的是公，能夠配合事物的客觀情況的是通，通達一切無所局限的是聖，決定時運好不好的是命，空虛無形而爲萬物所必由的叫做道。順從天道不加更改，因而掌握天下一切道理叫做德。對於羣類加以調理養育一律予以愛護叫做仁。把相互對立的做法加以比較，衡量什麼是適當的叫做義。秉持道德仁義來處置事情叫做業。顯示天的造化之功，發育萬物使之光明的叫做陽；幽暗無形，深淵莫測的叫做陰。……知道行使陰的功用又知道行使陽的功用，能靜止又能運動，能晦暗又能光明的，怕只有玄吧！』（玄攡）

這一段在理則學上有很好的價值，把倫理學上通用的一些名詞，予以適當解釋，似乎替這些名詞加以定義。在本體論上，則是根據儒家的傳統，把倫理的道德，聯繫到形上的本體。『玄』既是萬物本體的根本，同樣也是萬物活動才能的根源，倫理的道德認爲是人本體上的才能，倫理道德便是人的本體活動。

在玄攡篇裡，『玄』的意義是集合老莊的道和儒家的仁而成。但是在講『玄』的變化歷程，揚雄又集合易經和陰陽家的思想。

(丙) 陰陽·天地

揚雄說：『攡措陰陽而發氣。』(錯綜陰陽，發出了吉凶之氣)(玄攡)『玄』因變化而發陰陽二氣，陰陽所以是氣。陰陽的作用，一開一合，一剛一柔；於是形成天地。陽是『瑩天功明萬物』，(顯示天的造化之功，發育萬物使之光明)有積極的功效，化育萬物。陰則是『幽無形深不測』，(幽暗無形，深淵莫測)有合作的功效，和陽相交結相繼續。揚雄說：

『陰陽不斷的相互摩盪，因此萬物才得圍繞着產生。陽不到了極點，陰不會萌芽，陰不到了極點，陽不會露頭。冷到了極點，就會轉熱；熱到了極點，也會變冷。伸張開來的將會屈折，屈折久了的自然會伸張。由於它的運動，不斷地生長從前沒有過的東西，熱情地向着新的方向發展；它的靜止，不斷的消滅已經存在的東西。』(玄攡)

動靜是『玄』的運動，動爲陽，靜爲陰。宋周敦頤後來在太極圖說謂太極動而生陽，動極而靜，靜生陰，靜極而動，繼續不息。揚雄的思想可以說是周敦頤的先驅。但他以陽動生物，陰靜滅物，宋朝理學家則沒有接受。揚雄的這種思想來自漢朝易學的思想，漢朝易學以陰陽五行配四時，春夏爲陽的季節，萬物生長，秋冬爲陰的季節，萬物凋謝。因此，陽是生，陰是滅。

『陽動吐，陰靜翕。陽道常饒，陰道常乏，陰陽之道也。』（玄告）

這一段較比容易懂。吐爲發舒，翕爲斂收。陽爲伸，陰爲縮。陽常饒，陰常缺。陽伸陰縮，乃是古代通常的思想。陽常饒而有餘，乃是指的古天文學以天一日，繞地一週，而過一度。陰常缺則指着月亮在一月裡除了滿弦的夜外，每夜都是缺。

陽陰變成而形成天地；天地在易經代表陽陰和乾坤。揚雄雖沒有明明接受這種思想，然而也以天地爲陽陰。在另一面，他以天地和人，代表萬物。三才的思想，在太玄裡非常重要。揚雄又以『玄』的運動配曆數，天地代表日月的變化，和曆數的關係非常的大。

『天地開辟，宇宙拓坦。天之肥步，日月紀數。周運曆統，羣倫品庶。或合或離，或贏或踦。』（玄瑩）

天地形成了以後，宇宙非常廣大。有了天元推步的方法，日月的曆數乃可以決定。古代以甲子年十一月甲子朔夜半多至爲天元，由天元去推算，就能够知道日月的曆數。曆統普遍地年年周轉，使一切的生物都能化生。在曆統裡，日月或合或離，或有餘，或不足，都可以推算。

『天甸其道，地祂其緒，陰陽雜厠，有男有女，天道成規，地道成榘，規動周營，榘靜安物。周營故能神明，安物故能類聚。類聚故能富，神明故至貴。夫玄也者，天道也，地道也，人道也。兼三道而天名之，君臣父子夫婦之道。』（玄圖）

『玄』，爲人生的規律，『玄』的規律由天地而顯。天按照道理而治理，地按照規榘而順理分布。天道地道成爲人道的規矩。故『玄』有三道：天道，地道，人道。這一點是仿效易經。易繫辭說：『易之爲書也，廣大悉備，有天道焉，有人道焉，有地道焉，兼三才而兩之故六。六者非它也，三才之道也。』（繫辭下，第十）

揚雄稱天地爲神靈，天爲神，地爲靈。天爲神明，古書多有這種思想；地爲靈，則在後代常有地靈出人傑的俗語，揚雄也以天地爲神明。

> 『終始幽明，表贊神靈。』（玄瑩）注釋說神靈指天地。『夫天宙然示人神人，夫地佗然示人明矣。天地奠位，神明通氣。』（玄攡）注釋說宙然意思是開朗，佗然意思是安然。

神靈或神明，都是指天地的作用；天地的作用由氣而成。『神明通氣』，即是天地互相通氣，天清而明，有日月星辰，地厚而育物，有山川河海。天地相通，萬物化生。

(丁) 玄的數

易經的數和卦象並不完全聯繫，數特別用之於蓍卜，也用之於卜卦。易經的數以天數地數爲基本，基本數爲一和二。揚雄太玄的數以三爲基本，然後配之以四。

『玄有兩道：一從三起，一從三生。那一從三起的，就是這方州部家；那一從三生的，是他參分了陽氣構成三個階層，（思，福，禍）又演變爲九位。這是同一根本而發展方向各有不同。這是天地的經常道理。貫串到左右上下以至萬事萬物的上面。』（玄圖）

『玄』的變化基數爲三，代表天地人。三和方州部家的四相配合。每一個三又和思福禍的三相乘，演變爲九位。這個九位爲一個根本，家爲四的低點，即方州部家，這四稱爲一首。以九而乘九成爲八十一，乃有八十一家。八十一家爲一首；在一首內，家爲低點，由家結上爲部，部以三乘九百二十七，再上爲州，州以三乘之爲九，最上爲方，方爲三。每一首便有三方，九州，二十七部，八十一家。

『九位可以周轉，從始到終有其正當的軌道。一年從十一月開始到第二年的十月終爲止，共有九個行列，每一行是四十天。』(玄圖)

九位周轉乃有八十一首。每首有九贊，八十一首共有七百二十九贊。贊相當於易卦的爻。漢朝易學卦氣說以一爻配一年的一天，揚雄以一贊配晝，一贊配夜，以兩贊配一日。

一年的八十一首分爲九行，每行有九首。每首有九贊，則每行有八十一贊，以兩贊配一日，則『每一行是四十天』，實際上爲四十天半。

揚雄又分有三個階層，卽思，福，禍。在玄圖一篇裡講論這三階層的數。

『這個思，動機在一，反復思考在二，決定在三，表達在四，顯現在五，擴張在六，損壞在七，剝落在八，消滅在九，(這是闡發九贊的盛衰之理)。發生作用，首先是一，保持中和狀態，最標準的要算是五，驕傲地高高在上；同時也沒有比這個處境更困難的是九。(這就是說九贊的從盛到衰的過程)這個一是思的微細作用，四是福的憑藉，七是禍的開端。三是思的最高階段，六是福的極頂，九是禍的最末。這二五八部處在中間，福過去了，禍就跟着來了。這九種位置把君子小人的一切都在這裡安排好了。』(玄圖)

思，福，禍，爲三個階段，三個階層的數字，由一到九，五的數字居在中間，算爲傲數。四六處在五的兩面，算是富貴厚重的數，從一到三，境遇最困，然而是向上；從七到九，受庶難，而且向下。揚雄說：

『從一到三，處境貧窮卑賤，而且心力勞瘁。四至六富厚貴重，而且享受崇高的地位。七到九受盡折磨和災難。從五以下是息，從五以上是消。數目多的雖然是尊貴，實際上他是走向衰落；數目少的表面上雖是微賤，實際上是趨向富饒。消和息相互轉化，貴和賤互相交替。有了福，禍自然消逝；有了禍，福自然避開。隱蔽退守是謙下的道理，驕傲是表現自高自大。』(玄圖)

消息的名詞，來自漢朝易學，陽息坤稱爲息，陰消乾稱爲消，消息卦有十二卦，配一年十二月；以謙退爲進，以驕富爲下，則是老莊的思想。

太玄有玄數一篇，篇中解釋九數的意義：

『一爲規模，二爲方沮，三爲自如，四爲外它，五爲中和，六爲盛多，七

為消，八為耗，九為盡弊。』（玄數）

在篇中，把天分為九天，地為九地，人為九人。九天即是一年的消息變化。九地則為按地的肥薄分為九等，九人也是按人事而分。又有一種意義：

『一與六共宗，二與七共朋，三與八成友，四與九同道，五與五相守。』

宋朝易圖學者，以這數成河圖洛書。

（戊）玄的變化

易經以卦代表宇宙的變化，變化以陰爻陽爻為基本，根據天地人的三數，乃造三爻為一卦，重卦則是六爻。揚雄的太玄，則以一 -- --- 三種爻為基本，依據方州部家四重的四數，畫四爻為一卦（圖）。他的消息卦圖的變化意義和易的消息卦相同，祇是圖形不同，排列不同。

十一月爲中，圖形爲𝌆

十二月至正月爲羨，圖形爲𝌏

正月至二月爲從，圖形爲𝌘

三月上旬至四月上旬爲更，圖形爲𝌡

四月中旬至五月下旬爲睟，圖形爲𝌪

五月下旬至七月下旬爲廓，圖形爲𝌳

七月中旬至八月中旬爲減，圖形爲𝌼

八月中旬至十月上旬爲沉，圖形爲𝍅

十月上旬至十一月爲成，圖形爲𝍎

一至五爲息，六至九爲消。不像易學以十二卦配十二月，而以九卦圖配十二月。（玄圖）

『誠有内者存乎中，宣而出者存乎羨，雲行雨施存乎從，變節易度存乎更，珍光淳全存乎睟，虛中弘外存乎廓，削退消部存乎減，降隊幽藏存乎沉，考終性命存乎成。是故一至九者，陰陽消息之計邪！』（玄圖）

消息卦圖的名字，是從九六的名字和卦圖的名字不完全相同。易經以三爻爲一卦，所能有的變化爲八，乃有八卦重覆三爻而成六爻，變化所能成的卦爲六十四卦。太玄以一 -- --- 爲基本，每一卦圖四爻，象徵方州部家。所有變化爲三十二，乃有三十二卦圖。太玄的玄首篇列舉了這些卦圖：

𝌆 中。『陽氣潛萌于黃宮，信無不在乎中。』一方一州一部一家爲中。中爲中心。黃宮爲土，陽氣潛藏在土中。信指一年二十四節氣的規律，規律都在乎中。中和易經的中孚卦䷼相像，應冬至節。

𝌇 周。『陽氣周神，反而乎始，物繼其彙。』一方一州一部二家爲周。周爲回復，陽氣有回復的妙用，使萬物各按照自己的類，繼續發育。象易經的復卦。䷗

𝌊 少。『陽氣澹然施于淵，物謙然能自韱。』一方一州二部二家爲一少。陽氣很自然地在深淵裡生發，萬物自謙爲幼少，自覺纖微。象易經的謙卦。䷎

𝌋 戾。『陽氣孚微，物各乖離，而觸其類』。一方一州二部三家爲戾，

陽氣微弱，物相抵觸，互相乖反。象易經的睽卦。䷥

𝌑 童。『陽氣始窺，物僮然，咸未有知。』一方二州一部三家爲童。陽氣開始出現，萬物蒙昧無知，象易經的蒙卦。䷃

𝌒 增。『陽氣蕃息，物則增益，日宣而殖。』一方二州二部一家爲增，陽氣發展，萬物增多。象易經的益卦。䷩

𝌓 銳。『陽氣岑以銳，物之生也，咸專一而不二。』一方二州二部二家爲銳。陽氣尖而鋒銳，萬物出生時常是單莖直出。象易經的漸卦。䷴

𝌚 釋。『陽氣和震，圜煦釋物，咸稅其枯而能其甲。』一方三州一部三家爲釋。陽氣和煦發動，使萬物從冬天枯凍中解開，脫去外皮，發出生意，象易經的解卦。䷧

𝌞 爭。『陽氣汜施，不偏不頗，物與爭訟，各遵其儀。』一方三州三部一家爲爭。陽氣普遍照煦，無所偏私，萬物爭相進步，各從自己的天性。象易經的訟卦。䷅

𝌠 事。『陽氣大昜昭職，物則信信各致其力。』一方三州三部三家爲事。陽氣大大勉力闡明職守，諸物都鼓舞用力。象易經的蠱卦。䷑

𝌡 更。『陽氣既飛，變勢易形，物改其靈。』二方一州一部一家爲更。陽氣升天，萬物改變自己的性質。象易經的革卦。䷰

𝌤 衆。『陽氣信高懷齊，萬物宣明，嫥大衆多。』二方一州二部一家爲衆。嫥音乎，表示美。陽氣伸高，思齊於天，萬物茂盛，象易經師卦。䷆

𝌧 親。『陽方仁愛，全真敦篤，物咸親睦。』二方一州三部一家爲親。陽氣仁愛，純粹致力於敦篤，萬物互相親睦。象易經的比卦。䷇

𝌩 疆。『陽氣純剛乾乾，萬物莫大疆梁。』二方一州三部三家。陽氣純粹剛健，萬物都非常疆盛，象易經的乾卦。䷀

𝌫 盛。『陽氣隆盛充塞，物窴然盡滿厥意。』二方二州一部二家爲盛。窴同塡，表示充滿。陽氣興盛充塞宇宙，萬物都能盡量發揮。象易經的大有卦。䷍

𝌲 迎。『陰氣成形乎下，物咸遡而迎之。』二方二州二部三家爲迎。遡表示向。陰氣興起，萬物漸衰乃傾而迎陰。象易經的咸卦。䷞

𝌰 遇。『陰氣而來，陽氣始往，往來相逢。』二方二州三部一家爲遇。

象易經的姤卦。

大。『陰虛在內，陽蓬其外，物與盤蓋。』二方二州三部三家爲大。陰在內，陽盛在外，萬物都像着盤和蓋。象易經豐卦。

文。『陰斂其質，陽散其文，文質班班，萬物粲然。』二方三州一部二家爲文。陰氣收斂了形質，陽氣煥發了文采，萬物都燦爛光輝。象易經的渙卦。

逃。『陰氣章彊，陽氣潛退，萬物將亡。』二方三州二部一家爲逃。陰氣章明彊大，陽氣潛逃，萬物凋謝。象易經的遯卦。

唐。『陰氣滋來，陽氣玆往，物且盪盪。』二方三州二部二家爲唐。唐表示喪失之意。盪盪表示空空。象易經的遯卦。

滅。『陰氣息，陽氣消，陰盛陽衰，萬物以微。』三方一州一部一家爲滅。象易經的損卦。

唫。『陰不之化，陽不之施，萬物各唫。』三方一州一部二家爲唫，唫同禁，表示閉塞。象易經的否卦。

疑。『陰陽相磑，物咸彫離，若是若非。』三方一州三部二家爲疑。

磑音危，表示磨擦。陰陽勢力相等，互相磨擦，萬物彫謝零落。象易經的震卦。䷲

𝍆內。『陰去其內而在乎外，陽去其外而在乎內，萬物之旣。』三方二州一部二家爲內。旣表示盡。陰陽互換位置，萬物將盡。象易經的歸妹卦。䷵

𝍇去。『陽去其陰，陰去其陽，物咸倜倡。』三方二州一部三家爲去。陰陽相離棄，萬物不知適從。象易經的無妄。䷘

𝍈晦。『陰登於陽，陽降于陰，物咸喪明。』三方二州，二部一家爲晦。象易經明夷卦。䷣

𝍊窮。『陰氣塞宇，陽亡其所，萬物窮遽。』三方二州二部三家爲窮。象易經的困卦。䷮

𝍑劇。『陰窮大，泣于陽，無介儔，離之劇。』三方三州二部一家爲劇。陰極大，蒞位在陽之上，沒有纖小的同類之物，遭罹很大的困境。象易經大過卦。䷛

𝍒馴。『陰氣大順，渾沌無端，莫見其根。』三方三州二部二家爲馴。

陰氣順於陽。象易經坤卦。䷁

𝍓　將。『陰氣濟乎物上，陽信將復始之乎下。』三方三州二部三家爲將。陰已完成了使命，陽氣將回。象易經的未濟卦。䷿

𝍖　養。『陰弸于野，陽蘲萬物赤之于下。』（玄首）三方三州三部三家爲養。弸音朋。表示滿。蘲音皺，表示隱蔽。赤，陽撫育萬物使成赤色。象周易的頤卦。䷚

上面三十二個卦圖，雖加有解釋，但是並不明瞭。中間的次序雖有陽陰互相盛衰的變化，但以序並沒有易經六十四卦卦序的清楚。另外是在卦圖上看不出所象徵的意義，因爲卦圖的四爻，不知道究竟代表陰或陽。揚雄在玄首都序裡說：宇宙的運行，順從『玄』，以天爲象。天的運行，以陰陽相比相參，結成一個體系。這個體系，以一陽爲主，萬物藉以成形。方州部家四重，各有一二三的三位，即是一 -- ---。三與三相累積得八十一，成爲贊的數目。

但是我們看了玄首的圖和贊，看不到有什麼較比易經更好的地方，反而覺得較比易卦更晦澀，更牽强，加上了陰陽家的宇宙間架，後代學者祇有宋司馬光欣賞太玄，因而作了潛

虛。宋劉牧以太玄之數，作洛書。

(2) 人

揚雄的太玄講宇宙變化之道，法言則講人生之道。太玄模倣易經，採取老莊的思想，法言模倣論語，採取孔子的思想。他的思想乃是儒道相雜，且雜陰陽家的卦氣說。

『天之道不在仲尼乎？仲尼駕說者也，不在茲儒乎？如將復駕其所說，則莫若使諸儒金口而木舌。』(法言，學行)

這樣，他很看重儒者，儒者傳孔子之道，孔子傳天道，儒者便是傳天道。所以儒者都應是金口木鐸。

『老子之言道德，吾有取焉耳！及搥提仁義，絕滅禮學，吾無取焉耳！』(法言，問道)

(甲) 天地・父母

人由天地所生成，天生人，地成人形。天地在易經裡代表陰陽乾坤，易經以天地交而萬物生。漢朝儒者常以天生人，地成人形，王充後來也有這種思想。

『無天，何也？無地，何形？天地裕於萬物乎！萬物裕於天地乎！』(法言，孝至)

『或曰：君子自守，奚其交？曰：天地交，萬物生，人道交，功勳成，奚其守。』(法言，修身)

天地不僅生化人物，而是覆載人物。覆載人物的思想出自中庸。『天地之道，可一言而盡也：其爲物不貳，則其生物不測。……今夫天，……萬物覆焉。今夫地……萬物載焉。』(中庸第二十六)揚雄說：

『或問聖人之經，不可使易知與？曰：不可！天俄而可度，則其覆物也淺

矣！地俄而可測，則其載物也薄矣。大哉天地之爲萬物！郭五經之爲衆說邪！』（法言，問神）

揚雄以天地比配聖人的經書，中庸以天地是高明博厚，不可測度，博厚則可載物，高明則可以覆物。聖人的經書，如深淵不可測。

揚雄在法言序裡說：

『天降生民，倥侗顓蒙，恣于情性；聰明不開，訓諸理，譔學行。』

這裡所說的天，乃是書經詩經的上天。揚雄接受經書的上天和天地。人物由上天所生，上天生人物，由天地相交而生。

『天之肇降生民，使其目見耳聞，是以視之禮，聽之樂。』（法言，問道）

這一段也是書經和詩經的思想，上天造生人，使之學習禮樂仁義。

但是人的生命來自父母，父母對於兒女乃可配天地。天地生人，父母生人，兒子因此對父母應孝敬。

『孝至矣乎！一言而該，聖人不加焉！父母，子之天地與！』(法言，孝至)

父母配天，出自孝經。孟子曾以舜爲大孝，舜身爲皇帝，祭天地時，能以父母配祭。揚雄對於孝，也主張父母爲兒女的天。在生人時，天和父母合作，在一切人生的事上，也須天人合作，揚雄說：『天不人不因，人不天不成。』(法言，重黎)

(乙) 人品

法言裡常把人分成三品。這種三品，跟漢朝儒者把人性分成聖人，普通人，惡人。三品不相同。法言的人品是聖人，賢人，衆人。這種區分法，不僅在於三品人在生活上所表現的道德不同，就是在人的基本上，也有不同點。

『聖人耳不順乎非，口不肆乎善；賢者，耳擇口擇；衆人無擇焉。』(法

言，修身）

聖人習於行善，一切自然，如同孔子所說：『四十而不惑，五十而知天命，六十而耳順，七十而從心所欲，不踰矩。』（論語，爲政）賢人則戰戰兢兢，事事謹愼。衆人則不知謹愼，信口開河，不加選擇。

『或問衆人？曰：富貴生。賢者？曰：義。聖人？曰：神。觀乎賢人，則見衆人；觀乎聖人，則見賢人；觀乎天地，則見聖人。天下有三好：衆人好己從，賢人好己正，聖人好己師。天下有三檢：衆人用家檢，賢人用國檢，聖人用天下檢。天下有三門：由於情欲，入自禽門；由於禮義，入自人門；由於獨智，入自聖門。』（法言，修身）

衆人爲富貴而生，賢人則行義，聖人生來神明。衆人順從自己的嗜好，賢人常改正自己的短處，聖人自己作自己的導師。順從嗜好，必陷於情慾，便要和禽獸爲羣。按照禮義改正自己，則可以眞正做個人，以神明的智慧敎導自己乃是聖人。

聖人神明，有如天的神明。天高高在上，然無微不察，周知萬物。

『或問明？曰：微。或曰：微何如其明也？曰：微而見之，明其誶乎聰明其至矣乎！不聰，實無耳也，不明，實無目也。敢問大聰明？曰：眩眩乎惟天爲聰，惟天爲明，夫能高其目而下其耳者，匪天也夫。』（法言，問明）

聖人生性神明，和天相接，自然行善，教民禮樂，有常有變。

『或問聖人之言，炳若丹青，有諸？曰：吁！是何言與！丹青初則炳，久則渝，渝乎哉！或曰：聖人之道若天，天則有常矣，奚聖人之多變也。曰：聖人固多變。』（法言，君子）

儒家的傳統，常以聖人爲天生。雖也主張，聖人可學，然自孔子以後，儒家不另有一位被尊爲聖人。孔子自己所標舉的修身標準爲君子，揚雄在法言裡也常標舉君子：

『君子之道有四易，簡而易用也，要而易守也，炳而易見也，法而易言也。』（法言，吾子）

人人都可爲君子，爲君子之道，平易近人，易用，易守，易見，易言。什麼是君子之道？

『或問：君子言則成文，動則成德，何以也？曰：以其弸中而彪外也。……問君子之柔剛？曰：君子於仁也柔，於義也剛。』（法言、君子）

君子在內心的生活很充實，在外面的表現有威儀，出言成章，動則成德。君子之道雖易，然必須努力學習：

『學者所以求爲君子也。求而不得有矣夫，未有不求而得之者也。』（法言，學行）

若不能是君子，則最少應該是個人。孟子曾說人和禽獸的分別很少，揚雄說：順從情慾則入於禽獸，順從禮義則成爲人。仁義由禮樂去培植，若沒有禮樂，就是有目有耳，有何用處？『如視不禮，聽不樂，雖有民焉得而塗諸！』（法言，問道）

『或問：何如斯謂之人？曰：取四重去四輕，則可謂之人。曰：何謂四重？曰：重言，重行，重貌，重好。言重則有法，行重則有德，貌重則有威，好重則有觀。敢問四輕？曰：言輕則招憂，行輕則招辜，貌輕則招辱，好輕則招淫。』（法言，修身）

孔子常訓導弟子言行端重，『君子不重則不威，學則不固』（論語、學而）又告誡弟子莫輕浮：『巧言令色鮮矣仁』（學而）揚雄所說四重四輕，就是引伸孔子的敎訓。

（丙）性・心

揚雄分人爲三品，但他並沒有把人性分成三品，最多可以說他把聖人之性自成一品，其餘一切人的性都是一品。他講人性時，是講一般人的性，不講聖人之性。一般人的性，是善惡混。

『人之性也善惡混。修其善則爲善人，修其惡則爲惡人，氣也者，所以適善惡之馬也與！』（法言，修身）

揚雄講人性，祇有這幾句話。他雖很崇拜孟子，却沒有接受孟子性善的主張，然也沒有接受荀子性惡的主張。他企圖綜合孟荀兩家的性說，主張性中有善有惡。人的生，來自天地，天地爲陰陽，人有陰陽。宇宙萬物由『玄』而來，『玄』由陰陽結合而生萬物；人便也由陰陽結合而生。陰爲惡，陽爲善；這是漢朝儒者的思想，因此由陰陽而成的人，便含有善和惡。

宋朝理學家如程頤，批評荀卿和揚雄沒有認識性，祇認識了情。揚雄所講混有善惡的性，可以說是情。但若再加以分析，應該說揚雄所講的性乃是才，即是說人生來有行善行惡之才。

性的善惡祇是才，並不是在實際上性已經是善或是惡，而是在行動上纔是善或是惡。儒家以動爲心之動，心之動爲情；因此，程頤說揚雄不是講性而是講情。

揚雄提到了氣，以氣爲『適善惡之馬』。人爲行善或行惡，因氣而動，孟子常說養氣，揚雄也以善惡的關鍵在於氣。人若能駕御氣，人便能習慣行善。

誰能駕御氣？人以心去駕御氣。荀子曾說明人的主宰是心，心靈明能知。揚雄以心爲神明。

『有人問道：神是什麼？答道：神就是心。又問：怎麼說？答道：心深入到天上就是天，深入到地就是地。天地是神明而不可測度的，但人心深入天地，就測度天地，何況是人呢！何況是別的事物呢！』（法言，問神）

人由性也有知覺的官能，可以知覺：『視聽言貌思，性所有也。』（法言，學行）但最重要的是思，思是心的動作。心塞故能思。揚雄稱心爲神，後來宋朝理學家也常稱心爲神。

『四海爲遠，治之在心。』（法言，孝至），『明而不心，面明也；友而不心，面友也。』（法言，學行）揚雄以心爲人修身的主要對象。『言，心聲也。書，心畫也』（法言，問神）一切由心統制。

（丁）道

『人心其神矣乎！操則存，舍則亡，能常操而存者，其惟聖人乎。』（法

言，問神）

心神，動作靈妙；因此能有能亡，儒家求學，在於求存心修性，以能爲聖賢。

『學者所以修性也。視聽言貌思，性所有也。學則正，否則邪。』（法言，學行）

學者求存心養性，爲求應有求之道。『大人之學也爲道，小人之學也爲利，子爲道乎？爲利乎？』（法言，學行）人修性存心之道何在？

『或問道？曰：道也者，通也，無不通也。或曰：可以適它與？曰：適堯舜文王者爲正道，非堯舜文王者爲它道。君子正而不它。』（法言，問道）

通到堯舜文王之道，爲聖人之道。聖人之道，著在五經；五經爲人生之道。

『或問五經有辯乎？曰：惟五經爲辯。說天者莫辯乎易，說事者莫辯乎書，說體者莫辯乎禮，說志者莫辯乎詩，說理者莫辯乎春秋。』（法言，寡見）

五經所講的道，卽是仁義禮智信，經由這五條道，則可以達到聖賢的境界。

『道、德、仁、義、禮，譬諸身乎！夫道以導之，德以得之，仁以人之，義以宜之，禮以體之，天也。合則得，離則散。一人而兼統四體者，其身全乎！』（法言，問道）

『或問仁義禮智信之用？曰：仁宅也，義路也，禮服也，知燭也，信符也。處宅由路正服明燭執符，君子不動，動斯得矣。』（法言，修身）

孔子講智仁勇，孟子講仁義禮智，漢朝儒者因着五行而講五常，乃有仁義禮智信。揚雄對於五德，以及道德兩詞的解釋，都是沿用儒家的傳統思想，沒有新的見解。他的一點特點，則在於修身以修性之善，避性之惡。他主張性善惡混，善修性則性善，不善修性則性惡；修身關係性的善惡。『用修身當作弓，用矯正思想當作箭，用正義當作靶子，描準了才

發射，射出去一定就中。』（法言，修身）

結語

揚雄在中國哲學思想史上，可以聊備一格；因爲他的太玄自成一種玄想，和司馬光的潛虛，邵雍的皇極經世，周敦頤的太極圖說，以及河圖洛書，算是中國宇宙論的一套觀念。但是太玄僅祇有一種架子，套上了漢朝的陰陽家的術語內容則空洞。法言一書則不成一格了，祇是重覆了孔子孟子和漢儒的共同思想，沒有多加發揮。所可看重的，則是他離開了陰陽家的途徑，回到了儒家的經書。揚雄所特出的，還是他的辭賦，在中國文學史上有他的地位。

註：

(1) 渡邊秀方 中國哲學史概論，中世哲學第一編，頁三十四，臺灣商務，民五十六年版。

(2) 徐復觀 兩漢思想史，卷二、頁四九二。

(3) 今釋採用中國學術名著今釋語釋，西南書局。

(4) 十二消息卦：䷗復卦一陽生於下，䷒臨卦二陽，䷊泰三陽，䷡大壯四陽，䷪夬五陽，至䷀乾六陽。這是六個息卦，䷫姤一陰生於下，䷠遯二陰，䷋否三陰，䷓觀四陰，䷖剝五陰，至䷁坤六陰，這是六個消卦。以十二消息卦配十二月，復卦配十一月，臨卦配十二月，泰卦配正月，大壯卦配二月，夬卦配三月，乾卦配四月，姤卦配五月，遯卦配六月，否卦配七月，觀卦配八月，剝卦配九月，坤卦配十月。

四 王充的哲學思想

王充生於東漢光武帝建元三年，（西元二七年）會稽上虞人，字仲任，少時喪父母爲孤兒，家世微賤。六歲讀書，八歲入書館，後漢書列傳言充曾到京師太學，受教於班彪，然充所作自傳自紀篇不載遊學太學事，祇說：在書館學業日進，能爲文章，乃『辭（請）師受論語尚書，日誦千字。經明德就，謝師而專門，援筆而衆奇。』後來做作小官，『在縣，位至掾功曹。在都尉府，位亦掾功曹。在太守，爲列掾五官功曹行事。入州爲從事。』（自紀篇）章和二年（西元八八年）罷官回家。在和帝永元年間去世，（西元一〇〇年間）壽約七十餘歲。

他所有的著作，有譏俗節義十二篇，今不傳。有政務一書，今也失傳，有論衡八十五篇，今存，祇闕招致篇。他寫書的用意，在自紀篇中有所說明。

『俗性貪進忽退，收成棄敗。充升擢在位之時，衆人蟻附。廢退窮居，舊故叛去。志俗人之寡恩，故閒居作譏俗節義十二篇。冀俗人觀書而自覺。

故直露其文，集以俗言。』

『充旣疾俗情，作譏俗之書；又閔人君之政，徒欲治之，不得其宜，不曉其務；愁精苦思，不睹所趨，故作政務之書。又傷僞書俗文，多不誠實，故爲論衡之書。』

現在研究王充的思想，祇有論衡一書。論衡這本書的目的，在於辯虛妄之言。所謂虛妄不是指的僞書，而是指的當時書中的事實和思想，『多不誠實』，多是假的事實和妄言，應加以辯正。王充說『是故論衡之造也，起衆書並失實，虛妄之言勝眞美也。虛妄之語不黜，則華文不見息。華文放流，則實事不見用。故論衡者，所以銓輕重之言，立眞僞之平。』（對作篇）

王充所指虛妄之言，指當時盛行的纖緯說和天人感應說，他極力予以攻擊，希望破除這些迷信。他也批評了一些僞書，但沒有做考證的工作。他破除天人感應和鬼神信仰，以唯物的思想和經驗作論證，發揮老子的自然論，成爲一種唯物的自然論。

胡適之曾說明王充的時代背景，『王充的時代——西曆二七年至一〇〇年——是很可注意的，這個時代有兩種特別色彩。第一、那時代是迷信的儒敎最盛行的時代。我們看漢代的歷史，從漢武帝提倡種種道士迷信以後，直到哀帝、平帝。王莽的時候，簡直是一個災異符瑞的迷信時代。西漢末年最特別的是纖緯的書。……上文說的讖緯符瑞等等的道士迷信，是西曆一世紀的第一種特別色彩。但是那時代，又是一個天文學發展的時代。……這種實驗的態度是漢代天文學的基本精神。……王充的哲學動機，只是對於當時種種虛妄和種種迷信的反抗。王充的哲學的方法，只是當時科學精神的表現。』(2)

以反抗迷信爲目的，以自然科學混入哲學，王充的哲學思想乃顯出淺薄而不深入。

(1) 唯物自然論

老子的道德經和儒家易經都爲中國講論宇宙萬物的化生的最古哲學書，道德經以道爲生化之本，易經以太極爲生化之本。生化的歷程在兩書中很相似，道德經的生化歷程爲『道生一，一生二，二生三，三生萬物。』（道德經，第四十二章）易經則『是故易有太極，是生兩儀，兩儀生四象，四象生八卦。』（繫辭上，第十一章）八卦生萬物。然而在兩者中有一個基本不同的思想，老子以道法自然，萬物自然化生，天地在生化的過程中，沒有目的，所以天地應看爲不仁。易經却以天地之大德曰生，天地有化生萬物之心，稱爲仁。老子的萬物生化論爲一個自然化生論，儒家的萬物生化論乃是有目的之化生論。但是老子的全盤思想不是唯物論，因爲他以有生於無，無是道，道不純粹是物質。中國大陸唯物辯證論的信徒寫中國思想史稱老子的學說爲唯心論。

王充的時代是天人感應說盛行的時代。天人感應含有兩層感應的意義，第一層意義，在於人的氣和天地之氣相通，人的行爲善惡，在天地的現象裡因着同類氣的感應，產生災異和祥瑞的現象，這種現象的反應，應該說是自然的反應。第二層意義，在於天地的災異和祥瑞的現象代表上天的意旨。上天的意旨和災異祥瑞的現象連合在一起，作爲譴責帝王，或獎勵反叛的預告，乃有災異祥瑞讖語的迷信。

王充爲破除天人感應的迷信，便從這二層意義予以反駁。他主張天地化生萬物爲自然的現象，沒有天地好生之心，而且天地間一切現象都自然而生，偶然而變，沒有所有同類之氣互相感應。他絕對否認天地間有任何目的，一切都是自然，而且是偶然。

(甲) 天　地

王充沒有宇宙論的哲學思想，也沒有本體論的哲學思想；但爲建立攻擊天人感應的理論，則必須有宇宙論的哲學思想作根基。他在攻擊古代的神話傳說時，稍微涉及了宇宙論。

古代神話有堯皇射走九個太陽祇留下一個太陽；古代神話又有共工觸不周之山，使天柱折，地維絕。王充乃說天地相距很遠。

『天之去人以萬里數，堯上射之，安能得日。』（論衡，卷五、感虛篇）

天地究竟是什麼？王充以天地爲氣，又以天地爲體。既沒有分別清楚，更沒有解釋明白。

『且夫天者，氣邪體邪？如氣乎，雲煙無異。安得柱而折之，女媧以石補之。是體也，如審然，天乃玉石之類也。』（論衡，卷十一、談天篇）

『夫天體也，與地無異。諸有體者，耳咸附於首，體與耳殊，未之有也。天之去人，高數萬里，使耳附天、聽數萬里之語，弗能聞也。……使天氣乎？氣若雲煙，安能聽人辭。』（論衡，卷四、變虛篇）

這種論調，乃是俗人常識，既不是哲學思想，也不是科學思想。對於天地的哲學意義，則勉強接受儒家的思想。

『說易者曰：元氣未分，渾沌爲一。儒書又言，溟涬濛澒，氣未分之類也，及其分離，清者爲天，濁者爲地。……天地含氣之自然也，從始立以來，年歲甚多，則天地相去，廣狹遠近，不可復計。儒書之言，殆有所見。』（論衡，卷十一、談天篇）

王充對於天是氣或是體，沒有加以判斷。有時說天是氣，有時說天是體。但是氣和體的名詞，在他的思想裡，並沒有哲學的意義，而祇是通俗的意義，氣的雲氣，體爲身體。王充對於天還有另一種通俗的觀念，這種觀念爲道敎的信仰。以天爲最高神靈，下有衆星。

『天有百官，有衆星。天施氣而衆星布精。天所施氣，衆星之氣在其中矣。』（論衡，卷二、命義篇）

王充不信神靈，却借用道家的信仰。他以天包括星辰，天的氣內包有衆星之氣。然而却言『天有百官』，又以衆星之氣主理人的富貴壽夭之命。這樣，他把神靈的名詞不用，把神靈的能力換成氣的功能，造成一種唯物的天。

唯物的天爲蒼蒼在上的天，這種天爲氣。天之氣爲一行之氣，爲元氣。

『或曰：五行之氣。天生萬物，以萬物含五行之氣。五行之氣，更相賊害。曰：天當以一行之氣生萬物，令之相親愛，不當令五行之氣，反使相賊害也。』（論衡，卷二、物勢篇）

天又有體，體爲一個具體的形，乃上面蒼天的形。天的形體爲一物質體。

『儒者曰：天，氣也，故其去人不遠。人有是非，陰爲德害，天輒知之，又輒應之，近人之效也。如實論之，天體非氣也。人生於天，何嫌天無氣？猶有體在上，與人相遠。……案附書者，天有形體，所據不虛。猶此考之，則無恍惚明矣。』（論衡，卷十一、談天篇）

『天之動行也，施氣也。體動，氣乃出，物乃生矣。』（論衡、卷十八、自然篇）

實際上，王充的天的觀念，很恍惚不明。以天爲氣，又以天無氣？以天爲體，又以天有意旨。蒼蒼形天，怎能擔負萬物互相賊害的責任？王充認爲天應以一行之氣生萬物，不應以五行之氣生萬物；這樣說來，不是承認天爲有意的神靈嗎？否則一切都任憑自然，天又有何責任，『當以一行之氣生萬物，令之相親相愛，不當令五行之氣，反使相賊害也』！

『上天之心，在聖人之胸，及其譴告，在聖人之口。不聽聖人之言，反然災異之氣，求索上天之意，何其遠哉。』（論衡，卷十四、譴告篇）

『夫天能動物，物焉能動天？何則？人物繫於天，天爲人物主也。……寒溫之氣繫於天地，而統於陰陽，人事國政安能動之。且天本而人也。……生於天而含天之氣，以天爲主，猶耳目手足繫於心。心有所爲，耳目視聽手足動作。謂天應人，是謂心爲耳目手足使乎！』（論衡，卷十五、變動篇）

『夫天者，體也，與地同。天有列宿，地有宅舍。宅舍附地之體，列宿着天之形。形體具則有口，乃能食。使天地有口能食祭食，宜食盡。如無口

則無體，無體則氣也，若雲霧耳，亦無能食。』（論衡，卷二十五、祀義篇）

天是體又是無體，是氣又是無氣。然則天是什麼呢？天又是萬物之主，一切都繫於天，天豈不是書經的上天嗎？王充反對古書所有對天的意義，却又接受那種意義，接受又不敢明說，以致對天的意義，恍惚不定。或者王充想自己構想天的一種新意義，但是自己沒有哲學的觀念，不知道怎樣去講，乃常恍惚不定。然而他的主要觀點，在於以天爲蒼蒼形天，形天爲一種變化的主動力。

（乙）氣

氣，在詩經裡表示雲氣，在易經裡有陰陽之氣，左傳和禮記，進而代表人物的元素。老莊的哲學更以氣爲人的生命元素。漢朝研究易經的人常講卦氣，以氣貫通天地萬物。氣在漢朝學者的思想裡，爲形而下之器，能具體的元素。王充便有這種思想。

王充沒有由哲學觀點去解釋氣，祇以萬物都由氣而構成，離了氣，便沒有物。天地也不過是氣，氣以上沒有另一物體。氣成了天地萬物的根由。

天地萬物的根由，乃是元氣。

『上世之天，下世之天也，天不變易，氣不改更。上世之民，下世之民也，俱稟元氣。元氣純和，古今不異。……萬物之生，俱得一氣，氣之薄渥，萬世若一。』（論衡，卷十八、齊世篇）

王充主張一氣，一氣爲元氣。元氣純和，純表示純淨，和表示不二。宋朝張載稱太虛爲太和，太和的名詞來自易經乾卦彖曰：『乾道變化，各正性命，保合太和，乃利貞。』王充以元氣爲純和，和字有太和的意義。朱熹註易說：『太和，陰陽會合，沖和之氣也。』王充的太和沒有沖和之氣的意思，但也表示一氣不是二氣。

王充雖主張一氣爲天地萬物的元素，然也主張氣有分殊，他講命時，以命不同，乃是因氣不同；人所禀之氣不同，命也就不同。因此，他便主張萬物之氣各不相同。

『類同氣鈞，性體法相，固自相似。異氣殊類，亦兩相遇。』（論衡，卷三、骨相篇）

『人之善惡，同一元氣。氣有少多，故性有賢愚。』（論衡，卷二、率性篇）

『若夫彊弱夭壽，以百爲數。不至百者，氣自不足也。夫稟氣渥，則其體

彊，體彊則其命長。氣薄則其體弱，體弱則命短。』（論衡，卷一、氣壽篇）

『異氣殊類』，是說氣有不同類的。氣不同類，氣便不相同，稱爲「異氣」。不同類之氣是什麼氣？王充說氣有多少的分別，人和物所稟受的氣多少不同，氣的多少，使人有賢愚；氣的多少，使人有壽夭。氣以多爲好，少則不好。但是多少的分別，祇是量的分別，不能使氣不同類。若說賢愚同是人，壽夭也同是人，祇是才能和歲數在量上有分別；這種分別由於氣的量有多少。氣的多少，也可以說是不同類。這種分類實際上不是本體上的分類，不應說是異類之氣。

異類之氣，可以是王充所說的精氣。人所稟的氣爲精氣，精氣應該是氣中之精，爲一種純淨之氣。王充也說星辰之氣爲天的精氣。人所稟的的氣是否爲星辰之氣，王充沒有說明。

『人之所以生者，精氣也。死而精氣滅。能爲精氣者，血脈也。』（論衡，卷二十、論死篇）

精氣爲血脈所生，精氣便不是天的精氣了，血脈生精氣，乃是由道家思想而來。血脈所生的精氣，乃是身體的生氣，普通人說一息尚存，人便沒有死。一息指着氣，爲人所呼吸的氣。

王充不讚成陰陽之氣，也不讚成五行之氣。他以儒學所說的陰陽五行，都稱爲『或曰』，王充用『或曰』，即是說別人是這樣說，他判斷爲虛妄。

『或曰：鬼神陰陽之名也，陰氣逆物而歸，故謂之鬼。陽氣導物而生，故謂之神。神者伸也，申復無已，終而復始。』（論衡，卷二十、論死篇）

這種思想，乃是春秋戰國以來的傳統思想。王充不信鬼神；他以人死後稱鬼稱神，祗是名詞的改變，實則沒有所謂鬼神。因此，他也不承認有陰陽兩氣。人祗有精氣，人死精氣消滅，不能再有知覺的鬼神。『精氣散亡，何能復有體而人得見之乎！』（同上）

『或曰：五行之氣。天生萬物，以萬物含五行之氣。五行之氣，更相賊害。曰：天當以一行之氣生萬物，令之相親愛。』（論衡，卷三、物勢篇）

五行之氣因相生相剋而相賊害，王充認爲不合情理，乃主張一元之氣。他也相信有金木水火土五行，然不以爲五行之氣，更不信有五行相生相勝之道。他說：『東方木也，其星倉龍也。西方金也，其星白虎也。南方火也，其星朱鳥也。北方水也，其星玄武也。天有四星之精，降生四獸之體。』四獸不相害，四方不相擾。在禽獸中，在人中，相勝相害，都在人體力的强弱，而不是五行之氣的生剋。五行之氣在王充看來，沒有存在的理由，因此，他主張一元之氣。

(丙) 自然生化

王充的宇宙觀念，完全集中在萬物生化的問題上，易經以天地相交而生萬物，天地相交代表天地生物之心。易經的生化論雖以陰陽相交而生萬物，然陰陽相交因着天有好生之心而成。萬物的生化，由於天有生物之心。儒家乃稱天有好生之德，以天心爲仁。

王充反對這種思想，他援受老子的思想，以萬物由氣的自然變化而成，成物成人都屬於偶然。在自然氣化之上沒有天心，人物之生沒有原因，也沒有理由。

『儒者論曰：天地故生人，此言妄也。夫天地合氣，人偶自生也。猶夫婦合氣，子則自生也。夫婦合氣，非當時欲得生子。情欲動而合，合而生子矣。且夫婦不故生子，以知天地不故生人也。……傳曰：天地不故生人，人偶自生。』（論衡，卷三、物勢篇）

由所舉的比喻說，所證適得其反，夫婦相合以生子，許多是願意生子而相結合，許多是結合時希望生子。就是相結合時不想生子，夫婦相結合雖動於情，然仍是彼此願意相結合而結合。因此，不能說夫婦生子，出於偶然，完全不出於夫婦的意志。這樣，天地生化萬物，也就不能說是萬物生化，完全是偶然。

儒家以天地有生物之心而生人；『天地「故」生人』「故」是有原故而生人，是有生物之心而生人。王充却認爲『此言妄也。』

『夫天不能故生人，則其生萬物亦不能故也。天地合氣，物偶自生矣。』（論衡，卷三、物勢篇）

『天地合氣，萬物自生，猶夫婦合氣，子自生矣。……或說以爲天生五穀以食人，生絲麻以衣人，此謂天爲人作農夫桑女之徒也，不合自然，故其義疑，未可從也。試依道家論之，天者，普施氣萬物之中，穀愈饑而五絲麻救寒，故人食穀衣絲麻也。夫天之不故生五穀絲麻以衣食人，由其有災變不欲以譴告人也。物自生而人衣食之，氣自變而人畏懼之。以若說論之，厭於人心矣。』（論衡，卷十八、自然篇）

這樣解釋，不能饜足人心，這就是千古以來的大問題。若是天地萬物都是無故而「偶然」生發，爲什麼祇有五穀可以『愈饑』，絲麻可以『救寒』呢？天既是『普施氣』，必定有原則，否則天地萬物必定亂生，而不能有種類的分別，和傳生的規律了！王充把儒家的『故』字，代以『偶』字；故字的意義有原因，有心志，有陳規等等意義，王充卽使不承認天生萬物有心志，也必要承認天生萬物有一定的規律，和因果的關係。在哲學上『偶』字代表否認因果關係。萬物既由『天地合氣』而自生，天地合氣便是萬物化生的原因。所謂自生的『自』字乃是道家的名詞，但道家祇是對於道纔說道是自生自有，沒有原因，萬物則是由道而生，以道爲根由。王充的『自』字，是說自然而生，究其實自然而生，必定有生化的根由，必定有生化的規律。不能因着自然而生，便是偶然而生。在哲學和科學上，偶然而生便不是自然而生，例如說夫婦合氣，自然生人；若偶然生一怪物，這種偶生的怪物，便不是自然而生了，其中必有特別的原因。

王充用自生和偶生，在於辯駁，推翻儒家所謂天地有好生之心，在於接受老子所說『天地不仁，以萬物爲芻狗。』

王充爲辯駁儒家的傳統思想，引用通俗的經驗，以天若有意生物，天若使人生化，則天當用心思用手足，天却沒有心思耳目手足。王充忘記了易經所說的神無思而無不思，無爲而無不爲。他不承認有精神，以一切都是物質，天若是有心，天便應有形體。

『春觀萬物之生，秋觀其成，天地爲之乎？物自然也。如謂天地爲之，爲之宜用手，天地安得萬萬千千手，並爲萬萬千千物乎？……道家論自然，不知引物事以驗其言行，故自然之說未見信也。然雖自然，亦須有爲輔助，耒耜耕耘，因春播種香，人爲之也。及穀入地日夜長，夫人不能爲也。或爲之者，敗之道也。』（論衡，卷十八、自然篇）

胡適之說：『自然主義的天道觀解釋萬物的生長變化，比那目的論的天道觀滿意得多了。』又說：『這一段論自然主義和目的論的優劣，說得明白。我們試想一想一個有意志的上帝在這個明媚的春光裡忙着造作萬物，『已拼膩粉塗雙蝶，更着雌黃滴一蜂』（楊誠齋詩）請問這種宇宙觀能使我們滿意嗎？卽使有人能承認這個『無事忙』爲造化者，那麼天地之間萬物互相殘殺、互相呑吃，難道這都是這個造化者的意志嗎？』(2)

很奇怪受過哲學教育的人，竟這樣沒有哲學思想？胡適之贊成道家的自然主義，却忘記了老子所說『道』的無爲而無不爲。老子以道能無爲而無不爲，道家並沒有說道要有手足去忙，而是一種無形之動；爲什麼儒家不能說上天有無形之動呢？凡是否認精神體的人，便以一切都是物質。

徐復觀評斷王充的自然篇說：『我們可以承認王充的結論是正確的；但這是沒有方法作基礎的結論，是由事實直感而來的結論。他所運用的方法，反而沒有他的論敵的健全。論敵的感應說的不可信，乃是大前題中的實質問題，而不是大前題下的推演問題。凡不由正確方法所得的結論，結論雖對，只是偶然性的對，不能稱之爲出於科學。胡適在這種地方大大恭維王充的科學，我不能了解。』(3)

實際上，徐復觀敎授也在恭維王充，說他的結論正確，祇是方法不對。我在這裡不談天人感應，只談王充的萬物自然而偶然生化，這種結論不正確，因爲他所用證據不正確。

儒家的萬物生化的程序是自然的，孔子曾說天不說什麼！祇有四時繼續運行，萬物便自然生化。王充說父母相交，自然生兒女，這當然是自然。但是儒家認爲四時運行而自然生萬物，這種自然化生是由於天所定，王充爲反駁儒家所說爲天所定，乃說天沒有手足可以代替自然去動作，這是話不對題，而且天有爲須有手足則更不對了。老子爲反對『天所定』，則說『道生化』；老子的話在哲學上可以是一種理由，雖然實際上道並不能自化。

(丁) 反對天人感應說

天人感應從春秋戰國時代興起，到了漢朝已經成爲正式的學說，董仲舒以一代「純儒」，誠心接受了這種思想。但這種思想的來源，來自道家的術士，一切都是迷信。呂氏春秋創氣類感應說，董仲舒更加以上天的意旨，道家的思想變成了儒家的思想。王充反駁這種天人感應說，所用的理論，在於天不能知，乃是塊然的自然物，不能和人相感。因爲天或是體或是氣，天是體，則和地一樣，塊然不塞；天是氣，則和雲霧一樣，也不能知。

他在談天論說『且夫天者氣邪？體邪？如氣乎，雲煙無異。』在道虛篇說：『天之與地，皆體也。地無下，則天無上矣。』在祀義篇說『夫天者體也，與地同。』

『使天體乎，耳高不能聞人言。使天氣乎，氣若雲煙，安能聽人辭！說災

變之家曰：人在天地之間，猶魚在水中矣，其能以行動天地，猶魚鼓而振水也。』（論衡，卷四、變虛篇）

王充駁說災變之家的話，以為魚鼓水，影響不過幾尺。人在天地間行動，所鼓的氣也不過百步或一里，安能『從下地上變皇天』？這是『以子之矛，攻子之盾』；然而王充所用的理由，則很淺薄。

『陰陽不和，災變發起。或時先世遺咎，或時氣自然，賢聖感類，慊懼自思災變惡徵何為至乎，引過自責，恐有罪。畏慎恐懼主意，未必有其實事也。』（論衡，卷十八、感應篇）

當時的感應說，以氣類相感，王充在偶會篇也說了出來：『同類通氣，性相感動。』王充說：

『若夫物事相遭，吉凶同時，偶適相遇，非氣感也。』（論衡，卷三、偶會篇）

天人不相通，災感的現象，乃是偶然相出同時。人的富貴壽夭，都決於命；人的一切遭遇，也決於命，無所謂天人感應之說。命是人生來有的，可以說是命根。草木由種子出生，自然按着種子而長成。人由命而生，自然按着命而成長。

『草木生於實核，出土爲栽蘖，稍生莖葉成爲長短巨細，皆由實核。王者，長巨之最也。……王者稟氣而生，亦猶此也。』（論衡，卷三、初稟篇）

王者和祥瑞沒有感應，王者因命而生爲王，不必有祥瑞的草木作預兆。草木因種子而生，『朱草之莖如鍼，紫芝之栽如豆。』（初稟篇）朱草紫芝自然而生，不因預兆一位王者而生。同樣鳳凰麒麟也爲聖王而來，因爲禽獸沒有知識，怎麼能夠知道有聖王沒有聖王。

『鳥獸之知，不與人同，何以能知國有道國無道也。人同性類，好惡均等，尚不相知，鳥獸與人異性，何能知之？人不能知鳥獸，鳥獸亦不能知人，兩不能相知。鳥獸爲愚於人，何以反能知之？』（論衡，卷十七、指瑞篇）

儒家主張感應的人，並不是主張靈草和鳳凰麒麟有知覺，乃是主張同氣相感，又特別主張祥瑞的出現，由於上天的意旨。王充反對這種主張，乃主張命運論，以一切歸於命，命爲自然，一切都是自然而有。

既然一切都屬於自然，便不能有所謂天人感應的譴責。儒者爲使皇帝有所警惕，有所畏懼，乃造天人感應的譴責。有災變的現象，乃是上天警戒皇帝，行政有缺，或是生活有失德，皇帝應改惡行善。王充不讚成這種主張，他以天不能言語，當然不能有譴責。

『何以天之自然也？以天無口目也。案有爲者，口目之類也。……何以知天無口目也？以地知之。地以土爲體，土木無口目。天地夫婦也、地體無口目，亦知天無口目也。使天體乎，宜與地同。使天（氣乎），氣若雲煙，雲煙之屬安得口目。……天之動行也，施氣也。體動氣乃出，物乃生矣。……天動不欲以生物，而物自生，此則自然也。施氣不欲爲物，而物自爲，此則無爲也。謂天自然無爲者何？氣也。恬澹無欲，無爲無不爲者也。』（論衡，卷十八、自然篇）

『人不能以行感天，天亦不隨行而應人。』（論衡，卷十五、明雩篇）

王充對於天所有的觀念，完全是唯物的思想，竟以天地爲夫婦，竟以天體和地體相同。他不知道孔子曾說過：『天何言哉！四時行焉，百物生焉，天何言哉！』（論語、陽貨篇）孔子以天不言語，相信天是精神體。王充不信有精神，便以天體和地體一樣，地體爲土，天體難道是土？天不言語爲正確的事，王充的證據則不能證明。

王充反對天人感應的主張，也反對災祥有天的意旨，在當時是特出的思想，也是剛强的意志，敢於反駁當時社會一般人的意見，也反對當時皇帝的主張。但是他却不澈底堅持自己的學說，自己表示頌揚漢朝皇帝的功德，竟至於相信歷代皇帝所有的祥瑞，並信漢朝皇帝也有祥瑞，堪稱聖人。

『夫帝王之瑞衆多非一，或以鳳凰麒麟，或以河圖洛書，或以甘露醴泉，或以陰陽和調，或以百姓人安。今瑞未必同於古，古應未必合於今。……天下太平，瑞應各異，猶家人富殖物不同也。……光武之時，氣和人安，物瑞等至，人氣已驗，論者猶疑孝宣皇帝。元康二年，鳳凰集於太山後，又集於新平。四年，神雀集於長樂宮，或集於長林，九真獻麟。神雀二年，鳳凰甘露降集京師，……彼鳳凰雖五六至，或時一見而數來，或時異鳥而各至。麒麟、神雀、鸞鳥、甘露、醴泉、祭后土天地之時，神光靈耀，可謂繁盛累積矣，孝明時，雖無鳳凰，亦致麟、甘露、醴泉、神雀、白雉、紫芝、嘉禾，金出鼎見，離木復合。五帝三王經傳所載瑞應，莫盛孝明。如以瑞應效太平，宣明之年，倍五帝之王也。夫如是孝宗明可謂太平矣。能致太平者，聖人也。世儒何以謂世未有聖人？天之稟氣，豈為前世者渥，後世者泊哉！』（論衡，卷十九、宣漢篇）

桓譚因反對瑞應，遭皇帝的貶謫，幾乎喪了性命。王充反對天人感應，卻反而高舉東漢皇帝瑞應，在五帝三王以上。既然皇帝的太平能招致祥瑞，那麼天人感應說不是有理由可以存在嗎？這一點卻表示王充的意志薄弱，人格不高，所有主張沒有明白的高深理論。

(2) 人的命運論

(甲) 人

儒家的傳統思想，以人為萬物之靈。孟子曾以人有大體和小體，小體為感覺之官，和禽獸相同，大體爲心思之官，爲人的特點，王充以人也是物，祇是具有智慧。

『人，物也。萬物之中有智慧者也。其受命於天，稟氣於元，與物無異。』(論衡，卷二十四、辨崇篇)

『天地之性，人爲最貴。』(論衡，卷二、無形篇)

人由元氣而成。人之氣是否優於物之氣，王充沒有說明，但他承認人有智慧，智慧來自氣。

人的出生，不是直接由天地而生，而是由父母所生。父母的氣爲血肉之氣。血氣相結合，胎兒得有血氣。

『含血之類，相與牝牡。牝牡之會，皆見同類之物，精感欲動，乃能授施。』(論衡，卷三、奇怪篇)

男女相合，乃能施氣，胎兒因父母所施的氣而生。生命屬於精氣，精氣生於血脈。

『人之所以生者，精氣也。死而精氣滅。能爲精氣者，血脈也。』(論衡、卷二卷、論死篇)

王充反對古代神話的傳說，禹王的母親呑薏苡而生禹，契母呑燕卵而生契，姬棄的母親履大人足跡而生棄，堯王的母親野外和龍遇而生堯，漢高祖的母親在大澤夢與神會而生劉邦。

『儒者，稱聖人之生，不因人氣，更稟精於天。……其言神驗，文又明著，世儒學者莫謂不然。如實論之，虛妄言也。』(論衡，卷三、奇怪篇)

聖人和凡人一樣，都由人氣而生。人氣則也來自天，人所稟氣，也說稟天的氣，或說稟自然之氣。

『人生性命當富貴者，初稟自然之氣，養育長大，富貴之命效矣。』(論衡，卷三、初稟篇)

『其實稟氣於天，立形於地。察在地之形，以知在天之命，莫不得其實也。』（論衡，卷三、骨相篇）

『人稟元氣於天，各受壽夭之命，以立長短之形。』（論衡、卷二、無形篇）

天施氣於人，地成人的形。然而人由父母所生，因血脈的精氣而有生命。在父母和天地之間有什麼關係呢？王充以天施氣於地，地成物形，人由地而得天氣，乃轉相生。

『天地，夫婦也。天施氣於地以生物，人轉相生；精微爲聖，皆因父氣，不更稟取。』（論衡，卷三、奇怪篇）

王充天氣由地傳施，生出一種物，這種物轉相生。原始的人的氣來自天地，然後天地之氣由父母傳施，人便不直接自天稟氣。但是這種思想並不澈底，王充對於命，則說是稟自然之氣；因爲命的定斷，不是由於父母之氣，而是由於自然之氣。這樣在人，便有兩種氣；一是父母的血氣，一是自然之氣。這種思想乃是道教的思想，來源出自莊子。

人有形體，形體和壽相聯連，然也可以分離。有時，形體變了，卽老年形體變成幼年，壽命却不延長。王充認爲形體變不是正道。

『凡可冀者以老翁變爲嬰兒，其以白髮黑，齒落復生，身氣丁彊，超乘不衰，乃可貴也。徒變其形，壽命不延，其何益哉。……生爲嬰兒，長爲丈夫，老爲父翁，從生至死，未嘗變更者，天性然也。』（論衡、卷二、無形篇）

道教在東漢時已漸成立，道教的思想則早已流行。返老還童的養生法，已爲秦漢的術士們所宣傳。王充雖不贊成這種養生法，然也不予以否認。『人恒服藥固壽，能增加本性，益其身年也。』（同上）

（乙）性

董仲舒論人性，分人性爲三品：聖人、惡人、中人。聖人的性善，惡人的性惡，中人的性可善可惡。王充的人性論，步董仲舒的後塵。然不明說人性有三品，祇以人性有善有惡。他在本性篇述談了前代人的性論。周人世碩以爲人性有善有惡，性善得養則善長，性惡得養則惡長。密子賤漆雕開公孫尼等人的性論和世碩的性論相似。孟子講性善，荀子講性惡，告子以性沒有善惡，孔子以性相近習相遠，上智與下愚不移。陸賈主張天地生人以禮義爲性，董仲舒以性爲陽，情爲陰，陽爲善，情爲惡。劉子政以情接外物，發而爲動，動爲陽；性在內不發爲陰。王充對於以上各說，加以批評，唯對孔子的性論，則認爲正確。王充自己的性論，以性有善有惡，如同命有貴有賤。他想綜合孟荀和揚雄的性論，以性分三品。

『余固以孟軻言人性善者，中人以上者也。孫卿言人性惡者，中人以下者也。揚雄言人性善惡混者，中人也。若反經合道，則可以爲教，盡性之理則未也。』（論衡，卷三、本性篇）

人性來自氣，氣爲天地元氣。人所稟元氣不同，每人的性在善惡上也就不同。

『用氣爲性，性成命定。』（論衡，卷二、無形篇）

『稟氣有厚泊，故性有善惡也。……人受五常含五臟，皆具於身。稟之泊少，故其操行不及善人，猶(酒)或厚或泊也；非厚與泊殊其釀也，麴蘗多少使之然也。是故酒之泊厚，同一麴蘗。人之善惡，共一元氣。氣有多

少，故性有賢愚。』（論衡，卷二、率性篇）

以氣之多少作善惡的基礎，沒有被宋朝理學家所接受。宋朝理學家以氣的清濁爲善惡的根由。多少的區別，爲量的區別，量爲物質性。清濁則屬於質的區別。善惡的區別不能是量的區別，應該是質的區別。

王充又以性有三性，如同他說命有三命。三命爲正命、隨命、遭命；性也分爲正性、隨性、遭性。王充並沒有以性和命同爲一實，但他把性命相連在一起。他說：『性與命異，或性善而命凶，或性惡而命吉。操行善惡者，性也；禍福吉凶者，命也。』（論衡，卷二、命義篇）所說的三性：正性，爲五常之性；隨性，爲隨父母之性；遭性，爲遭得惡物的性。正性，即是性善的本來面目。隨性，是母親對於胎兒的胎敎，胎敎好，子女在胎中，成性好，胎敎不好，則子女成性不好。『受氣時，母不謹愼，心妄慮邪，則子長大，狂悖不善，形體醜惡。』（命義篇）遭性，是胎兒在母胎時，遭遇了不適合的事，影響了胎兒所受的氣，以致生性不良。氣遭胎傷，故受性狂悖。

王充以性由氣而成，由稟氣之多少，乃有善惡。然而善惡之性，可以變質，善者可變爲惡，惡者可變爲善。

『論人之性，定有善有惡。…人之性，善可變爲惡，惡可變爲善。』（論衡，卷二、率性篇）

但王充的思想，有不少互相矛盾之處。人之性，來自天地的元氣；然而他却又以性有隨性，隨父母的施氣或施教而成。則人性又成於父母之氣了。至於遭氣，則更不明瞭。胎兒在胎中因着母親的遭遇而生狂悖之性；在現代心理和生理學說，這些遭遇可以影響胎兒的生理和心理。王充則認爲這些影響，是影響到人性上。他所說的人性，則不是哲學上所講的人性，而是人情和脾氣了。所以宋朝理學家譏刺荀卿和揚雄不認識人性，祇認識人情。王充就是和揚雄一樣。

（丙）命

王充的哲學思想所有的特點，以他的命運論爲最著。儒家的傳統相信有命，墨子則非命，老莊講一切以自然爲根本，無非就認一切都定於命運。王充的命運，不是繼承的思想，而是繼承老莊的思想，祇是他把老莊的命運論引到了澈底的唯物思想。孔子和孟子相信命，孔孟所信的命爲天命，不是唯物的先決命運。王充的命運有幾個特點：第一、命由父母之氣所來，第二、以死生屬於性，高貴貧賤屬於命，第三、命在骨相上表現。

(A) 命由父母之氣而成

王充區分性和命，性命不是同一的實。性來自天地元氣，屬於無性，命則有形，成於父母之氣。

『凡人受命，在父母施氣之時，已得吉凶矣。夫性與命異，或性善而命凶，或性惡而命吉，操行善惡者，性也。禍福吉凶者，命也。』(論衡，卷二、命義篇)

『壽夭之命，以氣多少爲主性也。』(論衡，卷一、氣壽篇)

『命』的意義，在於每一個人在生命歷程中所有遭遇，遭遇則概括在禍福的兩個範疇內。所有遭遇或是禍、或是福；而不包括在善惡的範疇內。一樁善的遭遇，可能對於本人是禍；一樁惡的遭遇，可能對於本人是福。所謂遭遇不指每樁事，遭遇對於本人的生活，能有重大的影響。遭遇可以由一樁事而造成，也可以由多件事結合而造成。命是關於一個人在生活中的遭遇。

『孟子曰：求之有道，得之有命。性善乃能求之，命善乃能得之。性善命凶，求之不能得也。』（論衡，卷三、命義篇）

性善乃能求之，人勉力操行善良，以求福。然必須命有福，操行善良乃能得福，雖勉行善也不能得福。性惡行惡不能求福；然若命有福，仍能得福。王充乃區分命爲三命；正命、隨命、遭命。

『正命謂本稟之，自得吉也，性然骨善，故不假操行，不求福而吉自至，故曰正命，隨命者，戮力操行，而吉福至，縱情施欲，而凶禍到，故曰隨命。遭命者，行善得惡，非所冀望，逢遭於外，而得凶禍，故曰遭命。』（同上）

但是王充自己對於這種三命的區分，也加懷疑。因爲命在初生的時候已經決定，怎麼可以有隨命遭命呢？隨命和遭命，不過祇是由人的觀點而言，不是命的本義。王充說：『儒者三命之說，竟何所定？且命在初生，骨表著見，今言隨操行而至，此命在末不在本也。則富貴貧賤，皆在初稟之時，不在長大之後，隨操行而至也。』（同上）

（B）死生屬於性・貴賤屬於命

王充的命論，和儒家傳統的命論不同，把壽夭貴賤分屬性與命，儒家的傳統常以壽夭貴賤同屬於命，王充却分開來說。

『人稟元氣，各受壽夭之命，以立長短之形。……用氣爲性，性成命定。體氣與形骸相抱，生死與期節相須。形不可變化，命不可減加。』（論衡，卷二，無形篇）

王充明言壽夭爲命，然他以壽夭來自天地的元氣，元氣成人之性，壽夭雖受爲命，然屬於性，貴賤則屬於命。

『子夏曰：死生有命，富貴在天。而不曰死生在天，富貴有命者，何則？

死生者無象在天，以性爲主。禀得堅彊之性，則氣渥厚，而體堅彊，堅彊則壽命長，義命長則不夭死。禀性軟弱者，氣少泊而性羸窳，羸窳則壽命短，壽命短則蚤死，故言有命，命則性也。至於富貴所禀，猶性所禀之氣，得衆星之精。衆星在天，天有其象，得富貴象則富貴，得貧賤象則貧賤，故曰在天。』（論衡，卷二、命義篇）

王充的話，越來越混亂，把壽夭之命和性相混，『命者性也。』又把貴賤之命和星象相混，以解釋『富貴在天。』子夏所說『富貴在天』和『死生有命』意義相同，祇是一種排行句，都是說死生高貴的命在於上天的決定。王充以他的唯物思想，把『在天』解釋爲天上的星象。術士的星相家，常把人的相和星象相連，然而這正是王充所願破除的迷信，他自己却又相信。從哲學的觀點上，決不能把貴賤的命和星相連在一起。而且富貴貧賤的命，成於父母施氣之時，由父母血脈之氣而成子女的血脈之氣，爲什麼在血脈的氣裡又來了衆星的精呢？這樣說來，壽夭之命，來自天地的元氣，貧富之命來自星辰的精氣了！王充以爲貴賤的表現在於國家的官秩，國家的官秩代表天的百官，天的百官爲星辰。然而天官的思想，則出於天爲上帝，上帝由衆星拱衞，王充則不承認天爲上天上帝！

在命義篇，王充說到國有國命。這一點進到歷史哲學的命運論。儒家的傳統把國家和朝廷相連爲一，國家的命運看爲皇帝朝代的命運，皇帝朝代的命運雖由上天決定，上天則憑皇帝的善惡而定，王充祇提到國命，但沒有解釋國命的意義。若不把國命和皇帝的命相連，則命由氣而成便不能用之於國命。他祇說『國命勝人命，壽命勝祿命』（命義篇）應國命有凶禍時，發生戰事或天災，一時成千成萬的人因而喪命，在這些人中一定有長壽命的人，可是因着國命而不能享受自己的命。

(C) 骨　相

命既由氣而成，氣成人的形相，形相爲人的身體，身體的結構便顯露人的命。由人體以知命，容易而能不錯。

『人曰：命難知。知命甚易。知之何用？用之骨體。人命稟於天，則有表候於體。察表候以知命，猶察斗斛以知容矣。表候者，骨法之謂也。』（論衡，卷三、骨相篇）

『夫命富之人筋力自強。命貴之人，才智自高。』（論衡，卷一、命祿篇）

從人身骨節的構造，以知人命。古代帝王聖賢皆有特別的身相，載在經傳。王充不信經傳所載的神話奇譚；對於骨相，則很相信。

『稟氣於天，立形於地。察在地之形，以知在天之命，莫不得其實也。』（論衡，卷三、骨相篇）

『案骨節之法，察皮膚之理，以審人之性命，無不應者。』（同上）

命，由骨相可見，好似容物的容器表現所容物的多少和貴賤。『故知命之工，察骨體之證，睹富貴貧賤，猶人見盤盂之器，知所設用也。』（同上）

『人生受性則受命矣，性命俱稟，同時並得，非先稟性後乃受命也。』（論衡，卷三、初稟篇）

性和命，都是人由生而有，都是由氣而有。性的觀念在王充的思想裡很不清楚，似乎祇是關於人的善惡，善惡來自氣，性便是氣所成。性的氣有另一種成效，乃是人的壽命，壽命長短由於所稟氣的厚薄，好比人的善惡來自所稟氣的多少。若是這樣，則性善的人，壽命必長，性惡的人，壽命必短。但是實際上不是這樣，王充乃說『性與命異。』雖然兩者不同是一實，王充仍以爲壽命之命屬於性。壽命之命，現於人的體相，『人有壽夭之相，亦有貧富貴賤之法，俱見於體。』（命義篇）體格彊則壽長，體格弱則壽短。這祇是一種常識，然而也並不常與事實相符。

王充相信壽命之形相可以變，長生之藥可以延壽。『人稟氣於天，雖各受壽夭之命，立以形體；如得善道神藥，形可變化，命可增加。曰：治者變更成器，須先以大熘爍，乃可大小短長。人冀延年，欲比於銅器，宜有若鑪炭之化，乃易形。形易，壽亦可增。』（無形篇）這完全是術士的話，也是後來道教錬丹的思想。

王充反對天人感應論，對於貴人的命相，却又相信天人感應了。

『凡人稟貴命於天，必有吉驗見於地。見於地，故有天命也。……若高祖光武者，曷嘗無天人神怪光顯之驗乎！』（論衡，卷二、吉驗篇。）

這就是他自己不能貫澈自己的主張，遇着對於漢朝皇帝的神話傳說，他便誠心接受。但同時他又否認這些遭遇，俱屬偶然相逢，不是氣感。所謂偶然相逢，乃是自然之道，不是有意向的配合。

『命，吉凶之主也，自然之道也，適偶之數，非有他氣旁物，厭勝感動，使之然也。……若夫物事相遭，吉凶同時，偶適相遇，非氣感也。』（論衡，卷三、偶會篇）

遭凶逢吉，不是一時有所謂氣感，乃是命所當然；然而，命的實現，有自然界的異象以作徵驗，這種徵驗，仍舊是氣所感應。命的骨相，由氣而成。漢高祖和漢光武一生有些奇遇，徵應他們的貴相，所謂徵應，豈不是人和天地的感應嗎？王充的命論，充份表現他的唯物思想，氣的感應也是唯物的思想，王充又何必棄而不用呢？

(丁) 鬼神

現在大家談王充的思想，常以王充不信鬼神爲他的一大特點。春秋戰國時，鬼神的信仰盛行於社會；孔子對於門生乃有『敬鬼神而遠之』的訓示，鬼神的信仰既盛，經書的上天信仰便形減輕；因爲上天不是鬼神，上天離人很遠，巍巍地可敬可畏。鬼神則混在人間，牽涉人事；人們便事事求鬼神，幾乎每處每事都各自有相關的鬼神。秦漢的時代，君王接受術士的學說，民間更崇信鬼神。王充能卓然不羣，提出反鬼神的主張，說明鬼神並不存在，這應該算爲他的一種特點。祇是他的理論，並不像胡適之所說，會有科學的證據。

(A) 生 死

人的生死，在於精氣的有或滅。王充不講氣的聚散，聚散爲莊子的主張，儒家也講聚散，然以陽氣上升於天、陰氣下歸於地。王充則講精氣的有或滅，有則爲生，滅則爲死。

『人之所以生者，精氣也，死而精氣滅。能爲精氣者，血脈也。人死血脈竭，竭而精氣滅。滅而形體朽，朽而成灰土，何用爲鬼！』(論衡，卷二十、論死篇)

人的生死，以精氣爲主精氣生於父母的血脈，由父母的氣而生子女的血脈，子女的血脈繼續生長精氣，以維持自己的生命。血脈停止，精氣消滅，生命就斷了。

『人未生，在元氣之中；旣死，復歸元氣。元氣荒忽，人氣在其中。人未生無所知，其死，歸無知之本，何能有知乎！』（論衡，卷二十、論死篇）

莊子曾以人生爲氣之聚，人死又回歸天地大氣之中。『雜乎芒芴之間，變而有氣，氣變而有形，形變而有生，今又變而之死，是相與爲春秋多夏四時行也。』（莊子，至樂篇）王充援受了莊子的思想，莊子用芒芴兩字，王充用荒忽兩字，以表示元氣或大氣的混沌狀態。儒學雖也以氣成人身，然而主張氣分陰陽，人有魂魄，魂爲陽，魄爲陰。人死後，陽魂升天爲神，陰魄歸地爲鬼。

『或曰：鬼神，陰陽之名也。陰氣逆物而歸，故謂之鬼。陽氣導物而生，故謂之神。神者，伸也。申復無已，終而復始。』（論衡、卷二十、論死篇）

王充不贊成這種主張；陰陽的思想在王充的思想裡沒有意義。這也是他的一種特點，漢朝學者盛講陰陽五行，他却棄而不用，祇講一氣。他雖然也講鬼神，然所講鬼神不是通常人們所信的鬼神。他說：

『人死，精神升天，骸骨歸土，故謂之鬼；鬼者，歸也。神者，荒忽無形者也。』(同上)

他所說精神，即是元氣，人死，元氣復歸元氣，荒忽地沒有覺。形骸藏在土中，終於朽化。人的生死，乃是氣的變化。

(B) 鬼 神

鬼神，在春秋左傳中多有記載，鬼，由於人死後精氣沒有散便成爲鬼。神，則爲天神地祇的神靈；但人死後，魂，升天上，成爲神，詩經裡稱文王的魂爲神，禮記也常稱先人的魂爲神。

鬼神，在普通的用意，指着人死後魂魄不散稱爲鬼，魂上升成爲神。鬼神有知，施與活人禍福。秦漢時代社會間盛行鬼神的信仰和敬禮。王充特別注意破除這種迷信。他所用的證據。

第一：人和物同是生物，生物如禽獸，死了就完了，不能仍舊存在。人死了也就滅了。

『人死不爲鬼，無知，不能害人。何以驗之？驗之以物；人，物也，物亦物也。物死不爲鬼，人死何故獨能爲鬼？』(論衡，卷二十、論死篇)

第二、人死，精氣滅，骸骨朽化，不復存在；怎能爲鬼而有知覺？

『人死，血脈竭，竭而精氣滅，滅而形體朽，朽而成灰土，何用爲鬼？人無耳目，則無所知。……夫精氣去人，豈徒與無耳目同哉。』(同上)

第三、鬼神，祇是兩個名詞，表示人死後元氣和骸骨的回歸氣中或土中，好比水凝稱冰，冰化爲水。鬼神不表示兩種實體。

『氣之生人，猶水之爲冰也。水凝爲冰，氣凝爲人。冰釋爲水，人死復神。其名爲神也，猶冰釋更名水也。人見名異，則謂有知，能爲形而害人。無據以論之也。』(同上)

第四、人既死，不能以生人之形再見於人間。若鬼有人形，便不是死鬼了。王充認爲傳說中以禽獸生時變成另一種物形，尚屬可能；若以死人而有生人之形以成鬼，絕對不可能。

『世有以生形轉爲生類者矣，未有以死身化爲生象者也。』(同上)

第五、以有人以來，死的人較比生的人還多。若是人死爲鬼，則人世間必定滿是鬼了。

『天地開闢，人皇以來，隨壽而死，若中年夭亡，以億萬數計。今人之數不若死者多。如人死輒爲鬼，則道路之上，一步一鬼也。人且死見鬼，宜見數百千萬，滿堂盈庭，填塞巷路，不宜徒見一兩人也。』(同上)

第六、天地生物，可以使沒有的物化生，不能使已滅的物再生。人既死，精氣滅，天地不能使滅了的精氣成爲有人形的鬼，而且穿着衣服。

『天地之性，能更生火，不能使滅火復燃。能更生人，不能令死人復見。

……索火滅不能復燃，以況之死人不能復爲鬼，明矣！』(同上)

第七、人死不再有知覺，相信鬼神有知覺，則沒有知覺的死人不能成爲有知覺的鬼。

『夫死人不能爲鬼，則亦無所知矣。何以驗之？以未生之時無所知也。人未生，在元氣之中，旣死復歸元氣，元氣荒忽，人氣在其中。人未生無所知，其死，歸無知之本，何能有知乎！』(同上)

第八、孔子不信人死後有知，能爲鬼神，因爲大雨沖壞孔子母親的墓，孔子不復修墓。

『孔子葬母於防，旣而雨甚，至防，墓崩。孔子聞之，泫然流涕，曰：古者不修墓，遂不復修。使死有知，必恚人不修也。孔子知之，宜輒修墓以喜魂神，然而不修，聖人明審曉其無知也。』(同上)

然而古書上所載鬼的事很多，王充在死僞篇例舉許多這類的記述，他的評話是『世多似是而非，虛僞類眞。』（論衡，卷二十一、死僞篇）在訂鬼篇則說：『凡天地之間有鬼，非人死精神爲之也，皆人思念存想之所致也。致之何由？由於疾病。人病則憂懼，憂懼見鬼。』（論衡，卷二十二、訂鬼篇）

他用心理學的方法，解釋鬼的出現。人有病時，心理失常。心理失常乃見鬼，有多種解釋：

『一曰：人之見鬼，目光與臥亂也。』

『一曰：鬼者，人所見得病之氣也。』

『一曰：鬼者，老物之精也。』

『一曰：鬼者，本生於人，時不成人，變化而去。』

『一曰：鬼者，甲乙之神也。』

『一曰：鬼者，物也，與人無異，天地之間有鬼之物，常在四邊之外。』

『一曰：人且吉凶妖祥先見。人之且死，見百怪鬼在。百之中，故妖怪之動，象人之形或象人之聲爲應。』（訂鬼篇）

除人心理失常時，本沒有鬼神而見鬼神，所見鬼神不是人死後而成的鬼神，而是氣所成的另一些實物。氣既能成爲人，當然也可以成爲一些妖怪，妖怪可以有人形。

『故凡世間所謂妖祥，所謂鬼神者，皆太陽之氣爲之也。太陽之氣天氣也。天能生人之體，故能象人之容。夫人所以生者，陰陽氣也。陰氣主爲骨肉，陽氣主爲精神，人之生也，陰陽氣具，故骨氣堅，精氣盛。精氣爲知，骨肉爲強，故精神言談，形體固守。骨肉精神合錯相持，故能常見而不滅亡也。太陽之氣盛而無陰，故徒能爲象，不能爲形，照骨肉，有精氣故一見恍惚輒復滅亡也。』（訂鬼篇）

在這裡，王充提出了陰陽兩氣，以鬼屬於陽氣，這種鬼該是神，儒家常以鬼屬於陰，神屬於陽。王充以鬼怪屬於陽，祇有精神，沒有肉體。俗語說：『前門拒虎，後門迎狼。』王充極力反對人死爲鬼，破除有鬼的迷信，却又相信有鬼怪，自己互相矛盾，所有思想不澈底。

王充反對鬼神，被現在講哲學的人稱爲無神論者。然而無神論的名詞，乃是指着否認有最高造物主或掌管世界的尊神。在中國古代，最高尊神稱爲天或上帝。不稱爲神。王充所否認的是中國的鬼神，不是中國的上天或上帝，所以不能混淪地稱他爲無神論者。

結語

王充在漢朝總算是一個獨出的學者，對於古書所記事實予以懷疑，事事尋求實徵，胡適之稱讚這是科學的精神。祇因他並沒有科學的智識和科學的方法，所舉的證據，全憑自己的感覺，和自己的推想，證據都不能自立。

現代中國講思想史的人，都很推崇王充，緣因，在於五四運動時的年青學人，都是信從唯物論的人，他們認王充爲自己的前驅。胡適之竟稱讚王充有唯物歷史觀的思想，怪不得大陸共黨主義的信徒，極力提高王充的身價。

王充不是儒家的學者，應該說他是道教的信徒。然而他又常稱述堯舜孔子爲聖人，以純正儒學自稱，鄙視其他儒者爲『世儒』。世儒可以說是俗儒。

他的思想雜亂不純，常自相矛盾。他反對命運論，『操行有常賢，仕宦無常遇，賢不肖才也，遇不遇時也。』(逢遇篇)他却又堅持命由氣定，在出生時，命已決定，不能更換。他反對鬼神，極力主張人死氣滅，却又相信鬼怪，以鬼怪可爲人所見。

他反對天人感應，以一切都屬於自然，都是偶然發生，絕對沒有一位上天用自己的意志處理人物。却又稱揚漢朝皇帝的功德，相信有無數祥瑞徵應。所以他的思想，雜駁不純，道儒並收。他的特點，在於具有研究問題的頭腦，不信迷信，不信神話怪異，有研究科學者的態度。所缺的，則是哲學家的愼密方法，和邏輯的系統。而且唯物的思想；淹沒了儒家的精神。

註：

(1) 胡適，王充的哲學、胡適選集、(述學)頁一五一——一五七)傳記文學社印行、民五九年版。

(2) 同(1)、頁一七一——一七二。

(3) 徐復觀，兩漢思想史、卷二、頁六〇二。

第三章　東漢到唐—儒家思想的變遷

(一) 圖讖

戰國末年，陰陽五行的學說漸漸興起，到秦始皇時，這種思想和術士的長生術相混合，很得始皇帝的信任。西漢時讖緯之書盛行。緯書是關於經書的書，以陰陽五行和民間的神話解釋經書，東漢和魏晉的今古文經學家都受了這些緯書的影響，鄭玄且接受了緯書的思想。但在隋朝時，緯書經過一次焚毀，流傳下來的，祇有兩部易緯，其他的緯書著作僅有殘本了。關於易緯，在講漢朝易學時，我們要稍予研究。讖，則是關於未來的事先說預言。漢劉邦起義時有秦亡的讖言，王莽篡漢時使用讖言，漢光武帝中興時也用讖言。讖言又和災異的預兆相混，漢朝儒者如董仲舒班固劉向等人，都深相信，且加以五行思想的解釋。劉向在漢書本傳說：『和氣致祥，乖氣致異，祥多者其國安，異衆者其國危，天地之常經，古今之通義也。』

京房在漢書的本傳曾記有向皇帝言災異的事。京房說春秋記載二百四十二年災異，當今皇帝全都遭遇了，災異指示人君有缺，奸臣當權。房指出石顯爲災異的罪人。後來這段話被石顯知道了，便告他和張博通謀，誹謗政治，房博都被棄市。

在漢成帝的時候，有齊人甘忠可詐造天官曆包元太平經十二卷，說漢家逢天地運變的終期，前所受天命已盡，應當再受天命，乃能繼續爲皇。劉向奏可忠假鬼神罔上惑衆，下獄，沒有受審便病死。哀帝時，甘忠可的弟子夏賀良又奏言漢曆中衰，當更受命。哀帝因臥病已久，聽信賀良的話，以建平二年爲太初元將元年，號曰陳聖劉太平皇帝。皇帝的病不愈，乃以賀良爲詐，下吏議處，賀良伏誅。

王莽存心篡位，他用假圖讖來行計。先假武功長孟通鑿井挖得一塊白石，上面是圓的下面是方的，石上刻有丹書說：告安漢公莽爲皇帝。後又以廣饒侯劉京，言齊郡頓生新井，車騎將軍扈雲言巴郡石牛，大保屬臧鴻言扶風雍石，皆說『攝皇帝當眞。』又因梓潼人哀章假作銅匱爲行璽策書，書言莽爲眞天子。王莽遂篡漢自立爲帝。

漢光武帝也藉圖讖以起兵復漢室。起兵以前，在宛城賣穀，宛人李通等以圖讖說劉秀曰：劉氏復起，李氏爲輔。在長安時，同舍生彊華自關中奉赤符曰：『劉秀發兵捕不道，四夷雲集龍鬬野，四七之際火爲立。』後又有讖曰：『劉秀發兵捕不道，卯修金德爲天子。』光武即位後，於中元元年，宣布圖讖於天下。

以上各事，在漢書和後漢書的傳文裡都記載着。西漢儒者董仲舒將陰陽五行加入了儒家的思想，又把鄒衍的五德終始配合了圖讖和符瑞。漢朝的儒家思想和讖緯的迷信相結合，雖然有王充桓譚等人的反駁，仍舊流傳到南北朝。鄭玄爲經學大家，竟以緯書的迷信解釋經書。例如五帝的信仰，就是由鄭玄注入了禮記，成爲漢朝皇帝祭天的儀典，混亂了祭天的傳統。劉歆典較經書，却很信圖讖。

(二) 白虎通

白虎通，又名白虎通義，和白虎德論。東漢時今文和古文經書的爭論很激烈，漢章帝建初四年，(西元七九年)在白虎觀召開經學討論會，如同漢宣帝曾在石渠閣召集博士等討論今文和古文經書問題。白虎觀的討論會由班固楊終記錄下來，成爲白虎通一書。班固扶風人，班彪的子，班超的哥哥。漢明帝時，任秘書郎，尋遷蘭台御史，章帝建初四年，奉詔在白虎觀討論經書，作記錄，竇憲征匈奴時，固任中護軍。憲敗，固被洛陽令所執，死於獄中，年六十一。

但是白虎通所記錄的，却不是直接討論今古文經書問題的意見，而是關於政治和哲學的思想。白虎通的政治思想，繼續董仲舒的尊王攘夷，君權至上的理論，在哲學上，也繼續董氏的五行思想。在倫理道德方面，則保守儒家傳統的三綱六紀。

(1) 君權至上

白虎通既是記錄白虎觀羣經學者討論的結論，當時皇帝所注意的問題，不是經書的考訂問題，而是羣經對於國家制度和行政的問題。白虎通所記錄的文章，就是這些問題的答案。討論問題的學者以古文經學的學者爲主，因此白虎通所代表的思想，乃是古文經書的思想。古文經書對於這些問題的思想，以春秋左傳和周官爲主。而白虎通現今所有十卷的文章，極大部份是關於典禮的，在這些典禮的文章中，很明顯的結成君權至上的原則；這就是漢朝皇帝尊崇儒家的理由之一。

『天子者，爵稱也。爵所以稱天子者何？王者父天母地，爲天之子也。故

援神契曰：天覆地載，謂之天子上法斗極。鉤命決曰：天子爵稱也。……尚書曰：天子作民父母以爲天下王。』（白虎通，卷一、爵）

把尚書和緯書同時引證，予以同時價值，這證明漢朝儒者對於讖緯的尊重。以皇帝爲天之子，且說明以天爲父，以地爲母，這就是漢朝緯書的思想。

『帝王者何號也？號者功之表也，所以表功明德，號令諸侯也，德合天地者稱帝，仁義合者稱王，別優劣也。禮記謚法曰：德象天地稱帝，仁義所生稱王。帝者天號，王者五行之稱也。皇者何謂也？亦號也。皇，君也，美也，大也，天之總美大稱也。』（白虎通，卷一、號）

君主既爲天之子，乃稱皇帝。商代時，以帝稱天。夏商周的君主都稱爲王，秦始皇稱皇帝，自比上天，但不敢自稱爲神靈，祇敢稱爲天子。漢朝君主都稱爲帝，臣下尊稱帝爲皇帝。

『王者所以立三公九卿何？曰：天雖至神，必因日月之光；地雖至靈，必有山川之化；聖人雖有萬人之德，必須俊賢。三公九卿，二十七大夫，八十一元士，以順天成其道。』（白虎通，卷三、封公侯）

按照古文周官，朝廷的官爵，按照天上星辰的行列而立，倣效王道，故稱天官，帝王則以天命而立，書經已經說明這種思想。秦始皇以五德終始思想說明天命，漢朝則以符讖。皇帝受命而立，若代替另一朝代，則改元，以合於天時；若天下太平，則登泰山行封禪，昭告上天。

『王者易姓而起，必升封泰山何？教告之義也。始受命之時，改制應天。天下太平功成，封禪以告太平也。』（白虎通，卷五、封禪）

封禪的意義，已經不是敬禮天地，而是皇帝自己歌頌功德。並且還認爲皇帝的功德有蓋於天地，以封禪典禮增天之高，加地之厚。『明天地之所命，功成事遂，有益於天地；若高者加高，厚者加厚矣。』（同上）

君權至上的思想，藉書經的天命作基礎，假緯書和五行的理論作解釋。皇帝的權威，即是上天的權威。

(2) 五　行

五行的思想既被董仲舒所接受，董氏被目為『一代純儒』，五行便成為儒家的思想。董氏解釋五行，說明五行相生相剋的次序，又伸述五行配合人事。白虎通繼承了這種思想，表示當時在朝和在野的儒者都予以接受，以五行解釋宇宙和人事的一切變遷。

易經以宇宙一切變化，來自陰陽的結合。宇宙的變化為人事變化的模範，人事的變化也就由陰陽而來。八卦所以能推演人事吉凶，也是應用這種原理。

白虎通在文質篇裡，解釋帝王所用的『五瑞』，卽珪璧琮璜璋，珪用為信質，璧用為朝聘，璋用為發兵，琮用為起土功。

> 『珪之為言潔也，上兗陽也，下方陰也，陽尊故其禮順備也。……璧者，方中圓外，……方中，陰德方也圓外，陰繫於陽也。……璜所以徵召何？

璜者半璧，位在北方，北極陰而陽始起，故象半，陰陽氣始施，徵召萬物，故以徵召也。……璜之爲言光也，陽光所及莫不動也，君之威命所加，莫敢不從。陽之所施，無不節也。璋以發兵，璋平珪，位在南方，南方陽極而陰始起，兵亦陰也，故以發兵也。……琮之爲言聖也，象萬物之宗聚聖也……位西方，陽收功於內，陰出兵於外，內圓象陽，外直爲陰，外牙而內湊，象聚會也。』(白虎通，卷七，文質)

五瑞以玉爲質，『象君之德，燥不輕，濕不重，薄不澆，廉不傷，疵不掩，』(同上)五瑞的形式和功用，按照陰陽而解釋，人道和天道地道相合，這種解釋還不失易經的精神。

五行，起於戰國末年，盛於漢朝，在經書裡沒有根據。漢朝儒者多以術士的理論作爲五行的根據，雖不採術士的迷信，但已距離孔孟的思想很遠；而且還有儒者接受陰陽家的氣數說，演成了漢朝的易學。

五行的思想在白虎通裡已經有了自己的思想系統，較比在春秋繁露裡更成熟。

『五行是什麼？是指金木水火土。所以叫做行，意思是爲了要說明天所行的氣。』(白虎通，卷三，五行。語譯)行是行動，五行是氣的五種運行。氣在東方稱爲木，在南方稱爲火，在西方稱爲金，在北方稱爲水，在中央稱爲土。東方主生，南方主長養，西方主成，北方主藏，中央主保養。這五項特點，也就成了五行的特性。

五行成一系統，轉相生，轉相殘。

『木生火，火生土，土生金，金生水，水生木。……五行所以相害者，天地之性，衆勝寡，故水勝火也。精勝堅，故火勝金。剛勝柔，故金勝木。專勝散，故木勝土。實勝虛，故土勝水也。』（白虎通，卷三、五行）

相生相害的次序，乃自然界的現象，用到宇宙變化上去，則很牽强附會。例如說木生火，火燒木，這豈不是兒子殺父母嗎？『木生火所以還燒其母何？曰：金勝木，火欲爲木害金，金者堅强難消，故母以遜體助火燒金，此自欲成子之義。』（同上）木生火，火爲木的兒子，通常火又燒木纔有，這怎麼樣解釋？說是因爲金害木，即是傷害火的母親，火乃爲母報仇，便溶化金。但因金體堅固，要有强火纔能溶化，爲有强火，便燒木，木是甘願捨棄自己的身體，以成就火的孝道。這種解釋，不太近乎兒戲嗎！

五行的思想，就是近乎兒戲；我們再看五行配合物體和人事，便可以知道。

五行篇裡，首先以五行配五味五臭五方。這種思想來自呂氏春秋和禮記的月令。上面我們已經看到五行配五方。至於五行配五味五臭是這樣的：金配辣配腥，木配酸配羶，水配鹹配腐朽，火配苦配焦，土配甜配香。五行篇又抄寫月令對十二個月的帝、神、味、音。但最能代表儒家的五行思想，則是五行篇所說的人事仿效五行。

『做君主兒子的，不肯接受父親讓給的君位，倣效什麼？仿效四時裡繼承夏火興起來的不是土而是金。父親死後君位歸兒子繼承是仿效什麼？是仿效春木完了夏火接着旺盛。兄死後君位歸弟繼承是仿效什麼？仿效夏季繼承春季。獎賞善人蔭及後代的子孫是仿效什麼？仿效春季生育萬物，等夏季再長養。懲罰惡人只限於本身是仿效什麼？仿效秋季肅殺萬物，不等多季。君主年幼由大臣攝政仿效什麼？仿效每季第三期和下季第一期相交的中間是由土主管的。兒子替父親報仇是仿效什麼？仿效土尅水，水尅火。兒子要順從父母，妻子要順從丈夫，臣子順從君主是仿效什麼？仿效地要順從天。男不離開父母是仿效什麼？仿效木生火，火不能離木。女子要離開父母是仿效什麼？仿效金生水，水流去了可以離開金。……』（白虎通，卷三，五行）

這一大段的仿效，實際上不是仿效；因爲所擧的事例，在五行學說發生以前已經有了，那時誰也沒有想到仿效五行的次序。在五行學說發生了以後，五行學者乃拿五行的學說去予以解釋。好像易經繫辭下第二章所說的仿效卦象去制器，古人制器沒人仿效卦象，而是繫辭作者拿卦象與解釋制器。我們對這種學說所可取的，不是在於所說的仿效，而是在於以宇宙變化的理論去解釋人事，使人事能够有形上的理論。在五行學說上來說，還有一種意義，即是天地間的萬事萬物都五行化的企圖。

從事物都五行化的企圖，乃產生當時的符瑞和災異的主張，主張皇帝登基在自然界先有祥瑞的現象，又主張自然界的天災係上天對皇帝的譴責。

『天下太平符瑞所以來至者，以爲王者承統，理調和陰陽。陰陽和，萬物序，休氣充塞，故符瑞並臻，皆應德而至。』（白虎通，卷五、封禪）

符瑞所以來的理由，在於皇帝的善德成爲氣，和天地萬物之氣相感應。白虎通的這段文字以後，接着述說，德氣到了天，天上便有甘露降下。德氣到了地，地上便有嘉禾出生。德氣到了草木，則有朱草連理。德氣到了禽獸，便有鳳凰麒麟來。這等等的祥瑞，都是氣的感應。

『天所以有災變何？所以譴告人君，覺悟其行，欲令悔過修德，深思慮也。援神契曰：行有玷缺，氣逆于天，情感變出，以戒人也。』（白虎通，卷四、災變）

災變的事例，在春秋裡記載很多。孔子也有上天以災異譴告人君的主張，但沒有氣類感應的思想。白虎通引了緯書的話去說明氣應。實際上呂氏春秋早已有了這類的解釋。

(3) 情 性

自孟荀討論性的善惡以後，儒家的學者便都注意這個問題。漢朝儒者對於人性善惡，常想綜合孟子和荀子的主張。在實際上有善人也有惡人，一個人做善事也做惡事。漢朝儒者乃有性分三品，或性混有善惡的主張。白虎通所持的主張，則是性爲理爲善，情有欲有惡。這種主張，開了宋朝理學家論性的路。

『情性是什麼？性是陽氣的散佈，情是陰氣的變化。人是禀了陰陽兩氣產生的，所以內部懷有五性六情。情是靜的意思，性是生的意思，這是因爲人禀受了六種氣產生的緣故。所以鈎命決說：人的情生於陰，是時時要引起慾望的；性生於陽，是純合乎理的。陽氣的是仁，陰氣的是貪，所以情有利益自己的慾望，性有仁愛。』（白虎通，卷八、情性）

人生於陰陽兩氣，陽氣成性，陰氣成情。性爲理，情爲慾。陽氣爲仁，陰氣爲貪。性便是善，情是惡。宋朝朱熹以性爲理，理無謂善惡，祇能稱爲本體之善。情出於氣，乃有善惡。朱熹的主張，一部份和白虎通的主張相同，一部份不相同。相同之點，在於兩者都以性爲理，情爲慾；不相同之點，在於白虎通以性生於陽氣，情生於陰氣，朱熹以性爲理，情爲氣。而且白虎通講五性六氣，則不爲朱熹所採。

『五性是什麼？是仁義禮智信。……所以人生來就有八體，同八卦的本體相應，得到五氣成爲仁義禮智信的五常。』（同上）

白虎通的五性，來自孟子所說的四端。人性有仁義禮智，也有耳目之慾，孟子在盡心下章說口耳鼻舌的天能，稱爲命，不稱爲性，仁義禮智稱爲性，不稱爲命。然而孟子並不以仁義禮智爲五性，祇以爲心的善端。白虎通稱仁義禮智性爲五性，因爲主張性由氣而成，氣則有五行之氣，於是由五行之氣而有仁義禮智信，稱爲五常。五常的名詞和五行之氣，後來被宋朝理學家所接受。八體是頭、腹、足、股、目、口、耳、手，以應八卦，爲道教的思想，爲漢朝易學家所默認。但是六氣的觀念則來自左傳和管子。左傳昭公元年說天有六氣，即陰陽風雨晦明。管子戒，『御正六氣之變，禁止聲色之淫，』注說六氣卽好惡喜怒哀樂。白虎通說人稟受了六種氣而生的，這六種氣指的天的六氣，因而人有六情。

『爲什麼性有五，情有六呢？人本來含着六律和五行的氣生下來，所以人體內有五臟六腑。性情就是從臟腑出入的。樂動聲儀說：器官有六府，人有五臟。』(同上)

白虎通以五性五行，配五臟，肝仁、肺義、心禮、腎智、脾信；肝木、肺金、心火、腎水、脾土。這種思想在漢朝已成社會的大衆信條，用之於醫書。

由人性的五性而有五常，五常在社會生活的實踐，乃有三綱六紀。『三綱是什麼？就是君臣、父子、夫婦。六紀是指伯叔父、兄弟、族人、舅父們、師長和朋友。所以含文嘉說：君是臣的綱，父是子的綱，夫是妻的綱。又說：尊敬伯叔父和兄長，實行六紀的道，對舅父們有恩義，對族人按輩份，對兄弟親愛，對師長尊敬，對朋友念舊。』(白虎通，卷七、三綱六紀)

仁義禮智信五常，三綱六紀，都是儒家的傳統倫理道德。儒家在漢朝成了中華民族的生活規範，三綱五常就成了歷代通俗的詞句。

白虎通不是班固的著作，乃是漢代儒家思想的一種集成，結集了西漢儒者的思想，開啓了魏晉隋唐和宋代儒者的思想。

㈢ 桓譚

漢代的學術傾向現代所謂的科學，五行的思想雖是違反科學，然而陰陽家和術士却用陰陽五行解釋自然界的現象。災異和祥瑞，也是想用實際的物質理論解釋天象。同時漢朝在自然科學方面實在有所貢獻。在天文學方面有劉歆的三統曆，後來又有四分曆，在算學方面有周髀算經，在醫學方面有黃帝內經。漢朝的經學重在注釋，由文字學方面下手，也表現科學的精神，但是災異的主張和讖緯相揉合，再加上術士的迷信；便成了反科學的怪誕了。易經的卦象因着五行而有卦氣，本爲解釋一年四季的節氣，造成曆數的系統，但是卦氣說全憑想像，也就成了反科學的虛構了。因此東漢和南北朝有些儒者反對這些怪誕的虛構，王充是他們中間最特出的一個，王充以外有桓譚、張衡、王符、仲長統、荀悅，魏晉時代的裴頠、歐陽建，和南北朝時的范縝。

桓譚，字君山，沛國相縣人，（今安徽省宿縣地區）。他的父親在成帝時爲太樂令，他因着父親被任爲郎，也好音樂，又博通五經。然不修威儀，喜歡詆誹當時的儒者，乃爲人所排擠。王莽篡漢，他不獻辭稱頌，祇受任爲掌樂大夫，漢光武帝卽位後，因大司空陳弘所薦，拜議郎給事中。上書言讖符不可信。光武帝在中元元年（西元五六年）建造靈台，公佈圖讖，在建造靈台以前，詔議靈台所處。帝對桓譚說：我欲讖來決定，你看怎樣？桓譚靜默很久，纔說：臣不讀讖。皇帝問爲什麼不讀？他答說：讖不是經，光武帝大怒，責他非聖無法，罪該死，處斬。桓譚叩頭流血，得免死，出爲六安郡令，在途中病卒，年七十餘。著書二十九篇，言當時事，書名新論，現已喪失，僅有殘篇流傳，嚴可均輯全漢文，收有桓譚新論數篇。

(1) 論讖緯災異不可信

漢朝皇帝常信讖緯災異，所有大事幾乎都以讖緯和術士的話爲根據，桓譚敢直言向皇帝陳明讖緯不可信，在新書裡說明古代帝王，誠心求爲善政，乃得天祐；若妄爲惡事，而想藉讖圖以求救，必遭喪亡。

緯書和圖讖都假借河圖洛書作根據，河圖洛書則在易經繫辭裡提到，繫辭則信爲孔子所作，於是讖緯便以孔子爲護身盾了。

『讖出河圖洛書，但有朕兆而不可知。後人妄復加增依託，稱是孔丘，誤之甚也。』(新論，啓寤)

桓譚不信孔子作繫辭，不以河圖洛書依託孔子，他不稱孔子爲聖，直稱孔子的名字，但並不因此而不是儒家。

『災異變怪者，天下所常有，無世而不然；逢明主賢臣智士仁人，則修德，善政，省職，愼引以應之，故咎殃消亡而禍轉爲福焉。……故周書曰：天子見怪則修德，諸侯見怪則修政，大夫見怪則修職，士庶見怪則修身；神不能傷道，妖亦不能害德。及衰世薄俗……惑於佞愚而以自詿誤，而令患禍得就，皆違天逆道者也。』(新論，譴非)

災異在春秋書裡都記載着，孔子用意喚醒人君，見了災異就要修改惡行。桓譚本着這種思想，相信災異乃上天對君臣的譴告。君臣若聽從譴告，修德行善，便能免了禍，且可得福。他引了古書裡的幾樁事作證，如大戊有桑樹和穀生在朝堂的異象，宋景公有熒惑守心的怪事，都因修行善政，轉禍爲福。後來王充在論衡裡却辯駁這些事都是假的。桓譚把災異和圖讖分爲兩事，災異本身可以信，然不可妄加解釋；至於圖讖則爲揑造。王莽喜信圖讖，當赤眉綠林等賊攻陷京師，莽馳赴南郊，叩拜上天，請求哀助。當皇宮火起，莽抱着符命書，手扶「威斗」，以厭勝衆兵，卒遭殺戮。宋靈王當吳兵來攻時，他信巫祝的話，祭祀上帝，親自執羽紱在壇前作舞，對國人說：『寡人方祭上帝，樂明神，當蒙福焉。』然吳人卒把他的太子和后姬都擄了去。桓譚便說事情都靠自己好好去做，不能靠上天和鬼神，更不可信讖言。

『聖王治國，崇禮讓，顯仁義，以尊賢愛民爲務；是爲卜筮維寡，祭祀用稀。』（新論，言體）

這種思想也是孔孟的思想，人君應努力行仁政，豈可以靠讖語卜筮和祭禮求福？桓譚在當時膽敢破除這些迷信，不愧爲有識之士。但是他和王充一樣，思想不澈底，既然以讖語和災異不可信，他却相信宋景公因火星走到心宿的地方，不聽太史子韋移禍的勸言，感動天心，火星從心宿地方移動力三舍，即是所謂『有熒惑守心之憂，星爲徙三舍。』若是善心可以感動星辰，豈不是天人感應？

桓譚和王充也都不信有仙道，不信有長生不老之術。兩漢的術士非常多，被朝廷判決死刑者也不少；民間更有許多人相信，社會裡常有怪異的傳說。

『劉子駿（劉歆）信方士虛言，謂神仙可學。嘗問言，人誠能抑嗜欲，闔耳目，可不衰竭乎？余見其庭下有大榆樹，久老剝折，指謂曰：彼樹無情欲可忍，無耳目可闔，然猶枯槁朽蠹，人雖欲愛養，何能使不衰？余嘗與郎冷喜出，見一老翁糞上拾食，頭面垢醜，不可忍視。喜曰：安知此非神仙？余曰：道必形體如此，無以道焉！』（新論，辨惑）

近人說桓譚和王充爲唯物論者，因爲他們注重物質方面的現象，否認鬼神。桓譚爲破除讖語和神仙，常用眼前日常的事例作證。然而他和王充都相信儒家傳統的上天，並不是無神論者。

(2) 論形神

在上面所引的一段文字中，桓譚提出道和形體的關係，神仙之道既爲高尙之道，在形體上的表現也該高尙，若是頭面垢醜，那還要道做甚麼！

桓譚以人的生命，來自精神，精神居在形體裡，彼此的關係有似火和燭。燭是身體，火是生命。

『余見其旁有麻燭，而灺垂一尺所，則因以喻事。言精神居形體，猶火之然燭矣；如善扶持，隨火而側之，可毋滅而竟燭。燭無，火亦不能獨行於虛空，又不能後然其灺。灺，猶人之耆老，齒墮髮白，肌肉枯臘；而精神弗爲之能潤澤，內外周遍，則氣索而死，如火燭之俱盡矣。』（新論，形神）

注：灺爲燭燼。

火和燭的比喻，證明生命和身體的關係很密切。身體不強，生命就衰竭。還有最重要的一點，離了燭，沒有火。人死，身體已腐朽，不能再有生命，則不能有鬼神。人死是氣盡，『氣索而死』，王充也說人的生命爲精氣，精氣盡，則一切都完了，不能有獨立存在的魂。這一點，可說是唯物論的主張。同時，桓譚却相信人的壽命長短由上天決定，當人的形體已經要枯槁時，人自己沒有辦法延長壽命，上天或有他法可以使人的壽命延長。

『人旣秉形體而立，猶彼持燈一燭，及其盡極，安能自盡易？盡易之，乃在人。人之歷𠑹亦在天，天或能爲他。』（新論，形神）

人的身體已經到了燭盡的時候，爲能繼續生活，須要把身體都換了，即是返老還童；然而這種工作，不是人所能做到的。最多，祇有上天可能用別的方法使人長壽。人可能做的，在使身體不易變老，然身體終歸於要盡，人終歸要死。

『生之有長，長之有老，老之有死，若四時之代謝矣。而欲變易其性，求爲異道，惑之不解者也。』（同上）

莊子曾以生死相繼續，像日夜相繼續。桓譚以四時比生死，也是以自然現象比生死，也就是把生死看成自然現象，人沒有超出自然界的魂。因此人死後的葬禮，對於死了的人，沒有任何意義，意義則是對於尚活着的人。葬禮和祭祀，對於活人有教育爲善的意義。

『人旣死，與土木等，雖重加創毒，亦何損毒？』(新論，言體)

王莽殺人，又毒害屍體。對於死者沒有損害，但對於活着的人表現他的殘酷，人便都恨他。好比湯王看見人四面設網捕鳥，認爲太殘忍，叫人去掉三面的網，只留一面，讓鳥自投羅網。諸侯聽見了，讚揚湯王的德政施及禽獸，有四十個國家來歸附。又如文王使人挖水池，挖出了枯骨，命官吏用衣棺把枯骨重新埋葬，於是人們稱讚文王的恩德施及枯骨。這些話是眞的，但若以人死後完全無知，祗有一堆枯骨，便是唯物論的思想了。近人以桓譚爲唯物論者，在這一點上說，乃是對的。

(四) 張 衡

張衡字子平，南陽西鄂人。祖父曾爲蜀郡太守。衡少年時，有奇才，學業也精深，然不喜與世人交接，屢蒙推介，不願出任官職。他很欣賞揚雄的太玄，也喜歡作賦，曾以十年苦心作二京賦，諷諫當時王侯的奢侈。漢安帝時，拜郎中，遷爲太史令。衡盡力研究天文，作渾天儀，著靈憲算罔兩書。漢順帝陽嘉元年（西元一三二年）造候風地動儀。在光武帝時，圖讖最爲皇帝所重。衡乃說圖讖虛妄，不是聖人之法。永和初（西元一三六年）出爲河間王相，嚴整法度，上下都畏懼，政治清明。視事三年，乞歸，徵拜尚書，次年永和四年卒，年六十二歲。著有周官訓詁、靈憲、應間、七辨、巡誥、懸圖凡三十二篇。

(1) 論圖讖爲虛僞

後漢書張衡傳記載他上書說明圖讖爲虛僞，理由在於在古代沒有圖讖，漢初也沒有圖讖。就是秦漢的術士談不死之術，也不談圖讖，圖讖起於成帝和哀帝的時代。圖讖既出，所言多不合於史事。例如禹治洪水，春秋讖却說：共工理水。黃帝伐蚩尤乃爲史事所載，詩讖則說蚩尤敗，堯乃受任爲王，又把公輸班和墨翟混入春秋時代，且把漢所置益州，別在漢代以前。這一切都證明圖讖爲虛僞。王莽乃漢世的大禍，讖書不加誡斥，反而助虐。還有其他事例，都是『欺世罔俗，以昧勢位。情僞較然，莫之糾禁。』他便建議，把一切讖書都予禁絕。

張衡也將圖讖和災異分開，災異爲上天的譴告，聖主賢君，都能知道接受災異的譴告，改過遷善。天人相應之說，乃是災異的根據，古來已經爲人所信。

『臣聞政善則休祥降，政惡則咎徵見。苟非聖人，或有失誤。……天人之應，速于影響。故周詩曰：無曰高高在上，日監在兹。間者京師地震，雷電赫威。……天誡詳矣，可爲寒心！明者消禍于未萌，今既見矣，修政恐懼，則轉禍爲福矣。』（陽嘉二年京師地震對策）

在君權至上的時代，誰能向皇上指出過失呢？唯有仗着春秋災異的思想，提出天人感應的理論，奏請皇帝改正過失。自漢朝以後，歷代儒家都繼承這種政風。

(2) 宇宙論

張衡修天文學，研究天體，作渾天儀，解釋天體爲圓形。

『渾天好像一個鷄子，天體像彈丸的體，地像蛋的黃，獨居在蛋裡面。天大而地小，天的裡面都有水。天的包着地，好像蛋殼的包着蛋黃一樣。天與地都是靠氣存在的，浮在盛着的水上。……天兩邊的極端叫做南北極。……赤道像一條帶橫束在天的腹部，離南北極各九十一度十九分之五。……黃道也像一條帶斜束在天的腹部，出赤道裡外各二十四度，是太陽經行的軌道。太陽和五星走在黃道上是沒有虧盈的。月亮的經行有九條軌道；春季走東方的兩條青道，夏季走南方的兩條赤道，秋季走西方的兩條白道，冬季走北方的兩條黑道，四季回轉來的時候走黃道，月亮的運行所以有虧盈，是東西隨着八節的緣故。』(渾天儀)

這種宇宙的形體論，不是哲學的宇宙論，乃是天文學的宇宙論，和猶太古代的宇宙論有點相彷彿。赤道黃道和日月的軌道在渾天儀的儀器上都可以看出來，推算的度數，也是天文學的度數。

在靈憲的一卷書裡，張衡述說他的哲學宇宙論。他接受道家的思想，和列子書上所說的相近。

『太素以前的狀態，幽暗清靜，寂寞無聲，沒有法子可以形容，裡面空空洞洞，外面什麼也沒有。這種狀態經過很長久的時間，叫做「溟涬」，這是道的根本。道的根本建立了，就從無中生出有來，太素才開始萌芽；萌芽還沒有形成的時候，氣連結在一起，顏色完全相同，渾渾沌沌分不清楚。……這種狀態又經過長久的時間，叫做「龐鴻」，這是道的枝幹。枝幹發育了，萬物也漸漸成爲形體；元氣才各自分開，有了剛和柔，淸和濁的分別。天在外面建成了，地在裡面定下了。天以陽爲體，所以是圓而動的；地以陰爲體，所以是平而靜的。用了動來主持施行，用了靜去配合變化，雙方積聚起來構合精氣，生育萬物。那種狀態叫做「天元」，這是道的實質。』(靈憲)

張衡以道爲宇宙萬物的本體。宇宙未成立以前，渾渾沌沌，乃是道的根本。道從渾沌的無中生有，乃有太素，太素爲道的枝幹。太素分爲剛柔陰陽，陰陽相結合而有精氣，精氣生育萬物，這是道的實質。這種宇宙觀就是道家的宇宙觀。

張衡的渾天儀列爲中國天文曆數學的依據，渾天儀的儀器爲天文台測候的重要儀器，漢蔡邕在天文意說：『言天體者有三家：一曰周髀，二曰宣夜，三曰渾天。宣夜之學，絕無師法。周髀數術具存，考驗天狀，多所遺失，故史官不用。唯渾天者，近得其情。今史官所作候台銅儀，則其法也。立八尺圓體之度，而具天地之象，以正黃道，以察發斂，以行日月，以步五緯，精深微妙，萬世不易之道也。』

地在內，天在外，天爲圓爲陽，地爲方爲陰，也是周髀算經的蓋天說。後代宋朝朱熹也採了這種宇宙觀。

(五) 王符

王符字節信，安定臨涇人。臨涇在今甘肅鎭原縣西部，地處邊疆，民俗閉塞。王符爲庶母所生，受人輕鄙。他生性耿介，不合於俗，不務進出，故一生沒有作官，隱居不出，作潛夫論，現存三十六篇。王符生當漢和帝漢安帝的時代，和馬融、張衡、崔瑗等爲友。

(1) 宇宙論

潛夫論爲討論當時政治和社會問題的書，對於哲學思想，所有成份不多，祗有關於宇宙論和天人感應兩點，在這兩點上，和王充張衡的思想相近。

王符的宇宙論，來自道家和易經，以道和氣作基礎，道是老子所講的道，氣則是漢朝易學所講的氣。

『最古的世界，在天地萬物還沒有形成以前的太素時代，一團廣大深遠的元氣，還沒有什麼形跡，是由許多精氣合併着，混而爲一的，不受什麼控制和駕馭。這樣混沌的情況，不知經過了多少年代，忽然間它自己發生變化了，分別出清氣和濁氣，清氣變成剛性的陽氣，濁氣變成柔性的陰氣。陰陽成爲形體，生出了兩儀卽天地。天地的陰陽二氣繁盛鬱積，因而化生萬物，那中和的氣就化生爲人，使人統理萬物。』（潛夫論、本訓篇）

這一大段文章，把易經的陰陽兩儀天地和道家的渾沌太素混在一起，又把元氣和精氣混在一起，太素便同於易經的太極，然又同於老子的道，但又稱爲元氣，這是以元氣爲「道」，爲太極。可是却元氣由精氣結合而成，精氣就該在元氣之先。精氣究竟是什麼？這是不明白的一點。元氣分成陰陽，陰陽結成天地，天地生育萬物。這乃是易經所說的程序。

『是故道德之用，莫大於氣。道者，氣之根也。氣者，道之使也。必有其根，其氣乃生；必有其使，變化乃成。是故道之爲物也，至神以妙；其爲功也。至彊以大。天之以動，地之亦靜，日之以光，月之以明，四時五行，鬼神人民，億兆醜類，變異吉凶，何非氣然？及其乖戾，天之尊也氣裂之，地之大也氣動之，山之重也氣徙之，水之流也氣絕之，日月神也氣蝕之，星辰虛也氣隕之，且有晝晦，宵有大風，飛車拔樹，僨電爲冰，溫泉成湯，鱗龍鸞鳳，蝥賊蝝蝗，莫不氣之所爲也，以此觀之，氣運感動，亦誠大矣。變化之爲，何物不能？所變也神，氣之所動也。』（本訓篇）

這一段話與原著作不相同。原著是『是故道德之用，莫大於氣，道者之根也，氣所變也，神氣之所動也。』清朝汪濟培箋本潛夫論在『道者之根也』中間，加入了一字氣字，成爲『道者，氣之根也』，然後把本訓篇後面的一篇德化篇的一段『道之使也，必有其根，』一共一百七十七字移到這一篇。問題的焦點，則在於『道者，氣之根也；氣者，道之使也。』王符的思想，在德化篇，以道爲道德之道，道結合於氣，氣乃動乃變。氣是最重要的，氣是道之根。要按汪濟培所改，則道是老子的道，爲氣之根，氣爲道之使。然而汪濟培所移動德化篇的話，在德化篇和上下的文氣不相接，『因有者，道之使也，必有其根』；和上面的文字不相連。在一百七十七字以後的幾句話，和一百七十七字的文句也不相連，『是故上聖故不務治民事而治民心』和『以此觀之，氣運感動亦誠大矣！變化之爲，何物不能。』不相連接。看來汪濟培所移動的一百七十七字，本不應在德化篇內，按意義來說應該在本訓篇裡。上下文義相連貫。至於汪氏加了一字氣字，『道者，氣之根也；氣者，道之使也。』是否錯解了王符的思想，看來並不見得解釋錯了。他雖接受道家的思想，但是並沒有接受老子對於道的解釋。他和張衡的思想相近，以渾渾沌沌的狀態爲道的狀態。張衡把渾沌的狀態放在太素以前，王符則以這種狀態爲太素。他又解釋「道」爲氣的道理，氣受道的使用，但一切的變化都是氣的變化；這一點和宋朝張載的思想有些相同。王符很注重氣，一切萬物都由氣而成。

氣分爲精氣、元氣、陰陽兩氣。精氣無形，有些像張載的太虛之氣。元氣渾渾沌沌，有些像老子的道。陰陽爲兩儀，爲天地。天地合而生育萬物。

(2) 人

天地人三才，爲易經的思想；易卦三畫而成，三畫就是代表天地人。王符很注意三才，天爲陽氣，地爲陰氣，人爲中和氣。陽氣雖優於陰氣，然而中和之氣更優於陽氣。人得中和氣以生，乃能有靈明，乃能和天地相通。

『所以天是本於陽氣的，地是本於陰氣的，人是本於中和之氣的。天地人三才各有各的作用，却是互相依賴才得形成，能够各自按着道路進行，和氣就會來到，考察天文的儀器璿機玉衡就不會發生偏差。天的道是創造，地的道是化育，人的道是作爲。作爲要使陰陽兩氣互相感通，從而能够獲得許多寶貴的物品。……人雖然是由天蓋着，地載着，也和被車和船蓋着載着一樣，可以由人駕駛，隨意走到那裡去。』（本訓篇）

荀子曾主張畜天而用之，以人作天的主動者。王符主張人可以駕駛天地。這所謂天地，乃是陰陽之氣，乃是陰陽所成的天地，而不指着上天。

人的道在自己有作爲，作爲在使陰陽兩氣互相感通。人怎樣可以有作爲呢？

『人的成胎，先靠着和氣形成了胚，後來吸着（嘉）養料發達成全體。生下來以後，用和氣養他的本性，使美好的德性存在中心，流到四肢，充滿了血脈、心性、意志、耳目，情感就全部和平，行爲就正直廉潔。』（本訓篇）

儒家的倫理常和形上本體相混合，性善性惡的問題就是一種表現。王符有些和董仲舒相似，把人的身體和天地相通，人由中和之氣而生，中和之氣在身體內週流。這種氣是美好之氣，人順中和之氣而動，便行一切美好的德行。王符沒有討論人性善惡問題，但按照他對中和之氣的主張，人性應是善的。因爲他所注意的是氣，人的行動乃氣的變化，氣既是中和的美好之氣，人的本質便是善。所以王符在上面所引的一段話後，就說：『這就是五帝三皇只用圖畫可以使百姓順從，自己有端正的德行可以使人民感化的原因。』（本訓篇）

『正氣的發布，不但是對於人，就是百穀、草木、禽獸、魚鼈等也都靠呼吸着氣養活着。男人和女人，耳朵聽了聲音，內心感動，使精神得到鼓舞，也就是氣的作用。』（本訓篇）人的生理、心理、倫理生活都混合在一起，而整個生活都由氣而動，人有正氣，精神也就振作。中國人常說養氣，常說氣魄大，都由正氣的思想而來。

但是人雖有中和的正氣，却不能任其自然，必須知道善於養氣；求學便是人的一件大事。潛夫論的第一篇卽是讚學。

『天地所寶貴的是人，聖人所注重的是義，德義所成就的是智，明智的人所追求的是學問。世界上雖然有最聰明的聖人，不是一生下來事事都知；雖然也有最能幹的材士，不是一生下來事事都會。……所以君子整天努力不息，培植自己的德行，鑽研自己的學業，不僅是爲了要使自己博學，還要繼承祖先的聲譽，顯揚自己的父母啊。』（讚學篇）

儒家從孔子就教人好學力行，這種傳統歷代不斷。王符更加上了孝經的思想，以求學力行爲顯揚父母。爲能顯揚父母，必須德行高尙。王符認爲人求學能够行善，乃是『道』的功效。

『所以道對於人的心靈，好比火光對於人的眼睛，……天地運行的規律，萬物化生的妙用，都是不容易看得出來的，學習了聖人經典，思考了道術的精微，就什麼都可以懂得明明白白了，這是由於道的作用，不是因爲心的智慧，只是人能够憑藉道就變成聰了。』(讚學篇)道，是孔子所以說須臾不可離的道，是人生的規律，而不是老子所講的道。道，在聖人的經典裡。『古代聖人自己得到道的精微，經過親自實踐，希望後來的賢人各自努力進入正道，所以聖人著作經典傳給後來的賢人，好比古代巧匠倕製造規矩繩墨傳給後代的工匠一樣。』(讚學篇)

(3) 天人感應

天人感應的思想，在漢朝已成了社會的普遍思想，儒家更是根據春秋災異的主張，接受這種思想。呂氏春秋曾以氣的感應解釋天人感應，董仲舒也以同類相感去解釋，王符也用氣作這種信仰的根據。

『人的行爲可以感動天地，就像坐在車上趕着四匹馬兒向前行，立在船篷下面能够划着船向前走。』(本訓篇)

天地人都是由氣而成，由氣而動。人用心做事時，人的氣影響到天地的氣，這種影響由人自己作主，好事壞事，是人的行動。

『所以孔子在易經乾卦象辭說：『聖人跨着六龍駕馭天』；在繫辭裡說：『言語和行動是君子用以感動天地的，怎可以不謹愼呢！』這樣看來，就是天顯露了跡象，人完成那事功。』（本訓篇）

人的行爲可以感動天地，善事可以在自然界造成祥瑞，惡事可以造成災異。然而在天地的氣以外，存有鬼神，且有上天。上天掌管天地，自然現象也由上天掌管。人在緊急時，可以向上天和鬼神問訊。

『聖人甚重卜筮，然不疑之事，亦不問也。甚敬祭祀，非禮之祈，亦不爲也。故曰：聖人不煩卜筮，敬鬼神而遠之。夫鬼神與人，殊氣異務，非有事故，何奈於我？』（卜列篇）

春秋戰國時代，民多信鬼，事事都卜筮，行路修建房屋，都要問卜求神。王符攻擊相地之說；因爲漢朝時代五行陰陽家把住宅按六甲排出相符的次第，和五音相配合。然後又把人的姓氏附於五音，如果姓氏的五音和住宅的五音不合，住這所房屋的人就會得禍。王符說：

『立有妄傳五音，設五宅之符第，其爲誣也，甚矣！一宮也，成康居之日以興，幽厲居之日以衰，由此觀之，吉凶興衰，不在宅明矣。』(卜列篇)

王充很信人的骨相，王符相信有骨相；但他以骨相表示人的材質，並不表出人可以若何運用材質，看相的人可以說這個人可以有怎樣的成就，然不能說他究竟會不會有這種成就。

『故凡相者，能期其所極，不能使之必至。……性命之質，德行之招，參錯授受，不易者也。然其大要，骨法爲主，氣色爲候，五色之見，王廢有時。智者見祥，修而迎之；其有憂色，修行改尤。愚者反戾，不自省思，雖休徵見相，福轉爲災。於戲君子，可不敬哉！』(相列篇)

骨相可以顯示人將來可有的境遇，然究竟能否實現，還看人的命，看人的行爲。

『凡人吉凶，以行爲主，以命爲決。行者，己之質也；命者，天之制也。在於己者固可爲也，在於天者不可知也。』（正別篇）

命不可知，人祇能勉力實行聖賢之道，以待天命，不宜多求鬼神。

『巫覡祝請，亦其助也；然非德不行。巫史所祝者，蓋所以交鬼神而救細微爾！至於大命，末如之何！』（正列篇）

鬼神祇是下官，管理小事；命屬於上天，鬼神莫能爲。王符引孔子的話：『天之所助者順也，人之所助者信也。履信思乎順，又以尚賢，是以自天祐之吉無不利，此最却凶災而致福善之本也。』（同上）人的吉凶，由人自造。人能行善，天必佑他；這是儒家的正統思想，王符在書裡沒有談圖讖的問題，若按他這種思想去推論，他是反對圖讖的人。

王符在東漢的學者中，要算爲一個純正的儒者。

㈥仲長統

仲長統為東漢末年人，字公理，家住山陽高辛，在今山東鄒縣。少好學，與士大夫交，好直言，不矜小節。漢獻帝時尚書令荀彧舉為尚書郎，參丞相曹操軍事、著書。名曰昌言，凡三十四篇，十餘萬言。獻帝遜位的那一年，長統卒，年四十一歲。所著昌言已遺佚，僅存零篇斷章，保存在羣書治要和後漢書裡。

仲長統的生活，有道家的風趣，後漢書本傳說：『使居有良田廣宅，背山臨流，溝池環匝，竹木周布，場圃築前，果園樹後，舟車足以代步涉之勞，使令足以息四體之役，養親有兼珍之膳，妻孥無苦身之勞。……安神閨息，思老氏之玄虛；呼吸精和，求至人之彷彿。』

仲長統的思想，和王充王符相同，反對圖讖和術士們的迷信，激勵人君善自為政。他舉出漢高祖和漢光武帝的建立帝業，以及輔佐這兩位皇帝的功臣，都是盡人事而不是靠術士們的迷信。他說：

『這兩個君主和幾個名臣所以能够聲威震動天下，恩德佈施人民，建了功，立了業，名聲流傳到百世以後，只是由於專盡人事罷了，沒有一套天道迷信的學問。那就可以知道凡是君臨天下和作大臣的，決不靠懂得天道了。應用天道的值得重視，只是在按照星辰移動來指示百姓耕種的時期，和順着四季的變遷來學辦各種事業這一點，至於小小的吉凶預兆，又管他什麼呢？所以只知天道沒有人謀的，都是卜卦算命借鬼神騙人的一夥，被人看不起的愚民；迷信天道放棄人事的，都是昏亂迷惑的君主，亡國滅家的臣僕。』（羣書治要，卷四十五）

曆法進入了哲學界，又統制政治，這是古代遠古的傳統，到了秦漢更因禮記和呂氏春秋的月令思想。已成了朝廷政治的原則。這種思想不是迷信，祇是把自然科學的思想加以神秘的色彩，然後從倫理道德上去推動，使人君自求爲民着想。不過王充王符沒有放棄祥瑞的信仰，仲長統也保持這種思想。

仲長統又說：

『這樣說來，人事才是根本，天道只是末節，這話不是完全正確嗎？所以確信自己能夠行善，不肯依靠天道的，是第一等。對於自己能不能行善還覺得懷疑，希望借天道來靠助自己的，是第二等。完全不知道依靠自己，却祇求上天保佑的，是最下等的昏君。應該使君主的眞肯老老實實地檢查自己，把心思專門用在治理國家方面；能夠檢查自己，不使再犯錯誤，把國家治理得太平了，那麼瑞物自然會出來，吉祥自然會到來，好像把汲桶放進井裡自然可以汲出水，把柴放進燒着的灶裡，火自然會旺起來一樣，有什麼值得慶賀呢？』（羣書治

要，卷四十五）

天道，不是指着易經所說天道，而是指着圖讖一類的陰陽家言。荀子已曾看重人事，以人爲爲至要。仲長統有荀子的精神。漢朝末年的皇帝都是沒有作爲的昏君，信仰宦官，聽信術士的謊言。仲長統說：

『卽使四季按照規定上五帝的祭壇去祭祀，只限多季判決罪人執行死刑，卜筮用的蓍草龜殼堆滿廟中，祭祀用的豬牛羊擺滿廟裡的碑亭，馮相氏整天坐在觀察台上面不下來，廟祝整天跪在祭壇前面不走開，還是沒法挽救失敗亂亡的。』（羣書治要，卷四十五）

對於歷史的盛衰，仲長統奉行易經盛衰循環的思想，然而亂世長，治世短，『夫亂世長而化世短，亂世則小人貴寵，君子困賤。』（理亂篇。後漢書仲長統傳）治世所以走入亂世，都是因爲人君信用小人，殘虐百姓，自己又荒淫無度，『至於運徙勢去，猶不覺悟者，豈非富貴生不仁，沉溺致愚疾邪？存亡以之迭代，政亂從此周復，天道常然之大數也。』（同上）在朝代的轉移上，仲長統雖以人事爲本，然相信有天數，天數乃爲實現循環的天道。仲氏身當漢祚完結，朝代轉移的時候，心中的感慨非常多。而最使他感慨的，是沒有一位盡心治國，任用賢人的好君主！

㈦ 荀 悅

荀悅字仲豫，父名儉，祖名淑，皆漢末名士。淑爲荀卿十一世孫。漢末宦官當權，士人多引退以保身。荀悅隱在家鄉，不爲人所知。後被曹操所用，獻帝時遷黃門侍郎，和孔融及荀彧同時侍講禁中，乃作申鑒五篇，呈獻皇帝。又著漢紀和崇德正論，在建安十四年卒，年六十二。

(1) 性 論

荀悅的思想和揚雄相近，關於性論，他却不採揚雄的善惡混，而採王充的性三品說。

『孟子說人的本性是善的，荀子說人的本性是惡的，公孫尼子說人的本性沒有善惡，揚雄說人的本性是善和惡混合的，劉向說性和情相對，性並非專是善的，情也並非專是惡的。有人問，這幾種說法究竟那一種說得對？答道：如果人的本性是善的，就不該有共工驩兜三苗鯀四凶了；如果是惡的，就不該有微子箕子比干三仁了；如果說性是沒有善惡的，同是受文王教育的兒子，就不該有周公和管蔡管叔的不同了；如果說性是善的，情是惡的，夏桀和商紂就該沒有性，唐堯和虞舜就該沒有情了；如果說性是善和惡混合的，上智的人就也該有惡，下愚的人就也該有善了。這幾種說法似乎都不很合理，只有劉向的說法比較對。』(申鑒，雜言下。譯文，見中國學術名著今釋語釋)

荀悅對於各家性說的評論，沒有深入各家的思想，孟子的性善論祇講人性有善端，善端須人去存養。荀子的性惡論主張人可改變性質而行善，善稱爲僞。至於公孫尼子和揚雄的性論，都認爲人性不是生來傾於善或傾於惡，但可以向善可以向惡。因此荀悅的批評都落了空，沒有命中所攻的對象。而他所讚成的劉向性說，乃是各家中最沒有價值的，因爲劉向根本沒有說出善惡究竟屬於性或屬於情。荀悅自己的性論有下列四點：

(甲) 性・『天生之謂性』

『天生的叫做性，就是形體和精神。』(同上) 告子曾說天生的叫做性，而普通一般人也都以生來的叫做性。但是生來的東西頗多，卽如命、才、情都是天生的，却不能都稱爲性，孟子曾試圖加以解釋。荀悅乃加解釋說『就是形體和精神。』

形體和精神爲人的內外兩面，人的外面爲形體，人的內面爲精神。荀悅以性包括形體和精神，就是包括一個整體的人。形體和精神由氣而成，『凡是提到神的時候，就會說到氣，因爲再沒有比氣更和氣接近的了。有氣就有形，有神就有好惡喜怒的情。所以神的有情，和氣的有形一樣。』(同上) 神爲陽氣，形爲陰氣，漢朝儒家已經有這種思想，荀悅沒有明白說出來，他的思想已經隱約地含着宋朝理學家的性說。

(乙) 情出於性·善惡都屬於性

荀悅說：『所以神的有情，同氣的有形一樣。』形體和精神都是天生的性。孟子曾說口對於味，耳對於聲，目對於色雖叫做性，更好叫做命，仁義禮智雖叫做命，更好叫做性；也就是以精神形體的天生良能都稱爲性。宋朝程顥明明主張情屬於性，惡也屬於性。荀悅以情屬於精神，也就屬於性。他說：『有人說：仁義是人的性，好惡是人的情。仁義總是善的，好惡却有時是惡的。我說：這話不對。好就是性所要採取的，惡就是性所要捨棄的，性表現在外面的實際活動就叫做情，情必須是從性發出的。』(同上) 宋朝朱熹主張情爲心之動，程顥則主張情是性因感著外物而動。程顥的主張和荀悅相同。

（丙）善惡的來由

性有好惡，好惡有選擇，選擇乃有善惡。主張性善性惡的儒者，以人性生來選擇善或選擇惡；選擇的原因或標準是天生的，稱爲性。荀悅却說人好惡的選擇，在於外面的機會，善的機會多就選擇善，惡的機會多就選擇惡。

『有人說：人看見利就喜歡，凡是能夠用仁義約束自己的人，只是因爲用性去割捨了情的緣故。但性總比情少，情總比性多，性不能割捨了情，情就要獨自作惡了。我說：這話不對。那是因爲善惡有多少的緣故，不是情的緣故。假如這裡有一個人，愛喝酒也愛吃肉，肉多的時候他就吃肉，酒多的時候他就喝酒，那多的就戰勝，並非爲了情愛喝酒性愛喫肉的緣故，這裡再有一個人，愛得利也愛行仁義，義多的時候就取了義，利多的時候就取了利；義和利互相鬪爭，那多的就戰勝，並非爲了情要動利性要行仁義的緣故。』(同上)

荀悅繼續說兩種若一樣多，若同時可取兩種，則兩種都取得；若不能同時取兩種，則取他所偏愛的。假使沒有偏好，則有時取這一種，有時取那一種。他的這種主張，在實事上可能有這種事例，但是在哲理上，根本沒有解答問題；問題在於他爲什麼愛利又愛仁義。至於他利多而選擇利，義多時選擇義，這祇是修養的問題，是否能夠以仁義去約束自己。因此，荀悅的善惡論，祇是把問題由人的內面移到外面，並沒有直接答覆。而且根本上把善惡的意義也抹殺了。

(丁) 性分三品

荀悅說上面所說的選擇情況，祇用之於中等的人，至於上等和下等的人都用不着，因爲上等人和下等人天生是怎樣，不能改變。

『有人問：天命和人事的關係怎樣？答道：天命有三等，上等和下等是不會改變的，中等的就和人事有密切的關係。天命雖然相近，人事如果相遠，吉凶就大不相同了。』(同上)

荀悅說天命有三等，命是關於吉凶。實際上他所說的天命，也包括性，性分三等，上等和下等不變，卽是『上智和下愚不移』。因爲吉凶的命分上中下三等，沒有這種說法。何況在這一段文章的下面一段，荀悅說：『如果說性是善和惡混合的，上智的人就也該有惡，下愚的人就也該有善了。』他明明提出上智和下愚的兩等人。

(2) 人生之道

荀悅的人生之道，乃儒家的人生之道，以孔孟的思想爲本，綜合易經，中庸，大學的治國和修身之道。他說：『道的根本，就是仁義；具體的理論，表現在五經和各種書籍上。』(申鑒，政體) 孟子當時向各國諸侯所講的，就是仁義，仁義爲儒家的人生之道。這種人生之道，易經說來自天地之道，天地有陰陽，人便有仁義。

『周易繫辭傳說：「建立天的道，是陰和陽；建立地的道，是柔和剛；建立人的道，是仁和義。」用陰陽統合天上的精氣，用剛柔區分地上的形體，用仁義治理人的事業，就是道。』(同上)

道不是老莊的本體之道，而是易經的天地人之道。以陰陽剛柔配合仁義，仁義便是人本性的因素。因爲陰陽是天地的本體因素，剛柔是陰陽的本性特點，仁義也就是人的本性因素。孟子曾說：『仁，人心也；義，人路也。』(告子上) 宋朝理學家以人的本性爲仁，人的心當然是仁。這所說的仁，不是情感的愛，而是本性的生生之道。荀悅還沒有宋朝理學家的形上思想，祇是接受了易經的思想。

道的標準在於天，乃是書經和詩經的傳統，易經則以天地或乾坤作標準。漢朝儒者尊重帝王，以人君代表上天，乃採墨家天志的主張，以人君代表上天而作道的標準。『天作爲道的最高標準，帝王作爲天下的中心，羣臣作爲帝王的輔弼，百姓作爲國家的基礎。從前聖王的主治國政，第一是奉承上天，第二是端正自身，第三是任用賢人，第四是愛惜百姓，第五是修明制度，第六是建立功業。』（申鑒，政體）這種政治主張，乃是儒家的傳統。但在荀悅的當時，漢末的皇帝沒有能够追隨古代聖王，而且具有四種病根：虛僞、自私、放縱、奢侈。荀悅說『這四種病根要不除掉，政事就無法推行，風俗敗亂了，大道就荒廢，連天地也不能保有常性了。』（同上）

道的實踐爲德，德爲仁義禮智信。孔子講智仁勇，孟子講仁義禮智，漢朝儒者則講仁義禮智信。荀悅也講五常之德。他說：『所以政治的主要原則，不過法和教罷了。教是陽氣的變形，法是陰氣的符驗。仁就是對於教和法必須仁慈，義就是使教和法必須適宜，禮就是履行這教和法，信就是信守這教和法。』（同上）

(3) 天人相應

天人相應的思想在漢朝爲儒家普遍的主張，也爲社會一班人所信從，術士更依據讖緯而造出許多迷信。荀悅主張天人相應的學說，他說：

『天人之應，所由來漸矣。故履霜堅冰，非一時也。』(申鑒，時事)

人君行善，天有祥瑞；人君行惡，天有怪異的譴告。在天人相應的關係中，以人爲主動者，人君應盡力爲善政，不可徒待天祐。

『聖王先成民而後致力於神。』(同上)

聖王先要使人民安定，得享豐衣足食，而又教民爲善，然後禱告上天神祇，必蒙祐助。荀悅反對擇時擇地，學成神仙，妄信圖讖。時日地方爲自然界之現象和吉凶沒有關係，爲什麼要有禁忌呢？神仙則根本沒有。

『有人問：逢日逢時的許多禁忌有沒有道理？答道：時日是由天地運轉所遇到的常數，決不能發生吉凶。迷信的人說東方是主生的，可是住在東方的人並不死得特別少；西方是主殺的，可是住在西方的人活着的也很多；……所以同在一個甲子日早上，殷朝亡了，周朝却得了天下；同在咸陽一個地方，秦朝亡了，漢朝却興盛起來。』（同上）

荀悅和王充王符都喜歡用普通感覺所有的經驗去反駁當時的迷信，在事實的現象方面，可說是駁倒了迷信，但是在理論上則沒有抓到了問題。選日選地的理論，在於以五行配日時，配地方，配人的生辰。依照五行相生相剋的次序去推算。當然，若是事實上這一套五行的理論，不相符合，則可以說這套理論不成立，不過術士們則不接受這種反駁。

『有人問：有沒有學成神仙的方法？答道：那是最荒謬也沒有了！聖人不肯學，並不是不喜歡長生。有始有終是自然的氣運，有長就有短是自然的定數。氣運如定數，不是人力所能做到的。那人又問：究竟有沒有神仙？答道：……如果眞有神仙，也跟我們人不是同類的。有人問：有沒有燒煉黃金白銀的方術？答道：傅毅說得很對：「把黏土燒瓦是可以的，把瓦燒成銅就不可能。」這種辦不到的事情，只要用自然現象來考驗，就可以知道是荒謬的了。假使想煮熟了狗肉羊肉去造一頭牛一匹馬，是決沒有希望的，不是嗎？』（申鑒，俗嫌）

荀悅用自然現象去反駁術士的謬說，乃是漢朝天文數學的自然科學的精神；而且他能用很普通的自然現象，駁斥鍊丹的謬說，很能使人相信。但他的思想却不徹底，他不相信神仙，却不敢說絕對沒有神仙，祇說神仙不在我們的社會裡，和我們人類不相同。這一點，術士們和道家也有同樣的說法。既以神仙可能有，成神仙的方法也就可能有。再者，他反對圖讖和擇日擇地的迷信，但他相信天人感應，他反對的理由就缺少根據；因爲這些迷信，都是以氣的同類相感爲根據的。

『或問祈請可乎？曰：氣物感應則可，性命自然則否。』（申鑒，俗嫌）

這種感應思想，卽是氣的同類相感應。荀悅不否認有神，也不否認祈請的價值，但却主張祈請是自己的氣，精誠以接天地之氣。祈請可以改變事情的變化，不順性命之自然。人有命，命有相，相所預示的事，可以變；但命有三品，上下兩品不變，中品爲常人的命則可以變化。（申鑒、俗嫌）

荀悅的思想，順着東漢儒家思想的途徑，雖反對當時社會流行的迷信，然不能徹底。東漢儒者已注重經學，注釋經學的大師如馬融鄭玄，發揮經學的思想，然而他們的經學思想中滲雜了易緯和五行的思想，影響了當時的儒者。因此宋朝理學家和明末王船山乃不採漢朝經學注釋家的意見。

(八) 徐 幹

在漢末有一位純粹的儒家，忠於孔子的學說，深究論語的倫理思想，身體力行；這位儒者即是徐幹。他不屬於王充王符等人的自然科學派，也不屬於董仲舒劉歆班固等人的五行派，他是一位純粹力行的儒者。徐幹字偉長，北海，劇地人。建安中爲五官中郎將，後辭官歸里。建安二十三年卒，年四十八歲，著中論二卷，共二十篇。

中論所討論的問題爲治國修身的問題，徐幹常引論語中孔子的話，在漢儒中爲不多見的事。這種現象和漢朝的經學有關。在漢朝初期，所被尋獲的經書不多，後來逐漸被傳授，然論語的傳授並不多。漢儒對於孔子的思想多從春秋和禮記方面去研究，論語到了西漢末年纔有張禹加以編輯，到了魏朝有何晏作註。

對於學，漢儒都很注意，揚雄的法言，第一篇爲學行。王符的潛夫論，第一篇爲讚學。徐幹的中論，第一編爲治學。徐幹的治學，以孔子爲模範。目的在求爲聖賢。聖賢所應有的條件，在於明智，在於正心。

『昔之君子，成德立行，身沒而名不朽，其故何哉？學也。學也者，所以疏神達思，怡情理性，聖人之上務也。……孔子曰：弗學何以行，弗思何以得，小子勉之。』（中論，治學）

治學爲修身的第一步工夫，孔子曾訓誡弟子勉力求學，且以自身作則。大學講修身以致知格物爲第一步，後來宋朝理學家便注重格物致知，孔子也曾說學，不是僅僅求知識，而是求修德，這種教訓成了儒家的傳統。徐幹說治學在於『疏神達思，怡情理性。』他分神和思，情和性。神是心神，也就是人的精神，『疏神』和宋程顥所說心不繫於物的意思相近。思是思慮，思慮要通達，不能閉塞。情爲七情，而以好惡爲主，『怡情』是使情有合理的發揮，人能心中怡樂。性爲人性，『理性』使人性之理能够發現，按照性理去行事。因此治學便是求修身。

修身須要務本，徐幹在脩本篇，提出治心，以治心爲本。他說：

『子思曰：能勝其心，於勝人乎何有！不能勝其心，如勝人何？』（中論，脩本）

人須自己能够治理自己的心；治理自己的心，在以心之理去治。人心之理相同，在使用時纔有不同。人爲治心，須自加反省。

『夫見人而不自見者，謂之矇，聞人而不自聞者，謂之瞶，慮人而不自慮者謂之瞀。故明莫大乎自見，聰莫大乎自聞，睿莫大乎自慮。』（中論，脩本）

治心在乎虛心，心虛則向人求教。孔子曾說『三人行必有我師焉，擇其善者而從之，其不善者而改之。』（述而）徐幹在虛道篇裡說：

『目也者，能遠察而不能近見，其心亦如之。君子誠知心之似目也，是以務鑒於人以觀得失。』（中論，虛道）

虛心受教，纔可以借鑑於人，忠言雖逆耳，實則有益於心。一般人不願出忠言，因爲受聽的人很少。普通朋友來，則進以酒食，因爲知道朋友愛酒食，却對他不說忠言，因爲知道他不喜歡忠言。

徐幹在中論裡以修身的目的在於留名不朽。人的壽不在於壽的長短，而在於身後的不朽。古人說有三不朽：立德立功立言。能夠有這三者中之一種不朽，則人的精神常存。

『其身歿矣，其道猶存，故謂之不朽，夫形體者，人之精魄也，德義令聞者，精魄之榮華也。君子愛其形體，故以成其德義也。夫形體固自朽弊消亡之物，壽與不壽，不過數十歲，德義立與不立，差數千歲，豈可同日言哉。』(中論，夭壽)

徐幹在論壽夭時，絕對不談命和相，和王充等人不相同，他又回到孔子的思想，孔子曾說：『仁者壽』，又曾說：『君子疾歿世而名不稱焉。』(衛靈公)徐幹認爲孔子稱仁者得壽，乃是一種最好的教育方法。

徐幹不信人的命相，也不相信曆數的迷信。他把曆數歸到本來的意義，以曆數爲日月星辰運行之道，人君行曆數是按時天時去行政，而不是以天人相應以求吉凶。故『孔子制春秋，書人事而因以天時，以明二物相須而成也。』（中論，曆數）

徐幹爲一位純粹的儒者，儒者所重的在於聖人。聖人的特點，在於通天地的奧秘。他所以看明哲較比德行爲重。

『或問曰：士或明哲窮理或志行純篤，二者不可兼，聖人將何取？對曰：其明哲乎！』（中論，智行）

然而所謂明哲，乃是窮神知化，不是普通的求學問。莊子曾講小知和大知，易經談聖人知天地之化，後代宋朝理學家講聰明睿智。明哲是聖人天生的特點，因而可以和天地相通。易經以大人和天地日月鬼神相通，深明天地變化的秘密。這種明哲能治理人民，使一切事物都得其宜。

『夫明哲之爲用也，乃能殷民阜利，使萬物無不盡其極者也。』（中論，智行）

德行爲賢人們的特色，賢人們沒有天生的智慧聰明，勉力追隨聖人的教訓，修養德行；德行因此在明哲以下。徐幹的評價標準是利世益民，聖人的明哲能夠使天下的萬民萬物都受益，故爲最上。賢人君子的德行也應該不是愚蠢的行動，而要具有理智，理智所看的在於人民的福利。可以使民有福利的德行，較比使一己的道義可以保全的德行較高。孔子所以稱讚管仲不死桓公之難，而以召忽死難爲匹夫匹婦的愚忠。

徐幹並不是功利主義者，也不是主張知識勝於德行的學者，他繼承孔孟的思想，以儒者應爲人民服務，求學在於行道，求知應有實驗。雖不是一大學人，然不愧爲一學者。

(九)　魏晉南北朝的儒者

魏晉南北朝的社會，和東漢的社會已經不同，在各方面都起了變化。在政治方面，在漢末期的皇帝雖無實權，然天下仍歸一統，魏時，天下三分，魏蜀吳鼎立，戰爭連年。魏朝滅了蜀漢，司馬氏篡了魏朝的帝位，又滅了吳國，天下仍歸一統；然而北方已爲胡人所佔據。不久晉朝南遷，成爲東晉，北方變爲北魏，南北朝的局勢成立。南北兩方，王位不穩，朝代繼續更換，迄於隋朝楊堅纔統一了南北。自曹丕篡漢到隋朝一統，一共經過了三百六十九年。（西元二二〇到五八九年）這種政治局面較比春秋戰國時代更爲混亂。

在思想方面，魏晉時代，道家的思想發達。政治既然混亂，戰爭不息，在朝廷任官的人都不安於位，都感覺時常有性命的危險；因此學者乃有避世的傾向。竹林七賢便是代表這種趨勢。魏晉注經的學者如何晏王弼都是道家的學者，當時道教漸興，佛教更興盛一時，學者中乃有反動一派，反對道仙和佛教的輪廻。這一派學者爲南朝的學者根基當時天文和算學的自然科學，標舉無神論。這派學者可算是儒家的學者，如楊泉歐陽建裴頠何承天范縝等人。他們的思想已經不是以經書的思想作基礎，而是以自然科學的經驗去反駁道教佛教。

佛教在東漢時傳入中國，南北朝時在北方大盛，漸入南方。南北朝的僧侶翻譯佛經，佛教的輪廻信仰深入民間。道教求長生之術，在魏晉時由葛洪和魏伯陽極力宣傳，也得有人的信仰。儒家的傳統既不能由朝廷去護持，也不能由學者去發揚，然形成了靜默的現象；所有的儒者，祇在攻擊神仙和佛教的輪廻。

(1) 楊　泉

楊泉的事蹟在史書沒有記載，現在已不可考。他是三國時吳國人，字德淵，吳國亡後，曾有會稽太守朱則推薦他到晉朝做官，晉帝徵他作侍中，他沒有應徵，終身不侍。他的著作有一篇物理論，有幾篇賦，都散佚不全。對於物理論有清孫星衍的輯本，有嚴可均的校輯；因爲孫輯本中夾有晉代傅玄的佚文。

楊泉反對道家的虛無論，詆爲空談，噪人耳鼓，徒擾亂人心。『夫虛無之談，尚其華藻，無異春蠶秋蟬，聒耳而已。』（物理論）他沒有談形上學，祇講宇宙論。宇宙爲天地，天地卽是人眼所看見的圓天方地。

古有天圓地方的學說，又有渾天和蓋天論；這都是以天有形體。渾天說以天體爲圓，像一個車輪。在早上，日月從上面過，在夜裡，日月從下面過。蓋天說也以天體爲圓形，又如蓋，向左旋轉。楊泉認爲這兩說都不對；因爲在天文學上，渾天說使斗極不正，蓋天說使日月出入不定。他主張天沒有形體，祇時元氣。

> 『皓天，元氣也，皓然而已，無他物焉。』（物理論）

元氣，爲天地萬物的因素，凡天地日月萬物都由元氣而成。元氣不是老莊所說的從無始生的有，也不是宋朝張載所講的太虛之氣。楊泉的元氣和王充桓譚所講的元氣也不相同。這種元氣由水蒸化而成，乃是水氣，水則是天地的根本。

『所以立天地者，水也，夫水，地之本也。吐元氣，發日月，經星晨，皆由水而與。』(物理論)

地在水上，水發元氣，元氣沒有形象，浩浩淼淼乃成爲天。天就是元氣，浩淼無限，稱爲昊天。元氣分爲陰陽，夏天陽盛陰衰，多天陰盛陽衰。又有游濁之氣，成爲土，生化萬物。宋朝朱熹講遊氣，也以地爲游濁之氣而成。

人由氣而生，人身有元氣有精氣。人死，爲精氣耗盡。人死後，沒有魂的存在。這是王充桓譚一班人的思想。楊泉以人的聰明才智使用血氣，使用血氣多則聰明光亮，使用血氣少則智慧昏暗。聰明高的人使用血氣多，也消耗血氣大，容易死亡。聰明低的人，使用血氣少，少消耗血氣，可以長壽。這和荀悅所講孔子所言仁者壽的理論，完全相反。他又以人有穀氣，人肥胖卽是穀氣勝過元氣，不能長壽，人瘦則是元氣勝穀氣，可以長壽。

楊泉的思想，不是哲學的思想，而是自然科學的思想；當是自然科學還很幼稚，他的思想便也幼稚。唯物辯證論的人士捧楊泉，以他爲唯物論的哲學兼科學家，實際他兩者都不是，祇是得了當時所有的自然科學的知識。他也不是唯物論者，因爲他信從古傳的五經。他曾說五經好比四海，諸子好比河川，其他學者好比溝渠，一切都要歸到海裡去。(物理論)五經的思想決不能說是唯物的思想。

(2) 裴　頠

裴頠，字逸民，生於晉武帝泰始三年，(西元二六七年)在晉惠帝永康元年(西元三〇〇年)被趙王司馬倫所殺。他曾任國子祭酒，兼右將軍，尙書僕射。著有崇有論、貴無論、辨才論。隋書經籍志載有裴頠文集九卷。但這些著作都已散佚。在晉書本傳保留崇有論。

魏晉間，道家的思想盛行社會，有何晏，向秀，稽康王弼郭象等學者主張貴無玄冥的思想，有竹林七賢實行破壞禮教的生活。裴頠反對這班人的言行，主張崇有，提倡修身，繼續儒家的傳統。

『夫至無者，無以能生。故始生者，自生也。自生而必體有，則有遺而生虧矣。生以有爲己分，則虛無是有之所謂遺者也。故養旣化之有，非無用

之所能全也。』（崇有論）

絕對之無不能生有，有不能從無而生，這是反對老子的『有生於無』。有既不能由無而生，生就該生於有。第一個有不另由一個有而生，乃是自生，『故始生者，自生也。』始生不是說萬有在生時都是自生，而是萬有的第一個生者，卽元始者，乃是自生。自生的觀念在列子的書中講得淸楚，祇有自生者纔能生生，自化者纔能化化。自生自化者爲有不能是無。

裴頠解說無的觀念，無是有的缺點，一個有在生時缺少了什麼，就說這個「什麼」是沒有，是無。無和有相對待，無是『有之所謂遺者也』。

第一個有稱爲道；道是老子的思想，老子以道爲無；裴頠以道爲有。

『夫總混羣本，宗極之道也；方以族異，庶類之品也；形象著分，有生之體也；化感錯綜，理迹之原也。』（崇有論）

道，總括一切萬有之本，混合爲一。由一而有族，族卽是類，類各不同，萬物因之有品類。品類再下而有萬物，萬物各有自己的形象，形象爲萬物的體。由道而到族，由族而到形體，這其中的錯綜都由『理』爲根原。理，是變化的理由。

宇宙第一個爲道，道因理而變，乃有萬物。萬物的理並行不背，不互相違害，『衆理並行而無害。』（崇有論）既有衆理，當然不能把一切都歸於虛無。

人有天理，有情欲，情欲盛則天理滅。『懷末以忘本，則天理之真滅。』（崇有論）但是情欲不能由有變爲無，情欲便不可絕，祇能以心去制欲。『是以賢人君子，知欲不可絕而交物有會，……夫盈欲可損而未可絕有也，……理既有之衆，非無爲之所能循也。心非事也，而制事必由心，然不可以制事以非事，謂心爲無也。』（崇有論）這種思想乃是中庸的思想，不能絕欲使心完全寂靜不動，而是使情動皆能中節，爲能中節，該以心去節制。心是有，不是無。既用心去節制情欲，便有節制的規律，規律在於禮法。裴頠乃攻擊當時竹林七賢的行爲，責斥他們行爲有虧。

『是以立言藉於虛無，謂之玄妙；處官不親所司，謂之雅遠；奉身散其廉操，謂之曠達；故砥礪之風彌以陵遲。放者因斯，或悖吉凶之禮，而忽容止之表，瀆棄長幼之序，混漫貴賤之級。其甚者至於裸裎，言笑忘宜，以不惜爲弘士，行又虧矣。』（崇有論）

把當時道家的行爲，都描寫了出來，批評用玄妙，雅遠，曠達等等美名，責以減殺砥礪自强之風，破壞禮敎。但他很有風度，祇加以『行又虧矣』的評語。

裴頠的這種思想竟被唯物辯證論者譽爲唯物論者，以爲他主張萬有皆自生，萬物的相互作用形成了世界的秩序和法則，法則和秩序以萬有的存在爲基礎，萬有的生長和變化是自然而然的。這種解釋牽强附會。裴頠以道爲有，道爲自生，萬有由道而生，生化的原則爲理。人的生活有禮爲原則，由心去管制，旣主張有理，有心，當然不能解爲唯物論了。

(3) 歐陽建

歐陽建字堅石，西晉石崇的外甥，石崇爲西晉大族，家最富庶，門第也很高。歐陽建大約生於晉武帝泰始四年，（西元二六八？）曾做過馮翊太守，和裴頠一樣，遭趙王司馬倫所殺，時爲晉惠帝永康元年，（西元三〇〇年）他寫了一篇言盡意論，現在保留在世說新語文學篇中，也見於藝文類聚。

言盡意論爲一篇短文，討論當時學者中的一個認識論的問題。王弼在周易略例明象中說過『得意忘象，得象忘言。』王弼主張物象不足以表理物理，語言又不足表達物象，進而否認象和言可以代表客觀的事物，人的認知便沒有價值。莊子曾有齊物論，又曾主張理性的知覺沒有價值，有價值的知識爲一種直覺的『氣知』。王弼也主張一種神秘的直覺，乃說『言不盡意。』

當時還有魏國的蔣濟曾著萬機論，說看人的眸子便足以知道這個人是怎樣的人。又有魏國的鍾會著有四本論，討論才和性的同異。世說新語文學篇說：『會論才性異同，傳於世。四本者，言才性同，才性異，才性合，才性離也。尚書傅嘏論同，中書令李豐論異，侍郎鍾會論合，屯騎校尉王廣論離。』這些學者都讚成王弼的『言不盡意』。歐陽建便作了言盡意論，反駁這種道家思想。

歐陽建首先承認有外在的客體，客體的存在和語言以及意象沒有關係，因爲客體的存在在先。語言和意象對於客體的存在，不能有什麼加增或減少。

> 『形不待名而方圓已著，色不俟稱而黑白以彰。然則名之於物，無施者也。』（言盡意論）

一個圓周在沒有人稱爲圓形以前，這個圓周形已經存在。黑白的顏色在沒有稱之爲黑白以前，顏色也已經存在了。同樣，語言對於義理也是一樣。義理爲事物之理，在沒有語言以前，事理已經有。歐陽建肯定客體的實在性。

『言之於理，無爲者也。』（言盡意篇）

語言，不能使事理存在，只能表達事理。名詞，不能使事物存在，祇能表達事物。但是這種表達的功用，非常重要。人是有理性，對於事物能夠認識，認識的作用，須有名詞有語言。人又是在社會中生活，彼此要能交通，把自己的知識情意轉達給人。沒有名詞，則外面的客體，不能指明；沒有語言，彼此不能達意。

『而古今務於正名，聖賢不能去言，其故何也？誠以理得於心，非言不暢；物定於彼，非名不辯。』（言盡意論）

名詞是爲辯別事物，語言是爲表達心意。對於這一點大家都同意，道家也不否認。而問題則在於名詞和語言是否可以達到任務。歐陽建認爲名詞和言語都可以達到任務，否則，名詞和語言便沒有存在的理由，而人們的社會生活和人際關係，也不能成立。

『言不暢志，則無以相接；名不辯物，則鑒識不顯。……原其所以，本其所由，非物有自然之名，理有必定之稱也。欲辯其實，則殊其名；欲宣其志，則立其稱。名逐物而遷，言因理而變。此猶聲發響應，形存影附，不得相與爲二矣。苟其不二，則言無不盡矣。』（言盡意篇）

語言和名詞的由來，不是天生而自然有的，乃是人所造的。人造名詞爲分別事物，人造語言爲說出自己的思想；所以名詞跟着物而異，語言隨着思想而變。名詞和物體，語言和思想，合成一個，不能分爲兩個，這樣言就盡意了。歐陽建承認有主觀的名詞和語言，有客觀的事物和事理。這一點和荀子墨子所主張的名實相符是一樣的。爲什麼唯物辯證論者却說歐陽建是唯物論者呢？難道因爲他主張名有實便認爲是唯物論者嗎？孔子主張正名，荀墨主張名實相符，誰敢說他們是講唯物論呢？牽強附會的方法是講不通的。

(4) 范縝

范縝，字子眞，約生於宋文帝元嘉二十七年（西元四五〇年），約死於梁武帝天監十四年（西元五一五年）。他生於寒家，不以貧爲恥，少年時穿着布衣和穿着綢緞的少年同在劉瓛門下，絕對沒有自卑感。他研究經書，好直言。曾任宜都太守和尚書左丞，後因替朋友王亮辯護，貶謫廣州。他的著作現存的有神滅論和答曹舍人書。

南北朝時，佛教在中國已經很興盛。北魏皇帝在陝甘鑿刻佛洞，南朝梁武帝在天監三年以佛教爲國教。西域僧侶翻譯佛經，中國僧人慧遠等以佛學混於道家思想。儒家學者范縝繼承王充的思想，作文攻擊佛教。他的神滅論出來以後，引起很大的風波，佛教學者羣起反攻。在弘明集的卷九和卷十，收集了這次論戰的資料。

漢朝王充主張無神，反對當時盛行的鬼神迷信；梁朝范縝主張無神，反對當時盛行的佛教輪廻論。王充和范縝的理論證據，都在於人死後魂魄都滅，不能成鬼神，也不能輪廻。

范縝思想的中心點在於『形卽神』，形和神是一而二。人的形體和精神相合爲一，而且同是一個實體。

『形卽神也。形卽神也，是以形存則神存，形謝則神滅矣。』（神滅論）

形是身體，神是精神。人的精神在古代可以指着人心，可以指着人魂。心爲神，荀子和漢儒有這種主張，歐陽建也讚成。魂是神，詩經和論語中有這種思想，王充和歐陽建也讚成。人心在人死後，心不再活，乃是很明顯的事；但是人死後，魂存在不存在，則是問題。詩經的頌詩以魂在人死後獨立存在，孔子則沒有說明這一點。王充和歐陽建都否認人死後魂可以活。王充以神爲人的精氣，歐陽建沒有說出理由。問題則在於他怎麼可以證明『形卽神』呢？他說形爲體，神爲用，好比刀是體，銳利是用，銳不能離開刀刃。兩者名不同而實爲一，『名殊而體一也。』

蕭琛和曹思文爲文反駁，他們的理由，是說『形非卽神也，是合而爲用者也。而合非卽矣。生則合而爲用，死則形留而神逝也。』（曹思文，難滅神論。弘明集。卷九）形不是神，形和神相合成爲一個活人，人死，神能獨存。又如人在夢時，形體和精神相分離。再者，古書所講祭祀，祭先祖之神。若沒有神，祭祀就失了意義。

范縝答以祭祖典禮，乃聖人爲教育民衆所定的儀節，併不相信鬼神的存在。

『敢問經云：爲之宗廟，以鬼饗之，何謂也？答曰：聖人之教然也，所以從孝子之心，而厲偷薄之意，神而明之，此之所謂矣。』(神滅論)

反對的人又說：若形是體，神是用，爲什麼樹木的形體不能思慮呢？范縝答說人的質和木的質不同，人的質有知，木的質沒有知識。

『今人之質，質有知也；木之質，質無知也。人之質非木質也；木之質非人質也。』(同上)

在這裡，范縝把形和質分成兩者。爲什麼人的質和木的質不同呢？因爲人的質是神，所以有知，於是，便該說神是質而不是用了，質則是形的基本。反對范縝的人說：死人的屍體，不是生者的形體嗎？爲什麼沒有知呢？范縝答說死人的屍體不是生人的形骸。

『答曰：生形之非死形，死形之非生形，區已革矣。安有生人之形骸而有死人之骨骼哉？』(同上)

范縝的理由說是生人的形骸，變成了死者的骨骼，好比榮木變成了枯木。反對的人繼續說榮木和枯木，同是一根樹木的形體。范縝繼續答說形體已經變了。

假若我們要參加辯論，則要說死人的身體和生人的身體同是一個，所不同的是生人的身體有神，死人的身體沒有神；所以不能說：『形卽神也』，也不能說：『名殊而體一也。』范縝的神滅論，不是否認有神鬼，不是否認有精神，更不是否認有上天。通常稱范縝的思想爲無神論，名稱不恰當，只好稱爲無魂論。王充有這樣的主張，後來宋朝朱熹也有這種主張。范縝力主人死後魂不能獨立存在，人死後，他的魂散滅，所以不能成佛，也不能有地獄和輪廻。他的用意，是爲破佛。若說他是唯物論的鬪士，則過於誇大了。

(四)　唐朝的儒者

(1)　韓　愈

唐朝的社會由大亂進了和平，由分裂重有了統一，由窮困轉入了富庶，人民生活安定，文藝乃發展到很高的境地。在散文方面，由韓愈振起了八代的衰勢，開始了中國古文的八大家傳統。在詩歌上，李白杜甫和白居易王維創造了中國最佳的詩歌。在繪畫上，吳道子閻立本王維李思訓開創了中國人物和山水畫。儒家人士便都專擅詩文，對於思考的工作，却作得少了。道教在唐朝，受皇帝的崇拜，影響社會的人心；然在思想上沒有進展。佛教在唐朝到了極盛的時代。唐朝的哲學思想，乃是佛教思想。儒家的學者留有哲學作品者很少，祗有韓愈柳宗元劉禹錫李翺，而他們的哲學著作也不過是兩三篇文章。

韓愈字退之，鄧州南陽人，生於唐代宗大曆三年（西元七六八年）卒於唐穆宗長慶四年（西元八二四年）年五十七歲。他三歲喪父母，爲寡嫂鄭氏所養，年廿五歲於貞元八年登進士第。曾任監察御史，爲國學博士，太子右侍郎，因諫迎佛骨，被謫潮州。後被召回任國子祭酒，轉京兆尹，兵部侍郎，吏部侍郎。所著有昌黎詩文集四十卷，外集十卷。

韓愈爲一純粹的儒家學者，自己有志上繼孟子的道統，『堯以是傳之舜，舜以於傳之禹，禹以是傳之湯，湯以是傳之文武周公，文武周公傳之孔子，孔子傳之孟軻。孟軻之死，不得其傳焉。』（韓愈，原道）

（甲）原　道

儒家的道，即是仁義。仁是博愛，義是適宜，兩者都爲實行的規則，都是教育的工具。

『夫所謂先王之教者何也？博愛之謂仁，仁而宜之之謂義，由是而之焉之謂道，足乎己無待於外之謂德。』(原道篇)

他又說『仁與義爲定名，道與德爲虛位。』

韓愈所講的道，爲人生之道。道解釋爲道路，爲生活的途徑。生活的途徑爲聖人所造，聖人也是古代的君主，聖人君主敎人生養之道。

『古之時，人之害多矣。有聖人者立，然後教之以相生養之道，爲之君，爲之師。』(原道篇)

但却有了老莊的學說，主張廢除聖人之道。老莊之道既『去仁與義言之也，一人之私言也。』(原道篇)儒家之道，則因仁義而爲『天下之公言也。』韓愈從老莊避世求一人的清福去看，以道家之道爲一人自私之道。這種道家的思想乃是魏晉南北朝道家的學說；然而老子所講的道，在本體論具有特別的意義，韓愈沒有能夠深入研究。他以文人的筆法作文，由社會常識去論道，而不是研究哲學的人研究哲理。

(乙) 原 性

性是什麼呢？性是生來有的。這和告子的觀點相同。這種思想有一部份是眞的，有一部份是假的；若說性是生來有的，這一句話是眞的；若說生來有的是性，則是假的，因生來有的東西很多，不能都是性。因此，性是生來有的，祇是一種普通的解釋，而不是一種定義。

性是生來有的，是生來所有的什麼呢？是一種本能，是一種天然傾向。因此，分爲三品：上品爲善，下品爲惡，中品可善可惡。這種分法係漢朝王充的分法，不是韓愈所創；但是他列擧古代的性說時，列擧了孟子的性善論，荀子的性惡論，揚雄的性善惡混論，却不提王充的性三等論。他批評孟荀揚的性論，『皆擧其中而遺其上下者也，得其一而失其二者也。』(原性篇) 實際上，他的性三品論，兼有孟荀揚三家的短處。

他說性有三品，而構成性的因素則爲五，即是有五種本能，仁義禮智信。性三品的區別，在於這五種本能的完全或缺少。

『上焉者之於五也，主於一而行於四；中焉者之於五也，一不少有焉，則少反焉，其於四也混；下焉者之於五也，反於一而悖於四。』(原性篇)

上品的性爲善性，以仁義禮智信五德之一爲主，能和其他四德相通。中品的性爲可善可惡，也可以說是善惡相混，對於五德之一或者少具一些，或者違背一些，對於其他四德則是混雜不清。下品的性爲惡性，和五德之一相反，又和其他四德相違背。這種解釋從哲學的觀點去看，一點價值都沒有，根本沒有說到三品的理由，爲什麼上品有一德而與四德相通呢？爲什麼下品和一德相返，又和四德相背呢？爲什麼中品，對於一德有些許短缺，而其他四德相混雜呢？

再說到情。『情也者，接於物而生也。……情之品有三，而其所以爲情者七。……性之於情視其品。情之品有上中下三，其所以爲情者七：曰喜，曰怒，曰哀，曰懼，曰愛，曰惡，曰欲。上焉者之於七也，動而處其中；中焉者之於七也，有所甚，有所亡，然而求合其中者也；下焉者之於七也，亡其甚，直其情而行者也。情之於性視其品。』（原性篇）情是接物而生的；但是情由什麼而生？卽是什麼東西接物而生情呢？情的本體是什麼？宋朝朱熹以情爲心之動，漢朝學者以情由性而生。韓愈却沒有說明。他把情也分作三品；情的區分和性的區分互相關連，『情之於性視其品』，上品的性有上品的情，中品的性有中品的情，下品的性有下品的情。上品的情常合於中，中品勉力求合於中，下品常不合於中。中是中庸所說的中節，也卽是性的本然狀態。爲什麼情分三品呢？因爲性分三品。然而，性爲什麼分三品呢？

韓愈沒有說明性和仁義禮智信五德的履行是否因爲情的關係。宋朝朱熹則說明性的善惡出自情，情來自氣。韓愈的性論，比較王充的性論，在細節上稍爲詳細一些，內容則仍空虛。

(丙) 師　說

韓愈在原性篇說性不是不可移的，『上之性就學愈明，下之性畏威而寡罪，是故上者可敎而下者可制也，其品則孔子謂不移也。』(原性篇) 孔子曾說上智與下愚不移，孔子的意思不是在說上下品不可移，是說上智與下愚的人，在求學上不可改變天生的素質。孔子沒有談性，而祗談求學的本能。但因孔子所謂學卽是學做人，則所謂上智與下愚不僅在求學的本能上有區別，不僅在求做人的智識上有區別，就是在求學的結果，卽做人上也有區別。因此王充和韓愈根據孔子的話把人性分爲上中下三品。上下兩別雖不可敎，中品則特別靠敎育。普通人都是中品人，都靠敎育而能可以學做善人。韓愈則說上品和下品的人也可以從敎育而得益，上品的人因着求學而更明白修身之道，下品的人因怕君師而制於惡。韓愈因此很着重負責敎育的老師，作師說一篇。

『師者，所以傳道受業解惑也。人非生而知之者，孰能無惑，惑而不從

師，其爲惑也終不解。』(師說)

這種思想爲常識的思想，然也包含韓愈的人生觀，人生須要有人生之道，道不能爲人所知，須要有師，師爲傳授人生之道。這種道就是他在原道篇所說的堯舜禹湯文武周公孔子的道。在韓愈當時，佛教和道教很盛，他乃宣揚孔子之道，勸人從師，也勸老師傳授正道。他在原性篇說『今之言性者，雜佛老而言也者，奚言而不異。』而當時的教師祇教青少年句讀，『彼童子之師，授之書而習其句讀者，非吾所謂傳其道解其惑者也。』

韓愈還有原人篇，僅說到天地人三才的觀念，以人爲『夷狄禽獸之主也』，因此，人應該有聖人之道，『聖人一視而同仁，篤近而擧遠。』

(丁) 排佛

唐憲宗信佛，迎佛骨到京師，供奉宮中，又令各寺廟，遞迎供養，韓愈時爲御史，居諫官職，乃上表諫爭，請求皇上把佛骨『付之有司，投諸水火，永絕根本。』(論佛骨表)韓愈所擧出的理由，佛爲夷狄之人，不通中國古先聖王之道，不知君子父子之義，實在不配受尊敬。況且佛已經死了，佛的骸骨和凡人的骸骨一樣，乃是凶穢的東西，怎麼可以迎入宮中呢？『枯朽之骨，凶穢之餘，豈宜令入宮禁？』敬佛的人以為迎佛骨能得福祥，韓愈列舉在佛教未入中國以前的古代帝王，都享有高壽，治國很久。從佛教傳入中國以後，所有信佛的帝王都享國很短，唯有梁武帝在位四十八年，然最後被侯景餓死台城。『事佛求福，乃更得禍。』他乃極力排除佛教，恢復堯舜孔子之道。祗是唐憲宗信佛很篤，以韓愈言涉不敬，雖沒有殺他，却貶他到廣東潮州作刺史。

韓愈的排佛，不是基於宗教觀念，而是基於保衛傳統之道的觀點。韓愈在宗教信仰上和王充不同，他信有鬼神。他作有原鬼篇。

他相信有鬼，鬼無形無聲無氣，凡有形有聲不是鬼，而是物怪。是不是可以有無形無聲的實體呢？他說可以有；因為有些物體有形而無聲，有些物體有聲而無形，便可以有種無形無聲的鬼。但古書中所談的鬼怪，不是鬼而是物怪。『然而有怪而與民物接者何也？曰：是有二，有鬼有物，……無聲與形者，鬼神是也；不能有形與聲，不能無形與聲者，物怪是也。』(原鬼)鬼神無氣，物怪則有氣。物怪的成因，『民有忤於天，有違於民，有爽於物，逆於倫，而感於氣。』

儒家傳統常信鬼怪，王充雖力加排斥，仍信有非人死而成的鬼神。韓愈則信神信鬼，保守儒家的傳統。

韓愈爲一大文豪，而不是哲學者，宋朝朱熹談道統時，不將韓愈列入道統中，而以周敦頤上承孟子。然而他在道佛極盛的時代具有孟子的精神，排除異端，重建孔子之道。他雖沒有哲學家的思想，然有文學家的學力與熱情，他的言辭，很能動聽，影響人心。

(2) 李　翺

李翺，字習文，爲韓愈的姪女婿，也是韓愈的學生，生於唐代宗大曆七年（西元七七二年）卒於唐武宗會昌元年（西元八四一年）。曾做過國子博士，知制誥，中書舍人，刑部侍郎，戶部尚書，山南東道節度使，死於任所，著有李文公集。集中有復性書三篇，論人性。

李翺的性論，和韓愈的性論不同，也較爲高明。他不以性分三品，凡是人的性都是一樣，而且都是善。惡的來源爲情。

『人之所以爲聖人者，性也；人之所以惑其性者，情也。』（復性書上）

性，來自天命，中庸說：『天命之謂性』。李翺說：『性者，天之命也。』（復性書中）

連。

『敢問何謂『天命之謂性』？曰：『人生而靜，天之性也』。性者，天之命也。』（復性書中）

情由性而生，性是情的本原，有性則有情，性靠情而顯出來。性和情同時存在，互相關連。

『性與情不相無也。雖然，無性則情無所生矣。是情由性而生，情不自情，因性而情；性不自性，由情以明。』（復性書上）

這一點說得很明白；性和情在本體上的關係既說明了，而且說：『情者，性之動也。』情以性為根基，宋代理學家都有這種觀念；但是從朱熹看來，『情為性之動』不合理，因為他以性為理，理為抽象之理，不是動作的具體主格，他因此說：『情為心之動。』然而他却又有一點特別處，他以情為惡，惡為善之缺，惡不是積極的東西，不能有積極的原因，『情者，妄也，邪也，邪與妄則無所因矣。』（復性書中）

性為善，可以因人的努力而發育。聖人制禮，看重教育即是為發育人性之善。

『聖人知人之性皆善，可以循之不息而至於聖也，故制禮以節之，作樂以和之，』(復性書上)

『情有善有不善，而性無不善焉。』(復性書中)

孟子以人性之善在有仁義禮智的善端，善端須要培植，因而提倡收心養性。李翺主張性善，性善乃是『可以循之不息而至於聖』，爲一種行善求聖的能，能須發揚以成事實。發揚性善之道，在於誠。誠，是返歸性的本原，本原在於中庸所講喜怒哀樂之未發的中。

性之善爲什麼緣故不能發揚呢？緣故在於情，情使人昏迷不知爲人之道。聖人則知道情的爲害，却能抑制情欲，有情等於無情。

『聖人者豈無情邪？聖人者寂然不動，不往而到，不言而神，不耀而光，制作參乎天地，變化合乎陰陽；雖有情也，未嘗有情也。然則百姓者豈其無性者邪？百姓之性與聖人之性弗差也；雖然，情之所昏，交相攻伐，未始有窮，故雖終身而不自覩其性焉。』(復性書上)

孟子也曾說牛山濯濯，並不是牛山沒有草木的種子，祇是因爲牛羊嚙齕，樵夫採伐，牛山便沒有草木了。人性善端因着情欲的交相攻伐，善端也盡遭摧殘了。孟子便講收心養性，李翺却受佛道的影響，主張無爲，使情欲不動，情欲不動，人性便保守本然狀態。這種保持性的本然狀態稱爲至誠。

『或問曰：人之昏也久矣，將復其性者，必有漸也，敢問其方？曰：弗慮弗思，情則不生；情既不生，乃爲正思。正思者，無慮無思也。……方靜之時，知心無思者，是齋戒也；知本無有思，動靜皆離，寂然不動者，是至誠也。』（復性書中）

宋朝楊時羅從彥李侗都有這種主張，以靜坐求情未發時心之本然狀態。李翺取易經的話：『易無思也，無爲也，寂然不動，感而遂通天下之故。』解釋他所說的弗慮弗思。他承認若弗思弗慮爲不聞不見，則人就不是人了；他所說弗思弗慮，是說心不爲見聞所動，心自有知識，心的知識爲無形無像的精神，故心常光明，照見一切。

他解釋格物致知，物爲萬物，格爲來，當事物來時，心不動而能看得明白，就是格物致知。這種思想又像是宋朝陸象山和明朝王陽明的思想了，然而究竟都是佛教的思想，不過，他們都加上了儒家的意義，說這是中庸的誠，也是大學的誠意正心。

李翺明白說出他主張心學，王陽明在陸象山文集的序裡說心學在孟子後已失傳，直到陸象山纔有了傳人，實則李翺已講心學了。

『問曰：昔之注解中庸者，與生之言皆不同，何也？』曰：彼以事解者也，我以心通者也。……止而不息必誠，誠而不息必明，明與誠終歲不違，則能終身矣。』（復性書中）

李翺的致知格物，在於誠與明，誠與明乃是後來陸象山王陽明的中心思想；祇是李翺不明白說出心字。他所說復性，很有點道家和佛教修身的最高情況。『妄情滅息，本性清明，周流六虛，所以謂之能復其性也。』（復性書中）

他自己描寫自己的生活，純淨是老莊的無爲而爲，『吾則不類於凡人，晝無所作，夕無所休。作非吾作也，作有物；休非吾休也，休有物。』（復性書下）這樣，他能復自己的性。然而他又說：『故吾之終日志於道德，猶懼未及也，彼肆其心之所爲者，獨何人邪？』（復性書下）他所說的道德，乃是儒家的道德。

李翱的性論，可能就是韓愈所指責的；『今之言（性）者，雜佛老而言也。』他的性論和宋朝理學家的性論很相近，也可以說開啓了宋朝理學家的性論。

(3) 柳宗元

柳宗元，字子厚，生於唐代宗大曆八年（西元七七三年），卒於唐憲宗元和十四年（西元八一九年）曾任禮部員外郎，參加王叔和劉禹錫的改革政府運動，被貶爲永州司馬，轉爲柳州刺史，病死任所，著有柳河東集行世。

柳宗元爲唐宋八大家的古文家，長於詩文，注意時事，洞悉民間疾苦，在文章中有所陳述。他也是一位儒者，希望對於國家有所建樹。然因遭貶謫，不能得志，心中不免有所憤怨。他在乘桴說：

『易曰：復其見天地之心乎！則天地之心者，聖人之海也，所以復者桴之材也。孔子自以拯生人之道不得行乎其時，將復於至道而遊息焉。』（乘桴

說，文集卷十六）

對於天地的解釋，柳宗元有天說一篇。唯物辯證論者稱揚柳宗元的這篇文章，讚揚他是唯物論的無神主義者；但是實際上並不是這樣簡單。

柳宗元的天說，答辯韓愈對天的觀念。韓愈爲恢復古道的儒者，以元氣陰陽自然流行，人則自作聰明，違反自然，『人之壞元氣陰陽也滋甚。』因此人生疾病以至於死，乃是使損害元氣的人少一些，有益於天地，怎麽還要抱怨天呢？天對於行善者有賞，行惡者有罰。柳宗元答說天是沒有特別意義的，下面爲地，上面爲天，中間爲元氣，一切都自然流行，沒有賞罰。人的禍福，由於人自招。

> 『柳子曰：……彼上而玄者，世謂之天；下而黃者，世謂之地；渾然而中處者，世謂之元氣；寒而暑者，世謂之陰陽。』（天說，文集卷十六）

天地元氣陰陽，和菓木一樣，不過就是大一些。菓木自然生長，腐壞時生息，這都不是賞罰。

『功者自功，禍者自禍，欲望其賞罰者大謬；呼而怨，欲望其哀且仁者，愈大謬矣。』（天說）

人不能希望天有賞罰，更不能希望天有仁慈憐憫之心。這種思想爲荀子的思想；荀子在天論篇裡，極力攻斥期望天的賞罰，天乃是自然，人須要利用自然，不能期待自然來賞善罰惡。

柳宗元在答劉禹錫天論書說天沒有生物之心，更沒有爲人而生物之心。天自然生物，桃自然生桃，李自然生李。

『且子以天之生植爲人耶，抑自生而植乎？若以爲為人，則吾愈不識也。若果以自生而植，則彼自生而植耳。何以異夫果蓏之自爲果蓏，癰痔之自爲癰痔，草木之自爲草木耳？是非爲蟲謀明矣，猶天之不謀乎人也。』（答劉禹錫天論書，文集卷三十一）

這不是老子以天地爲不仁的思想嗎？柳宗元集中雜有屈原的天問。屈原在憂傷的時候，憤怨而懷疑天的存在；柳宗元在受貶謫時也懷疑天的存在，相信一切都是自然而然。在褚說裡，以神誕漫不可見，不可知，對神的存在也起懷疑。

『神之貌乎，吾不得而見也；祭之饗乎，吾不得而知也。是其誕漫惝怳，冥冥焉不可執取者也。夫聖人之爲心也，必有道而已矣，非于神也。』(褚說，文集卷十六)

他懷疑，但不是完全否認神的存在；因爲他自己祭神。若說漢朝的感應說，他則不信。他在湖南永州，寫了非國語六十七篇，對於國語中的鬼神思想，常加批評。至於說他不信天的存在，則不合事實。他在天爵論裡明明說天付給人剛健之氣，以成人之志，使人有明智和志氣。但是他自認他所講的天，乃是自然。

『或曰：子所謂天付之者，若開府庫焉量而與之耶？曰否！其各合乎氣者也。莊周言天曰自然，吾取之。』(天爵論，文集卷三)

自然之天雖是老莊的思想。但是儒家從易經開始天地乾坤的思想以後，荀子王充等人，也都有了這種思想，就是董仲舒和劉歆等人主張天人相應，也以天爲自然界的天。然而荀子王充董仲舒等人並不否認書經和詩經的上天。同樣，後來宋朝的理學家也和荀子等一樣，以天指自然，或指天理，但也不否認書經和詩經的天。柳宗元所談的都是自然界的天，相信都是自然變化，沒有所謂仁愛萬物的天心，不過，這並不能證明他否認詩書的上天，因爲他主張祭天。在平淮夷雅二篇裡說：『淮夷既平，震是朔方，宜廟宜郊，以告德音。』(文集，卷一)最多祇能說他懷疑有位格的上天，在封建論他說：『天地果無初乎？吾不得而知也。生人果有初乎？吾不得而知。』(文集，卷三)

柳宗元的思想，不和韓愈一樣求合於孔孟之道，他已雜有道家的思想，而且對於佛教的信仰，並不斥排。在送僧浩初序裡說：『儒者韓退之與余善，嘗病余嗜浮圖言，訾余與浮圖遊。……浮圖誠有不可斥者，往往與易論語合，認樂之其於性情，爽然不與孔子異道。……余之所取者，與易論語合，雖聖人復生，不可得而斥也。……』(文集，卷二十五)在送㸐上人南遊序裡更說明他研究般若涅槃等經，『吾琛則不然，觀經得般若之義，讀論說三觀之理，晝夜服習而身行之，有來求者則爲講說。』(文集，卷二十五)後來宋代理學家大都研究了佛經，然後再深入儒家的生活之道。柳宗元開始了這條路，然他尚沒有深入研究兩家的哲理。

而不是一位哲學者。唯物辯證論者不必捧他爲無神論的思想家。

(4) 劉禹錫

劉禹錫字夢得，生於唐代宗大曆七年（西元七七二年）卒於唐武宗會昌二年（西元八四二年）他大柳宗元一歲，與李翶同年，後李翶一年卒。柳宗元是劉禹錫的好友，也因同案而遭貶謫，貶爲朗州司馬，連州刺史，後回朝爲太子賓客。著有夢得文集。

劉禹錫爲唐朝的文學家，並非哲學者；然而受唯物辯證者的重視，因爲他作有天論三篇，乃被譽爲唯物論的無神論哲學家。

柳宗元在答劉禹錫的天論信中却說劉氏的天論思想，就是他的思想，所多的祇是一些枝節的無關重要的話：

『宗元曰：發書得天論三篇，以僕所爲天說爲未究，欲畢其言。始得之，大喜，謂有以開吾志慮。及詳讀五六日，求所以異吾說，卒不可得。其歸要曰：非天預乎人也。凡子之論，皆吾天說傳疏耳，無異道焉，諄諄佐吾

言，而曰有以異，不識何以爲異也，……無羨言侈請，以益其枝葉，姑務本之爲得，不亦裕乎！』（柳宗元文集，卷三十一）

實際上劉禹錫以柳宗元的天說有所憤怨而走偏激，『余之友河東解人柳子厚作天說以折韓退之之言，文信美矣，蓋有激而云，非所以盡天人之際，故余作天論以極其辯云。』（天論上，文集卷十二）

劉禹錫以歷年談論天的學說可以分成兩類：第一類信上天主宰賞罰，人可呼號上天以得庇祐；第二類以一切都屬於自然，沒有主宰的天。

『世之言天者二道焉：拘於昭昭者，則曰：天與人實影響，禍必以罪降，福必以善徠，窮阸而呼必可聞，隱痛而祈必可答，如有物的然以宰者，故陰騭之說勝焉。泥於冥者則曰：天與人實相異，霆震於畜木，未嘗在罪；春滋乎堇荼，未嘗擇善，跖蹻焉而遂，孔顏焉而厄，是茫茫無有宰者，故自然之說勝焉。』（天論上）

劉禹錫不讚成上面的兩種學說；他認爲天既不是主宰，也不是茫目自然，天有自己的能，自己的規律，宇宙事物由天而生。人則有能力可以改變天所生的物，加以另外的次序。所以他的主張是『天與人交相勝爾』。天爲有形的物中最大的，人是動物中最優越的。天大而包括萬物，所有的能在於生植，所用有強有弱；人最靈而能造法制，所用有是有非。

『故曰：天之所能者，生萬物也；人之所能者，治萬物也。』（天論上）

在人事都按法而行時，賞罰得宜，社會泰平，我祇體驗到自己所造法制的效果，便不體會天的所能，乃是人勝天。在人事不按照法制時，賞罰失宜，社會紊亂，人民痛苦乃思天，向天呼號，便是天勝人。實際上，天不干預人事。

『吾固曰：是非存焉，雖在野，人理勝也；是非亡焉，雖在邦，天理勝也。』（天論中）

可是人事常不可測，操舟同出，有的被水暴而沉舟，有的不沉，『非天曷司歟？』（天論中）

劉禹錫答說這是因爲有『數』和『勢』。漢朝人常講數講命，講數講命，或者歸之於上天之命，或者歸之氣數。劉禹錫講數和勢，認爲天和人都在數和勢的影響中。天和人都有理，有數，有勢。理是動作的原則，數是萬物變化的必然歷程，勢是變化歷程的必然趨勢。理的意義在可以知道，數的意義在於盲目不可知，勢的意義在於必然的影響。萬事萬物都有各自存在的理，但在變化時有變化的必然歷程，歷程中的一些環境加重了歷程的必然趨勢。天下的事都是因着數和勢而成，就是天上的星辰雷電的變化，也是有數有勢，人事當然有數有勢。數和勢是事物本身所有，不是上天的主宰。

但是古人的天爲無形，無形者不能受數和勢的影響。劉禹錫答覆這個問題，不承認有無形之實體。他說無形或者是空，或者是抽象的形。

> 『答曰：若所謂無形者，非空乎？空者，形之希微者也，爲體也不妨乎物，而爲用也恒資乎有，必依於物而後形焉。今爲室廬，而高厚之形藏乎內也；爲器用，而規矩之形起乎內也。』（天論中）

空不是虛無的，而是有，是物的外形。例如房屋的外形，房屋在外形以內，空間形要依着物而現。這種空間的觀念，有點和西洋士林哲學的空間觀念相似，有哲學上的價值；但是對於『無形』的觀念，以空間去解釋，那就錯了！劉禹錫以易經繫辭所說『一陰一陽之謂道』，道爲形下，這也是沒有深入『形上』觀念的意義。他以無形爲空，無形當然成爲形而下，所以他說：『烏有天地之內有無形者耶？』（天論中）他不明白古人所說上天無形，是超越天地空間以上。

雖說劉禹錫較比柳宗元不偏激，承認天生萬物；然而他所說的天，也是形下，卽是天地之天，乾坤的乾。怪不得唯物辯識論者稱揚他爲唯物無神論者。

第四章　兩漢的易學

(一) 兩漢易學源流

(1) 緒　論

易經就現在所保留的書本中間會有兩大部份：一部份爲卜筮，一部份爲哲學。卜筮部份爲古老的，有卦和爻。哲學部份爲較後的，有十翼。易卦用於卜筮，在左傳裡有許多例子，雖說有些卦辭和現存的爻辭不同，然相同者也有，十翼的作者，古來傳說爲孔子，近代許多考據學者懷疑或否認孔子作十翼。十翼的文章和思想當然和論語不同，然而和中庸的文辭及思想有些相近。現在，考據學者沒有直接的證據，可以證明孔子作了十翼，可是也沒有直接的證據，可以證明十翼不是孔子所作。他們所能引出來的文據，祇是一些間接的推測。就十翼的內容去看，許多觀念是孔子的倫理觀念，然也有許多觀念爲漢初儒者的觀念。我們爲研究中國哲學思想史，認爲應以易經的十翼，作爲孔子思想的一部份。

爲研究漢朝易學，在於傳承上有一個疑問，就是易經一書是不是被秦始皇焚燒了。司馬遷在史記儒林列傳說：『及至秦之季世，焚詩書，坑術士，六藝從此缺矣。』班固漢書儒林傳却說：『及秦焚書，易爲卜筮之書，獨不禁，故傳授者不絕也。』兩種儒林傳，一種說易經被焚，一種說沒有被焚。學者有人說被焚的易書爲有十翼的易經，沒有被焚的易書祇有爲卜筮用的卦辭爻辭的易經。然而因爲有十翼或沒有十翼的本子，都是易書，連帶都被保全(1)。

我常常想古書所說孔子刪詩書，作十翼，我相信所說可靠。可是孔子所删定的詩書本和十翼的易經本，在戰國時不可能已經爲學者所普遍採用，以前所有的詩書和易經本也不可能在學者中已被摒棄。因此後來漢朝所發現的經書本子，有了今古文的爭執，因爲古文本較比今文本多些篇數，大家便認爲是僞作。我想這些多出來的篇數，爲什麼不能是被孔子所刪，而在戰國的書卷尚存留着呢？同樣易經的書卷，在戰國時一定還是沒有十翼的本子，易經既被當時視爲卜筮之書，易書得以保全，當然可以是一樁事實。十翼就是決定爲孔子所作，祇在孔子門生中流傳。漢朝的易學所以上追到孔子。因爲司馬遷在仲尼弟子列傳裡，列出了這種傳承。

『商瞿，魯人，字子木，小孔子二十九歲。孔子傳易於瞿，瞿傳馯臂子弘，弘傳江東人矯子庸疵，疵傳燕人周子家豎，豎傳淳于人光子乘羽，羽傳齊人田子莊何，何傳東武人王子中同，同傳菑川人楊何，何元朔中以治易爲漢中大夫。』

易經的傳授，按照上列的人名，便是史記儒林列傳所說：『自魯商瞿受易於孔子，孔子卒，商瞿傳易，六世，至齊人田何字子莊而漢興。』司馬遷的易經傳承，必有所本，不能是隨意編造，況且他的父親司馬談也曾研究易學，受教於楊何，楊何受教於王同，田何爲漢朝傳易經的第一人。

西漢的易學，和東漢的易學不相同。西漢的易學雖有師承，則各創新學，而新學的根據常是卦辭和爻辭。這種新學雖不是春秋戰國術士的卜筮術，然都是以陰陽五行而講卦氣，和術士的思想多相貫通。這中間的原因必定很多，然易學到西漢的傳承，必定是原因之一。史記所載從孔子到田何的傳承易學的人，都不列名經傳，可見是卜筮易學的傳承人，沒有傳承孔子的十翼；或者那時並沒有十翼。東漢的易學，一則重在象數，一則重在注釋。馬融和鄭玄雖為注釋易經的學者，然也是其他經書的注者。這時易緯也盛行了，後來宋朝理學家解釋易經時，都不採納兩漢易學。明末王船山講易經，更以漢朝易學為邪說。

但是，漢朝易學的學卦氣象數思想，對於中國社會生活影響很深。卦氣象數說混合在五行的學說裡，和災變相聯繫進入了民間的宗教信仰。

西漢的易學受呂氏春秋和漢初所謂齊學的影響很深，一個『氣』字，乃是西漢易學的中心點；然後便是『五行』的觀念。我們在前面已經講了這些觀念的意義，則為討論易學，可以減少許多觀念上的困難。

西漢末，有緯書於行世，易、書、詩、禮、樂，春秋，孝經都各有緯書，緯書附託孔子所作，以未來的禍福雜於書中，和圖讖並行，東漢皇帝喜信圖讖，然漢末已有學者攻斥，宋大明中禁止圖讖的流行，隋煬帝更下令焚燒讖緯書籍，緯書乃喪失，現存者俱不全，內容荒渺且多迷信。

現存八種易緯殘本，共十二卷，易緯乾坤鑿度，易緯乾鑿度，易緯稽覽圖，易緯辨終備，易緯通卦驗，易緯乾元序制記，易緯是類謀，易緯坤靈圖。第一種緯書乾坤鑿度題為『庖犧先文，公孫軒轅氏演古籀文，蒼頡修為上下二篇』。清紀昀編四書提要以這書當在莊子以後。其他七種均有鄭玄的注釋。現代學者多以易緯出在西漢，即在孟喜，施讎，梁丘賀以後。對於漢代象數易學影響很深。

漢代的易學，可分爲四大部份：第一部份爲兩漢易學的傳承和易學的發展；第二部份爲漢代象數易學，第三部份爲焦氏易林，第四部份則是周易參同契。日本學者鈴木由次郎所寫漢易研究把漢易區分爲這四部份(2)，我認爲這種區分有道理，但須加一部份，即是漢代易經注釋家的易學。

(2) 漢初易學的傳承

田何爲漢朝易學的第一位大師。西漢經學最重師門，因經書旣遭秦火所燒，漢初傳經者靠幾位大師的口授或所授經本，門生都嚴守老師的傳授，不敢自增意見，以免遺失經書面目，後來經學已有了定本，經學家便乃自創新見。漢朝易學也有這樣情形。

田何的生平，在史記和漢書中都沒有記載。祇有漢書儒林傳說：

『漢興，田何以齊田徙杜陵，號杜田生。』

顏師古注儒林傳說『高祖用婁敬之言，徙關東大族，故何以舊齊田氏見徙也。初徙時，朱爲杜陵，蓋史家本其地追言之也。』皇甫謐的高士傳說田何年老家貧，守道不仕。漢惠帝親自到他家中。田何則終生在鄉傳易學。崇文總目記有田何的易章句。

田何的門生有四人：王同，周王孫，丁寬，服生。田何的易學，現在已不能知道內容如何。他的著作既沒有傳下來，他的門生也沒有留下著作。現在可以推測的，春秋戰國的易學爲卜筮的學術，就是因着這種特性，可能未遭秦火。田何便傳授這種卜筮的易學。然而他又是孔子易學的傳承人，孔子的易學是義理的易學，田何也就傳授易的義理。高懷民教授在兩漢易學史裡根據丁寬傳也說田何的易學爲卜筮易和古義易。

王同字子仲，史記儒林傳之爲東武人。漢書藝文志著錄王同易傳二篇，早已亡佚。周王孫，洛陽人，王孫係他的學號，漢書藝文志記錄周氏易傳二篇，已佚。服生，齊人，劉向別錄佚文記服生號服光。漢書藝文志記錄服氏易傳二篇，亡佚。丁寬，字子襄，梁人。漢書儒林傳有他的傳記。他從田何受易，性聰敏，求學勤奮。他辭別田何東歸時，田何對別的門生說：『易以東矣！』丁寧到雒陽，再向周王孫受易學古義。漢初易學家中以他爲有名，曾作易說三萬言。漢書藝文志記錄他的易傳八篇，然都亡佚。

丁寬的弟子爲同郡人碭田王孫，王孫的弟子爲施讎，孟喜，梁丘賀。這三個易學者成了西漢易學的三家。

田王孫在史書裡沒有記載，他的門生施讎稱他爲博士。可能當武帝置五經博士時，他當了易經博士。

王同易學的傳承雖不及丁寬的易學，然王同易學也有楊何，即墨成、孟但、周霸、衡胡、主父偃等人。史記儒林傳祇記錄他們的名字，說：『楊何以易元之元年徵，官至中大夫，齊人即墨成以易至城陽相，廣川人孟但以易爲太子門大夫，魯人周霸，莒人衡胡，臨菑人主父偃，皆以易至二千石。然要言易者，本於楊何之家。』

司馬遷雖是這樣說，然而西漢易學以施、孟、梁三家最著。

(3) 漢朝易學的開展

(甲) 田王孫的系統

施孟梁三家開展了漢朝的易學。施讎和梁丘賀忠於師門，所傳易學爲儒家傳統的易學，孟喜則離棄師傳，自言得『易家候陰陽災變書』，成爲象數易學的先驅。

施讎，字長卿，沛人。童年時，從碭人田王孫受易。爲人謙讓，學成，不敢以易學授徒。後因梁丘賀的堅請，纔教門人。詔拜爲博士，參與石渠閣的五經同異論戰。他的門生中最著的有張禹，禹的門生彭宣。張禹後爲丞相，彭宣官至大司空，封長平侯。

孟喜，字長卿，東海蘭陵人，從學於田王孫。詐言田王孫死時，以易家侯陰陽災異書傳給了他，變異師法。皇帝因此不接受臣下的推薦，不以他補博士缺。

梁丘賀，字長翁，瑯琊諸人。曾從楊何弟子京房學易。京房出爲齊郡太守，丘賀乃從學於田王孫。漢宣帝時爲郎，適皇帝行祠孝昭廟，先驅旗竿頭劍挺落泥中，刄傷乘輿，馬受驚。皇帝命丘賀卜卦，言有兵謀，不吉。果有霍光外孫任宣及任章謀刺，被擒。丘賀以言中而升任大中大夫，得皇帝信任。到了老年纔退休。

三家的易學內容，因所有著作都已遺佚，不能知道。祇有馬國翰所輯三家易經章句，略略保留了一點文據。由這些章句中就可見到孟喜以象數解易的企圖。如益卦大象的章句，益卦大象「風雷益」。

『孟喜曰：言必須雷動於前，風散於後，然後萬物皆益。如二月啓蟄之後，風以長物。八月收聲之後，風以殘物。風之爲益，其在雷後。故曰風

雷益也。』（孔穎達．周易正義引）

這段章句講月令，月令進展的卦氣。孟喜開卦氣的易學。這種易學後來由京房予以發揮，孟喜的名字便和京房的名字相連。唐一行大衍歷議引用孟喜的話。

『當據孟氏。自冬至初，中孚用事，一月之策九六七八，是爲三十。而卦以地六，候以天五。五六相乘，消息一變，十有二變而復初。坎震離兌，二十四氣，次主一爻。其初二至二分也。坎以陰包陽。故自北正，微陽動於下，升而未達。極於二月，凝固之氣消，坎運終焉。春分出於震，始據萬物之元，爲主於內，則羣陰化而從之。極於南正、而豐大之變窮，震功究焉。離以陽包陰，故自南正，微陰生於地下，積而未章。至於八月，文明之質衰，離運終焉。仲秋陰形於兌，始循萬物之末，爲主於內，羣陽降而承之。極於北正，而天澤之施窮，兌功極焉。故陽七之靜始於坎，陽九之動始於震。陰八之靜始於離，陰六之動始於兌。故四象之變，皆兼六爻，而中節之應備矣。』（新唐書卷二十七上，卦議）

新唐書所載孟喜的思想，表明孟喜說卦以氣爲本，然後以自然界現象或人間社會的事例去說明。這種思想在後面研究象數易學時將有陳說。

但同時孟喜和同學施讎梁丘賀一樣，保全師門的易經義理。例如：乾，利見大人。孟注：『周人五號：帝，天稱，一也；王，美稱，二也；天子，尊稱，三也；大君者，興盛行異，四也；大人者，聖人德備，五也。』

(乙) 京房的系統

漢朝易學中有兩個京房，前一個是楊何的弟子，梁丘賀的老師，曾任齊郡太守；後一個爲漢朝易學大家，漢元帝時人，從焦延壽受易學。

焦延壽，字贛，或說名贛，字延壽。貧賤好學，受知於梁王，漢昭時學成，任小黃令，卒於官。後漢書卷七十五，京房傳附載他的事蹟，兼論他的易學，說：『其說長於災變，分六十四卦更直日用事，以風雨寒溫爲候，各有占驗。』孟康注說：『分卦直日之法，一爻主一日，六十四卦爲三百六十日，餘四卦震離兌坎爲方伯監司之官。所以用震離兌坎者，是二至二分用事之日，又是四時各專王之氣，各卦主時，其占法各以日觀其善惡也。』

焦贛曾自己說從孟喜學易，又以自己得一隱士的教導，後代學者多以爲他把自己的學說托於孟氏，又托於隱士。所著焦氏易林一書現傳於世，費直曾寫了一篇序。

京房本姓李，推律時改姓京。生於昭帝元鳳元年（西元前八〇）卒於元帝建昭二年（西元前三七年），年四十一，爲石顯所殺。焦贛曾說『得我道以亡身者，必京生也。』（後漢書卷七十五京房傳）京房曾爲孝廉，數次上書以曆數言災異，多中，皇帝頗信任，想用他。但石顯很不喜歡，勸帝派他出爲魏郡太守。房和淮陽憲王的舅子張博相善，乃被石顯告爲與張博通謀，誹謗朝廷，張京兩人都棄市。

京房的易學爲占驗之學，以宮卦變爲根本，加以世應，納甲等等變化，以占驗人事。他的著述頗多，漢志有京氏易書三種八十九篇。現存的則只有京氏易傳三傳。他的門生有東海段嘉，河東姚平，河南乘弘，三人都任郎博士。

（丙）　費直的系統

費直，字長翁，東萊人，因治易學任郎，後升單父令。漢書儒林傳講他的易學的特色說：『亡章句，徒以象象繫辭十篇文（之）言，解說上下經。』

費直的易書，按漢書藝文志所說是與古文經本相同。在漢朝經學裡有今古文之爭，但是易學則沒有這種爭端。但古本的易經在漢朝必定有所發現，漢書藝文志所以說：『劉向以中古易經校施、孟、梁丘經，或脫去無咎悔亡，唯費氏經與古文同。』

費直和施、孟、梁以及京房的易學不同，不創新說，而是以傳解經。這種方式乃是漢儒注經的作法。費直傳孔子的十翼，十翼的語文，解釋經文。東漢時，馬融鄭玄兩大經學家也注釋易經，鄭玄且將彖辭和象辭附在經文裡。東漢注經之風已盛，費直的易學乃為學者所重。荀爽和王弼的易學，為費直易學的一系。

(丁)　西漢的其他易學系統

(A)　高　相

高相，和費直同時代，沛人。常言自己的易學出於丁將軍，丁將軍為丁寬。高相治易，不言章句，專說陰陽災異；但是沒有著作流傳下來。他傳授易學給兒子高康。康在王莽時，曾預言東部太守翟誼兵變。王莽厭他妖言惑衆，把他殺了。他的另一個門生蘭陵人毋將永傳他的易學。到了西晉便絕了。

(B)　韓　嬰

韓嬰，燕人，漢文帝時為詩學博士；然對於易學也有研究。他在漢朝是田何以外的一系，不談災異，而講義理。漢景帝時為常山太傅，漢武帝時曾與董仲舒論事於帝前，仲舒不能折難他。他的孫子韓商傳承他的易學，為博士。漢宣帝時，涿郡韓生也是他的後代，以易學待詔殿中。韓嬰的易學思想在韓詩外傳中保存有六節。在六節中，韓嬰解易以孔子的思想為本。例如謙卦，引孔子曰：『易先同人，後大有，承丘以謙，不亦可乎。故天道虧盈而益謙。……』艮卦引孔子曰：『口欲味，心欲佚，教之以仁；心欲兵，身惡勞，教之以恭；好辯論而畏懼，教之以勇；目好色，耳好聲，教之以義。』

(C) 子夏易傳

子夏易傳，在漢書藝文志沒有記錄。隋書經籍志始說周易二傳，為魏文侯師卜子夏所傳，唐陸德明經典釋文序錄說『子夏易傳三卷，卜商字子夏，衞人，孔子弟子。』這明明以孔子傳易於子夏，然而史記則說孔子傳易於商瞿。古代學者中已有人懷疑這種子夏易傳為孔子弟子子夏的作品，劉向以為是韓嬰所作，荀勗說可能是丁寬所作。晉張璠以為馯臂子弓所作。馬國翰在玉函山房輯周易子夏傳序文裡以為這書乃是商瞿再傳弟子馯臂子弓（馯臂子弘）所傳，韓嬰和丁寬加以修改，作為自己的著作。漢魏時薛虞把這書單獨傳於世，各種考據都有自己的理由，現在無法辯明誰是誰非。但學者都相信這種易傳和子夏沒有關係。這種書所以假託爲子夏的作品，可能因爲漢朝有子夏從孔子學易的傳說。劉向的說苑敬愼篇，記錄孔子和子夏有談易的對話，孔子家語執轡篇也有孔子和子夏討論易經的事。這種易傳爲講易經義理的事，對於孔子的十翼必有宣傳的功績。在章句裡，常本爾雅解釋字義，旁徵詩經以發易的義理。(3)

(4) 東漢及魏晉南北朝的易學

東漢的易學繼承了西漢易學的象數派，以施、孟、梁、京四家的易學爲主流，四家易學都有傳承的人，費氏易也有傳人。然而東漢及魏晉又新起了幾位易學家，各創新說，或集各家的特點而自成一家之言。

馬融和鄭玄以經學家的特長研究易學，將易緯的怪誕思想，滲入易學。晉王弼則以注釋家的天才，盡排除易緯怪說和象數的思想，專以義理註釋易經；但他偏於老莊的思想，援道入易。

(甲) 荀爽

後漢書有荀爽傳。傳云荀爽，字慈明，爲荀卿十二世孫。生於漢順帝永建三年（西元一二八年），卒於漢獻帝初平元年（西元一九四年）年六十三歲。年少時，通經書，辭官不做。獻帝時，董卓强徵爲平原相，追爲光祿勳，拜司空。他見董卓殘暴禍國，乃和司徒王充等人謀去掉他，事還沒有實行，他因病而死。

荀爽繼承象數易學，進而發展。他有「陽升陰降」的易學，再演而爲卦變之說。他的姪兒荀悅作漢紀，在漢紀中說：『臣悅叔父故司徒爽著易傳，據爻象承應陰陽變化之義，以十篇之文解說經義，由是兗豫之言易者咸傳荀氏之學。』

（乙）虞翻

三國志吳書有虞翻傳。虞翻字仲翔，會稽餘姚人。生於漢靈帝建寧三年（西元一七〇年）在東吳孫權處任騎都尉，屢次直言，孫權不能容，乃被徙交州。虞翻在貶謫處，仍講學不倦。後以疾終，壽七十。（漢廢帝正始元年西元二四〇年）

虞翻的易學，出於孟喜，他的高祖父虞光，少治孟氏易，曾祖父虞成，祖父虞鳳，父親虞歆，世傳相承，都研究孟氏的易學。

虞翻易學的著作已早遺佚，但李鼎祚的集解中保存了他的原著尚多。他的易學，注重卦變，虞翻爲人狂傲不羈，不畏權威，評論漢易各家常毁多於譽，惟對荀爽則有敬意，稱爲荀公。實際他的易學，承襲荀氏易學的卦變說而予以發展。

(丙) 魏伯陽

漢朝象數易學到了魏伯陽，已到結束的時期，魏伯陽的生平大約在虞翻以前，約在漢桓帝時。然兩人爲同時代的人，兩人在象數學上都作了漢易的殿後者。虞翻繼續發展了前人的學說，魏伯陽則把易學引入了另一途徑，卽是引入了道教的神仙說，開啓後來宋朝易經的圖象派。

道教在漢末由張道陵發起，各地從者頗多。亂世人心厭惡現狀，神仙的學說容易受人援受。魏伯陽學仙，修鍊丹藥，假易經的象數，作參同契，以解釋鍊丹的法術。魏伯陽按神仙傳所說，爲吳人，按列仙傳爲會稽上虞人。家世爲仕宦家，伯陽一生不肯作官，閒居養性，隱居山中。羡慕仙人，鍊丹和長生。

(丁) 王弼

王弼爲漢朝易學的最後一位學者，他是三國時人，和鍾會同時。他的事蹟附在三國志的鍾會傳中。裴松注三國志加有稍長的考證。

王弼，字輔嗣，生於魏黃初七年（西元二二六年）卒於正始十年（西元二四九年），年二十四歲。

二十四歲的青年人，注老子，注易經，自成一家，眞爲天才。但是他對於易學的研究也有家傳，因爲他的哥哥王宏和他，都是荆州牧劉表的外曾孫。他們的祖父王業，爲王凱的兒子，王凱是劉表的女婿。劉表長於易學，爲漢末有名的易學家之一，而且他在荆州提倡易學，宋忠爲他的幕下客，也爲成名的易學者。宋忠的弟子王肅，也有學名。王弼注易，祖述王肅的思想。所以，王弼的易學也有家傳。

王弼注易的特點，在於掃除了象數的思想，而以義理注解易經。義理的易學，本爲古代的易學，十翼就是最好的代表。子夏說傳尙有義理易學的風範。王弼擺脫了兩漢的易學思想，恢復孔子講易的精神；可是王弼雖採取儒家的思想，却又把老子的道家思想滲入了易經裡，後來的儒者就責備他這一點，明末王船山對於王弼也是毀譽參半。

(戊) 管輅

管輅生在王弼以先，爲漢末人，曾與何晏談易。管輅的易學，雖有象數學的精神，却不用象數學的方法。他以數學解易，不立文字，空靈飄渺，別開生面。他的數學不是易傳的天數大衍之數，而是以數學代表災地變化之理，天地萬物的成毀，都有一定的數，有似宋邵雍的皇極經世所講的數。

(二) 象數易的卦氣說

周易在原始的意義，用在占卜。占卜在商代用龜甲獸骨。甲骨的占卜術在於甲骨在火燒後所留的裂紋，裂紋乃是象。另有一種古代筮法用蓍草，卽是策，策則用數，由數而得爻，由爻而成卦。因此象和數原是占卜的本有成素。

但是占卜所用的象數，必定要有象徵的意義，和天地人事的變化有關係，否則無法占驗；因此在易經的經傳裡已經有象數的象徵意義。漢朝的前期易學家，如施、梁、費、韓嬰等人傳承古代的易學，發揮占卜的象數，後期的易學家，如荀爽，虞翻等人，在占驗方面多有新說。但較比卦氣和卦變的易學，還是較爲簡易。

(1) 卦變

(甲) 象

（A）易經的象

在繫辭裡有所說明：

『八卦成列，象在其中矣。因而重之，爻在其中矣。』（繫辭下第一）

『聖人設卦，觀象繫辭焉而明吉凶。』（繫辭上第二）

『是故易者，象也。象也者，像也。』（繫辭下第三）

『聖人有以見天下之賾，而擬諸其形容，象其物宜，是故謂之象。』（繫辭上第八）

『八卦以象告，爻象以情言。』（繫辭下第十二）

繫辭祇說明八卦是各種象，又祇說明八卦的象以告吉凶爲目的。然而八卦究竟是什麼象呢？說卦傳乃有說明。

☰乾 父，天，圜，君，玉，大赤，良馬。

☷坤 母，地，衆，釜，大輿，文，柄，黑，帛。

☳震 長男，雷，玄黃，大塗，龍，蒼竹，馬足。

☴巽 長女，風，木，繩直，工，白，進退，寡髮。

☵坎 中男，水，溝瀆，矯輮，弓輪，心病，月，夫。

☲離 中女，火，日，電，甲冑，戈兵，大腹，龜。

☶艮 少男，山，徑路，門闕，果蓏，狗，鼠。

☱兌 少女，澤，巫，口舌，毀折，羊，剛鹵，妻妾。

這些象爲說卦傳所說的象，這些象是從天地人物中取名的。每一卦有許多象徵的意義，這些意義和天地現象以及人事現象相連，因着象徵的物象或事象在實際的順逆關係，便可以推演人事的吉凶。

在左傳和國語記錄一些占卜的事實，在占卜時所用的解釋，常用卦象去解釋。屈萬里教授所著先秦漢魏易例述評錄取左傳的易例，標明『以象說者九』。例如：

『閔公元年傳：初畢萬筮仕於官，遇屯䷂之比䷇。辛廖占之，曰：吉，屯固比入，吉孰大焉？其必蕃昌。震爲土，車從馬，足居之，兄長之，母覆之，衆歸之，六體不易，合而能固，安而能殺，公侯之卦也。公侯之子孫，必復其始。』

屯卦的下卦☳爲震，上卦☵爲坎；比卦的下卦☷爲坤，上卦☵爲坎。震爲土，爲馬足，爲長男。坎爲中男，爲車輪。坤爲母，爲衆。把所有的象聯繫起來，乃有「震爲土，車從馬，足居之，兄長之，母覆之，衆歸之。」

『莊公二十二年傳：周史有以周易見陳侯者，陳侯使筮之，遇觀䷓之否䷋，曰：是謂「觀國之光，利用賓於王。」此其代陳有國乎？不在此，其在異國；非此其身，在其子孫。光遠而自他，有耀者也。坤土也，巽風也，乾天也，風爲天於土上，山也。有山之材，而照之以天光，於是乎居土上。故曰：觀國之光，利用賓于王。庭實旅百，奉之以玉帛，天地之美俱焉。故曰：利用賓于王。猶有觀焉，故曰：其在後乎？風行而著於土，故曰：其在異國乎？若有異國，必姜姓也。姜大嶽之後，山嶽則配天，物莫能兩大，陳衰，此其昌乎？』

觀卦的下卦☷爲坤，上卦☴爲巽，否卦的下卦☷爲坤，上卦☰爲乾。坤爲土，爲帛。乾爲天，爲玉。巽爲風。將這些象聯繫起來，乃有上面所引的卦辭解釋。

這種以象解釋占卜的易學，在春秋戰國時代已經行於社會，漢初田何所傳的易學，應當是這種易學。田何以後的施讎，梁丘賀，孟喜三家易學，也是這種易學。孟喜雖改了師法，但也留這種傳統。祇是他們的易傳都已遺佚，現在我們不能知道他們的主張。

(B) 焦氏易林的象

焦氏易林的占卜斷語，也用卦象去斷。易林的斷語較易經的爻辭更通俗，可是內容則更複雜。斷語中以象解卦時，不容易尋出所言的卦象。例如：

『乾卦☰☰。道陟石阪，胡言連謇，譯瘖且聾，莫使道通，請謁不行，求事無功。』

這段斷語，乃是從卦象去斷吉凶，然而所用的象和說卦的象不相同，焦延壽的學說現在又沒有留下來，我們知道他的卦象，便不明白他解釋卦爻的理由。焦氏易林有四千九十六變卦的斷語，這些斷語的理由現在都沒法知道。

(C) 八卦逸象

八卦逸象，爲漢朝易學所留下的卦象，由後代學者加以收集。唐陸德明經典釋文收有荀爽九家逸象三十一。今列如后：

乾——龍，直，衣，言。

坤——牝，迷，方，囊，裳，黃，帛，漿。

震——王，鵠，鼓。

巽——楊，鸛。

坎——宮，律，可，棟，叢棘，狐，蒺藜，桎梏。

離——牝牛。

艮——鼻，虎，狐。

兌——常，輔頰。

逸象，爲說卦所說的卦象以外的象。這些象爲易學者和卜筮術士所造。這種作法有似乎造字的造法，造字有六書爲標準，造象則沒有一定的標準；所可有的標準則是陰陽，陽爲剛，陰爲柔；陽爲男，陰爲女。其餘的象都推這種標準去造，上面所有逸象，有的對於這種標準很近，有的則看不出有什麼關係。

清惠棟易漢學保留了虞翻的八卦逸象？今錄於後：

『乾』——王，神，人，聖人，賢人，君子，善人，武人，行人，物，敬，威，嚴，道，德，性，信，善，良，愛，忿，生，慶，祥，嘉，福，祿，積善，介福，先，始，知，大，盈，肥，好，施，利，清，治，高，宗，甲，老，舊，古，久，畏，大明，晝，遠，郊，野，門，大謀，道門，百，歲，朱，頂，圭，蓍。（六十二）

『坤』——妣，民，姓，刑人，小人，鬼，尸，形，自，我，躬，身，至，安，康，富，財，積，聚，重，厚，基，致，用，包，寡，徐，營，下，裕，虛，書，永，邇，近，思，默，惡，禮，義，事，類，閉，密，恥，欲，過，醜，過，怨，害，終，死，喪，殺，亂，喪期，積惡，冥，晦，夜，暑，乙，

年，盍，戶，闔戶，庶政，大業，土，田，邑，國，邦，大邦，鬼方，器，缶，輻，虎，黃牛。（八十二）

『震』——帝，主，諸侯，人，行人，士，兄，夫，元夫，行，征，出，逐，作，興，奔，奔走，警衛，百，言，講，議，問，語，告，響，音，應，交，懲，反，復，世，從，守，左，生，緩，寬仁，樂，笑，大笑，陵，祭，鬯，草莽，百穀，麋鹿，筐，趼。（五十）

『坎』——雲，玄雲，大川，志，謀，場，疑，恤，逖悔，涕洟，疾，災，破，罪，悖，欲，淫，獄，暴，毒，虛，瀆，孚，平，則，經，法，叢，聚，習，美，後，入，納，臀，要，膏，陰夜，三歲，酒，鬼，校，弧，弓彈，穿木。（四十六）

『艮』——弟，小子，賢人，童，童僕，官，友，道時，小狐，狼，碩，碩果，愼，順，待，執，多，厚，求，篤美，穴居，城，宮，庭，廬，牖，居，舍，宗廟，社稷，星，斗，沫，肱，背，尾，皮。（三十八）

『巽』——命，誥，號，商，隨，處，歸，利，同，交，白茅，草莽，草木，薪，帛，墉，牀，桑，蛇，魚。（二十）

『離』——黃，見，飛，明，光，甲，孕，戎，刀，斧，資斧，矢，黃矢，罔，鶴，鳥，飛鳥，甕，瓶。（十九）

『兌』——友，朋，刑，刑人，小，密，見，右，小知。（九）

虞氏逸象共三百二十六。(6) 惠棟在易漢學三中，爲虞氏逸象作註，又在結尾說：『雖大略本諸經，然其授受必有所自，非若後世鄉壁虛造，漫無根據者也。』(易漢學三) 虞翻以這些卦象解釋易經，牽强附會的地方實在不少。

清張惠言的周易虞氏義保留許多虞翻的易經注文，例如：

『因貳以濟民，行以明失得之教。』(繫辭下第六章)

『注：二謂乾與坤也。坤爲民，乾爲行，行得則乾報以吉，行失則坤報以凶也。』

『易之興也，其於中古乎？』(繫辭下第七章)

『注：興易者謂庖犧也。文王書經繫庖犧於乾五。乾爲古，五在乾中，故興於中古，繫以黃帝堯舜，爲後世聖人，庖犧爲中古，則庖犧以前爲上古。』(7)

張惠言在周易虞氏義錄有虞翻的說卦注，以逸象注解說卦的卦象，在說卦注後，錄有說卦逸象四百五十七個。(8)

『乾』——王，先王，明君，神，聖人，大人，人，賢人，君子，武人，行人，物，易，立，直，敬，畏，威，嚴，堅剛，道，德，盛德，行，性，精，言，信，善，揚善，積善，良，仁，愛，忿，生，詳，慶，天休，嘉，福，介福，祿，先，始，知，大，盈，茂，肥，好，施，利，清，治，大謀，高，揚，宗，族，高宗，甲，老，舊，古，大明，遠，郊，野，門，道門，百，歲，頂，朱，衣，圭，蓍，瓜，龜。（八十）

『坤』——臣，順臣，萬民，民，姓，小人，邑人，鬼，形，身，牝，母，躳，我，自，至，安，康，富，財，積，聚，萃，重，厚，致，用，包，寡，徐，營，下，容，裕，虛，書，邇，近，疆，旡疆，思，惡，理，體，禮，義，事，業，大業，庶政，俗，度，類，閉，藏，密，默，恥，欲，過，醜，死，喪，冥，晦，積惡，迷，亂，弑父，怨，害，遏惡，終，永終，敝，窮，夕，莫夜，暑，乙，年，十年，戶，義門，闔戶，閉關，闔，土，積土，階，田，邑，國，邦，大邦，萬國，方，鬼方，裳，紱，車，輹，器，缶，囊，虎，兕，黃牛，牝化。（一百十）

『震』——帝，主，諸侯，人，士，兄，夫，元夫，趾，出，行，征，作，逐，驚走，驚衛，定，百，言，講論，議，問，語，告，嚮，聲，音，鳴，應，交，徵，友，後，復世，從，守，左，生，常，緩，寬，仁，樂，笑，喜笑，笑言，道，陵，祭，鬯，禾稼，百穀，草莽，鼓，筐，馬，麋鹿。（五十七）

『巽』——命，命令，號令，教令，誥，號，號咷，處女，婦，妻，商旅，隨，入，處，入伏，利，齊，同，交，進，退，舞，谷，長木，苞，楊，木果，茅，白茅，蘭，草木，草莽，杞，葛藟，薪，庸，牀，繩，帛，腰帶，繘，蛇，魚，鮒。（四十四）

『坎』——聖，雲，元雲，川，大川，河，心，志，思，慮，憂，謀，惕，疑，艱，蹇，恤，悔，逖，忘，勞，濡，涕洟，眚，疾，疾病，病癘，疑疾，災，破，罪，悖，欲，淫，寇盜，暴，毒，瀆，孚，平，法，罰，獄，則，經，習，入，內，聚，脊，要，臀，膏，陰夜，歲，三歲，尸，酒，叢木，叢棘，蒺藜，棘匕，穿木，校，弧，弓彈，木，車，馬。（六十九）

『離』——女子，婦，孕，惡人，見，飛，爵，日，明，光，甲，黃，戎，折首，刀，斧，資斧，矢，飛矢，黃矢，罔，罟，甕，瓶，鳥，飛鳥，鶴，隼，鴻。（二十九）

『艮』——弟，小子，君子，賢人，童，童蒙，童僕，官，友，閽，時，斗，星，沬，霆，果，愼，節，待，制，執，小，多，厚，取，舍，求，篤美，道，穴居，石，城，宮室，門庭，廬，

牖，居，宗廟，社稷，鼻，肱，背，腓，皮，膚，小木，碩果，碩，豹，狼，小狐，尾。(五十二)

『兌』——妹，妻，朋，友，講習，刑人，刑，小，少，密，通，見，右，下，少知，契。(十六)

惠棟所錄虞氏逸象爲三百二十六，張惠言所錄說卦逸象的四百五十七，後者較比前者多一百三十一個象，兩者所有相同的逸象很多。惠氏所錄的虞氏逸象在張氏所錄的說卦逸象中幾乎都有，也有一些不相同的逸象。清朝方申在易學五書中收有諸家易象總計一千四百七十一逸象。

逸象在當時，爲占卜的重要的方法。易學家雖用逸象去注經，實際上則用象去卜卦。這種現象在哲學上的意義，就是顯示漢朝學術界和宗教信仰上的一種普遍趨勢，把自然界和人事界的一切都和陰陽五行相配合。在哲學上以陰陽五行之氣爲一切事物的原素，因此每一事物必屬於陰陽五行之一。八卦和六十四卦都由陰陽兩元素而成，自然界和人事界的每一事物便屬於一卦。依照這樣的看法，卦象可以擴充到無限。同時，八卦可以應用到所有的事物上，可以推占一切事物的吉凶。

(乙) 數

(A) 周易卦爻的數字

周易的卦，有卦象，也有有卦數。每卦以三爻或六爻排列而成一卦形，在卦形中含有爻的數目。而且爻的位置也用數字去表示，例如初九，九二，九三等，初六，六二，六三等。

在易經的宇宙論裡，宇宙的原素，在本質上說，稱爲陰陽。陰陽在宇宙的變中，也代表變化的原素。變化的原素，常不祗是一個，必定至少有兩個，或兩個以上的原素，爲代表這些原素，便可以用數字去代表。易經根據這個原則以奇偶兩數代表陰陽，陽爲奇數，陰爲偶數。

在數目中，一到十爲基數，基數裡有五個奇數，五個偶數。一三五七九爲奇數，代表陽；二四六八十爲偶數，代表陰。

易經的卦，以九代表陽爻，以六代表陰爻。陽爻稱爲初九，九二，九三，九四，九五，上九。陰爻稱爲初六，六二，六三，六四，六五，上六。易經用九用六兩個數字，意義究竟何在？孔穎達的正義說有兩種意義：

『一者乾體有三畫，坤體有六畫。陽得兼陰，故其數九。陰不得兼陽，故其數六。』

『二者，老陽數九，老陰數六。老陰老陽皆變。周易以變者爲占，故杜元凱注襄九年傳艮之八，及鄭康成注易，皆稱周易以變者爲占，故稱九稱六。所以老陽數九，老陰數六者，以揲蓍之數。九遇揲則得老陽，六遇揲則得老陰。其少陽稱七，少陰稱老，義亦準此。』

前面的兩種解釋，還是不明白。最近程石泉教授加以解釋說：『前引繫辭傳，我們知道九乃五個天數中的一個，六乃五個地數中的一個。同時我們知道乾之策是二百十六，坤之策是一百四十四。乾坤兩策相加共爲三百六十策，與一年之日數相近。乾六爻皆陽，而每爻之數值爲九，——此乃以四除三十六所得之結果——所以6×9×4＝216。同樣理由，坤之策是6×6×4＝144。如此陽策的數值是九，而陰策的數值是六，在大衍之數那一章裡已經間接的提供給我們了。』(9)

漢朝易學家，以九代表老陽，七代表少陽；以六代表老陰，八代表少陰。老象徵成數，少象徵變數。易緯乾鑿度說陽之變，由七到九，陰之變，由八到六。鄭玄注說陽的變動爲退，故由七到九；陰的變動的退，故由八到六。⑽九爲陽的成數，六爲陰的成數。

又有人按說卦傳所說：『參天兩地而倚數』，(第一章) 加以注解，「參天」即三個天數，天一天三天五，『兩地』即兩個地數地二地四。『倚數』相加，天數爲九，地數爲六。故易的陽爻稱爲九，易的陰爻稱爲六。

一卦的各爻，按所處地位，稱以數目。漢朝易學家解釋易經時，常以爻的數目去注解。例如：

坎，『上六，三歲不得凶。』虞翻註『三非其應，故曰三歲不得凶矣。』

解，『九二，田獲三狐』虞翻註『二之五歷三爻，故田獲三狐。』

損，『六三，三人行則損一人，』虞翻註『泰乾三爻爲三人，震爲行，故三人行。損初之上，故則損一人。一人謂泰初之上，損剛益柔，故一人行。』

坎和解兩卦注釋，不難明瞭。損卦的注釋，則應解釋，䷨損卦來自䷊泰卦。損卦的第三爻爲陰爻，稱爲六三。易經爻辭說『六三，三人行則損一人』泰卦的下卦爲三，稱爲三人行。損卦則以泰的第三爻陽爻，變到第六爻，以泰卦的第六爻陰爻轉到第三爻，所以說『損初之上』，泰便損一人。

這種解釋，用爻的數解釋易經裡的數字，很巧妙地符合；但是在理論上，則沒有理論可言。

清張惠言的易學十書錄有虞翻的易注。例如「咸」卦的注釋：

『感莫大于男女，卦言取女吉。爻則言聖人感人心而天下和平也。坎爲心，四與初易位，成旣濟體兩，坎五爲上之心，三爲下之心，二承三，上就五，各于其黨，則天下和平之義也。三五皆人之心，聖人之感人心在四，四變則坎心交上下也。』(11)

咸卦爲䷞。坎卦爲䷜，坎的第二爻第五爻爲陽，代表人心居中。若把咸卦的第三爻和第二爻互換，『二承三』則☶變爲☵卽是坎卦，再把第四爻由陽變陰，也成爲☵坎，『聖人之感人心在四，四變則坎心交上下也。』

又例如家人卦䷤。『五爲父，二爲母，初爲夫，四婦，三正，天下定矣。』⑿

這種注解，以數和象相連，在易經裡也已經有端緒；例如咸卦的象辭：「初六，咸其拇，……六二，咸其腓，……九三，咸其股，……九五，咸其脢，……上六，咸其輔頰舌。』虞注說：『以爻位言之，初爲母，二爲腓，三爲股，下體也。四爲心，五爲脢，上爲舌，上體也。』⒀

數在周易裡的第一種意義，是爻的數。爻的數以九和六爲成數，在變時分爲六爻，從下到上，以初二三四五上，五個數字代表。這種數字代表陰陽在卦內的位置，也就是代表陰陽的變化。因此，以數和位來解釋易經或爲占卜，所有的理由，也在於陰陽。

（B）天地之數

卦爻的位數，來自天地之數。天地在易經代表乾坤，乾坤象徵陽陰的德能。天地之數也就是陽陰之數。易傳說：

『天一，地二，天三，地四，天五，地六，天七，地八，天九，地十。』(繫辭上第九)

『天數五，地數五，五位相得而各有其位。』(同上)

虞翻注說：天，一，水，甲。地，二，火，乙。天，三，木，丙。地，四，金，丁。天，五，土，戊。地，六，水，己。天，七，火，庚。地，八，木，辛。天，九，金，壬。地，十，土，癸。

將這十個數字排列起來，應該排成兩行，卽一二三四五爲一行，六七八九十爲另一行，每行有五個數字，配合五行。配合五行的標準，是五行由天地所生。

天一，地二，天三，地四，天五，
地六，天七，地八，天九，地十。
水　火　木　金　土
北　南　東　西　中

虞翻問：『易何爲而取天地之數也？』他用繫辭傳的話作答：『子曰：夫易開物成務，冒天下之道，如斯而已者也。』虞翻註說：『以陽闢坤，謂之開物，以陰翕乾，謂之成務。冒，觸也，觸類而長之，如此也。』張惠言再加解釋，陽闢開陰到了震，開始發揚，震配合庚，又配合七，七爲陽象的數字。陰翕合乾而退到巽，巽配合辛，又配合八，八爲陰象的數字。陽變而進到九，陰變而退到六，九六相變，觸類而長。物成而後有數，數的成由於陽進陰退；因此有七九八六的數。⒂

易傳又說『天數五，地數五，五位相得，而各有合。』(繫辭上第九章)虞翻註說：『一六合水，二七合火，三八合木，四九合金，五十合土。』⒃

鄭玄解釋天地之數說：

『天地之氣各有五。五行之次，一曰水天數也，二曰火地數也，三曰木天數也，四曰金地數也，五曰土天數也。此五者，陰無匹，陽無耦，故又合之。地六爲天一匹也，天七爲地三耦也，地八爲天三匹也，天九爲地四耦也，地十爲天五匹也。二五陰陽各有合，然後氣相得，施化行也。』(春秋正義引)

這種解釋，以五行爲氣，八卦和四時四方，以及天干地支都和五行相配合，數也和五行相配，天地之數，便成爲五行之氣的代表。

虞翻和鄭玄的數字排列，跟宋朝易學圖書派所講的河圖很相近，河圖的圖形爲一和六在北，二和七在南，三和八在東，四和九在西，五和十在中央。按照虞翻所說，一和六配水，水在北，爲冬。三和八配木，木在東，爲春。二和七配火，火在南，爲夏。四和九配金，金在西，爲秋。五和十配土，土在中央。虞翻所說跟河圖的圖形相合。⒄這種方位，和邵康所說的後天八卦方位（文王八卦方位）相合，後天卦位來自說卦。說卦有兩種卦位，一種爲伏羲八卦方位，（第三章）一種爲文王的卦位。（第五章）說卦的文王卦位：『萬物出乎震，震東方也。齊乎巽，巽東南也……離也者，明也……南方之卦也。……坤也者地也，萬物皆致養焉。……兌正秋，萬物之所說也。……乾西北之卦也，言陰陽相薄也。坎者水也，正北方之卦也。勞卦也，萬物之所歸也，故曰勞乎坎。艮，東北之卦也，萬物之所成，終而所成始也。故成言乎艮。』（第五章）

漢朝易學將數字配合天地陰陽，配合五行，配合八卦；而又以數去解釋易經。

（C）大衍之數

易繫辭傳載有大衍之數。大衍之數爲一種筮法。筮用蓍草，或用竹板。筮的目的在求得一個數字，由數而得卦爻，由爻而成卦。

『大衍之數五十，其用四十有九。分而爲二以象兩，掛一以象三，揲之以四以象四，歸奇於扐以象閏，五歲再閏，故再扐而後掛。……是故四營而成易，十有八歲而成卦，八卦而小成。』（繫辭上第九）

這個數字爲一種用於筮的數字，朱熹在周易本義著有筮儀一篇，說明筮的方法。漢朝易學家則從卦氣方面去解釋大衍之數。

京房說：

『五十者，謂十日十二辰二十八宿也。凡五十。其一不用者，天之生氣。將欲以虛求實，故用四十九焉。』（周易集解引）

馬融說：

『易有太極，謂北辰也。太極生兩儀，兩儀生日月，日月生四時，四時生五行，五行生十二月，十二月生二十四氣。北辰居位不動，其餘四十九，轉運而用也。』（周易集解）

鄭玄說：

『天地之數五十有五，以五行氣通。凡五行減五，大衍又減一，故四十九也。』（周易正義引）

這幾種解釋都由卦氣而說，卦氣分日、分月、分節氣。由日月節氣而配天上的星宿。由卦氣說去解釋大衍之數爲什麼是五十？又爲什麼只用四十九？京房以爲捨一不用而用四十九，是因爲一代表生氣，生氣有超越性。馬融以爲一代表北辰，北辰不動，其餘各星宿轉運不息。鄭玄則以五十數字的成因，在於以天地之數五十五，減五行之氣而得五十。又從五十數字中，減出大衍的元氣，乃得四十九。

虞翻註說：

『天數二十有五，地數三十，凡天地之數五十有五。註：一三五七九故二十五也，二四六八十故三十也。天二十五，地三十，故五十有五，天地數見於此。故大衍之數略其奇五而言五十也。此所以成變化而行鬼神也。』(18)

大衍的衍字，按照鄭玄的注解的演，演爲演變。天地大演變的數字爲五十。虞翻以五十的數目，是從天地的數字五十五中略去五的零數，乃有五十的數目。

大衍的數字，象徵天地的變化，變化的現象，見之於占卜，故大衍的數字『其用四十有九』用爲卜筮。繫辭傳的筮法，早已失傳。朱熹所講的筮儀，也不合於古法。荀爽曾注說：『二揲册掛左手一指間，三指間滿而成一爻，卦六爻，三六十八，故十有八變而成卦也。』虞翻注說：『奇所掛一策，扐所揲之餘，不一則二，不三則四也。取奇以歸扐，扐並合掛左手之小指爲一扐，則以閏月生四時成歲，故歸奇於扐以象閏者也。已一扐復分掛如初揲之歸奇於初扐，並掛左手以小指間爲再扐，則再閏也。又分揲之如初，而掛左手第三指間，成一變，則布掛之一爻，謂已二扐又加一爲三。』⒆

這種數目，在哲理上沒有理由可說，祗是卜筮實用的需要。勉强去說，中間含有兩項意義：第一項意義爲奇數偶數，代表陰陽；第二種意義爲一年的日數，象徵人事在時間內成就。

筮法，按照程石泉教授所講，簡單明瞭。⒇拿蓍草五十根，取出一根，置諸一旁，備而不用。

運算程序：

第一步：任意分這四十九策的兩份，甲與乙。

第二步：從甲份中取出一根，放在兩指的中間。

第三步：將甲份所有的策以四除之。

第四步：甲份的策用四除後，所餘的策，或爲一，或爲二，爲三，爲四，將這餘策放在兩指的中間。

第五步：把乙份的策數以四除之。

第六步：把乙份以四除而餘的策，放在兩指間。

第七步：把掛於兩指間的策取下，放在一邊或掛在筮牌上。

這七步的手續完成了第一變。然後進行第二變。第二變把第一變所餘的策，（卽除去已放在一邊所有原先掛在兩指間的策）或爲四十四，或爲四十，再按照第一變的第一步到第七步的手續，卽完成第二變。第二變所餘的策必爲四十，或三十六，或三十二。再重覆第一變的七步手續。第三變後所餘的策必爲三十六，或三十二，或二十八，或二十四。經過三變則可以得陽爻或陰爻。方法，卽將第三變的餘策或三十六或三十二或二十八或二十四，以四除之，結果或九或八或七或六。九爲老陽，八爲少陰，七爲少陽，六爲老陰。這種筮法很笨。南北朝時乃有『火珠林』筮法，用三個銅錢代替蓍草和卦策，卜法非常簡單。

（D）九宮之數

九宮出自易緯乾鑿度，乾鑿度講卦爻九和六的數字，以陰陽相應，陽動而進，陰動而退，故陽以七而進到九，陰以八而退到六，陽動爲息，陰動爲消。然後提出九宮之數：

『故太一取其數以行九宮，四正四維，皆合於十五。』

鄭玄注說：

『太一者，北辰之名，居其所，曰太一。常行於八卦日辰之間，曰天一。太一出入所流息於紫宮之內外，其星因以名焉，故星經曰：天一太一，主氣之神，行猶待也。四正四維，以八卦神所居，故亦名之曰宮。天一下行，猶天下出巡狩省方岳之事。每率則復太一，下行百卦之宮，每四乃還於中央。中央者北辰之居，故因謂之九宮。』(21)

易緯的這種思想，和明堂的思想相合。明堂在漢朝時和五行的思想，又和民間神話相結合。既有五氣，又有五氣之神，還有五神之星。明堂為古代皇帝聽政的處所，後來五行的思想興起，五行之氣和一年的月數及節氣相配合、明堂又成為皇帝按照時令而行政事的規律。

明堂的制度已經不可考。清惠棟曾作明堂大道錄，有明堂興替一篇，然而他也有『明堂四門，先儒不詳。』和『儒論明堂』兩篇。但是在漢朝確實曾經建造明堂，明堂和五行的思想也曾是相聯繫。以明堂爲『王者之堂也，一貫三爲王，』白虎通說『王者，五行之稱也。五行用事者王。』因此，『明堂以聽朔爲先，本大衍歸奇再扐之法。』(22)這是把易傳所講的大衍之數和明堂相連結了。

明堂九宮的位置，出自說卦。說卦說：『帝出乎震，齊乎巽，相見乎離，致役乎坤，說言乎兌，戰乎乾，勞乎坎，成言乎艮。』震在東方，巽在東南，離在南方，坤在西南，兌在西，乾在西北，坎在北方，艮在東北方。乾鑿度說：

『震生物於東方，位在二月。巽散之於東南，位在四月。離長之於南方，位在五月。坤養之於西南方，位在八月。兌收之於西方，位在八月。乾剝之於西北方，位在十月，坎藏之於北方，位在十一月。艮終始之於東北方，位在十二月。八卦之氣終，則四正四維之分明。』(易緯乾鑿度，卷上)(23)

八卦方位：震，東；巽東南；離，南；坤，西南；兌，西；乾，西北；坎，北；艮，東北。

四正：東南西北。

四維：東南＝西北，西南＝東北。

九宮的數：坎1，坤2，震3，巽4，中央5，乾6，兌7，艮八。四正：離9坎1，中央5，合共15；震3，兌7，中央5，合共15。四維：巽4，乾6，中央5，合共15；坤2，艮8，中央5，合共15。卽是按照上圖，凡兩相對之卦的數相加都得10。

八卦的數，由九宮的次序而來，九宮的次序爲太一巡行九宮的次序。鄭注乾鑿度說：

『天數大分，以陽出，以陰入。陽起於子，陰起於午。是以太一下九宮，從坎宮起，坎中男，始亦言無適也。自此而從於坤宮，坤母也。又從此而從震宮，震長男也。又自此而從巽宮，巽長女也。所行者半矣，還息於中央之宮。既又自此而從乾宮，乾父也。自此而從兌宮，兌少女也。又自此而從於艮宮，艮少男也。又自此從於離宮，離中女也。行則周矣，上遊息

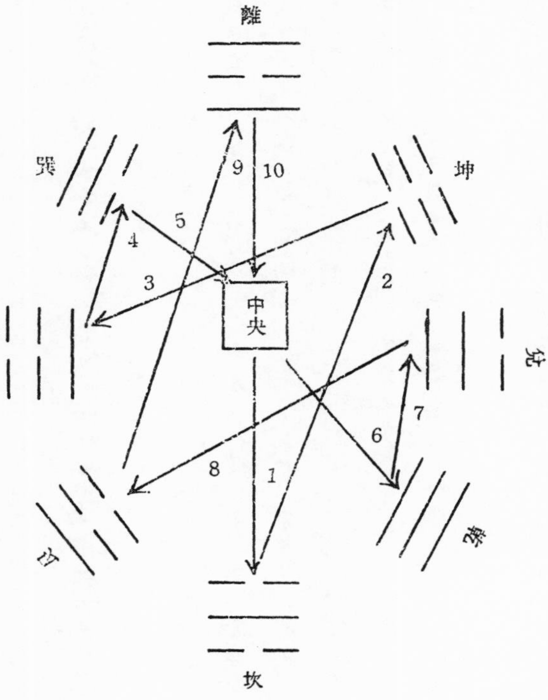

於天一太一之宮，而反於紫宮，行從坎宮始，終於離宮。』(24)

這種次序，從陰陽變化的次序看，完全不合。從一年的月和氣節去看也不合。鄭玄注乾鑿度加以解釋：

『數自太一行之坎爲名耳。出從中男，入從中女，亦因陰陽男女之偶，爲終始。云從坎宮，必先之坤者，母于子養之勤勞者。次之震，又之巽，母從異姓來，此其所以敬爲生者。從息中而復之，乾者，父於子教之而已，於事逸也。次之兌，又之艮，父或老順其心所愛，以爲長育多少大小之行，已亦爲施。此數者合十五，言有法也。』(25)

這種解釋實在牽强附會得很。我們以爲這種巡行次序，應該從古代天文學的星座去尋求解釋，必定是行星和恒星的次序。漢朝天文學頗盛，五行學者把天文混於五行。

(丙) 卦變

卦由三爻而成，代表天地人。三爻成卦祇能有八變。把三爻再倍爲六爻，卽兩單卦合成一複卦，則有六十四變。這種變化乃是數學上的變化。朱熹所編的周易本義繪有伏義六十四卦次序圖。在圖上注明，一爻的變化就祇兩儀，兩爻的變化有四象，三爻的變化有八卦，四爻的變化有十六卦，五爻的變化有三十二卦，六爻的變化有六十四卦。從圖上黑白兩爻的變化，就可看出完全是數學的變化。朱熹引邵雍的解釋：『八分爲十六，十六分爲三十二，三十二分爲六十四，乃一種自然的變化。』

但是易學者從漢朝開始，研究六十四卦變化之道，第一研究八卦的方位，第二研究六十四卦的次序，第三研究卦變的加多。於是乃有漢易的各種學說，也有宋朝和後代的許多卦圖。我們現在就漢朝易學在這方面的學說，加以說明。

在易經裡面有許多關於變化的話。繫辭裡說：

『剛柔相推而生變化。』（繫辭上，第二）

『易之爲書也不可遠，爲道也屢遷，變動不居，同流六虛，上下無常，剛柔相易，不可爲典要，唯變所適。』（繫辭下，第八）

卦的變化在於陰陽爻位的變換。易經在彖辭裡常有剛柔上下變易的辭句。漢朝易學者根據易經的辭句，便構成卦變的系統。

(A) 八卦方位

易經的說卦傳，有兩種八卦方位說，在第三章說：

『天地定位，山澤通氣，雷風相薄，水火不相射，八卦相錯。』

天爲乾卦，地爲坤卦；八卦的方位以乾坤兩卦爲標準，乾南坤北。山爲艮卦，澤爲兌卦；山澤通氣，艮在西北，兌在東南。雷風相薄，雷爲震卦，風爲巽卦；雷風相薄，震在東北，巽在西南。水火不相射，水爲坎卦，火爲離卦，水火不相射，離在東，坎在西。這種卦位在宋朝因邵雍的主張，稱爲先天卦位或伏羲八卦方位。

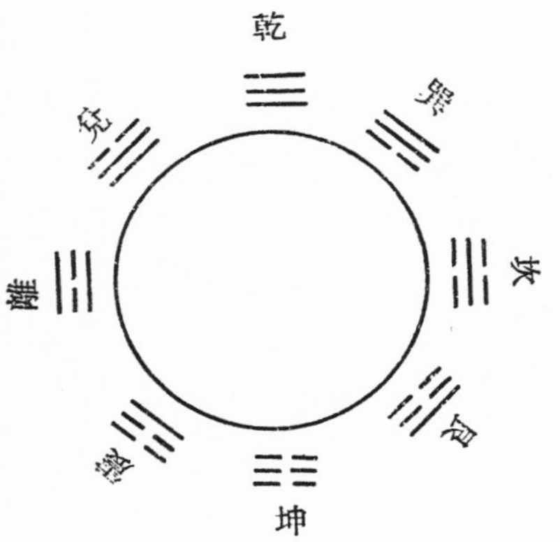

這種八卦方位，爲陰陽消息的自然次序。陽起於西

北，由震的一陽爻作代表，離則有兩陽爻，兌的一陰爻已在最上，然後有乾的三陽爻，陰起於西南，由巽的一陰爻作代表，坎有兩陰爻，艮的一陽爻已在上面，然後有坤的三陰爻。但是漢朝易學很少採用這種方面。

說卦的第五章說：

『帝出乎震，齊乎巽，相見乎離，致役乎坤，說言乎兌，戰乎乾，勞乎坎，成言乎艮。萬物出乎震，震東方也。齊乎巽，巽東南也。齊也者，言萬物之潔齊也。離也者，明也，萬物皆相見，南方之卦也。聖人南面而聽天下，嚮明而治，蓋取諸此也。坤也者，地方，萬物皆致養焉；故曰致役乎坤。兌正秋也，萬物之所說也；故曰說言乎兌。戰乎乾，乾，西北之卦也，言陰陽相薄也。坎者，水也，正北方之卦也，勞卦也，萬物之所歸也。故曰勞乎坎。艮，東北之卦也，萬物之所成，終而所成始也；故曰成言乎艮。』

這種八卦方位，按照萬物的生長成熟的次序而定，宋朝稱爲後天卦位，或文王八卦方位！

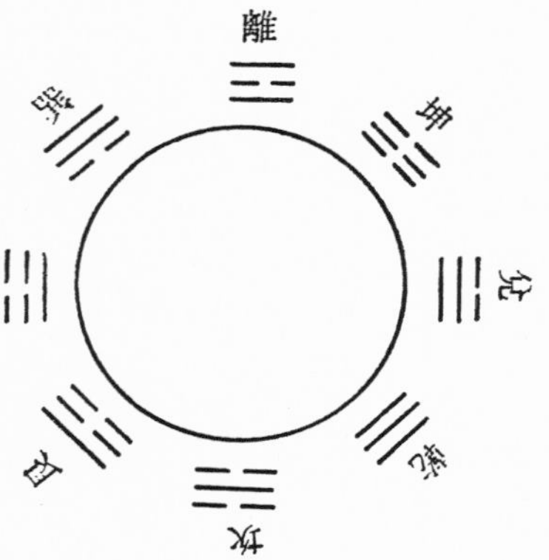

易緯乾鑿度說：『八卦成列，天地之道立，雷風水火山澤之象定矣，其布散用事也，震生物在東方，位在二月。巽散之於東南，位在四月。離長之於南方，位在五月。坤養之於西南方，位在六月。兌收之於西方，位在八月。乾制之於西北方，位在十一月。艮終始之東北方，位在十二月。八卦之氣，終則四正四維之分，明生長收藏之道，備陰陽之體，定神明之德，通萬物而各以其類成矣。』[33]乾鑿度的八卦方位，提到四正四維，又提到月數，已經指出十二消息卦的方位了。

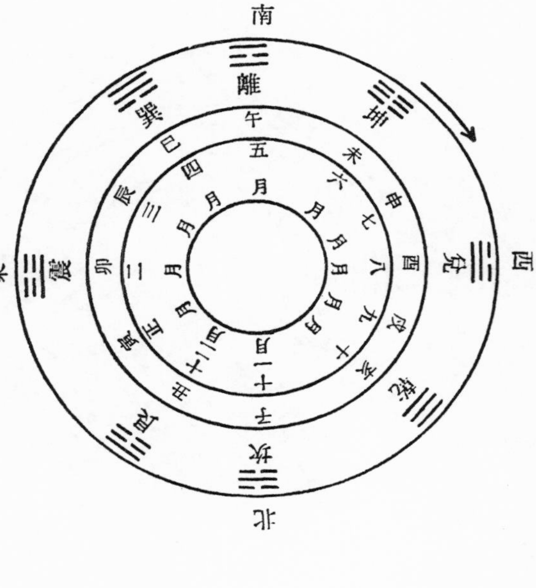

孟喜的四正卦，爲坎離震兌。他把四維的乾坤艮巽捨去，祗取四正卦。以四正卦的二十四爻，配一年的二十四節氣。四正卦的方位不變。

十二消息卦則按陰陽爻的消息次序，不用八卦，而用復臨泰大壯夬乾姤遯否觀剝坤十二卦，卦的方位次序，以復爲起點，位在北方，時爲十一月，然後向東方轉移，繞一圓周。

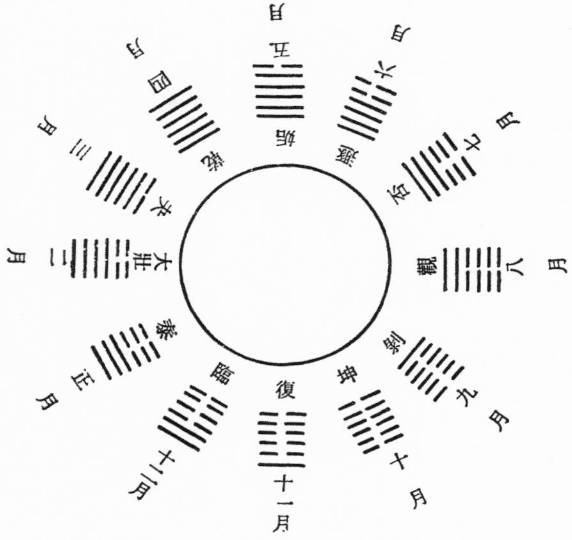

京房的納甲，納十二支，鄭玄的爻辰，都按這個方位按十二月的位置，其餘一切都配合十二月的位置而安排。

（B）八　宮

八宮說創自京房，作爲占卜術的根本。孟喜告焦延壽的占卜術以卦氣爲主，注重卦和一年節氣的關係。京房則注意卦的變化，以易經爲根據：『陽盪陰，陰盪陽，二氣相感而成體』（豐卦辭）『八卦復位，六爻遷次，周而始，上下不停，生生之義，易通祖也。』（同人卦辭）

京房的八宮卦，以八卦爲八宮本位卦，也稱純卦。由八純卦的初爻起變化，一直到第五爻，不變第六爻。否則六爻都變，則變成了另一純卦，而侵入他宮，於是乃反變第四爻，稱爲遊魂，再祇變爲第五爻，稱爲歸魂。

八宮卦變圖

八宮	八純卦	一世	二世	三世	四世	五世	游魂	歸魂
乾宮	乾	姤	遯	否	觀	剝	晉	大有
震宮	震	豫	解	恒	升	井	大過	隨
坎宮	坎	節	屯	既濟	革	豐	明夷	師
艮宮	艮	賁	大畜	損	睽	履	中孚	漸
坤宮	坤	復	臨	泰	大壯	夬	需	比
巽宮	巽	小畜	家人	益	无妄	噬嗑	頤	蠱
離宮	離	賁	鼎	未濟	蒙	渙	訟	同人
兌宮	兌	困	萃	咸	蹇	謙	小過	歸妹

八宮卦變圖，按照爻變的理則，說明一卦由另一卦變出的次序，包括了六十四卦的次

序。在易學上常有一個問題，六十四題的變成有什麼次序？序卦說明了一個次序，然而在理則方面則沒有適當的理由，而且所列的次序並不整齊。

京房由八宮圖又創『世應』『世建』的兩種變化以作占卜之用。世應代表八宮卦的爻，世爲世爻應爲應爻。八宮的八純卦爲世爻，其他各爻爲應爻。八宮的各世卦所有的變爻稱爲世爻，遊魂卦以第四爻爲世爻，歸魂卦以第三爻爲世爻，其他各爻爲應爻。在占卜時，以世爻爲一卦之主。世建以八宮各世之卦，配一年的月數。如一世卦配五月，二世卦配六月，三世卦配七月，四世卦配八月，五世卦配九月等。

(C) 荀爽升降法

荀爽的卦變說，以升降爲原則，以初和四，二和五，三和六同變。升降法可以說明八卦的變，但不能說明其他各卦。升降法所根據的理由，爲乾鑿度所說：『故六畫而成卦，三畫以下爲地，四畫以上爲天，物感以動，類相應也，易氣從下生，動於地之下，則應於天之下，動於地之中，則應於天之中，動於地之上，則應於天之上。初以四，二以五，三以上，此之謂陽動而進，陰動而退。』南宋俞琰根據他的原則，祇用升不用降，又不用於據經，乃成一有系統的卦變圖，稱爲『先天六十四卦直圖』。

純陽一卦

䷀ 乾

純陰一卦：

䷁ 坤

一陽五陰六卦

䷗ 復　䷆ 師　䷎ 謙　䷏ 豫

䷇ 比　䷖ 剝

一陰五陽六卦

䷫ 姤　䷌ 同人　䷉ 履　䷈ 小畜

䷍ 大有　䷪ 夬

二陽四陰十五卦：

䷒ 臨　䷣ 明夷　䷲ 震　䷂ 屯

䷚ 頤　䷭ 升　䷧ 解　䷜ 坎

䷃ 蒙　䷽ 小過　䷦ 蹇　䷳ 艮

䷬ 萃　䷢ 晉　䷓ 觀

二陰四陽十五卦：

䷠ 遯　䷅ 訟　䷸ 巽　䷱ 鼎

䷛ 大過　䷘ 无妄　䷤ 家人　䷝ 離

䷰ 革　䷼ 中孚　䷥ 睽　䷹ 兌

䷙ 大畜　䷄ 需　䷡ 大壯

三陽三陰二十卦：

䷊ 泰　䷵ 歸妹　䷻ 節　䷨ 損

䷶ 豐　䷾ 既濟　䷕ 賁　䷐ 隨

䷔ 噬嗑　䷩ 益　䷟ 恒　䷯ 井

䷑ 蠱　䷮ 困　䷿ 未濟　䷺ 渙

䷞ 咸　䷷ 旅　䷴ 漸　䷋ 否

荀爽雖然沒有畫這種圖，但是俞琰則是校據他的學說而畫成的。這個圖也是說明六十四卦變化的次序。祗是六十四卦的每一卦，則次序仍是不明白。

（D）反對·旁通法

在易傳的序卦和雜卦裡，卦的次序以『反對』『旁通』兩法，作為變化的原則。反對法即以相反的兩卦互變。例如泰䷊否䷋兩卦為反對卦。觀䷓臨䷒卦為反對卦。剝䷖夬䷪兩卦為反對卦。反對卦為內外卦在兩卦裡互相變換。

虞翻常用反對法解釋易經。例如

泰䷊卦辭：『小往大來，吉亨。』

虞注說：『陽息坤，反否也。坤陰詘外，為小往；乾陽信內，稱大來。天地交，萬物通。』這段注釋是以泰由否來，乾陽卦由外卦變為內卦，坤陰卦由內卦變成外卦，稱為小往大來。陽為大，陰為小。內為重，外為輕。

否䷋卦辭：『否之匪人，不利君子貞，大往小來。』

虞注說：『陰消陽，又反泰也。……陰信陽詘，故大往小來，則是天地不交而萬物不通。』否卦由泰卦變來，乾陽卦由內卦變成外卦，坤陰卦由外卦變成了內卦。

觀卦䷓，卦辭說『觀盥而不薦，有孚顒若，下觀而化也。』虞注說：『觀，反臨也，以五陽觀示坤民，故稱觀。』觀卦由臨卦而來，觀䷓臨䷒把臨卦的九二換到觀卦的六五，然後又換初九和上六。觀卦的九五陽爻下觀內卦的坤卦，乃稱爲『下觀而化』。

旁通法爲兩卦的陰陽爻互對而起反對。本來是反對卦，但不是上下卦，卽內外卦互相反對，而是卦體的陰陽爻互相反，例如：

小畜 ䷈ 卦體陰陽爻互相反 豫 ䷏

剝 ䷖ 卦體陰陽爻互相反 夬 ䷪

清朝李銳曾作周易虞氏略例，載虞氏旁通卦二十，共計四十卦

小畜䷈旁通豫䷏	謙䷎旁通履䷉ㅤ
比䷇旁通大有䷍	豫䷏旁通小畜䷈ㅤ
履䷉旁通謙䷎	蠱䷑旁道隨䷐
同人䷌旁通師䷆	臨䷒旁通遯䷠
剝䷖旁通夬䷪	恒䷟旁通益䷩
復䷗旁通姤䷫	夬䷪旁通剝䷖
大畜䷙旁通萃䷬	姤䷫旁通復䷗
頤䷚旁通大過䷛	革䷰旁通蒙䷃
坎䷜旁通蒙䷃	鼎䷱旁通屯䷂

大有䷍旁通比䷇　　離䷝旁通坎䷜

上面面有十二組重出的卦，共二十四卦；不重出中爲十六卦。因此旁通的卦實際有二十八卦，分十四組。按這種方法去變，六十四卦都可以有互相旁通的卦，合計可分三十二組。

虞翻注易，也用旁通，如注釋比卦，『與大有旁通』；注釋小畜卦，『與豫旁通』等。(34)

(E) 飛伏

『飛伏』創自京房。飛的意思是顯，伏的意思是隱。八宮卦的八純卦和各世各有飛伏。飛伏的價值在於增加占卜的用途，占卜時，如顯卦不足，則用隱卦以相助，因爲陽中伏有陰，陰中伏有陽。

乾宮	乾	姤	遯	否	觀	剝	晉	大有
飛伏	與坤	與巽	與艮	與坤	與巽	與艮	與艮	與坤
震宮	震	豫	解	恒	升	井	大過	隨
飛伏	與巽	與坤	與坎	與巽	與坤	與坎	與坎	與巽
坎宮	坎	節	屯	旣濟	革	豐	明夷	師
飛伏	與離	與兌	與震	與離	與兌	與震	與震	與離
艮宮	艮	賁	大畜	損	睽	履	中孚	漸
飛伏	與兌	與離	與乾	與兌	與離	與乾	與乾	與兌
坤宮	坤	復	臨	泰	大壯	夬	需	比
飛伏	與乾	與震	與兌	與乾	與震	與兌	與兌	與乾
巽宮	巽	小畜	家人	益	无妄	噬嗑	頤	蠱
飛伏	與震	與乾	與離	與震	與乾	與離	與離	與震
離宮	離	旅	鼎	未濟	蒙	渙	訟	同人
飛伏	與坎	與艮	與巽	與坎	與艮	與巽	與巽	與坎
兌宮	兌	困	萃	咸	蹇	謙	小過	歸妹
飛伏	與艮	與坎	與坤	與艮	與坎	與坤	與坤	與艮

看了上表，我們可以知道和六十四卦有飛伏關係的，乃是八宮的八純卦，這就是說祇有八宮的八純卦和其他的卦發生飛伏關係，即是說其他的卦都是八純卦的飛伏卦，而其他各卦彼此間並沒有飛伏卦關係。

飛伏的關係，發生在內外卦，即一世二世三世卦和八純卦中一卦在內卦發生飛伏關係。四世五世卦和游魂外卦則在外卦發生飛伏關係。歸魂卦和純卦相同。

(F) 互 體

(a) 京房互體

「互體」也創自京房。「互體」以卦中的第二爻第三爻第四爻結成一卦體，第三爻第四爻第五爻結成一卦體，使卦體的變化加多，占卜的用途更廣，且可以用爲注釋經文。如訟卦䷅下卦爲坎，上卦爲乾，加用互體法，則二至四成爲離卦☲，三至五成爲巽卦☴。

(b) 虞翻互體

京房的互體，祇有上面兩種，虞翻後來推演出有三爻互體法，四爻互體法，五爻互體法。卽是不僅以第二爻到第五爻的四爻可以互體，初爻到上爻都可成互體。又不僅以三爻成卦體，四爻或五爻都可成卦體。

(Ⅰ) 三爻互體法，虞翻保持京房的互體法。

(Ⅱ) 四爻互體法：初至四，二至五，三至上，以四爻成之爻卦。復䷗下爲震上爲坤。中四爻互成坤䷁。下四爻互成本卦䷗，上四爻互成坤䷁。

頤䷚下爲震上爲艮。中四爻互成坤䷁。下四爻互成復䷗。上四爻互成剝䷖。

坎䷜下爲坎上爲坎。中四爻互成頤䷚。下四爻互成解䷧。上四爻互成蹇䷦。

虞翻注易用四爻互體法：

䷈小畜，象傳：『君子以懿文德。』

虞注：『初至四體夬，爲書契。』按夬卦爲䷪。

䷱鼎。象傳：『君子以正位凝命』。

虞注：『體姤，謂陰始凝』，按初至四成姤䷫。

(Ⅲ) 五爻互體法，初至五，二至六，以五爻互成六爻卦，

䷃蒙。卦辭：『童蒙求我』。

虞注：『二體師象』。按初至五互成師䷆。

䷍大有：象傳：『君子以揭惡揚善』。

虞注：『以乾滅坤，體夬』。按初至五互成夬䷪。

互體表（舉例）

卦名	二三四互體	三四五互體	中四爻互體	下四爻互體	上四爻互體	下五爻互體	上五爻互體
䷀乾	☰乾	☰乾	䷀乾	䷀乾	䷀乾	䷀乾	䷀乾
䷁坤	☷坤	☷坤	䷁坤	䷁坤	䷁坤	䷁坤	䷁坤
䷂屯	☷坤	☶艮	䷖剝	䷗復	䷦蹇	䷚頤	䷇比
䷃蒙	☳震	☷坤	䷗復	䷧解	䷖剝	䷆師	䷚頤
䷄需	☱兌	☲離	䷥睽	䷪夬	䷾既濟	䷍大有	䷻節
䷅訟	☲離	☴巽	䷤家人	䷿未濟	䷫姤	䷺漁	䷌同人

師	震	坤	復	解	坤	師	復
比	坤	艮	剝	坤	蹇	剝	比
小畜	兌	離	睽	夬	家人	大有	中孚
履	離	巽	家人	睽	姤	中孚	同人

(c) 半象

虞翻再又創半象法，以兩畫（兩爻）代表一卦象。

䷄需。象傳：『君子以飲食宴樂』。

虞注：『二失位，變體為噬嗑，為食，故以飲食』。

按需的第二爻為陽爻，失位而變為陰爻，則第三爻到第五爻為☲離，初爻到第二爻為⚍震的半象。上離下震☲☳即為噬嗑。

䷌同人，九四：『弗克攻，吉。』

虞注：『繼而承五，體訟，乾剛在上，故弗克攻則吉也』。按同人第四爻為陽，失位變為陰，則第二爻到第四爻互成坎☵。五至上為乾的半象。上乾下坎☰☵為訟。

䷈小畜，象傳：『密雲不雨，尚往也』。

虞注：『密，小也。兌爲密，需坎升天爲雲，墜地稱雨，上變爲陽，坎象半見，故密雲不雨，上往也』。

按小畜䷈第二爻第三爻第四爻互成兌☱。第三爻第四爻互成☵坎的半象，第五爻第六爻互成乾的半象。

(d) 覆　象

覆象爲卦的倒置，倒置卽成另一卦。這是卦的自然現象，和卦變無關。但是虞翻也用以解易。例如：

巽☴　覆爲　☱兌

震☳　覆爲　☶艮

剝䷖　覆爲　䷗復

夬䷪　覆爲　䷫姤

䷇比　覆爲　䷆師

豫䷏　覆爲　䷎謙

䷍大有　覆爲　䷌同人

䷈小畜　覆爲　䷉履

(e) 升降

升降法由荀爽所創，根據陽進陰退的理論，以求陰陽的調和。在周易的卦體中，陰爻陽爻有應在的正位，例如第二爻爲陰的正位，第五爻爲陽的正位。例如

䷀乾，文言：『雲從龍，風從虎』。

荀注：『龍喻王者，謂乾二之坤五爲坎也』。『虎喻國君，謂坤五之乾二，爲離而從三也。三者，下體之君，故以喻國君。』按䷀乾的第二爻升到坤的第五爻則上卦（外卦）爲☵坎。坤䷁的第五爻降到乾的第二爻爲☲離。

荀爽乃又注『本乎天者親上，本乎地者親下』說：『謂九二本出乎乾，故曰本乎天，而居坤五、故曰親上。六二本出於坤，故曰本乎地，降居乾二，故曰親下也。』

惠棟論荀爽的升降說：『荀慈明論易以陽在二者，當上升坤五爲君，陰在五者，當降居乾二爲臣。蓋乾升坤爲坎，坤降乾爲離，成既濟定，則六爻得位。繫辭所謂上下無常，剛柔相易。乾彖所謂各正性命，保合太和，利貞之道也。』[35]

『坤彖曰：含宏光大，品物咸亨。慈明曰：乾二居坤五爲含，坤五居乾二爲宏。坤初居乾四爲光，乾四居坤初爲大，天地交萬物生，故咸亨。』(36)

荀爽的升降，不僅限於第二爻和第五爻的升降，也主張第四爻和初爻升降。卽初九升爲九四，九四降爲初一，而且荀爽以升降法解釋易經，遇到經文實在不能用升降的正格去解釋時，他便捨去了升降正格，以陽退去解釋了。例如

䷂屯，初九象傳：『雖盤桓，志行正也。』

荀注：『盤桓者，動而退也。謂陽從二動而退居初，雖盤桓，得其正也。』

漢朝易學的卦變，本爲解釋左傳國語所有的某卦之某卦，「之」表示卦變。但是漢易卦變愈演愈複雜，有時更多不合理。

(G) 魏伯陽的易卦煉丹說

魏伯陽爲道敎的眞人，相信仙人，自認從仙人受有長生之術；長生之術乃是煉丹。煉丹以藥和火候的資料，方法則在於使火候和年月日的時氣相配合。漢代易學者旣已經把易卦和節氣相配，魏伯陽便採用卦氣和卦變的學說，結構一種以易卦煉丹的學說。

(a) 牝牡四卦

參同契乾坤門戶章第一：

『乾坤者，易之門戶，衆卦之父母。坎離匡廓，運轂正軸。牝牡四卦以爲槖籥，覆冒陰陽之道；猶工御者，執御轡，準繩墨，隋軌轍，處中以制外，數在律曆紀。』

乾坤兩卦，爲一切卦的根源和基礎。按照數學邏輯說，一陽爻一陰爻的變化，到最後纔成六陽的乾和六陰的坤，陽始出而後盛，陰也是始出而後盛。但是易經以乾代表陽，以坤代表陰。在爻的一方面說，一爻陽爲乾，一爻陰爲坤，在卦的方面說，純陽的卦爲乾，純陰的卦爲陰。因此卦象的變化以乾坤兩卦爲根源和基礎。由乾坤而到坎離，坎爲中男，離爲中女；中男是陽居陰中，中女是陰居陽中。坎離代表中軸，象徵陰陽的變化。

乾坤坎離，兩陽兩陰，乾坎爲陽爲牡，坤離爲陰爲牝。孟喜講卦氣曾立四正卦，四正卦居東西南北四正方，爲坎離震兌四卦。坎離爲一陽一陰之卦，震兌爲二陰二陽之卦，分列春夏秋冬，代表節氣。魏伯陽的卦氣說，以煉丹為目的，煉丹為創生生命，生命為牝牡結合而生。魏伯陽的四正卦，以乾坤為父母，以坎離為子女。父母子女，代表生命的成立。

在易卦的數學邏輯理論上看，乾坤坎離作為易卦變化的原則，很合乎數學的變化，宋朝俞琰曾作先天六十四卦直圖，便採用了魏伯陽的牝牡四卦說。

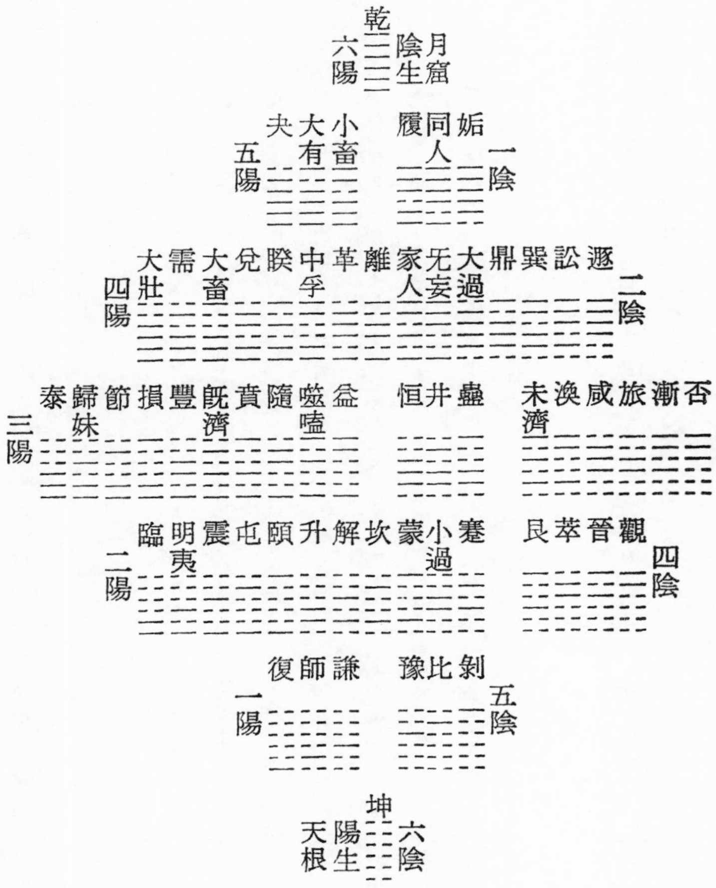

乾
六陽
陰生
月窟
夬
大有
小畜
履
同人
姤
五陽
一陰
大壯
需
大畜
兌
睽
中孚
革
離
家人
无妄
大過
鼎
巽
訟
遯
四陽
二陰
泰
歸妹
節
損
豐
既濟
賁
隨
噬嗑
益
恒
井
蠱
未濟
渙
咸
旅
漸
否
三陽
三陰
臨
明夷
震
屯
頤
升
解
坎
蒙
小過
蹇
艮
萃
晉
觀
二陽
四陰
復
師
謙
豫
比
剝
一陽
五陰
坤
天根
陽生
六陰

註說：

俞琰的圖表，按數學邏輯是合理的。魏伯陽創牝牡四卦，爲煉丹的原理。古本參同契集

『乾坤生之子，震坎艮三卦皆本乎乾，巽離兌三卦皆本乎坤：是乾坤又爲衆卦之父母也。六子皆本乎乾坤，獨坎離二卦，得其中畫。丹家取坎塡離，專藉乎此。故以坎離分言之，坎中實而外包以陰，離中虛而外包以陽。如器之有匡，城之有廓也。以坎離合言之，坎體外陰而可受陽，離體外陽而能貫陰，如湊輻之有轂，貫轂之有軸也，再總四卦言之，乾者純陽牡卦，坤者純陰牝卦，坎離者中陽中陰，牝牡相交之卦，故謂之牝牡四卦，以此四卦之陰陽，兩相配合，猶冶人之鼓爐，槖籥相組也。』（古本參同契集註，頁二一四，自由出版社）

魏伯陽創牝牡四卦，理由在於數學的邏輯，運用則是煉丹。煉丹爲生化生命，因此纔有牝牡四卦，陰陽相接合，以顯煉丹火候之妙。

(b) 值日六十卦

爲煉丹藥，奧妙全在火候。乾坤坎離象徵鼎爐藥物。煉藥生火，各有時候，必定要按十二月的曆，十二辰的律，以紀火候之數。參同契乾坤門戶章說：

『處中以制外數在律曆紀。月節有五六，經緯奉日使，兼並爲六十，剛柔有表裡。』

按照月亮去算，五日逢一候，一月凡六候，這是說『月節有五六』。月亮的盈虛，受太陽的影響，所以『經緯奉日使』。煉丹常以月亮爲根據，煉丹術有經有緯。又按月所計算，一日用兩卦，三十日用六十卦，故說『兼並爲六十。』參同契在同一章繼續說：

『朔旦屯直事，至暮蒙當受。晝夜各一卦，用之依次序。旣未至晦爽，終則復更始。』

每一日的白天值一卦，晚晌值一卦，又以兩卦的十二爻值一天一夜的十二辰。開始時自屯卦值日，到晚由蒙卦繼續值事，以後順序排下去，到晚濟卦和未濟卦，正值晦爽日。然後再開始另一個週轉。

（c）納　甲

上面，我們已經講了魏伯陽的納甲說。魏氏納甲說用途為煉丹，故以月亮的盈虛的根據。在參同契中為天符進退章第四。古本參同契集註說：

『此指示藥生之候，而以月夕徵之，欲人洞曉陰陽，深達造化也。』（頁二四九）

魏伯陽的卦變卦氣，都和煉丹有關。他把易卦代表天地變化的原理，用之於人的生命的變化。想由天地生生的原理，以求長生的方術。

(2) 卦氣

(甲) 消息

卦氣的思想，起於孟喜。然在易經中已經含有這種思想，即是陰陽的消長。陰陽互相盛衰，盛而轉衰，衰而復盛，六十四卦的變化就是這種變化。爲代表陰陽的變化，漢代易學有一個專門名詞，稱爲『消息』。

『消息』兩字，出自易經。剝卦的彖曰：『君子尚消息盈虛，天行也。』豐卦彖曰：『天地盈虛，與時消息。』天道的變化，有消息盈虛；從月亮的一月變化，另外從一年的四季變化，可以看見這種變化之道。

『消息』的意義，『息』，陽進；『消』，陰進。六十四卦無非都是陰陽的消息。爲代表一年十二月的消息，乃有十二消息卦。這十二消息卦出自孟喜。唐一行大衍曆議說：『十二月卦，出乎孟氏章句。其說易本於氣，而後以人事明之。』

䷗ 復	十一月	䷫ 姤	五月
䷒ 臨	十二月	䷠ 遯	六月
䷊ 泰	正月	䷋ 否	七月
䷡ 大壯	二月	䷓ 觀	八月
䷪ 夬	三月	䷖ 剝	九月
䷀ 乾	四月	䷁ 坤	十月

十二月消息卦，又名十二辟卦。『辟』爲君，爲管理。每月辟卦，即是管理這一月的卦，如比君臨天下。

十二消息卦按照陰陽的盛衰，隨着十二月而排列。從復卦到乾卦，爲陽盛的卦，乃是息卦。從姤到坤，爲陰盛的卦，乃是消卦。

在禮記月令篇，記述每一月的寒暑，以顏色聲律配合每一月的氣候。從月令的氣節，就可以看到漢朝人對於天文的思想。他你以天文界的變化，起於陰陽的變化；因爲天地開的一切都由氣而成。元氣成陰陽，陰陽兩元素互相結合，乃成天地間的事物。一年的四季，對於五穀有生長收藏的功效。這些功效，來自陰陽的變化；因此，四季所有代表氣候變化的節氣，稱爲廿四節氣。易經的卦爲天地萬物變化的象徵，天地萬物的變化在四季的變化中乃有實現。易經的卦便能和一年四季的變化相配合。以卦的陽爻陰爻，表現一年四季所有陰陽的變化。漢朝易學乃有卦氣說。在卦氣說中以十二消息卦爲第一步。

在一年四季的變化中，陽氣的升起，從十一月開始，十一月的卦便是復卦，復卦的初九爲陽，其他五爻都是陰爻，復卦象徵陽氣開始回升，開始在地中萌動。十二月陽漸升，但仍舊微弱，生物還不能萌芽；十二月的卦爲臨卦，臨卦的下面二爻爲陽爻，其他四爻爲陰爻。正月則爲泰卦，有三陽爻三陰爻。陽爻爲天氣，陰爻爲地氣，三陽的乾在三陰的坤以下，因此說『天氣下降，地氣上騰。』然而天氣已經在排除地氣，故到二月已經有四陽爻的大壯卦，到三月有五陽爻的夬卦，四月乃是乾卦，陽氣全盛。五月則陰氣開始升起，爲一陰爻的姤卦。六月爲兩陰爻的遯卦。七月有三陰三陽，是爲否卦。陰氣逐漸增强，陽氣隨着減少，八月便是四陰兩陽的觀卦，九月乃是五陰一陽的剝卦，十月陰極盛，陽極衰，所以是六陰爻的坤卦。盛極則衰，衰極轉盛，爲易經的循環律。代表陽陰的盛衰的轉移，排列了十二消息卦。這十二消息卦的前六卦爲息卦，後六卦爲消卦。十二卦的次序，也表示卦變的次序；這種次序在具體上由十二個月的次序表現出來。

十二消息起自孟喜，被漢朝易學者所接受。京房的卦氣說，以十二消息卦爲基礎，荀爽和虞翻在解釋易經時，也常用十二辟卦配十二月，以作解釋。

張惠言在虞氏易事的乾卦說：『又明泰否循環，消息互續。故爻變三正泰，四反否，五成觀，上終乾，又入坤，此易之大義也。』(26)

張惠言在周易鄭氏義的書中，有『卦氣消息』一章，章中說：『復（卦）注則云：建戌之月，以陽氣既盡，建亥之月，純陰用事，至建子月，陽氣始生。隔此純陰一卦。卦主六日七分，擧其成數言之，而云七日來復，以剝在戌，復在子，隔亥坤一卦。是但以辟卦爲候，不論餘卦，非稽覽圖復生坎七日之義。蓋以六日七分卦次，非說卦之序，故略以十二辟卦消息言之。但陰極陽生，復不可遠。故但以坤六爻爲六日七分，則中孚六日七分而生復之義，亦兼得包之，非違錯也。京氏傳云七日來復，六爻反復之稱，亦是據坤六爻爲七日，與鄭同也。臨注云：臨自周二用事，訖其七月至八月，而遯卦受之，此終而復始，以臨遯二卦，終而復始。則兩卦十二爻而周一歲，此說不見易緯。蓋以十二辟卦主月，則乾坤十二爻而周一歲。若論本卦之氣，則臨至遯而消，遯至臨而息，自有相受之義。凡遘復姤泰否大壯觀剝夬皆然。虞仲翔注易十二辟卦，每兩卦旁通，亦此義也。夬注云：陽氣浸長至于五。文言坤上六注云，謂消息用事，乾謂上爻，辰在巳，巳爲消息乾用事之位，皆言卦氣也。』(27)

鄭玄所涉及的六月七分說，乃關於七日來復的解釋。漢朝易學既以卦配四季四方，又以卦配天干地支，鄭注也提到。卦氣消息說在鄭注中可見已爲漢代易學者所共通學說。

(乙) 卦　氣

卦氣說，以陰陽消息爲起點，進而以十二辟卦的七十二爻，配合一年的七十二候。十二辟卦共計七十二爻，每一爻配一候，每一卦主六候，再又進以六十四卦的爻，配合一年的日數。用爲占卜吉凶災異，後來鄭玄、荀爽、虞翻等也用爲解釋易經。

(A) 十二消息卦配七十二候

十二消息從復卦開始，復卦爲一陽初動，爲十一月。在事實上，一年的氣候，在中國大陸的中部和南部十一月尙是初冬的氣候，天氣尙有些溫暖。到了正月，天氣纔眞正嚴寒。而十二月的臨卦已經有兩陽爻。同樣五月的姤卦爲一陰開始，實際上在五月天氣還未到最熱的季節。不過卦氣說爲配合曆數，乃有以十一月爲起點，以十月爲終點的次序。這種次序在中國大陸北方，可以和氣候相合。

李漑曾作卦氣圓周圖，我們現在把他平面化：

復卦（十一月）	
初九	鶡鳥不鳴
六二	虎始交
六三	荔提出
六四	蚯蚓結
六五	鹿角解
上六	水泉動

臨卦（十二月）	
初九	鴈北鄉
九二	鵲始巢
六三	雉始雊
六四	雞始乳
六五	鷙鳥厲疾
上六	水澤復堅

泰卦（正月）	
初九	春風解凍
九二	蟄蟲始振
九三	魚上冰
六四	獺祭魚
六五	鴻雁來
上六	草木萌動

大壯（二月）	
初九	桃始華
九二	倉庚鳴
九三	鷹化爲鳩
九四	玄鳥至
六五	電發聲
上六	始電

夬卦（三月）	
初九	桐始華
九二	田鼠化爲鴽
九三	虹始見
九四	萍始見
九五	鳴鳩拂其羽
上六	戴勝降千桑

乾卦（四月）	
初九	螻蟈鳴
九二	蚯蚓出
九三	王瓜生
九四	苦菜秀
九五	靡草死
上六	小暑至

姤卦（五月）	
初六	螳螂生
九二	鵙始鳴
九三	反舌無聲
九四	鹿角解
九五	蜩始鳴
上六	半夏生

遯卦（六月）	
初六	溫風至
六二	蟋蟀居室
九三	鷹乃學習
九四	腐草爲螢
九五	土潤溽暑
上六	大雨時行

否卦（七月）	
初六	涼風至
六二	白露降
六三	寒蟬鳴
九四	鷹乃祭鳥
九五	天地始肅
上六	米乃登

觀卦（八月）	
初六	鴻雁來
六二	乙鳥來
六三	羣鳥養羞
六四	雷乃收聲
九五	蟄蟲壞戶
上六	水始涸

剝卦（九月）	
初六	鴻雁來賓
六二	雀入大水化爲蛤
六三	菊有黃華
六四	豺乃祭獸
六五	草木黃落
上九	蟄蟲咸俯

坤卦（十月）	
初六	水始冰
六二	地始凍
六三	雉入大水化爲蜃
六四	虹藏不見
六五	天氣上騰
上天	地氣下降閉塞成多

上面的卦氣圖，以十二消息卦配七十二侯，每爻配一侯，意義表示陰陽的變化，爻代表陰陽，侯爲自然界的現象。自然界現象都選自和農業社會生活有關係的現象，這些現象表現氣候寒星的變化。若要說這種配合有什麼學理的根據，則沒有學理基礎可說。

(B) 四正卦配二十四節氣

卦氣說，爲以卦配合一年的變化，從六十四卦中選出四卦，作爲正卦。所謂正卦，就是八卦配八方的空間時，配正東正南正秋正北的四卦。坎爲北，震爲東，離爲南，兌爲西，也就是配一年四季的四卦，坎爲冬，震爲春，離爲夏，兌爲秋。坎震離兌爲四正卦，四正卦的爻配合一年的二十四節氣，每爻爲一氣

坎卦（冬）

初六	冬至
九二	小寒
六三	大寒
六四	立春
九五	雨水
上六	驚蟄

震（春）

初九	春分
六二	清明
六三	穀雨
九四	立夏
六五	小滿
上六	芒種

離卦（夏）

初九	夏至
六二	小暑
九三	大暑
九四	立秋
六五	處暑
上九	白露

兌卦（秋）

初九	秋分
九二	寒露
六三	霜降
九四	立冬
九五	小雪
上六	大雪

四正卦和十二消息卦的選擇，各有各的標準，四正卦的選擇以說卦傳所講八卦方面爲標準，十二消息卦的選擇以易經所說陰陽消息爲標準。然而兩者的意義，都是代表陰陽的變化；陰陽的變化，一則以卦爻爲代表，一則以氣候現象爲代表。四正卦旣代表四方和四季，便可以配一年的節氣。

(C) 六十四卦配一年的日數

卦氣說由簡而繁，以卦配二十四節氣，配七十二候，再進而配一年的日數。在配二十四節氣和七十二候時，卦的爻數和所配的節氣或候，數目相等，不發出問題。但以爻去配合一年的日數，則爻數和日數便不相等，而有了問題。問題從兩方面來：一方面來自天文，因爲一年的日數，在每年實計的日數外尚有餘數，每兩年乃有閏月；另一方面來自卦爻的數，六十四的爻數爲三百八十四爻，較比一年的日數爲多。爲解決這些問題乃有六日七分說。

六日七分說以每一卦配六日七分。配法在於從六十四卦中，抽分四正卦，餘爲六十卦。六十卦的爻爲三百六十，一年的日數爲三百六十五又四分之一日。把六十卦的爻數和一年的日數相比，多出五又四分之一日。每一日以八十分計算，則五又四分之一日共得四百二十分。把四百二十分由六十卦去分，每卦得七分。因此六十卦在配一年的日數時，每一卦得六日七分。

焦延壽在焦氏易林的直日表，另有一個方法，即日以六十卦的三百六十爻各配一日，餘下的五又四分之一日，則以四正卦各配一日，再餘下一日又四分之一日，却不見處置法。

京房又另有一直日法，先按孟喜的每卦配六日七分，再則把冬至的前一卦頤，春分的前一卦晉，夏至的前一卦井，秋分的前一卦大畜，各從本有的六日七分，即四百八十七分，除去七十三分，尚餘五日又十四分之日。將四卦所除去日分，分別歸於四正卦，其他五十六卦都不變，仍是每卦六日七分。京房的這種直日法，爲滿足易經的復卦所說『七日來復』的說法。唐一行大衍曆議說：

『京氏又以卦爻配期之日，坎離震兌，其用事自分，至之旨，皆得八十分日之七十三，頤晉井大畜，皆五日十四分，餘皆六日七分。』

從二到二分的前四卦各剝七十三分，分予四正卦，又以這四正卦的日分，加於二至二分後的中孚，解，咸，賁四卦，於是各卦乃得七日，便能『七日來復』了。

這種卦爻配日數，總不能告天文的日數相合；因此又有『易軌』的辦法。李鼎祚的周易集解引易軌說，以六十卦的三百六十爻配三百六十日，下餘的五日又四分之一日，歸於閏月。

以爻配日，以爻配節氣，以爻配候，都用爲占卜，也用爲解釋易經。在哲學的理論方面，祇象徵陰陽在天地變化中的盛衰。

(D) 納甲

納甲，爲京房易學的一部份，是漢朝陰陽五行說的發展，漢朝學者和術士，以陰陽五行配一切的事與物。古代既有以干支紀日的習慣，干支當然可以配五行，也可以配周易的卦了。

干支紀日，起於什麼時代，現在已難考訂。但以干支紀年月日，則起於東漢，便和漢朝易學有些關係。

干爲十干，支爲十二支。干屬於日，支屬於月。干支配起來，普通稱爲甲子，卽是用開端的兩個字。干支用爲計算年月日，是一種計算法；但干支和陰陽五行相配，則干支所代表者，爲陰陽五行之氣，干支計算年月日的計算法，也就代表年月日的陰陽五行之氣，同時也代表陰陽的循環。一年的四季和節氣，在對五穀生長的關係上，代表五穀生長成熟的過程，這種生長過程乃是陰陽五行的變化在具體事實上的表現。漢朝易學者以六十四卦的爻去配一年的年月日，便是以陰陽爻代象徵生長的過程。干支的名字在字義上都和生長過程有關係，干支和卦便可以相配了。

納甲，是拿八卦和十干相配。這種配法起於京房，用以比附五行，以便占卜吉凶。魏伯陽則用以比附月亮的盈虧，作爲鼎爐煉丹學說的一部份。虞翻用爲解釋易經。

京房的納甲法，在京氏易傳卷下說：

『分天地乾坤之象，益之以甲乙壬癸；震巽之象配庚辛，坎離之象配戊己，艮兌之象配丙丁。八卦分陰陽，六位配五行，光明四達，佼易立節。』

八卦的數目爲八，十干的數目爲十，不能一卦配一干，乃以乾坤兩卦配甲乙壬癸四干。

清朝胡渭說明納甲：

『按納甲者始於京房之積算，以甲爲十干之首，舉一干以該其餘，故謂之

納甲。魏伯陽以月象附會之，以寓丹家行持進退之候。蓋以月之明魄多少，取象於卦畫，而以所見之方爲所納之甲。』(28)

（a）京房納甲法

京房納甲法，先把八卦分爲陰陽兩組：乾、震、坎艮爲陽卦；坤、巽、離、兌爲陰卦。再分十干爲陰陽兩組：甲丙戊壬爲陽組；乙丁己辛癸爲陰組。陽卦組納陽干，陰卦納陰干。乾坤則各納兩干。八卦納十干圖如下：

乾	坤	艮	兌	坎	離	震	巽
＝	＝	—	—	—	—	—	—
甲	乙	丙	丁	戊	己	庚	辛
壬	癸						

（b）魏伯陽納甲法

震卦有一陽在下，爲陽始生，在月亮方面則爲始生光明，一陽之氣納於西方的庚，爲一月的初三。兌卦有二陽在下，在月亮方面爲上弦，二陽之氣納於南方的丁，爲一月的初八。乾乃純陽，三陽之氣納於東方的甲，爲一月的十五。巽有一陰在下，一陰之氣納於西方之辛，爲一月的十六。艮有二陰在上，二陰之氣納於南方之丙，爲一月的二十三。坤爲純陰，月晦明滅，三陰之氣納於東方的乙，爲一月的三十。

離配日（太陽），位在東方，坎配月，位在西方。望夕則日在西方，月在東方，坎和離換易方位。離卦☲中開一陰爲月魄，坎卦☵中間一陽爲日光。故離納己，坎納戊。

乾納甲而又納壬，坤納乙而又納癸，因爲乾的中畫雖爲陽，已有太陰之精。望夕，月當乾，納氣於壬方。坤的中畫雖爲陰，然有太陽之精。晦朔之間，日在坤，納氣於癸方。魏伯陽的納甲，即陽氣盛滿的甲，陰氣盛滿的乙，各納於北方的壬癸。

參同契納甲圖：

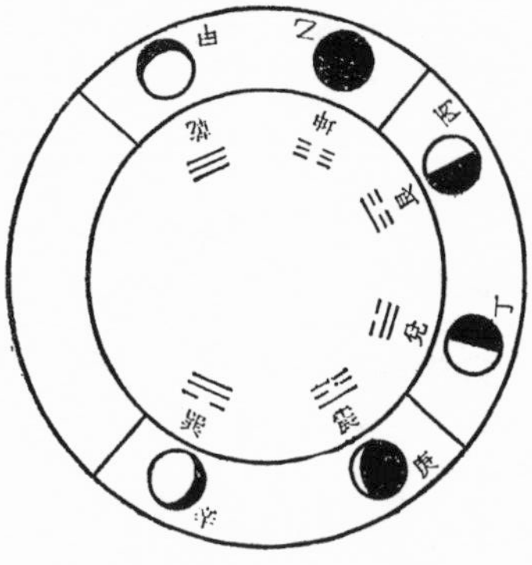

(c) 虞翻納甲說

繫辭傳云：『懸象著明，莫大乎日月。』（繫辭上第十一章）虞翻注說日月懸在天上成八卦象。三日暮震卦，象月出于庚；八日的兌卦，象月現於丁；十五日的乾卦，象月盈於甲；十六日早晨的巽卦，象月退於辛；二十三日的艮卦，象月消於丙；三十日的坤卦，象月滅於乙。(29)

(d) 納十干支

十二支爲子丑寅卯辰巳午未申酉戌亥。十二支稱爲地支，十干稱爲天干。天干地支常互相併合以計算年月日。天干既和八卦相配，地支也要和卦相配。然因卦數是八，天干的十天相配時已發生問題，地支的十二支則更要困難，如是京房以十二支配卦的爻。每卦爲六爻，六和十二的兩個數目在相配上不發生大的問題。

配法，陽卦的爻配陽支，陰卦的爻配陰支。陽卦爲乾震坎艮，陰卦爲坤巽離兌。陽支爲子寅辰午申戌，陰支爲丑卯巳未酉亥。

卦	爻（上→初）	地支（上→初）
乾	一 一 一 一 一 一	戌申午辰寅子
震	-- -- 一 -- -- 一	戌申午辰寅子
坎	-- 一 -- -- 一 --	子戌申午辰寅
艮	一 -- -- 一 -- --	寅子戌申午辰
坤	-- -- -- -- -- --	酉亥丑卯巳未
巽	一 一 -- 一 一 --	卯巳未酉亥丑
離	一 -- 一 一 -- 一	巳未酉亥丑卯
兌	-- 一 一 -- 一 一	未酉亥丑卯巳

配法：乾卦由下爻而向上，順序配陽支。坤卦由第四爻向下到初爻，然後升到上六而下到第五爻，震卦的配法和乾卦一樣，由初爻到上爻。巽卦先配第一爻，然後跳到第六爻，再順序下第二爻。坎卦則先配第六爻，然後跳到初爻，再順序向上到第五爻。艮卦先配第五爻，後上到第六爻，然後跳到初爻，再向上到第四爻。兌卦先配第三爻，再向下直到初爻，然後跳到第六爻，再向下到第四爻。

再談到天干地支併合起來配八卦的爻，則如下圖

	乾	坤	震	巽	坎	離
上爻	⚊ 壬戌	⚋ 癸酉	⚋ 庚戌	⚊ 辛卯	⚋ 戊子	⚊ 己巳
五爻	⚊ 壬申	⚋ 癸亥	⚋ 庚申	⚊ 辛巳	⚊ 戊戌	⚋ 己未
四爻	⚊ 壬午	⚋ 亥丑	⚊ 庚午	⚋ 辛未	⚋ 戊申	⚊ 己酉
三爻	⚊ 甲辰	⚋ 乙卯	⚋ 庚辰	⚊ 辛酉	⚋ 戊午	⚊ 己亥
二爻	⚊ 甲寅	⚋ 乙巳	⚋ 庚寅	⚊ 辛亥	⚊ 戊辰	⚋ 己丑
初爻	⚊ 甲子	⚋ 己未	⚊ 庚子	⚋ 辛丑	⚋ 戊寅	⚊ 己卯

艮 —丙寅 —丙子 —丙戌 —丙申 —丙午 —丙辰

兌 —丁未 —丁酉 —丁亥 —丁丑 —丁卯 —丁巳

(e) 納五行

五行配卦，已在漢初就開始，位當時祇以八卦配五行。京房則在以干支配卦爻時，又以五行配卦爻。五行配卦爻法，先以五行配四方配四季，木配東方，配春季；火配南方，配夏季；金配西方，配秋季；水配北方，配冬季；土在中央。但爲配合一年的日數，則祇有四季的日數，而沒有中央的日數，土便分不到日數。於是乃有『土王四季說』把土分配到四季之末，從每一季裡分十八日屬於土，每一季的一行有七十二日，土在每末有十八日，合起來也有七十二日。卽是把一年的三百六十日，分成五份，各得七十二日。

易火珠林有八卦六位圖，卽五行配爻圖。

乾（屬金）	坤（屬土）	震（屬木）	巽（屬木）	坎（屬水）	離（屬火）	艮（屬土）
⚊ 壬戌 土	⚋ 癸酉 金	⚋ 庚戌 土	⚊ 辛卯 木	⚋ 戊子 水	⚊ 己巳 火	⚊ 丙寅 木
⚊ 壬申 金	⚋ 癸亥 水	⚋ 庚申 金	⚊ 辛巳 火	⚊ 戊戌 土	⚋ 己未 土	⚋ 丙子 水
⚊ 壬午 火	⚋ 癸丑 土	⚊ 庚午 火	⚋ 辛未 土	⚋ 戊申 金	⚊ 己酉 金	⚋ 丙戌 土
⚊ 甲辰 土	⚋ 乙卯 木	⚋ 庚辰 土	⚊ 辛酉 金	⚋ 戊午 火	⚊ 己亥 水	⚊ 丙申 金
⚊ 甲寅 水	⚋ 乙巳 火	⚋ 庚寅 木	⚊ 辛亥 水	⚊ 戊辰 木	⚋ 己丑 土	⚋ 丙午 火
⚊ 甲子 水	⚋ 乙未 土	⚊ 庚子 水	⚋ 辛丑 土	⚋ 戊寅 木	⚊ 己卯 木	⚋ 丙辰 土

兌（屬金）

- - 丁未 土
—— 丁酉 金
—— 丁亥 水
- - 丁丑 土
—— 丁卯 木
—— 丁巳 火

這種卦配五行圖，出自易火珠林，爲占卜之用，流傳迄今。五行在漢朝學者中，有相生相尅的次序。五行既配卦，五行相生相尅的思想也進入了卦中，因此便有『納六親』說。六親爲官鬼，妻財，父母，子孫，兄弟。術士用爲占卜。

關於納五行，京房易積算法曰：『寅中有生火，亥中有生木，巳中有生金，申中有生水，丑中有死金，戌中有死火，未中有死木，辰中有死水，土兼於中。』(30)

(E) 爻　辰

(a) 鄭玄十二爻辰

京房的十二支配卦爻法，也稱爲爻辰，卽以十二爻配十二辰。辰爲一天的時辰，中國古代以十二支的名目計算時刻，一天有十二辰。十二支配卦爻，卦爻便可配時辰。東漢鄭玄則以乾坤兩卦的十二爻配一年十二月的月律，同時又配二十四節氣，再配二十八星宿，自成一個爻辰的系統。

在天文學上，十二辰代表日月在一年內有十二次的交會。日月交會時，周圍有星宿。卦爻既配十二辰，便也配二十八宿。

禮記月令篇，每一月標明日所在的方位，鐘律，節候。鄭玄註『孟春之月』說：『日月之行，一歲十二會，聖王因其會而分之以爲大數焉，觀斗所建，以命四時。』

鄭玄又註周禮春官大師說：『黃鐘，初九也，下林鐘又上生太簇之九二，太簇又下，生南呂之六二，南呂又上生姑洗之九三，姑洗又下生應鐘之六三，應鐘又上生蕤賓之九四，蕤生又上生大呂之六四，大呂又下生夷則之九五，夷則又上生夾鐘之六五，夾鐘又下生无射之上九，无射又上生中呂之上六。』

鄭氏的爻辰，以乾坤兩卦的十二爻配十二律。十二律爲黃鐘、大呂、太簇、夾鐘、姑洗、仲呂、蕤賓、林鐘、夷則、南呂、無射、應鐘。十二律分爲陰陽兩部份；黃鐘、太簇、姑洗、蕤賓、夷則，無射爲陽律；大呂、夾鐘、仲呂、林鐘、南呂、應鐘爲陰律。十二律和五音有密切的關係，因爲十二律乃是樂器音律。五音爲宮商角徵羽，此外有變宮變徵，共七音，和今日普用的七音階相符。十二律的黃鐘爲宮聲，林鐘爲徵，太簇爲商，南呂爲羽，姑洗爲角聲。

十二爻辰的配法：十一月黃鐘，子，乾初九爻。十二月大呂，丑，坤六四爻。正月太簇，寅，乾九二。二月夾鐘，卯，坤六五爻。三月姑洗，辰，乾九三爻。四月中呂，巳，坤上六爻。五月蕤賓，午，乾九四爻。六月林鐘，未，坤初六爻。七月夷則，申，乾九五爻。八月南呂，酉，坤六二爻。九月无射，戌，乾上九爻。十月應鐘，亥，坤六三爻。清惠棟，在漢易學曾作十二月爻辰圖：(31)

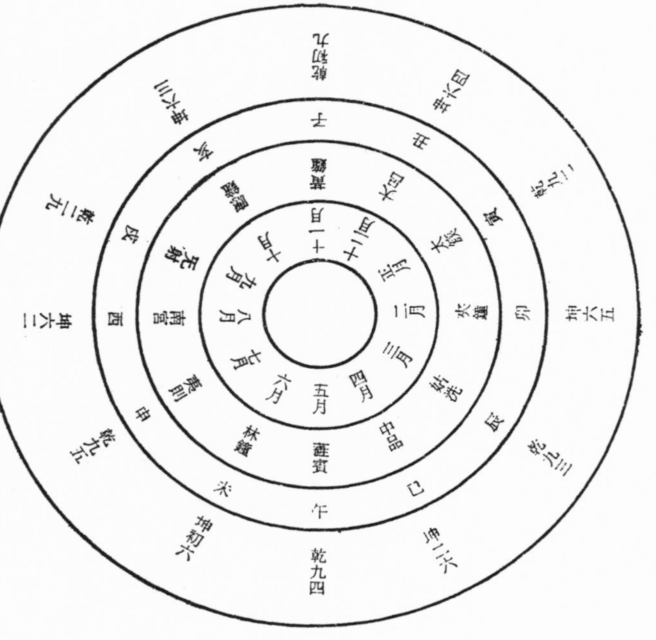

十二爻配十二辰，祇以乾坤兩卦的十二爻。坤卦之爻的辰律，由乾卦六爻而生。這種相生爲音樂的製律法。

(b) 乾鑿度爻辰

另一種十二爻辰法爲易緯乾鑿度的爻辰法：

> 『天道左旋，地道右遷。二卦十二支而朞一歲。乾陽也，坤陰也，並治而交錯行。乾貞於十一月子，左行陽時六。坤貞於六月未，右行陰時六。以奉順成其歲。歲終，以從於屯蒙。屯蒙主歲屯爲陽，貞於十二月丑，其爻左行，以間時而治六辰。蒙爲陰，貞於正月寅，其爻右行，亦間時而治六辰，歲終則從其次卦。……』(32)

這種爻辰法，含有兩層計算法。第一層計算法，以乾坤兩卦的十二爻配十二月的律，計算法和鄭玄的爻辰法方法相同。乾起於十一月，左行，每間一月而治辰；坤起於六月，右行，每間一月而治辰。惠棟因此在作十二爻辰圖時說鄭玄的爻辰和乾鑿度的爻辰相合。第二曆計算法，是以六十四卦的每兩卦，依按次序配一年的十二月律辰，每兩卦向後挪一月，『陰卦與陽卦同位者，退一辰以爲貞』。這樣『三十二歲期而周六十四卦，三百八十四爻，萬一千五百二十析，復從於貞。』

(c) 二十八宿

太陽繞行一周，軌道劃爲二十八區，每區附近有星座，在月的左右，因而有二十八宿。天的空間，也分四方，每方一宮，星者分隸四宮：

東宮蒼龍的星宿：角、亢，氐、房、心、尾、箕。

北宮玄武的星宿：斗、牽牛、婺女、虛、危、營室、東壁。

西宮白虎的星宿：奎、婁、昴、畢、觜觽、參。

南宮朱鳥的星宿：東井、輿鬼、柳、七星、張、翼、軫。

惠棟作爻辰所值二十八宿圖：

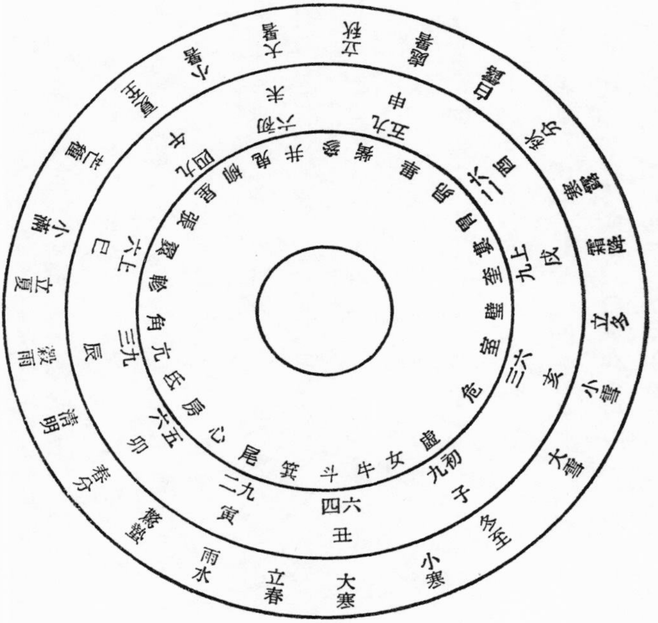
冬至 小寒 大寒 立春 雨水 驚蟄 春分 清明 穀雨 立夏 小滿 芒種 夏至 小暑 大暑 立秋 處暑 白露 秋分 寒露 霜降 立冬 小雪 大雪
初九 子 六四 丑 九二 寅 六五 卯 九三 辰 上六 巳 九四 午 初六 未 九五 申 六二 酉 上九 戌 六三 亥
虛 女 牛 斗 箕 尾 心 房 氐 亢 角 軫 翼 張 星 柳 鬼 井 參 觜 畢 昴 胃 婁 奎 壁 室 危

十二爻配二十八宿雖列在上圖裡，還不大清楚。爲清楚起見，再作一表如下：

乾初九，　虛、婺女，　乾九二，　箕、尾。
乾九三，　亢、角。　乾九四，　張、七星、柳。
乾九五，　參、觜觿、畢。乾上九，　婁、奎。

坤初六，　輿鬼、東井。　坤六二，　昴、胃。
坤六三，　東壁、營室、危，坤六四。牽牛、斗。
坤六五，　心、房、氐，　坤上六，　軫、翼。

鄭玄又將十二月的律和辰和十二支配合一起，他說：

『黃鐘，子之氣也，十一月建，而辰在星紀。
大呂，丑之氣也，十二月建焉，而辰在元枵。
大簇，寅之氣也，正月建焉，而辰在諏訾。
應鐘，亥之氣也，十月建焉，而辰在析木。

姑洗，辰之氣也，三月建焉，而辰在大梁。
南呂，酉之氣也，八月建焉，而辰在壽星。
蕤賓，午之氣也，五月建焉，而辰在鶉首。
林鐘，未之氣也，六月建焉，而辰在鶉火。
夷則，申之氣也，七月建焉，而辰在鶉尾。
仲呂，巳之氣也，四月建焉，而辰在實沉。
無射，戌之氣也，九月建焉，而辰在大火。
夾鐘，卯之氣也，二月建焉，而辰在降婁。

（鄭玄：周禮春官大師註）

最後一綜合性圖將乾坤十二爻分於東南西北，乾卦和坤卦的爻互相間離，每爻配一月，配一支，配兩節氣，配一律，配相對星辰，再配一辰。

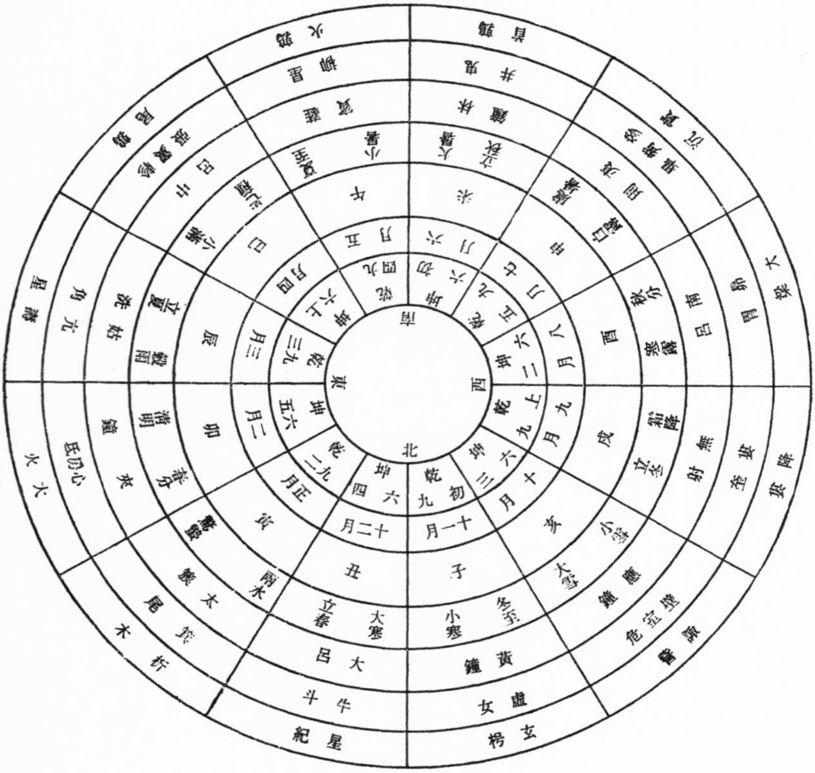

鄭玄和虞翻常以卦配十二支、十二辰，二十八宿去解釋易經。這種思想表現漢朝易學以天地爲一體，萬事萬物互相貫通，貫通的要素就是氣。

(3) 漢易的哲學思想

(甲) 易緯

漢朝，讖緯盛行。讖字的意思是驗，漢代流行一些隱語，後來在事實上應驗了，這些隱語爲讖語。易經的卦辭本爲占卜吉凶，也可以看爲讖語；但漢代的讖則不是這類占卜的辭，而是對於皇帝在政治上的興亡之讖語。緯字的意思是經緯，是織布所用的橫線。漢朝的緯書爲五經的支流，衍爲旁義。

現代的易緯共有八種，緯書的思想綜合當時流行社會的陰陽五行，天文歷書，災異徵應的學說；同時對於漢朝學者如董仲舒鄭玄馬融等影響很多。又對於漢朝易學者更具有了領導的力量。鈴木由次郎在所著的漢易研究一書中，列舉一表，將春秋繁露和緯書相同的文句列出，可以看到許多春秋繁露的重要觀念，都和緯書中的觀念相同。是緯書受董仲舒的影響，或是董仲舒受緯書的影響呢？緯書大約在董仲舒以前已經著成，則應是緯書影響了春秋繁露。

易緯八種有：乾坤鑿度、乾鑿度、稽覽圖、辨終圖、通卦驗、乾元序制記、是類謀、坤靈圖。八緯都有鄭玄的註釋。

(A) 宇宙源始

乾坤鑿度的上篇乾鑿度，講述宇宙源始。所有思想乃是道家的思想。第二種易緯乾鑿度卷下，也有同樣思想：

『太易變，教民不倦。太初而後有太始，太始而後有太素。有形始於弗形，有法始於弗法。』(易緯，頁九)

鄭玄註說：『太易，氣未分；太初，氣始見；太始，物有形；太素，萬物素質由淳在。』(同上)

『文王因陰陽定消息，立乾坤，統天地。夫有形者生於無形，則乾坤安從生？故曰：有太易、有太初、有太始、有太素。太易者，未見氣；太初者，氣之始也；太始者，形之始；太素者，質之始。氣形質具而未相離，故曰渾淪。言萬物相渾淪而未相離。』（易緯，頁七七）

列子的天瑞篇說：『故曰：有太易，有太初、有太始、有太素。太易者，未見氣也；太初者，氣之始也；太始者，形之始也；太素者，質之始也。氣形質具而未相離，故曰渾淪。渾淪者，言萬物相渾淪而未相離。』

天瑞篇的話和乾鑿度卷下的話，除了『渾淪者』一句，其餘完全相同。究竟何者在先，這是考據學上的難題，但是在哲學上，列子是屬於道家；易緯的宇宙原始思想既完全和列子的宇宙原始思想完全相同，便可以說易緯的宇宙原始思想是屬於道家。

太易和老莊的『道』相似，不完全相同。太易具有氣形質，但不相離；有似於宋朝張載所說的太虛之氣。

(B) 陰陽五行

戰國末期，陰陽五行的思想漸盛行於社會。秦朝和漢初因着齊地術士的宣傳，成了社會最風行的思想，再和當時通行社會的災異說揉合一起，便進入了周易的占卜以內。漢朝易學的中心思想，便是陰陽五行的災異說。

易緯乾坤鑿度的乾鑿度說：

『乾者，乾天也，又天也。乾，先也，乾訓健，壯健不息，日行一度。鑿者，開也，聖人開作。度者，度路，又道。聖人鑿開天路，顯彰化源。大天氏云！一大之物目天，一塊之物目地，一炁之霝名混沌，一氣分萬霝，是上聖鑿破虛無，斷氣爲二，緣物成三。……得元氣，澄陰陽，正易大行，萬彙生。上古變文爲字，變氣爲易，畫卦爲象，象成設位。』(易緯，頁十三)

聖人鑿開天路，是說聖人作卦。卦的效益，能開啓宇宙的源起。宇宙的源起爲「無」，從「無」生「有」爲氣。氣分陰陽，有了陰陽，宇宙變易，萬物化生。

又說：

『☶，古山字，外陽內陰。聖人以山含元氣，積陽之氣成石，可感天，雨降石潤，然山澤通元氣。』(易緯，頁十八)

☶艮卦，九三爲陽，在上，稱在外。初一和二六爲陰，在下，稱在內。艮卦代表元氣，又代表陰陽之氣。

易緯的第二種，乾鑿度卷上說：

『孔子曰：八卦之序成立，則五氣變形，故人生而應八卦之體，得五氣以爲五常，仁義禮智信是也。』(易緯，頁五七)

這一段和十翼的思想不相合，十翼不講五氣五常；然而五氣五常在漢朝已成爲儒家的普遍思想。乾鑿度以五氣配人的五常，又接着以五氣配四方四季，又配四正卦。

『夫萬物始出於震，震東方之卦也，陽氣始生，受形之道也，故東方爲仁。成於離，離南方之卦也，陽得正於上，陰得正於下，尊卑之象定，禮之序也，故南方爲禮。入於兌，兌西方之卦也，陰用事而萬物得其宜，義之理也，故西方爲義。漸於坎，坎北方之卦也，陰氣形盛，陰陽氣含，信之類也。故北方爲信。夫四方之義，皆統於中央，故乾坤艮巽，位在四維，中央所以繩四方行也，智之決也。故中央爲智。故道興於仁，立於禮，理於義，定於信，成於智；五者，道德之分，天人之際也。聖人所以通天意，理人倫，而明至道也。昔者，聖人因陰陽，定消息，立乾坤，以統天地也。』（易緯，頁五七—五八）

這種思想和春秋繁露，白虎通頗相同；而且說明漢易的卦氣，以及四正四維等卦的意義。另一段也說：

『孔子曰：易始於太極，太極分而爲二，故生天地。天地有春秋冬夏之節，故生四時。四時各有陰陽剛柔之分故生八卦，八卦成列，天地之道立，雷風水火山澤之象定矣。其布散用事也，震生物於東方，位在二月。巽散之於東南，位在四月。離長之於南方，位在五月。坤養之於西南方，位在六月。兌收之於西方，位在八月。乾制之於西北方，位在十月。坎藏之於北方，位在十一月，艮終之於東北方，位在十二月，八卦之氣終，則四正四維之分明，生長收藏之道備，陰陽之體定，神明之德通，而萬物各以其類成矣。』（易緯，頁五四）

四季、四方，八卦的卦氣，萬物的生長收藏，互相結合、互相貫通。這都是因爲陰陽之氣變化而成五行之氣。由氣的變化，萬物的情也相通，神明的德能也表現出來了。萬物一體的思想，很明白地表現在卦氣裡。漢易的卦氣說，以及納甲和爻辰的學說，也都以這種思想作基礎。

漢朝盛行天人感應的思想，人事的善惡在天地的自然界引起祥瑞和災異的感應。易緯也有這種思想。

『一者，形變之始，清輕者上爲天，濁重者下爲地。物有始有壯有究，故三畫而成乾，乾坤相並俱生。物有陰陽，因而重之，故六畫而成卦。三畫已下爲地，四畫已上爲天。物感以動，類相應也。易氣從下生，動於地之下，則應於天之下。動於地之中，則應於天之中。動於地之上，則應於天之上。初以四，二以五，三以上，此之謂應。陽動而進，陰動而退。』（易緯，頁六三）

易傳解釋三畫而成卦，象徵天地人。易緯則以三畫而成卦，象徵物的始壯究。易緯又從卦爻解釋天地相感應，上卦的天，下卦爲地，兩卦的爻互相感應。說明了虞翻的升降說。

由感應而有災異說。圖讖的用途，卽是爲預報災異，八卦則是爲占卜吉凶。易緯的通卦驗上下卷，述說卦氣應驗於吉凶災異。漢朝易學都用爲占驗，漢書五行志所引京房易傳，多是占驗災異的辭句。易緯以外的緯書，也多言災異，另外是春秋的緯書。(37)

(乙) 漢魏晉易經註釋家

漢朝經學家，以易學著名的人，已在第四章兩漢易學源流裡有以敍述。施讎、孟喜、梁丘賀、京房、費直、荀爽、虞翻，爲當時易學的專門學者，都有自己的學說。但是我們從這一章所敍述他們的學說看來，他們的易學，都是各種占驗之術，而沒有哲理的思想。要研究漢魏晉易學的思想，則須研究注釋經學專家的易經註釋，纔能尋到當時的易經學理。所以我們要研究馬融、鄭玄、管輅、王弼的易經注釋。

(A) 馬　融

馬融爲漢朝經學大家，乃鄭玄的教師，對於東漢注易的學者所有影響頗大。清朝張惠言曾許馬融和鄭玄的易學說：『今馬傳既亡，所見僅訓詁碎義，就其一隅而反之，大抵以乾坤十二爻論消息，以人道政治議卦爻，此鄭所本於馬也。馬於象疏，鄭合之以爻辰。馬於人事雜，鄭約之以周禮，此鄭之所以精於馬也。』(38)

馬融注解繫辭卷上的大衍之數，說明他對天地變化的思想：

『大衍之數五十，其用四十有九。傳云：易有太極，謂北辰也。太極生兩儀，兩儀生日月，日月生四時，四時生五行，五行生十二月，十二月生二十四氣。北辰居位不動，其餘四十九轉運而用也。』(39)

這不是宇宙源起的思想，而是天地變化的思想，易傳以太極爲宇宙源起，漢朝易學者多以太極爲北辰。北辰爲星的最高者。禮記以太極爲太一，太一乃是太極。虞翻也以太極爲太一，王弼以太極爲北辰。鄭玄的爻辰說必從馬融的北辰爲太極而來。張惠言因此說『鄭雖不從，義則相貫。』

大衍之數五十，其用四十有九。太極爲北辰，北辰居位不動，其他四十九星辰，轉運而用事。

天地變化，由陰陽兩義的盛衰而成。陰陽盛衰見之於一年四季。馬融注解乾卦說：

> 『初九，潛龍勿用。傳云：物莫大於龍，故借龍以喻天之陽氣也。初九，建子之月，陽氣始動於黃泉，既未萌芽，猶是潛伏，故曰潛龍也。』（易經集解）

注釋坤卦說：

> 『西南得卦，東北喪明。傳云：喪，失也。孟秋之月，陰氣始著，而坤之位，同類相得。坤位西南，故曰：西南得明。孟春之月，陽氣始著，陰始

從陽，失其黨類，故曰：東北喪明。』（集解）

這兩段引文，表現馬融接受當時易學的卦氣說，又表現馬融接受當時盛行的陰陽五行說。

注釋屯卦說：

『六二，屯如邅如，求馬班如，匪寇婚媾，女子貞不字，十年乃孚。邅如，難行不進之貌。媾，重婚，本作冓。班如，班旋不進也，言二欲乘馬往適於五，正道未通，故班旋而不進也。』（集解）

這一段注釋，替荀爽的升降說，予以易經本身的依據，二五兩爻在屯卦都居正位，然陰陽互相應，第二爻陰爻欲和第五爻陽爻欲相通交。

注解蠱卦說：

『蠱，上艮下巽。先甲三日，後甲三日。甲在東方，艮在東北，故云先甲。巽在東南，故云後甲。所以十日之中，唯稱甲者，甲爲十日之首。蠱爲造事之端，故擧初而明事始也。言欲以三日者，不令與誅之謂暴，故令先後各三日，欲使百姓徧習行而不犯也。』（集解）

這一段有納甲的思想，有卦氣的思想，又有儒家的政治思想。把這些思想合起來注釋易經，經文顯得更複雜，所有原來的意義也被掩蔽。

注解觀卦說：

『觀，坤下巽上。觀盥而不薦，有孚顒若。盥者，進爵灌地以降神也。此是祭祀盛時，及神降薦牲，其禮簡略，不足觀也。國之大事，唯祀與戎，王道可觀在於祭祀，祭祀之盛，莫過初盥降神，故孔子曰：禘，自灌而往者，吾不欲觀之矣。此言及薦簡略，則不足觀也。以下觀上，見其至盛之禮，萬民信敬，故曰有孚顒者。孚信，顒，敬也。』（集解）

這段解釋，則以儒家傳統的思想，解釋易經。祭祀爲儒家最重的典禮，在祭祀中有敬天法祖的意義；而且具有教育人民向善的意義。

注解明夷卦說：

『明夷：離下坤上。六五，箕子之明夷利貞。箕子，紂之諸父，明於天道，洪範五疇，德可以王，故以當五。知紂之惡無可奈何，同姓恩深，不忍離去，被髮佯狂，以明爲暗，故四箕子之明夷。卒以全身，爲武王師，名傳無窮，故曰利貞矣。』(集解)

這段釋文，也是合於儒家的倫理大道。在坤象上說，明夷卦的第五爻爲陰爻，以箕子當第五爻，箕子不能爲王。然而第二爻爲陰爻，居在正位，初爻和第三爻都是陽爻，以六五和六二相應，箕子退居第二爻，隱在紂王武王的中間，故曰利貞。

注解家人卦說：

『家人，離下巽上。利女貞。家人以女爲奧主，長中二女，二四各得其正，故特曰利女貞。』(集解)

第二爻和第四爻爲陰爻，居在當在之位。第四爻在上爻的底下，象徵女子居在男人以下；第二爻居中位，象徵女子在家中，又居中央爲主的地位。這就是儒家傳統的五倫思想。

馬融注解易經，首先注重訓詁，以爾雅的字義解釋易經的字。再以儒家的倫理思想，解釋易經的辭。爲解釋辭義，他引用卦氣和卦變的學說，但很少借用易緯的文字。他貫通諸經，在注易時，不離經叛道，對於術士的怪誕思想，也不接受，馬融可稱爲經學大師。

(B) 鄭玄

鄭玄爲馬融的門生，但在思想和注經上，他和馬融有許多不同的地方。鄭玄對於儒家的傳統思想，在注釋各經時，常不離叛。但他爲注釋經文，則接受多方面的學說，另外接受術士的怪誕思想和天文律呂揉合五行的學說。

鄭玄注釋易經，接受京房、孟喜、費直等人的學說，旁徵諸經的思想，又接受易緯的觀念，然而他的特點，在於創立爻辰說；而爻辰說則和術士以及天文律呂的神怪說相結合。春秋緯書文耀鉤說：『來宮蒼帝，其精爲青龍；南宮赤帝，其精爲朱鳥；西方白帝，其精白虎；北宮黑帝，其精玄武。』四方的神靈陳列有序，且和五行相合。這些神都是天上神靈，而在各方的天區內最星宿。四方各有七宿，合共二十八宿。鄭玄注禮記月令，常用這種學說。鄭玄的爻辰，以乾坤的十二爻配十二月，配二十四節氣，配二十八宿。然推而廣之，不僅二十八宿配於卦爻裡，即是週天的星辰，也可以配在卦爻以內，鄭玄沒有加以說明，然間而也取星以配卦象。

鄭玄的註，少有形上學的思想，却慣用卦象卦氣注解易經的形上哲理。

『易有太極，是生兩儀。極，中之道，淳和未分之氣也。』（文選註十九）

『兩儀生四象，布六於北方以象水，布八于東方以象木，布九于西方以象金，布七于南方以象火。』（乾鑿度註）

『河出圖，洛出書，聖人則之。春秋緯云：何以通乾出天苞，洛以流坤吐地符，河龍圖發，洛龜書成，河圖有九篇，洛書有六篇也。』（集解）

鄭玄對於易傳的思想，不知道從義理去解釋，祇知道用卦氣說和緯書的思想去解釋。

『大衍之數五十，其用四十有九。……。天地之數五十有五，以五行氣通。凡五行減五，大衍又減一，故四十九也。』（正義）

以五行的數去解釋大衍之數，實際上易傳沒有提到五行，五行的思想應在易傳以後。漢朝易學者注釋易經，都用後於易經的卦氣說和卦變說去注解。因此，後來王弼乃掃除這種注釋，另開以義理注釋易經的注釋法。

『精氣爲物，遊魂爲變，是故知鬼神之情狀，與天地相似故不相違。精氣謂七八也，遊魂謂七六也。七八木火之數，九火金水之數，木火用事而物生，故曰精氣爲物。金水用事而物變，故曰遊魂爲變。精氣謂之魂，遊魂謂之鬼。木火生物，金水終物，二物變化，其情與天地相似，故無所差違者也。』(集解)

精氣和遊魂，可以是哲學上的術語，具有哲學上的義理。鄭玄從數和象去解釋，所有數和象又祗是以五行去配合，成了一項技術。

乾卦的注解說：

『九二，見龍在田，利見大人。二於三才爲地道，地上卽田，故稱田也。』

『九三，終日乾乾，夕惕若厲無咎。三於三才爲人道，有乾德而在人道，君子之象也。惕，懼也。』

『九五，飛龍在天，利見大人。五於三才爲天道，天者清明無形，而龍在焉，飛之象也。』（集解）

三才，爲易傳所有的觀念，在儒家的傳統裡時常流行。於至二、三、五爻的解釋，則爲漢易的象數學。鄭玄注乾卦九三說：

『六爻位象三才，三爲內卦之終，人道之始，而有參天地之功。故五爻皆以龍興，而九三獨稱君子。春秋元命包曰：陽成於三，是三爲乾主，故云：有乾德而在人道，君子之象。經言君子多謂九三，以此也。』（集解）

在周易集解乾卦九三的注解中，有荀爽的注、干寶的注、虞翻的注。這三注都根據漢易象數去注解，荀爽根據消息，荀爽根據升降，干寶根據卦氣。鄭玄的注解尙能根據易傳的思想。

鄭玄的宇宙觀，在易注中，可稍窺見一二。

乾卦九六的疏說：

『鄭註：六爻，五上爲天。上浮者爲氣，其氣清明而無形。說文曰：龍春分而登天，四於消息爲二月，春分之時，已有躍躍自試之勢，五則飛而在天矣。故云：飛之象也。』(集解)

氣分清濁，氣清在上爲天。天氣清明，沒有形色地勢則重濁在下。

乾卦彖曰：『大哉乾元，萬物資始』。鄭玄注說：

『鄭註云：資，取也。繫上曰：乾之册二百一十有六，坤之册百四十有四，二篇之册，萬有一千五百二十，當萬物之數，而皆受始於乾之一陽，故云册取始於乾，猶萬物之生，本於天。說文曰：惟初大始，道立於一，造分天地，化成萬物。』(集解)

在這段注釋中，有『萬物之生，本於天』的觀念。這是易經的思想，乾代表天，萬物從天而有生。

繫辭上第九章說：『大衍之數五十，其用四十有九。』在各家的注釋中，各自成說。鄭玄注說：

『天一生水於北，地二生火於南，天三生木於東，地四生金於西，天五生土於中。陽無耦，陰無配，未得相成。地六成水於北與天一並，天七成火於南與地二並，地八成木於東與天三並，天九成金於西與地四並，地中成土於中與天五並。大衍之數五十有五。』（集解）

鄭玄所講的數，爲河圖的數。然而他沒有說明；他祇從五行注解大衍之數。大衍之數代表天地的萬事萬物，鄭玄以爲萬事萬物都由天地使五行的並合而生成。大衍之數，來自天地之數，天爲生數、地爲成數。在卜筮時用龜蓍，龜蓍有靈，能知天地之數。鄭玄說：

『鄭玄註周禮云：龜知生數一二三四五元神，蓍知成數六七八九之神，是

卜筮者皆不外大衍之數，故云著龜所生也。聖人隱以通神明之德，顯以類萬物之情，皆恃此數也。』(集解)

卜筮的數，以天地之數爲根本，却又因龜著而得知。易經的卦便是代表宇宙的變化，又代表人事的變化。由宇宙變化而測知人事的變化，這就是易傳所講易的幽妙隱密。

易傳繫辭上第十一章說『是故易有太極，是生兩儀。』對於太極的注解，漢朝易學者頗有不同的見解。鄭玄說：

『太一者，北辰之神名也，居其所曰太一，常行於八卦日辰之閒，曰天一。又引星經曰：天一、太一，主氣之神，然則太一卽乾元也，在天爲北辰，在易爲神。』(集解)

馬融注易以太極爲北辰，虞翻注易以太極爲太一。鄭玄則以太極爲北辰、爲太一、爲天一。北辰爲星辰，太一爲北辰星的神名。這樣的注釋，根本上失去了易傳的原意。

鄭玄的易注，包含的思想很複雜。所最可取的，是他的訓詁字義。其次則是他運用各種經書的思想對易經的注解。但他自己所最愛的爻辰注易，則揉雜術士星占的迷信，殊不足取。

(C) 管輅

管輅在注易的學術工作上，獨創一家。他主張不用文字注易，祇在占卜時解釋卦象。因此他的注釋沒有留傳。祇有在陳壽三國志的方伎傳中，存留些許。

管輅的易學思想，爲易數思想；然而他的易數，不是大衍或河圖洛書的象數，而是宇宙變化之數。他構想宇宙爲一龐大的機械，機械的運行按照一定的規律；這種規律用數計算。因此宇宙的運行和人事的變化有一定的數，也就可以說有一定的命運。漢朝王充的命運論和數相結合，以數去算命。宋朝邵雍構想了皇極經世的數目，計算宇宙的變化。管輅的思想和這一派的思想爲一路的思想，也可以說是法承王充而開邵雍的路。

輅別傳載管輅自言自己的志向說：

『當世無所願欲，得與魯梓愼、鄭裨竈、晋卜偃、宋子韋、楚甘公、魏石申共登靈臺、披神圖、步三光、明災異、運蓍龜、決狐疑，無所復恨也。』

管輅的志向願成爲一位數術家，以預測天地的變化和人事的吉凶。天地變化之數，好似天地變化之道。物理學和天文學常用數字和數理說明自然界的變化；所不同的，科學所用的數，是種種可以理解的數；管輅所講的數，則是一種神秘不可理解的數，因此近於迷信。管輅解釋易經，運用漢朝易學的各派學說，結論則常是命數該如此。管輅的列傳說：

『輅至列人典農王弘直許，有飄風高三尺餘，從申上來，在庭中幢幢回轉，息以復起，良久乃止。直以問輅，輅曰：東方有馬吏至，恐父哭子，如何？明日，膠東吏到，直子果亡。直問其故。輅曰：其日乙卯，則長子之候也；木落於申，斗建申，申破寅死，喪之候也；日加午而風發，則馬之候也。離爲文章，則吏之候也。申未爲虎，虎爲大人，則父之候也。』

卯屬於東，屬於震，又屬於木，震爲長子。申屬西南，屬於坤，又屬於金。風從木上飄來而落於申，金尅木，尅長子。

午，午爲馬。午在南方屬離，離象爲文章，文章爲官吏。

中未屬坤，坤象爲虎，虎爲大人。

管輅的解釋，運用爻辰，又運用卦象。這種解釋可以說是算命。在他自己方面，句句都合於理；然而他所說的理，則爲術數之理。別傳載管輅向鍾毓說：

『幽明同化，死生一道，悠悠太極，終而復始，文王損命，仲尼曳杖，不以爲懼。緒煩蓍筮，宜盡其道。』

漢朝易學的根基和中心點，在於天地萬物，互相貫通。運行於天地和人事的變化，可以用蓍筮去推測。管輅的思想，可以說是達到這種思想的最高峯。他融會了漢易各家的學說，自己天資又高，且又主張神會於宇宙的變化，有似於莊子所說的氣知，直接體驗天地變化之道。把漢易的卦氣和卦變的技術，變爲一套活的生命，以自己的精神去體會。自己的生命，滲入了宇宙的生命，生命流行的奧妙，只有神會，不用言宣。

(D) 王　弼

漢易到了管輅，已到了頂點。以後的發展；魏伯陽引易入道，以易卦作爲道教煉丹的理論；王弼以義理注易，反回到易傳原本的意義。

王弼爲一青年學者，去逝時僅二十四歲。然而他對易經的注釋，竟能獨開一面，掃除漢易的象數說，回到易傳的義理，開啓宋代理學家研究易經的方法。人人驚奇他天才的高。唐朝孔穎達編五經正義，對於易經的注疏便採用王弼的注解。

王弼對於漢易的象數占驗，很加責難。他在所著的周易略例裡說：

『……義苟在健，何必馬乎？類苟在順，何必牛乎？爻苟合順，何必坤乃爲牛，義苟應健，何必乾乃爲馬？而或者定馬於乾，案文責卦，有馬無乾，則僞說滋漫，難可紀矣。互體不足，遂及卦變，變卦不足，推致五行。一失其原，巧愈彌甚，縱復或值，而義無所取，蓋存象忘意之由也。』(明象篇)

王弼反對卦象，對於說卦傳的卦象已加反對，對於漢朝虞翻的逸象，當然更加反對。注解易經，應求經傳的義理，漢朝易學者乃根據一些不相關的卦象和卦變，追求字面上的偶合，失去經傳文字的本義。

王弼注易，對於宇宙的思想，可以列舉於后：

乾卦彖曰：『大哉乾元，萬物資始乃統天，……』

『王註：天也者，形之名也。健也者，用形者也。夫形也者，物之累也。有天之形，而能永保無虧，爲物之首。統之者，豈非至健也哉。』

『天也者，形之名也』；王弼以天爲形名之天，但不是上面蒼蒼的形天，而祇是一個代表名詞。天所代表的爲乾元，乾元乃萬物的根源。

乾元是什麼呢？孔穎達疏解說：『乾是卦名，元是乾德之首。故以元德配乾，釋之大哉。乾元者，陽氣昊大，乾體廣遠。又以元大始生萬物，故曰大哉。』孔氏以乾元爲陽氣。然而陽氣已屬於有形，乾元則應屬於無形。王弼在觀卦的彖辭注說：

> 『神則無形者也，不見天之使四時而四時不忒，不見聖人使百姓而百姓自服也。』

王弼注重無形無爲，天雖有形，天的化工則無形。天的化工爲乾元的化工，乾元應屬無形。在繫辭上第一章『乾道成男，坤道成女，乾知大始，坤作成物。』王弼注曰『天地之道，不爲而善始，不勞而善成，故曰易簡。』

天地有形，乃陰陽之氣。陰陽之氣運行於宇宙萬物之中，運行的德能，即爲乾坤。在繫辭上第六章『夫乾，其靜也專，其動也直，是以大生焉。夫坤，其靜也翕，其動也闢，是以廣生焉。』王弼注說：『翕，斂也。止則翕斂，其氣動則闢開以生物也，乾統天首物，爲變化之元，通乎形外者也。坤則順以承陽，功盡於己，用止乎形者也。乾以專直言乎其材，坤以翕闢言乎其形。』

講論乾坤的功能和功用，乾坤的功能無形，功用則見於形外。乾坤的功能，應該來自太極；因爲繫辭上第十一章說『是故易有太極，是生兩儀，……』韓康伯注說：

> 『夫有必始於無，故太極生兩儀也。太極者，無稱之稱，不可得而名，取

有之所極，況之太極者也。』

孔穎達在這一段注解下面，寫他的正義說：『太極謂天地未分之前，元氣混而爲一，即是太初太一也。故老子云：道生一，即此太極是也。又謂混元既分，即有天地；故曰太極生兩儀，即老子云一生二也。』

孔穎達舉出老子道德經的話解釋韓康伯的注，又解釋易經，這就是大家所指責王弼的地方，指責他把道家的思想，引入了易經。韓康伯爲王弼的私淑弟子，以太極爲『無稱之稱』，等於老子的無。然又以爲有的極至，等於老子所說的有；孔穎達以爲是漢朝易學者所稱的太初太一，爲天地未分之前的混沌元氣。混沌元氣雖爲道家的思想，宋朝張載也講太虛之氣。太極稱爲無，當然出自老子，宋朝周敦頤的太極圖也有『無極而太極』，引起了陸氏兄弟的抗議。

王弼以老莊的思想注解易經，尤其在無爲的思想上最明顯。上面我們已經引了幾段王弼的注釋，講說天地乾坤都是無爲而爲。

復卦的象曰：『復，見其天地之心乎。』王弼注說：

『復者，反本之謂也。天地以本爲心者也。凡動息則靜，靜非對動者也。語息則默，默非對語者也。然則天地雖大，富有萬物，雷動風行，運化萬變，寂然至無，是其本矣。』

以天地之本，爲『寂然至無』，明明是引老莊的思想以解釋易經。動靜不是相對，而是靜爲本、動爲用；好比人生以默靜爲本，說話爲用。復卦的象『雷在地中復，先王以至日閉關，商旅不行，后不省方。』王弼注說：

『方，事也。冬至，陰之復也；夏至，陽之復也。故爲復則至於寂然大靜，先王則天地而行者也。動復則靜，行復則止，事復則無事也。』

雖然儒家也講無爲，另外在易經繫辭裡以天地之動爲神奇，神奇則無爲而爲；然而儒家不講虛靜。以虛靜爲修身之法，則是宋朝楊時和弟子們的主張，他們已經是滲雜些佛道的思想。

但在倫理方面，王弼仍舊保有儒家的傳統思想。他注解乾卦『九三，君子終日乾乾，夕惕若厲，無咎。』

『處下體之極，居上體之下，在不中之位，履重剛之險。上不在天，未可以安其尊也；下不在田，未可以寧其居也。純修下道，則居上之德廢；純修上道，則處下之禮曠。故終日乾乾，至於夕惕猶若厲也。居上不驕，在下不憂，因時而惕，不失其幾，雖危而勞，可以無咎。』

這段注解，說明儒家君子處世之道，乾乾夕惕，自强不息、不驕傲、不自卑，以求日進於善。乾卦『九五，飛龍在天，利見大人』。王弼注曰：

『不行不躍，而在乎天，非飛，而何故曰飛龍也？龍德在天，則大人之路亨也。夫位以德興，德以位敍，以至德而處極位，萬物之覩，不亦宜乎。』

這段注解，純爲儒家的思想。孔穎達正義說：『夫位以德興者，位謂王位，以聖德之人，能興王位也。德以位敍者，謂有聖德之人，得居王位，乃能敍其聖德。若孔子雖有聖德而無其位，是德不能以位敍也。』

對於家庭倫常之道，王弼在家人卦和歸妹卦的注解裡，也發揮儒家之道。

『家人利女貞。』王註『家人之義，各自脩一家之道，不能知家人他人之事也。統而論之，非元亨利君子之貞，故利女貞，其正在家內而已。』

『六二，無攸遂，在中饋，貞吉。』王註『居內處中饋，得其位。以陰應陽，盡婦人之正義，無所必遂職乎中饋，巽順而已，是以貞吉也。』

『九三，家人嗃嗃，悔厲，吉。婦子嘻嘻，終吝。』王註『以陽處陽，剛嚴者也。處下體之極，爲一家之長者也。行與其慢，寧過乎恭；家與其瀆，寧過乎嚴。是以家人雖嗃嗃悔厲，猶得其道，婦子嘻嘻，乃失其節也。』

歸妹卦彖曰『歸妹，天地之大義也。……』王註『陰陽旣合，長幼又交，天地之大義，人倫之終始。』又注象曰君子以永終知敝，『歸妹相終始之道也，故以永終知敝。』

婚姻爲相終始之道，承天地相交的大義。家庭以男爲長，宜嚴敬；女子主內，宜順從。這就是儒家的家庭道德。

對於王弼注易，歷代有贊成的學者，也有反對的學者。清初王船山論王弼。毀譽參半：

『而弼學本老莊虛無之旨，旣詭於道，且其言曰：得意亡言，得言亡象，則不知象中之言，言中之意，爲天人之蘊所昭示於天下者，而何可忘耶？自是以後，易乃免於鬻技者猥陋之誣，而爲學者身心事理之要典。』(40)

王弼引老莊之道入易，固然混亂了易經的意義，然並不很多；而他能擺脫漢易的習氣，掃除象數易學的技術解釋易經方法，使易經所藏蓄天地變化的奧竅，實在是功不可滅。

結　語

易學爲漢朝學術界的一種特產，發祥於推測吉凶的術士，即稱爲漢代的齊學，發展成爲陰陽五行的蔚大系統，結果成爲注解易經的學術。

王船山曾批評漢易說：『乃秦旣夷之於卜筮之家，儒者不敢講習。技術之士又各以其意擬議，而詭於情僞之利害。漢人所傳者，非純乎三聖之教。而秦以來，雜占之說，紛紜而相亂。故襄楷郞顗京房鄭玄虞翻之流，一以象旁搜曲引而不要諸理。王弼氏知其陋也，盡棄其說，一以道爲斷，蓋庶幾拾三聖之意。』(41)

漢易的卦氣和卦象不是哲學，而是一種技術。高懷民教授說：『象數易發展到了荀、虞以後，可以說已臻於煩瑣複雜之至。學術界中人對易學的感想，不止是名目繁多，奇巧滋生；尤其是各家立說不一，此亦一是非，彼亦一是非，令人無所依從。這情形使易學成了一門『變戲法的學問』。諸如以下幾方面而言：其一，就六爻卦象上言，有五爻之互體，四爻之互體，三爻之互體，二爻之半象，再加上內外二象，反對，旁通等，而對一卦，使人思索考慮之不盡。……其四，各家異說競立，如卦氣，有孟焦京之別；爻辰，有京鄭之分；納甲，有京氏魏氏二家。卦變更是各有其說。再加上緯書諸說，紛然雜陳，使人目迷五色。其五，易道原是宇宙開涵攝萬象的法則，要靠深思靜觀去體會，現在象數易家創造了許多新名目、新方式，無非爲了解道一句或一字經文，這等於是把易學引入重重文字障中，是遺棄了易道之大，而務於字句之細。』(42)

就漢代易學的大體上說，確實有上面所說的流弊。然而從象數易學的學理上說，則也有幾份哲學的思想。

變象變化的種種化式，有邏輯上的理論。易經的卦，由兩爻而成三爻和六爻的卦，三爻的卦爲八，六爻的卦爲六十四，乃是數學的理論。但是六十四卦裡彼此相互的關係和彼此中間變化的次序，在易經裡並沒有說明。說卦傳和序卦傳雖有說明，衹是假設一些象徵的卦象，而沒有邏輯的理論。京房的八宮卦變，則根據數學的邏輯理論，說明六十四卦的變化關係。

方東美教授曾說：『就六十四卦看來，可以作爲演繹系統，也可以作爲歸納系統。清人俞樾嘗把六十四卦演成歸納的系統，他對於卦象的連貫說來頗有理據，但卦辭的會通却未有明證。想把六十四卦演成演繹的系統，漢儒中頗不乏人，像京房、荀爽、虞翻諸家都值得重視。』(43)

漢代易學的卦變說，除研究八卦的方位和次序外，更研究六十四卦的變化關係。京房創八宮圖，以乾坤兩卦作基礎，再依據一陽爻或一陰爻的變化，找出震坎艮和巽離兌之卦，共成八宮卦，然後按照每宮爻變的次序作成六十四卦變化的系統。但是這種變化的系統，在變化的標準上不能劃一。雖然有遊魂、歸魂的方法以作補救，仍舊不能自圓其說。虞翻創升降說又自成一系統，以陰陽爻的數目，按列六十四卦，在數學邏輯上能够整齊劃一，而且很簡單。

旁通和反對的方法，也是解釋六十四卦變化的邏輯。飛伏法和互體法則爲增加卦象的變化，但都是在技術上下功夫，在邏輯理論方面，就沒有明瞭的系統。

漢易學者的卦變法，都以陰陽爻的變化作根據。這種根據，原是周易卦象變化的根據，乃是數學上的邏輯。宋朝俞琰所作虞翻的卦變說和先天六十四卦直圖，可以說是最合於數學邏輯的卦變說。周易卦變另一根據，爲天地人的三才理論，卦象常是三爻或六爻，漢易學者的卦變說，雖也常以這種理論作根據，實際上則是假借這種理論而却不遵守，把周易原有的卦象予以破壞，以成自己所虛構的卦象。這些卦變的方法所有唯一的價值，在於使人知道卦的構成法。

至於說卦所說的卦象，本是虛構的象徵；虞翻等人的逸象更是沒有理論的幻想。

漢易的另一特點，在於卦氣。卦氣說以十二消息卦作基礎，然後有納甲，納支，納五行，最後更有爻辰。這一系統或多系統的卦氣說，都是易經以外的學說，由秦朝五行災異思想而來。這種思想的中心點，在於萬物萬事都由氣而成。宇宙的變化，祇是氣的變化，一切變化都互相通。天上的星辰，地上的山水，時間內的年月日和季節，空間內的四面八方，都由氣而成。八卦的爻既然代表陰陽兩氣；因此六十四卦的卦爻，都代表氣，都能和天地間的自然現象以及人世間的人事相配合。這種種的配合，當然是得牽強，很機械化；然而却也結成一種偉大的宇宙系統，上下四方，一切都互相貫通連結。沒有一事一物單獨存在、單獨活動，而一切都向着生命的方向，這一點也表示中國哲學思想的偉大高深。宋朝理學家捨棄了漢易的卦氣變化的外面架子，採取了內部的涵義，構成了萬物一體的思想。

註：

(1)高懷民兩漢易學史，頁六—七，臺灣商務印書館。民五十九年版

(2)鈴木由次郎，漢易研究，頁四，東京明德出版社。昭和三十八年版

(3)徐芹庭，兩漢十六家易註闡微，頁八二——一〇二，亞洲出版社。民六十四年

(4)屈萬里，先秦魏晉易例述評，頁六三，學生書局。民五八年版

(6)高懷民在兩漢易學史頁二二八到二三〇錄惠棟周易述的虞氏逸象共三百二十三，鈴木由次郎在漢易研究錄惠棟易漢學的虞翻逸象三百二十六。兩書所錄稍有取入，然高氏所引『虞氏傳其家五世孟氏之學，八卦逸象十倍於九家』出自易漢學三，不出自『周易述。』虞氏逸象也在易漢學三，而不在周易述。易漢學所錄虞氏逸象稱為三百三十一，『以上取象共三百三十一』也計算錯了。，見惠氏易學下，頁一一二五至一一三二。廣文書局（易學叢書）

(7)張惠言易學十書，頁三六〇，廣文書局，易學叢書。

(8)同上，頁三九一至四百。

(9)程石泉，周易成法及春秋筮法。見哲學與文化月刊第四〇期。民六六年六月，頁六。

(10)張惠言，易學十書，頁八八四。

(11)張惠言，易學十書，頁六六五。

(12)同上，頁六七三。

(13)同上，頁六六五。

(14)同上，頁三二二。

(15)同上

(16)同上，頁四一九。

(17)周禮校人疏，禮記月令篇、管子幼官篇、春秋左氏傳、墨子迎敵篇、董仲舒春秋繁露求雨篇、漢書五行志、藝文志，揚雄太玄書玄挽及玄圖之文，李昉太平御覽五百二十七的五祀篇，都有這種數字組合。

(18)張惠言，易學十書，頁三一六。

(19)徐芹庭，兩漢十六家易註闡微，頁七七。亞洲出版社。

(20)程石泉，周易成法及春秋筮法，見哲學與文化月刊，第四〇期，頁五。

(21)易緯，乾鑿度卷下，頁八十，新興書局，民五五年。

(22)張惠言，易學十書，明堂大道錄。頁一二六九。

(23)易緯，頁五五。

(24)易緯 頁八十。

(25)同上。

(26)張惠言，易學十書，頁六二六。

(27)同上，頁八六八。

(28)胡渭，易圖明辨，頁一七九，廣文書局民六十年。
(29)同上，頁一七六。
(30)惠棟，易漢學，頁一一六七。
(31)同上，頁一一九八。
(32)易緯，(乾鑿度卷下)頁八三。
(33)同上，(乾鑿度卷上)頁五五。
(34)參考高懷民兩漢易學史，頁二一五。
(35)惠棟、惠氏易學、漢易學，頁一二二一。
(36)同上，頁一二一三。
(37)可以參考鈴木由次郎的漢易研究頁三一二—三二四。附錄一，漢書五行志所引京房易傳。附錄二，緯書災異思想，
(38)張惠言，易義別錄，見張惠言易學十書，頁一一八六。
(39)同上，頁一二一一。
(40)王船山，周易內傳發例，頁三。
(41)同上，頁二。
(42)高懷民，兩漢易學史，頁二九六。
(43)方東美，易之邏輯問題，見於哲學三昧，頁一一〇。三民文庫、三民書局。民六四年。

第五章　兩漢到隋唐的道家思想

兩漢的思想，複雜錯綜，很不容易明瞭看出那一派人的思想是儒家的思想，那一些人是道家的思想。在春秋戰國時代，儒家道家墨家和法家的思想形成了不相同的思想系統。但是到了戰國末期，各家的創立人去世已久，後繼的學者已不能保全，更不能發展始有的學說。又因社會兵亂加害，生活不安。逃避現實的慾望很强，齊人的長生和吉凶的術法，遍傳各國，且得秦始皇的信服。漢高祖得了天下，重建一統的帝國，文景各帝力求安定人民的生活，採取無爲而治的政策。武帝雄心遠大，欽定儒家爲帝國的思想，以求社會的穩定；然却求長生的心很切，喜歡方士。西漢末年災異五行和讖圖之說盛行。到了東漢末葉，當時天下紛亂，後來南北分立朝廷，人人自危，明智之士乃逃避現實而尙清談。正當社會紛亂，人心頹廢之時，佛教傳入中國，乘時發展，傳遍中國。到了唐朝，佛教思想成了當時的代表思想，後來宋朝理學家，重振儒學，摭採佛教、道家的思想，結束了從漢朝到唐末的思想變亂。

從漢朝到唐朝初年，在社會上盛行的思想，乃是道的家思想，然而這時的道家思想，已經不是老莊的超於形骸的無爲論，而是既雜有黃老的求生術，又雜有方士的五行說，以後還雜有清談的享樂主義。這種道家思想在漢末更變爲道教信仰。以後，道家思想在中國便沒有流傳的人了。

(一) 內經的哲學思想

內經又稱爲黃帝內經。漢書藝文志著錄十八卷，其中包括素問九卷，靈樞九卷，現在流行的內經則有二十四卷，不是漢書藝文志所著錄的原本，已經後人改編，成了一本古代醫書。

這本書假托黃帝，實際上係漢朝人的著作。所收各卷都屬古代醫學智識，本不是哲學書。但是古代的醫學，以陰陽五行爲根據，用五行生剋來說明人身的生理關係。對於病理的分析，藥方的配製，都根據五行的原理。因此，這本書的思想，可以代表中國哲學對於醫學的影響。

陰陽五行，本爲戰國末年和秦漢間的齊學。齊學常信長生之術，長生之術託始於黃帝。內經便也託始黃帝，稱爲黃帝內經。漢初的齊學不僅遠攀黃帝，又近攀老子，乃有所謂黃老之學。因此，黃帝內經就歸屬於道家。實際上內經的思想和老子沒有關係，而且根本不相同。但是後來道家的養生術，則多行內經，內經上託黃帝的話說明養生，也多與道教養生術相近。

(1) 養生術

內經第一篇，名爲上古天眞論，假託黃帝說明養生之術。養生術的眞訣，在於呼吸眞氣，使自身的氣和宇宙的眞氣相通，乃能擺脫物質的牽制，和天地同久長。若不能達到這一層最高的境界，則求與陰陽相調合，離開世俗，也能和天地相終久。再次一層，在世俗以內，能外不勞形，內不蔽精神，則能益壽百歲。再下一層，能法天地，不背逆陰陽和四時，也可以益壽。

『黃帝說：余聞上古有真人者，提挈天地，把握陰陽，呼吸真氣，獨立守神，肌肉若一，故能壽敝天地，無有終時；此其道生。中古之時，有至人者，淳德全道，和於陰陽，調於四時，去世離俗，積精全神，游行天地之間，視聽八達之外，此蓋益其壽命而強者也，亦歸於真人。其次，有聖人者，處天地之和，從八風之理，適嗜欲於世俗之間，無恚嗔之心，行不欲離於世，（被服章）舉不欲觀於俗，外不勞形於事，內無思想之患，以恬愉爲務，以自得爲功，形體不敝，精神不散，並可以百數。其次，有賢人者，法則天地，象似日月，辨別星辰，逆從陰陽，分別四時，將從上古，合同於道，亦可使益壽，而有極時。』（上古天眞論）

內經列了一個等級，上爲眞人，其次至人，再次聖人，再次賢人。至人可以和眞人相同，實則三等。三等的分別在於養生之術。眞人能夠把握陰陽，自己在天地中獨立守神。至人則能和於陰陽，聖人則能恬愉無爲，賢人則能逆從陰陽。這幾層養生之術，和莊子所說的養生，互相關連，和淮南子所講養生術也相同，都是以無爲爲主，以眞氣爲根本。這種養生術和醫學不直接相關，但是內經以爲醫學的最重點，在於預防疾病，卽是在於養生。

『是故聖人不治已病治未病，不治已亂治未亂，此之謂也。夫病已成而後藥之，亂已成而後治之，譬猶渴而穿井，鬬而鑄兵，不亦晚乎！』（四氣調神大論）

預防疾病，實行養生之術。內經乃以養生之術作全書的開端。

(2) 陰陽爲萬物的根本

宇宙間的一切變化，由陰陽的結合而成。陰陽的結合實現於四季，四季的目的爲生化萬物。人的生命和萬物的生命一樣，由陰陽而結成，人的生命的變化和萬物在四季中的變化一樣。花木五穀順着四季的變化而生長，不會發生病態；若是不能適應四季，或是四季的變化起了變態，草木五穀乃生疾病。人的生命也要適應陰陽的變化，使能免除病痛。

『四季的更換，和陰陽的變化，是一切生活的基本條件。因此，聖人在春夏兩季注意培養生長的陽氣，秋冬兩季注意培養收藏的陰氣。這樣做，就是順着生活的基本法則，所以和一切生物同樣適應生長的規律。如果違反了生活的基本條件，就斬伐了本根，敗壞了元氣。

所以陰陽的變化和四季的更換，是一切生物始終離不開的自然條件，是一切生物生長和死亡的根本條件。違反了它，就會發生災害，順從着它，那疾病就無從發生，這就叫做衞生之道。』（四氣調神大論）（中國學術名著今釋語譯）

人的身體和天地萬物相聯，彼此氣流相通。氣以陰陽爲根本；人若知道順從陰 陽的變化，人身的生命常能健康無病，這就是保衞生命之道。內經說『春天三月爲萬物生發的時候，人要早起，在庭院大步，被髮，放鬆身體，以發生自己的志意。夏天三月爲天地之氣相交，萬物開花結實，人要早起，不宜發怒。秋天三月爲萬物容平的時候，人要早臥早起，鷄鳴即起床，收斂神氣，使志安寧。冬天三月爲萬物閉藏的時候，人便早臥晚起，等候太陽出時起床，去寒就溫，保養皮膚。這是順從四季的陰陽變化，以行衞生。』（四氣調神大論）（譯文同上）

人身內臟和陰陽相配，陰陽所有的效果在內臟也有反應，陰陽不調便生疾病。

『黃帝說：陰陽的變化是一切生命的根本，一切生命的根本，自古以來都是和天氣相通的。人在天地之間，上下四方之中，他們的耳、目、口、鼻、前陰、後陰九竅，肝、心、脾、肺、腎五臟，四肢的十二個節，都是和天氣相通的。天和人都是由五行生出來的，都是陽氣陰氣與和氣三種。』（生氣通天論）（譯文同上）

『凡是治病都應從根本着手。天是由陽積累而成的，地是陰積累而成的。……陽變化成爲氣體，陰變化成形質。寒到了極點就會生熱，熱到了極點就會生寒；寒氣產生濁氣，熱氣會產生清氣；清氣反而在下，就會消化不良而發生腹瀉；濁氣反而在上，就會發生腫脹的病，這就是由於陰陽倒置，使人不能順着陰陽而生活，於是疾病發生了。』（陰陽應象大論）

（譯文同上）

對於五行，「陰陽應象大論」篇託皇帝的話列有相配的名目。我們很簡略地列表於后：

東，風、木、酸、肝、筋、心：系統地相生。肝主目。怒傷肝，悲勝怒；風傷筋，燥勝風。酸傷筋，辛勝酸。

南，熱火、苦、心、血、脾：系統地相生。心主舌。喜傷心，恐勝喜；熱傷氣，寒勝熱。苦傷氣，鹹勝苦。

中，濕、土、甘、脾、肉、肺：系統地相生。脾主口。思傷脾，怒勝思；濕傷肉，風勝濕；甘傷肉，酸勝甘。

西，燥、金、辛、肺、皮、腎：系統地相生。肺主鼻。憂傷肺，喜勝憂；熱傷皮，寒勝熱；辛傷皮，苦勝辛。

北，寒、水、鹹、腎、骨髓、肝：系統地相生。腎主耳。恐傷腎，思勝恐；寒傷血，燥勝寒；鹹傷血，甘勝鹹。

這種分配和相配，乃是漢代社會的流行思想，儒家和道家都接受，在春秋繁露和淮南子中便充滿全書。黃帝內經採用作爲醫學的基本。人身和天地現象相配，人身的氣和天地之氣相通，人的生命按照陰陽結合規律而發展。

『黃帝問曰：余聞天爲陽，地爲陰。日爲陽。月爲陰，大小月三百六十日成一歲，人亦應之。』（陰陽離合論）

天地日月配陰陽，人身配一歲的月日，董仲舒明白標出，漢朝易學者更互相傳述。黃帝內經若爲漢初人的假作，則可稱爲這種思想的先河；然從內容去看，似乎在董仲舒以後。

『黃帝問曰：余聞天以六六之節，以成一歲，人以九九之制會，計人亦三百六十五節，以爲天地久矣。』（靈蘭秘典論）

所謂『久矣』，即是說這種人身配天地的思想，已經流傳很久。因此，我們推想內經可能作在春秋繁露以後。

(3) 診病哲理

人身的結構和生命，既和天地萬物相同，生命的規律便是陰陽五行變化的規律，合於規律者，生命健康；不合於規律者，發生疾病。爲診斷疾病，就按照這種原理進行。疾病的產生，常在五臟，爲診病，先應知道五臟的相互關係。內經有兩篇講論五臟的相互關係，第一篇名「五臟生成」篇，第二篇爲「五臟列論」。

『心之合，脈也；其榮，色也；其主，腎也。肺之合，皮也；其榮，毛也；其主，心也。肝之合，筋也；其榮，爪也；其主，肺也。脾之合，肉也；其榮，脣也；其主，肝也。腎之合，骨也；其榮，髮也；其主，脾也。』（五臟生成）

合，爲互相連。榮，爲健康衰弱的表現。主，爲畏，卽相剋。診斷一藏的病，應由所合，所樂，所主，各方面去看。但最重要的，在於脈。

『診病之始，五決爲紀。欲知其始，先建其母，所謂五決者，五脈也。』(五臟生成)

『夫脈之小大，滑濇，浮沈，可以指別。五臟之象，可以類推。五臟相音，可以意識。五色微診，可以目察。能合脈色，可以萬全。』(同上)

『五臟之象，可以類推。』內經注說：『象，謂氣象也。言五臟雖隱而不可見，然其氣象性用，猶可以物類推之。何者？肝象木而曲直，心象火而炎上，脾象土而安靜，肺象金而剛決，腎象水而潤下。』『五臟相音，可以意識，』內經注說：『音謂五音也。夫肝音角，心音徵，脾音宮，肺音商，腎音羽，此其常應也。然其互相勝負，聲見否臧，則耳聰心敏者，猶可以意識而知之。』『五色微診，可以目察。』內經注說：『色，謂顏色也，夫肝色青，心色赤，脾色黃，肺色白，腎色黑，此其常色也。然其氣象交互，微見吉凶，則目明智遠者，可以占視而知之。』『能合脈色。』內經注說：『色青者，其脈弦；色赤者，其脈鉤；色黃者，其脈代；色白者，其脈毛；色黑者，其脈堅；此其常色脈也。』

五臟和五行，五音，五色相配，醫學之道不是由於生理的關係，而是由於哲學理論去定斷。雖說五行和五臟的相配相生剋，在生理方面，略有根據，然決不是以生理科學爲根據。

因此病症的診斷，變得非常玄妙。

『正月二月，天氣始方，地氣定發，人氣在肝。三月四月，天氣正方，地氣定發，人氣在脾。五月六月，天氣盛，地氣高，人氣在頭。七月八月，陰氣始殺，人氣在肺。九月十月，陰氣始冰，地氣始閉，人氣在心。十一月十二月，冰復，地氣合，人氣在腎。』（診要經終論）

這種理論，對於鍼血，作爲根據。人氣和血互相通，俗稱氣血，或稱血氣。

『診法常以平旦，陰氣未動，陽氣未散，飲食未進，經脈未盛，絡脈調勻，氣血未亂，故乃可診有過之脈。切脈動靜而視精明，察五色，觀五藏，有餘不足，六府強弱，形之盛衰，以此參伍決死生之分』（脈要精微論）

切脈爲中國醫術重要的門戶，脈的動靜爲生理現象，可以表現內腑五臟的情況。

『脈者，血之府也。長則氣治，短則氣病，數則煩心，大則病進，上盛則氣高，下盛則氣脹，代則氣衰，細則氣少，濇則心痛。渾渾革至如涌泉，病進而色弊，緜緜其去如弦絕死。』（脈要精微論）

脈有五色，色不是眼睛可見的，脈有強弱長短代濇，這是用指可切的，切脈就在於切出脈動的情況。中國醫學常以氣字代表病情，如氣治、氣病、氣高、氣脹、氣衰。氣，是哲理上所說的萬物構成要素。然而在醫學上，氣不能是抽象的原素，應該是生理的原素，然而也不是空氣的氣，乃是一種生命素。因此，『氣』在中國思想裡，意義非常複雜。人的氣，是精神又是物質，是靈明又是血，是空氣又是力，不能用一種意義去解釋。

內經的中心點，就在『氣』字，由氣而有陰陽，由陰陽而有五行。陰陽五行構成萬物，又構成人。人身和天地相配，人之氣和天地之氣相通。中國醫學就建立在這種哲理上面。

(二) 淮南子

代表漢朝道家思想的第一本書，乃是淮南子。

淮南子爲淮南王劉安的賓客的作品。劉安爲淮南厲王劉長的長子，劉長則是漢高祖劉邦的兒子，兩歲數，受封爲淮南王。劉長後被人告發謀反，廢爲庶人，徙往四川安置，在囚車中絕食而死。社會上乃流行歌曲，罵文帝和唯一存在的弟弟都不能相安，文帝便封劉長的四個兒子爲列侯，後來又封劉安爲淮南王，劉勃爲衡山王，劉賜爲廬江王。

劉安『爲人好書，鼓琴，不喜弋獵狗馬馳騁。亦欲以自行陰德，拊循百姓，流名譽，招致賓客方術之士數千人。作爲內書二十一篇，外書甚衆，又有中篇八卷，言神仙黃白之術，亦二十餘萬言。時武帝方好文藝，以安屬諸父，博辯善爲文辭，甚尊重之。』(漢書本傳)

但是，當劉安到了五十九歲時，公孫宏爲武帝的宰相，因有人告淮南王謀反，便很嚴厲地追治這個刑案，劉安自刎而死，株連被伏法而死的人凡數萬人。

淮南子一書，共二十一卷（一卷爲一篇），卽劉安所獻於武帝的內書。內書的最末一卷題爲要略，敍述作書的宗旨，又略述各卷的內容。作書的宗旨：

『夫作爲書論者，所以紀綱道德，經緯人事，上考之天，下揆之地，中通諸理。……故言道而不言事，則無以與世浮沉，言事而不言道，則無以與化游息……。』(淮南子，要略)

這種作書的宗旨，乃儒家治世的宗旨。作書的方法，研究天地人之理，也是儒家的道理。但是到了敍述二十篇的內容以後，結論却是：

『誠通乎二十篇之論，睹凡得要，以通九野，徑十門，外天地，捭山川，其於逍遙一世之間，宰匠萬物之形，亦優游矣。若然者，挾日月而不烑，潤萬物而不耗。曼兮洮兮足以覽矣。藐兮浩兮曠曠兮可以游矣。』(同上)

這種結論則是道家的人生觀。以儒家的仁義治世，目的爲達到道家的逍遙一世。因此，淮南子書中，基本思想爲道家思想，治國化俗的思想則是儒家的仁義道德。作書的人又不是一個人，每個人又有自己的思想，劉安沒有創立一個思想系統，也沒有自己按照一個中心思想把全書修改，他尊重各篇作者的意見，全書便成了一本龐雜不純，道儒方術混合的書。

(1)宇宙源起的「道」

(甲) 道

老子和莊子以道爲宇宙的源起，這個『道』稱爲無，空虛渺茫，包涵萬有。然而『道』是個實體，超於形色，無限無定。道自變而生萬物。莊子常講一，以一代表道，又以道爲『無有』，『無有』較比無，意義較狹，較不絕對。列子在天瑞篇更排出一種有無的次序，以『道』超於有無。道不能稱爲有，也不宜稱爲無。

莊子也常以『道』爲生活之道，不是仁義之道，而是和『道』同化之道。

淮南子對於宇宙源起的道有多種說法：

篇名	道
原道訓	一立而萬物生矣。夫道者，覆天載地，廓四方，析八極，……包裹天地，稟授無形。
俶眞訓	未始有夫未始有有無者。天地未剖，陰陽未判，四時未分，萬物未生，汪然平靜，寂然清澄，莫見其形。
天文訓	天墜未形，馮馮翼翼，洞洞灟灟，故曰太昭。道始於虛
精神訓	古未有天地之先，惟象無形。窈窈冥冥，莫知其門。
列子天瑞篇	太易。未見氣也。

再把老子莊子講『道』的話，列舉出來：

篇名	道
道德經第三十五章	有物混成，先天地生，寂兮寥兮獨立而不改。周行而不殆，可以爲天下母，吾不知其名，字之曰道，强名之曰大。
第二十一章	道之爲物，惟恍惟惚，惚兮恍兮，其中有象，恍兮惚兮，其中有物。窈兮冥兮，其中有精。
第三十二章	道常無名。
第三十七章	道常無爲而無不爲。
莊子天下篇	泰初有無，無有無名，一之所起，有一而未形。
大宗師篇	夫道有情有信，無爲無形。自本自根……生天生地……
齊物篇	未始有夫未始有無也者。

從上面所列的表裡，我們可以看到淮南子書裏講宇宙源起的『道』時，所用的詞句雖多雖奧，所用詞句的意義則和老莊相合，道爲一，無形，包裹天地，窈窈冥冥，稱爲太昭，稱爲虛霩，稱爲未始有夫未始有有無者。淮南子的思想便應視爲老莊道家的思想。

『道』在天地之先，爲天地萬物的根源，乃一最高實體。胡適之却說這祇是道家所勉强假設的觀念，而且也是道家思想的大害處。他認爲在宇宙的自然變化裡，「用不着一個先天地而生而可以爲天下母的『道』。道卽是路，古人用這道字本取其『周行』之義。嚴格說來，這個自然演變的歷程才是道。道是這演變歷程的總名，而不是一個什麼東西。」⑴假使若像胡適之所說的道而是老莊淮南子的道，則道家沒有哲學思想，祇是一種粗淺的自然科學智識。在哲學的原理中，有一條講論變化的原理，說明變化要有本體，要有起點，自然演變的歷程，是道的演變，以道爲起點。

(乙) 道的演變

老子以道爲自有自化，自化而生萬物，化生萬物而又在萬物裏。老子說出了道自化的歷程，莊子也談自化的歷程。淮南子對於道的演變歷程，追隨莊子；但加有許多的色彩，作爲解釋。列子的天瑞篇也擬了一個天地源起的演變歷程，漢朝易緯乾鑿度採納了列子的歷程次序。因此，道家對於道的演變，有自家的次序，和易傳的太極次序有所不同。

書篇	道		道生一		道生二		道生三	三生萬物
道德經第四十二章	道		道生一		道生二		道生三	三生萬物
莊子齊物篇	未始有有夫未始有無也者。	未始有無也者。	有無也者未始有夫未始有始也者。	未始有始也者			有始也者。	有有者。
列子天瑞篇	太易未見氣也。		太初者，氣之始也。	太始者，形之始也	太素者，質之始也。		氣形質具而未相離。	
淮南子俶真訓	未始有夫未始有有無者，天地未剖，陰陽未判。	未始有有無者，包裹天地，陶冶萬物，大通混冥。	未始有夫未始有有始者。天含和而未降，地懷氣而未揚，虛無寂寞。有無者，視之不見其形，聽之不聞其聲，……浩浩瀚瀚。	未始有始者，天氣始下，地氣始上，陰陽錯合。			有始者繁憤未發，萌兆牙蘖將欲生興，而未成物類。	有有者言萬物摻落，根莖枝葉。……而有數量。

精神訓	古未有天地之先，惟像無形。				有二神混生，經天營地……於是乃別爲陰陽。			剛柔相成，萬物乃形。
天文訓	道始于虛霩	虛霩生宇宙。	宇宙生氣，氣有涯垠。	清陽者爲天，重濁者爲地。	天地之襲精爲陰陽。	陰陽之專精爲四時。		四時之散精爲萬物。

淮南子書中講宇宙演變歷程的篇章有三篇。俶眞訓篇中抄襲莊子齊物論的次序，加了一些混迷的說明。莊子齊物論說『有始也者，有未始有始也者，有未始有夫未始有始也者。有有也者，有無也者，有未始有無也者，有未始有夫未始有無也者。』淮南子俶眞訓說『有始者，有未始有有始者，有未始有夫未始有有始者。有有者，有無者，有未始有有無者，有未始有夫未始有有無者。』這兩書所說的次序完全相同，淮南子是抄襲莊子。莊子所排的七個次序，不是一列式的，而是分成兩列：一列以『始』爲標準，一列以『無』爲標準。『始』的一列有三個次序，『無』的一列有四個次序。這兩列並不是平行，又不能排成一列。按照俶眞訓所的解釋，勉强可以列爲一行，共有六個次序。

但是天文訓所講的次序，則很明白。這個次序是道——宇宙——氣——天地——陰陽——四時——萬物。

精神訓則很簡單，演變的歷程爲道——陰陽——萬物——人。

淮南子各篇所有的共同點是氣，天地人物都由氣而成，淮南子一反普通儒家所說，把天地放在陰陽以先。儒家普通以陰陽在先，天地在後，天地爲陽陰兩氣所成。尤其天文訓所說有自相矛盾之處。『氣有涯垠，淸陽者薄靡而爲天，重濁者凝滯而爲地。……天地之襲精爲陰陽。』在講天地之成爲天地時，也說出由陽陰兩氣而成，因爲淸陽者卽是陽氣，重濁者卽是陰氣。然後却又說：『天地之襲精爲陰陽，以陰陽爲天地之合氣而成』；這不是自相矛盾嗎？淮南子似乎採取列子的演變次序，氣、形、質。氣爲氣，形爲天地，質爲陰陽，天地在陰陽以先。莊子的演變歷程在齊物論一篇章講述，他使用齊有無，齊死生的方法。有有，有無，更好沒有有無，最好沒有所謂沒有有無。他對於有始和沒有始，也是一樣的說法。這就有似於佛敎的中論或三論，有有，有空，更好沒有有和空，一切平等。這樣一來，對於演變的歷程便沒有意義了。淮南子加以許多說明，說明多含混不淸，不能分析上下先後的層次。

老子道德經論『道』，從『道』的本體立言。雖說『道』不可道，但是老子還是勉强講論『道』的本體。莊子論『道』，已經注重『道』的演變。淮南子論『道』則專從『道』的演變去說，對於『道』的描述，是描述宇宙演變的源起時的狀態。『天墜未形，馮馮翼翼。』『覆天載地，廓四方，拆八極，高不可際，深不可測。』『天地未剖，陰陽未判，……寂然清澄，莫見其形。』僅祗從淮南子所說的去研究『道』，不能有一個對於『道』的明確觀念，要參照老子的話，纔可以知道『道』是什麼。

『道』在天地之先，有像無形，馮馮翼翼，無際無垠，爲宇宙萬物的根源，乃最先的實體。然而『道』是無。

『道』也是人生之道，莊子書中已講天地之道和人生之道。淮南子書中，也有這種觀念。『道』既是宇宙的源起，便也是宇宙變化之道，人們的生活以宇宙爲模範，天地之道，卽人生之道。儒家本有同樣的主張，祇是道家以天地之道，乃是自然之道，人便應以自然爲法。淮南子說：

> 『道至高無上，至深無下，平乎準，直乎繩，圓乎規，方乎矩，包裹宇宙，而無表裡；』(繆稱訓)

這一段所講的道，雖可以是實體的道，然更合於天地人物之道，爲一切變化的規矩方圓。

(2) 氣

(甲) 氣爲有

氣的觀念，從戰國時候起漸漸進入哲學領域，在孟子和莊子的書裏已佔重要的位置；尤其是在莊子的書裏，氣已成爲宇宙萬物的成素。莊子的養生論也以氣爲主。到了漢朝，陰陽五行的思想盛行；陰陽五行都是氣，氣便成爲哲學上的主要觀念。

天文訓所講的演變程序，以宇宙由道而生，宇宙生氣，氣生天地，然後有陰陽，四時，萬物：氣在宇宙以下。

俶眞訓所講的次序，在『始』的一列裏的最高一層，即有未始有夫未始有有始者，乃是『天含和而未降，地懷氣而未揚。』已經有了氣。

道家的思想以『有生於無』爲基本。淮南子也有這種基本觀念，肯定有形生於無形。

『夫無形者，物之大祖也。無音者，聲之大宗也。其子爲光，其孫爲水，皆生於無形乎？夫光可見而不可握，水可循而不可毀，故有像之類，莫尊

於水。出生入死，自無蹠有，自有蹠無而以衰賤矣。』(原道訓)

道家很看重光和水，老子道德經已有這種思想，因爲光和水代表『道』的兩項特性。然而光和水都由氣而成，氣是有，道是無，『有生於無』，便是說氣生於道。『自無摭有』，愈變愈下，『而以衰賤矣。』

老子說：『道生一』，一爲氣。列子說：『太初者，氣之始也。』這種氣沒有形，渺渺茫茫，瀰漫無際。『視之不見其形，聽之不見其聲，……浩浩瀚瀚。』稱爲『有無者。』也稱爲『未始有夫未始有始者』，『虛無寂寞』。說是虛無，因爲無形。宋朝張載乃稱爲太虛之氣。

(乙) 陰　陽

然而氣既是有，則不能是無限的，天文訓便說『氣有涯垠』；既有涯垠，便應在空間以內。天文訓乃以虛廓生宇宙，宇宙生氣。宇宙爲時空。有了時空，纔有氣。

氣分天氣地氣，俶眞訓篇形容『未始有始者』，爲『天氣始下，地氣始上。陰陽錯合。』天氣爲清陽之氣，地氣爲重濁之氣，清陽之氣和重濁之氣，尚未明白分爲陰陽，而是陰陽相錯合。氣分成天氣地乃有形。

由天地之氣而分陽氣陰氣，陽氣陰氣相結合而成萬物。

『故至陰飂飂，至陽赫赫，兩者交接成和，而萬物生焉。衆雄而無總，又何化之所能造乎？』（覽冥形）

精神訓說：『剛柔相成，萬物乃形』。

天文訓說：『四時之散精爲萬物』。

萬物由陰陽兩氣相合而成，乃是儒家道家一貫的思想。淮南子本經訓說：

『陰陽者，承天地之和，形萬殊之體，含氣化物，以成埒類。』

(丙) 和　氣

然而道家所注意的則在於和氣，精氣。和氣是天地之氣，『陰陽錯合』，和氣造成宇宙間的和諧，天地間的天籟地籟。道家最喜愛描述天地間的自然妙化。

『天氣始下，地氣始上，陰陽錯合，相與優游競暢于宇宙之間，被德含和，繽紛蘢蓯，欲與物接而未成兆朕。』(俶眞訓)

天地和氣在分陰陽之後，仍舊週游於天地之間；人體內也有合氣。人若能保全和氣，在身體裏得安寧：

『故心不憂樂，德之至也；通而不變，靜之至也；嗜欲不載，虛之至也；無所好憎，平之至也；不與物散，粹之至也。能此五者，則通於神明。通於神明者，得其內者也。是故以中制外，百事不廢。中能得之，則外能收之。中之得，則五臟寧，思慮平，筋力勁強，耳目聰明，疏達而不悖，堅強而不鞼……其魂不躁，其神不嬈。……』(原道訓)

這是道家養生之道，平息思慮，虛空嗜欲，使陰陽之氣不顯露，身體五臟都能堅強。

在精神生活方面，和氣的功效更大：

『已彫已琢，還反於樸。無爲爲之而合于道，無爲言之而通乎德，恬愉無矜而得於和，有萬不同而便於性，神託於秋毫之末，而大宇宙之德。其德優天地而和陰陽，節四時而調五行，呴諭覆育，萬物羣生。』（原道訓）

由和氣演出無爲的人生觀，『恬愉無矜而得於和』。人中的至人與天地的和氣相融洽，乃能入水不溺，入火不焚。『故蒲且子之連鳥於百仞之上，而詹何之鶩魚於大淵之中，此皆得清淨之道，太浩之和也。』（覽冥訓）漢朝儒家如王充等人以死的原因在於人身精氣的消耗，若能保留精氣，則壽命可長。道家的養生之道，按照老莊的理想，在於保全和氣而與『道』相冥合。漢朝的道家滲有黃老之術，也講保養精氣，且更進一步，以煉丹和呼吸，作爲保養精氣的妙方。

（丁）精氣

精氣也是漢朝道家對於氣的另一注意點。淮南子常說到『精』，在天文訓裏：『天地之襲精爲陰陽，陰陽之專精爲四時，四時之散精爲萬物。』在精神訓裏說：『煩氣爲蟲，精氣爲人。』所說的『精』，乃是氣的精。氣的精卽是氣的最純和最優的部份。這種精氣應該是陰陽的精氣。

人的精氣，在人成爲精神。精神爲人生命的中心，乃是人的心靈。心靈的動作無形無像，迅速不測，儒家常稱心靈爲神。然而精氣充滿人的內身，心因精氣而能發動四肢百官。但是在淮南子還有另外一種重要點，卽是人的精氣和天地的精氣互相感應。

『然而專精厲意，委務積神，上通九天，激厲至精。……夫全性保真，不虧其身，遭急迫難，精通于天。……夫物類之相應，玄妙深微，知不能論，辯不能解。……』（覽冥訓）

俗語說：眞誠動天地。淮南子以精氣使人天互相感應，解釋古來的傳說：師曠奏白雪古樂，神物下降；武王在孟津，平定陽侯水波；魯陽公援戈撝日，日返三舍。

淮南子的宇宙觀念，雖然抬舉『道』的觀念，但是所注意的乃是『氣』。道家的思想主張人和天地萬物相通；所謂相通卽是氣的相通。眞人或至人達到了這種相通的境地。萬物的生化都由於氣的功能。墬形訓說：『土地各以其類生。是故山氣多男，澤氣多女，障氣多暗，風氣多聾，林氣多癃，木氣多傴，岸下氣多腫，石氣多力，……』

(3) 泰一

(甲) 一

在漢朝學者的心目中，泰一或太一為一個重要的觀念。儒家以太一解釋太極，鄭玄又以太一為北斗星，為泰一神。淮南子書中許多次講『一』，又多次講太一。我們便留心研究泰一的意義。

在原道訓裏，以『道』立一，一為萬物的根源。

『道者，一立而萬物生矣。是故一之理，施四海，一之解，際天地，…百事之根皆出一門。』(原道訓)

又說：

『所謂無形者，一之謂也。所謂一者，無匹合於天下者也。』(原道訓)

一，是無匹於天下，天下沒有相匹對的，祗有一個。所謂一是無形的，無形爲一的特性，一就應是個實體。『道者，一立而萬物生矣。』可以解釋道是一，道生萬物，『夫太上之道，生萬物而不有，成化像而弗宰。』(道德訓) 但是普通道家的主張，在是『道生一，一生二，……』萬物不直接由道所生，因爲道是無，萬物由有而生。一是有，有是氣。『道者，一立而萬物生矣。』可以解釋爲道立了一，而後萬物乃生化了。『百事之根，皆出一門。』一切事物都由氣而成。

稱爲一，稱爲有之氣，還沒有形像，空虛渺茫。稱爲泰一，空氣不分陰陽之氣，也稱和氣。

泰一在道家的心目中，代表天人合一的頂點，人若能保守自己的和氣，乃能和泰一相通，人能和泰一相通，則與天地爲一。

『天氣爲魂，地氣爲魄，反之玄房，各處其宅，守而勿失，上通太一。太一之精，通於天道，天道玄默，無容無則，大不可極，深不可測，尚與人化，知不能得。』(主術訓)

人之和氣，上通太一，融於天道，而合於道。淮南子便以合於一，卽合於道。

『見事之亂而能守其宗。若然者，正肝膽，遺耳目，心志專於內，通達耦於一。』（精神訓）

高誘注說：『一者，道也。』同一篇又說：

『夫天地運而相通，萬物總而爲一。』高誘注『總合一同也。萬物合同統於一道。』

『能知一則無一之不知也，不能知一則無一之能知也。』高誘注『上一，道也，下一，物也。』（精神訓）

道家以一爲道，老子則以道生一。一之可貴，是因爲代表道。人若能通於太一，便是通於道。

『是故體太一者，明於天地之情，通於道德之倫，聰明耀於日月，精神通於萬物。動靜調於陰陽，喜怒和於四時，德澤施于方外，名聲傳于後世。

『法陰陽者，德與天地參，明與日月並，……』（本經訓）

體太一者較比法陰陽者爲高；體太一，精神和萬物相通，聰明比日月更明。到達這種境界便是至人或眞人。

(乙) 泰一

『真人者，未始分於太一者也。』（詮言訓）

眞人和太一不分離，眞人的精神合於太一，太一是什麼呢？詮言訓予以說明：

『洞同天地，渾沌爲樸，未造而成物，謂之太一。』

太一空洞和天地相同，渾沌沒有形像，在沒有造形而成萬物已先成物。太一是物，不是道，乃是道生一之氣。泰一和太和相同，宋朝張載以太虛之氣爲太和，淮南子講通於太一和通於太和的情況相同。

『故通於太和者，惛若純醉，而甘臥以游其中，而不知其所由至也，純溫以淪，鈍悶以終，若未始出其宗。』（覽冥訓）

通太一和通太和，都在於『守其宗』，『不出其宗』；宗爲根本，爲道。通於太一和太和，『是謂大通。』（覽冥訓）

(4) 人

(甲) 人的演變

在宇宙的演變歷程中，人是最後的一站，也是道所演變而成的物中最高的物。因此，精神訓說：

『剛柔相成，萬物乃形，煩氣爲蟲，精氣爲人。是故精神天之有也，而骨骸地之有也，精神入其門，而骨骸反其根，我尚何存？』

淮南子認爲：人的生，由陰陽的精氣而成，儒家說人得天地的秀氣。陰陽兩氣相合成人，所有的歷程在於母胎。淮南子解釋這種歷程：

『故曰：道生一，一生二，二生三，三生萬物。萬物背陰而抱陽，沖氣以爲和，故曰：一月而膏，二月而胅，三月而胎，四月而肌，五月而筋，六月而骨，七月而成，八月而動，九月而躁，十月而生。形體以成，五臟乃形。是故，肺主目，腎主鼻，膽主口，肝主耳。外爲表而內爲裏，開閉張歙，各有經紀。故頭之圓也象天，足之方也象地。』(精神訓)

這一段爲古代粗淺的生理學，現代人看來不合科學的智識；但是在當時可算爲較詳細較科學化的學識了。淮南子在生理智識以上，加上了道德經最高的形上觀念，以道的演變歷程作爲人在母胎演變的緒論，意思是說人在母胎的演變乃是遵守道的演變的規則。生理智識乃當時的普通科學智識，儒家書中也有；道的演變思想則是道家的思想。胎中受孕，先是混沌的膏，然後有肌筋骨的形，再後有質，乃能動能躁，最後『十月而生』。

再一種對人觀念，爲董仲舒的天人相配的觀念，人身的結構爲一小天地，圓頂象天，方踵象地，骨節象一年月數和日數。淮南子接受這種觀念：

『故頭之圓也象天，足之方也象地，天有四時五行九解三百六十六日。人亦有四支五臟九竅三百六十六節。天有風雨寒暑，人亦有取與喜怒，故膽爲雲，肝爲風，腎爲雨，脾爲雷，以與天地相參也，而心爲之主。』（精神訓）

人身配合天地的結構，人的價值在萬物中乃最高。天地運行遵照『道』的演變規律，以『道』爲準則。人的生活以『道』爲生活之道。

（乙）精神形骸

人有精神和肉軀，精神來自天氣，肉軀來自地氣。精神清而明，肉軀重而濁。清而明的精神，在人的內部，爲內部活動的活力。眼能明，耳能聰，四肢靈活，能由於精神的活力而有。思慮和願欲，更是精神的活動。精神訓篇說：『精神內守形骸而不外越。』

道家的養生常講養神，詮言訓說：『故神制，則行從，形勝則神窮。』神和形相對待，原道訓說：『形閉中距，則神無由入矣。』高誘注：『神，精神也。』神和精神都是氣。

精神爲天氣，爲清陽之氣，乃是陽氣之精，精神爲內部生命的根源，也使外部形體能有生命。精神爲神，神能生能化，形體則爲神所生所化。

『故形有摩而神未嘗化者，以不化應化，千變萬抮而未始有極。化者復歸於無形也；不化者與天地俱生也。夫木之死也，青青去之也；夫使木生者豈木也？猶充形者之非形也。故生生者未嘗死也，其所生則死矣。化物者未嘗化也，其所化則化矣。』（精神訓）

精神生化形體，精神無形而可以常存。道家乃主張保全精神不被物體所耗。物體有五官五臟，有慾情。慾情盛則制梏精神，精神遂被消耗。節慾情，五官不妄動，精神乃能盛。

『則精神盛而氣不散矣；精神盛而氣不散則理，理則均，均則通，通則神，神則以視無不見也，以聽無不聞也，以爲無不成也。是故憂患不能入也，而邪氣不能襲。……夫孔竅者，精神之戶牖也，而氣志者，五藏之使候也，耳目淫於聲色之樂，則五藏搖動而不定矣。五臟搖動而不定，則血氣滔蕩而不休矣。血氣滔蕩而不休，則精神馳騁於外而不守矣。精神馳騁

於外而不守，則禍福之至雖如邱山，無由識之矣。』(精神訓)

精神盛則不僅心理生活充實，生理生活也藉着而强健。俗語說：『心廣體胖』，以心理生活影響生理生活；道家則不停止在普通的心理生活和生理生活上，進而到超越性的神秘生活，與道相合而與天地共存。

(丙) 心

精神在人的具體表現乃是心，心是精神，也是神。心在哲學上的意義，則因心是主宰。精神生化形骸，生化的作用由心發動。

『夫心者五臟之主也；所以制使四支，流行血氣，馳騁于是非之境，而出入于百事之門戶者也。是故不得於心，而有經天下之氣，是猶無耳而欲調鐘鼓，無目而欲喜文章也，亦必不勝其任矣。』(原道訓)

『故頭之圓也象天，足之方也象地。天有四時……人亦有四支……以與天地相參也，而心爲之主。』(精神訓)

心爲神明之舍，能知，發號施令；乃是荀子的思想。莊子以心爲虛靈，既有知，又能通於道。淮南子一方面接受荀子以心爲主宰的觀念，一方面也接受莊子以心通於道的觀念。莊子很强調精神和形骸的互相對待，以精神之氣合於天地之氣，而與萬物相通。莊子乃把心知列爲小知，心的修養視爲下德。大知則是氣知，上德則是氣的自然演變。因此，莊子並不重視心爲主宰的觀念；所重者爲氣。淮南子不完全隨從莊子的思想，原道訓說：

『夫形者，生之舍也；氣者，生之充也；神者，生之制也；一失位，則三者傷矣。』（原道訓）

淮南子建立了這種次序：形、氣、神。神爲心，以主制生命，在三者中爲最高，居於氣之上。這種位次，不能顛倒。三中之一若不在自己的位置，三者同時受傷。

『故以神爲主者，形從而利；以形爲制者，神從而害。』（原道訓）

形骸的感官若統制了心，整個人受害；若心統制形骸，則整個人受益。

但是淮南子一書不是一個人的作品，不代表一個人的思想，二十一篇的主張便不常是一貫，彼此有出入。既是强調心的主宰作用，則是重視人的作爲，主張人自己作主。淮南子却又隨從道家的主要觀念以無爲爲重，以自然爲規律。無爲而自然，當然不能提倡人用智力去創設，所以老子要棄聖絕智。覽冥訓篇裡有很多這種觀念：

『是故以智爲治者，難以持國，唯通于太和而持自然之應者爲能有之。……

『故通於太和者，惛若純醉。……

『夫聖人者不能生時，時至而弗失也。……大通混冥。……』（覽冥訓）

以通於太和爲大通，大通則混冥如醉，心便不起作用了。心起作用，豈不是自作聰明嗎？

但是人之所以能通於太和，雖是以自己的和氣通於天地的太和之氣，也必要心願意去做。假使心不動，人便是枯木死屍，又怎樣可以通於太和呢？應該是有心而無心，有爲而無爲，用心而不用心。

(丁) 性．命

在宋朝理學家的思想裏，性和夫的實義相同，字義則不相同，因性爲天然所有。在道家的思想裏，性字和天字的意義相同，卽性便是天然，天然是自然，自然卽是性。

『率性而行謂之道，得其天性謂之德。性失然後貴仁，道失然後貴義。是故仁義立而道德遷矣，禮樂飾則純樸散矣。』（齊俗訓）

『率性而行謂之道』一句話，來自中庸的『率性之謂道』；但是下面『得其天性謂之德』，則是道家的主張了。儒家以性爲理，理乃仁義之理；道家却說『仁義立而道德遷矣。』道家認爲失去了性然後有仁，失去了道然後有義，這就跟儒家相衝突了。淮南子所講的性爲天性，天性爲純樸的自然，不加人爲的修養。

『古之人有處混冥之中，神氣不蕩于外。……當此之時，萬民猖狂不知東西，含哺而游，鼓腹而熙，交被天和，食于地德，不以曲故是非相尤，茫

茫沈沈是謂大治。於是在上位者左右而使之，毋淫其性，鎭撫而有之，毋遷其德。是故仁義不布而高物蕃殖。』(俶眞訓)

性爲混冥不知，茫茫沈沈，自然而行。當初民處在野蠻時期，祇知飲食睡眠，不辨是非曲直，無所謂仁義道德。這種生活稱爲率性而行之道，性應該是善的，惡是人自作聰明加在性上的事。

『人生而靜，天之性也。感而後動，性之害也。物至而神應，知之動也。知與物接而好憎生焉，好憎成形而知誘於外，不能反己而天理滅矣。故達於道者，不以人易天。』(原道訓)

人和天相對待，天卽是性；性和人相對待，也就是善與惡相對待；性是天是善，人則是惡。人的天性本來安靜，不求有爲。但因有外物的感動和誘惑，人性乃動而被好憎所害。

『水之性真清而土汩之，人性安靜而嗜欲亂之』（俶眞訓）

嗜欲激使人性動而失去本有的清靜，又消耗人的精神，使人不得長壽。

淮南子常稱人的壽命爲性命，性命便等於生命。生命活動不息，常有自己的要求。生命的要求乃生來就有的，卽是人的天性，因此性命也有天性的意義。然而性命所指的天性，常從生命一方面去看。

『故古之治天下也，必達乎性命之情。其擧錯未必同也，其合於道，一也。……誠達于性命之情，而仁義固附矣。』（俶眞訓）

所說的『性命之情』，卽是生命的自然要求。治國和修身之道，都在於能夠知道生命的要求，而于以滿足。這種要求非常簡樸，也很純潔。若有所紛飾，加有聲色享受的要求，則不是自然天性要求，人在後天損壞了天性，不合於性命。

性命，不從道德善惡去看人的天性，而從生命或壽命去看人的天性，人若失去天性，不僅是惡，而且也損害生命。

『聖人食足以接氣，衣足以蓋形，適情不求餘，無天下不虧其性，有天下不羨其和……。人大怒破陰，大喜墜陽，大憂內崩，大怖生狂。除穢去累，莫若未始出其宗，乃爲大通。』(精神訓)

生命的要求，純樸無華，祇求飽腹蔽體。喜怒憂怖，若是出了天然的限度，則是出了宗而使身體崩傷。

『故曰：嗜欲者使人之氣越，而好憎者使人之心勞，弗疾去則志氣日耗。夫人之所以不能終其壽命而中道夭於刑戮者，何也？以其生生之厚。夫惟能無以生爲者，則所以脩得生也。』(精神訓)

人若愛惜生命，盡心去養育，反而使生命不長，不能終其壽命。若能不以生命爲重，不去求養育生命，終必得到長生。一切聽之自然，棄去亂心耗神的嗜欲，乃能合於性命的天然要求，『未始出其宗，乃爲大通。』

淮南子有時將性和命分開，性是本性，命是天命。俶眞訓說：『古之聖人，其和愉寧靜，性也，其志得道行，命也。是故性遭命而後能行，命得性而後能明』。

（戊）眞人（至人）

『能反其所生，若未有形，謂之真人者，未始分於太一者也。』（詮言訓）

淮南子對於眞人的解釋，明瞭又深刻。人生自無形，因人爲有形，有形生於無形。有形則人受形所制，不能擺脫形體的要求和誘惑。『形於有，有形而制於物。』（詮言訓）眞人則是能擺脫形體的要求和誘惑的人，能保全初生的天性，成爲無形。所謂無形，並不是沒有形體，而是不受形體的牽制，在精神上如同沒有形體。『若未有形』，好似沒有形體。

『未始分太一者』，太一爲和氣，爲不分陰陽之氣，包括宇宙萬物；因爲宇宙雖還沒有成形，原質則已包括在太一內。眞人使自己的氣返回本原之氣，擺脫形跡，和太一相接合。

『所謂真人者，性合于道也。』（精神訓）

道不是稱爲無之道，乃是化生萬物而在萬物之道，爲有爲一，也就是稱爲太一之道。眞人的性合于道，卽是返乎性之本原。

『古之真人，立於天地之本。』(俶眞訓)

眞人較比聖人高一等，聖人是能修身養性而成，眞人則出於自然。

『所謂真人者，性合于道也。故有而若無，實而若虛，處其一，不知其二，治其内不識其外，明白太素，無爲復樸，體本抱神以遊于天地之樊，芒然仿佯于塵垢之外，而消搖于無事之業，浩浩蕩蕩乎，機械之巧弗載於心。是故死生亦大矣，而不爲變，雖天地覆育亦不與之抮抱矣。』(精神訓)

這一段描述眞人的精神狀態非常明顯，不用神秘的譬喻，而用平坦的理論。眞人的性既合于道，以自己的和氣融於太一，抱守這個基本的原理，歸眞返樸，生死禍福，都不掛在心裏，逍遙於虛無安寧之中。在莊子的書中，眞人入水不沈，蹈火不焚，超越時間和空間的限制，有形體等於沒有形體，以氣而合於宇宙之氣。眞人的生活爲和氣的生活，『未始分於太一者。』

(5) 無爲

無爲由老子標舉作人生之道，成爲道家的特點。道自然而無爲，人生也應順乎自然。但是在春秋戰國羣雄相戰的時代，沒有人在社會生活裏可以採取無爲主義。在私人生活上，當時有些隱者痛心社會的紛亂，知道諸侯們爭霸的野心，便放棄爲官的觀念，隱居山野，不問世事。孔子所遇的接輿、長沮、桀沮、以及荷蓧的丈人，都是這一輩的隱者。（論語，微子）但是這一輩隱者並不是信服老莊學說的人，祇是和莊子有作官被人宰制的同感。

漢高祖統一了中國，結束了羣雄爭奪王位的局面，社會有了安定。人民便喘了一口氣，放棄了對戰爭的恐懼，希望可以休息以恢復精神，西漢前一期的皇帝都採用了無爲而治，與民相安的政策。西漢中葉，漢武帝雄才大略，很想有爲，以後外戚專權，宦官用事，漢代學者多主加强宰相的權力，皇帝無爲，宰臣有爲。

詐僞。

(甲) 無爲的人生

淮南子書的各篇裏，都發揮自然而無爲的思想。自然爲天，人爲爲人，天和人相對，不能以人勝天，以人易自然。『故達於道者，不以人易天。』(原道訓) 天是天眞純樸，人是技巧詐僞。

『所謂無爲者，不先物爲也；所謂無不爲者，因物之所爲也。所謂無治者，不易自然也；所謂無不治者，因物之相然也。』(原道訓)

無爲無不爲，乃老子的思想，道家引以爲原理。無爲是順着人性的自然，不加修改，不加添飾，不加人智慧的工作。可是人絕對不是死人，有生命的人乃是活人，活人有生活的要求，雖是這種要求爲純樸的要求，必也得滿全；純樸的要求既然得到滿全，人性也就滿足了，便是無不爲了。『無爲者，不爲物先也。』以人性的要求爲標準，爲基礎，不外加嗜欲，便是『不爲物先』。『無不爲者，因物之所爲也』，讓人的生命自然取得滿足，就是『因物之所爲』，順着生命自然去行動。

『是故大丈夫恬然無思，澹然無慮，以天爲蓋，以地爲輿，四時爲馬，陰陽爲御，乘雲陵霄，與造化者俱。縱志舒節，以馳大區，可以步而步，可以驟而驟。』(原道訓)

無思無慮，頂天立地，隨着陰陽四時，與造化遊。這是莊子的無爲論。

『聖人食足以接氣，衣足以蓋形，適情不求餘。』(精神訓)

祇求生命的自然需要，不求有餘，太初不開化的人民安度這種生活，在現代人看來爲野蠻生活，在道家看來爲高尚的理想生活。

『怒出於不怒，爲出於不爲，視於無形則得其所見矣，聽於無聲則得其所聞矣。至味不慊，至言不文，至樂不笑，至音不叫，大匠不斲，大豆不具，大勇不鬪，得道而德從之矣。』(說林訓)

這種相反的句子，爲老莊的特長，字句驚人。實際就是無爲而無不爲，不弄人爲的智巧，人性自然完成生命的需要。人性自然流露，自然行動，自然爲至善。

『是故虛無者道之舍，平易者道之素。夫人之事，其神而嬈，其精營慧，然而有求於外，此皆失其神明而離其宅也。』(俶眞訓)

純樸爲人生之道，營慧使神煩嬈而失宗。故無爲乃道家人生的原理。『萬物固以自然，聖人又何事焉！』(原道訓)

(乙) 有爲

然而淮南子作書的目的，爲建立漢朝治國之道。一個國家怎樣可以眞的無爲呢？怎樣可以如同老子所說『絕聖棄智』，或摒除五聲五色返於穴居野處呢？淮南子便在主張無爲時又主張有爲。漢武帝以儒家獨尊，淮南王怎麼能够獻書給漢武帝而主張絕對無爲呢？因此這本書裏有主張有爲的思想。特別在修務訓一篇裏：

『或曰：無爲者，寂然無聲，漠然不動，引之不來，推之不往，如此者乃得道之像。吾以爲不然，嘗試問之矣，若夫神農堯舜禹湯可謂聖人乎，有論者必不能廢。以五聖觀之，則莫得無爲明矣。』（修務訓）

提出五聖，乃是儒家的思想；然而也有史事作證。在民智未開的洪荒時代，人民祇知食毛飲血，常多疾病，神農乃敎民稼穡，堯王敎民孝慈仁愛，舜王敎民築屋有家，禹王治水，湯王布德施惠。這五位聖王都是有爲，以自己的聰明治國。『聖人憂民如此其明也，而稱以無爲，豈不悖哉。』（修務訓）

『夫聖人者，不恥身之賤，而愧道之不行，不憂命之短，而憂百姓之窮。』（同上）

引據古典，頌揚堯舜禹湯，以古聖王爲民謀利爲盛德。這完全和老莊的思想相背。可是劉安要向漢武帝獻書，則不能不稱揚古聖王的功德。

『且古之立帝王者，非以奉養其欲也；聖人踐位者，非以逸樂其身也。爲天下強掩弱，衆暴寡，詐欺愚，勇侵怯，懷知而不以相教，積財而不以相分；故立天子以齊一之。爲一人聰明而不足以徧照海內，故立三公九卿以輔翼之……是以地無不任，時無不應，官無隱事，國無遺利，所以衣寒食飢，養老弱而息勞倦也。』(同上)

淮南子說明所以應該有爲的理由，泰初的人民野蠻無文，共相爭鬪，應有帝王大臣去治理。這種理由也和道家主張無爲的理由相反。道家主張先民的無知乃是人性自然的純樸，不能加以人工的琢磨。修務訓却說『故立天子以齊一之。』這顯然是儒家的思想。

『故自天子以下至於庶人，四肢不動，思慮不用，事治求澹者，未之聞也。』(同上)

不僅在政治方面，主張有爲，在私人修身上也應有爲；不分天子庶人，俱應努力不息。爲什麼道家攻擊儒家的有爲論呢？那是因爲儒者少能以有爲而能修身治國。

『今以為學者之有過而非學者，則是以一飽之故，絕穀不食，以一蹪之難，輟足不行，惑也。』(同上)

蹪為蹪，蹪為熉，為顛仆。這都是因噎廢食，不能因不可教的人或不知道教的人而廢棄儒者的有為論，以倡無為論呢？

可是無為論究竟是道家的人生原理，絕對不能廢，淮南子在對漢武帝談有為論時，便加入無為論，然而加以解釋，使無為論互相矛盾。

『夫地勢水東流，人必事焉，然後水潦得谷行。禾稼春生，人必加功焉，故五穀得遂長。聽其自流，待其自生，則鯀禹之功不立，而后稷之智不用。若吾所謂無為者，私志不得入公道，嗜欲不得枉正術，循理而舉事，因資而立，權自然之勢，而曲故不得容者，事成而身弗伐，功立而名弗有，非謂其感而不應，攻而不動者。』(同上)

修務論的無為論，乃是按照物性的理而動，而不是祇聽其自然。水為本性要有流通的路，五穀的本性要有人去耕耘，按照水性和穀性去治水種穀，雖是有爲也是無爲。私益不害公益，嗜欲不枉正道，作爲無爲的意義，這豈不是實際上接受儒家的有爲，穿上道家無爲的外衣嗎？

修務訓又很看重『學』，人性物性應加以訓導，訓導卽是學。有人說：魚性生來會躍，鵲性生來很駮，不可損益，修務訓作者則不相信。馬常是馬，但是馬可以駕御。

『馬，聾蟲也，而可以通氣志，猶待敎而成，又況人乎！』(同上)

『夫瘠地之民多有心者，勞也；沃地之民多不才者，饒也。由此觀之，知人無務不若愚而好學。自人君公卿至於庶人，不自彊而功成者，天下未之有也。』(同上)

這種思想完全推翻道家的任其自然的原理了，充分表現淮南子的門客，在思想上不是一個系統的人，他們中間有儒道法各家的人。修務訓篇中多儒家，主術訓則多法家思想。

胡適之解釋淮南子的無爲主義爲被動主義，如同愼到的『推而後行，曳而後往。』甘心落在人後，不願走在人先。(2) 但是這種被動的無爲主義，可以說是原道訓篇的思想，修務訓的有爲論以堯舜禹湯等聖人爲標榜，實在不是被動而是自動的有爲主義。

(丙) 無爲和有爲的政治哲學

主術訓篇講論君主治國之術，開篇便說：

『人主之術，處無爲之事，而行不言之敎，清靜而不動，一度而不搖，因循而任下，責成而不勞。』

人主治國的法術，在於自己不親理國事，責成宰相去負責，『責成而不勞』，自己不費精神。『因循』爲愼到的思想，愼到曾作因循篇，因循的意義，在於按照人物的情理去管理，人本來要這樣做，就提倡這樣做，便可以無爲而有爲。

因此，人主應採無爲的原則，自己一個人沒有辦法可以看到天下的事，可以聽到天下的事，免得看錯聽錯，便不看不便。

『故古之王者，冕而前旒，所以蔽明也，黈纊塞耳所以掩聰，天子外屛所

以自障。』(同上)

人主若無爲，治國則須有爲。治國的有爲，一則在於宰臣，一則在於任法。人主對於宰臣好像駕馬車的和馬，勞力拖車的是馬，任馬之性而善駕御的是人。人主以權勢駕御宰臣，可以不勞而治。

『夫人主之聽治也，清明而不闇，虛心而弱志，是故羣臣輻湊，竝進無愚，智賢不肖，莫不盡其能。於是乃始陳其禮，建以爲基，是乘衆勢以爲車，御衆智以爲馬，雖幽野險塗，則無由惑矣。』(同上)

法的標準乃一客觀的標準，合於物性。法既訂定了，按法行事，等於按照物性而行事，便是順物性之自然。這樣解釋，法治就等於無爲了。

『治國則不然，言事者必究於法，而爲行者必治於官，上操其名以責其實，臣守其業以效其功，言不得過其實，行不得踰其法。』(同上)

君臣上下，以法爲規則，誰都不能以自己的心智去在法外行事；這乃是法家的任法主張。

『法者，天下之度量，而人主之準繩也，縣法者，法不法也；設賞者，賞當賞也。法定之後，中程者賞，缺繩者誅，尊貴者不輕其罰，而卑賤者不重其刑，犯法者雖賢必誅，中度者雖不肖必無罪，是故公道通而私道塞矣，……法籍禮義者，所以禁君使無擅斷也，……法生於義，義生於衆，適衆適合於人心，此治之要也，』(同上)

法以禮義爲本；本於禮，則能制裁人君，人君應守禮；本於義，義爲宜，法宜於民，則能利民。這一點爲法的哲理，乃是法家的主張。淮南子主術篇引用法家的法治原則，藉法治以解除儒家所說的人治，在人治和法治的比較下，法治可以說是無爲的政治。

泰族訓講古今治理之道，以儒家思想和於道家。古代聖王治國，達到『神化』的境界。神化的術語爲道家的術語，神化的內容，則是儒家的內容。

『故大人者，與天地合德，日月合明，鬼神合靈，與四時合信。故聖人懷天氣，抱天心，執中含和，不下廟堂而衍四海，變習易俗，民化而遷善，若性諸己，能以神化也。』（泰族訓）

神化的意義，在道家的思想中，以自己的和氣（精神），和天地和氣相通，於是乃和天地萬物相通，人便超越一切物質的限制，進入一種神秘的境界，『懷天氣，抱天心。』然而這種境界是關於一己的生活，淮南子則擴充到國家的政治，以自己的神秘境界可以『變易習俗，民化而遷善。』這種教化乃稱爲神化。

神化的一種因由，在於誠。中庸以至誠能參天地的化育，盡人性而盡物性。淮南子以至誠則能和天地相通，相通則無爲而無不爲；淮南子稱至誠的無不爲叫做『動化。』

『故聖人養心莫善於誠，至誠而能動化矣。……聖主在上，廓然無形，寂然無聲，官府若無事，朝廷若無人，無隱士，無軼民，無勞役，無寃刑，四海之內，莫不仰上之德，象主之指，夷狄之國，重譯而至，非戶辯而家說之也，推其誠心，施之天下而已矣。』（同上）

這又是把儒家思想的誠作內容，按上道家無形無聲無事的無爲外衣。聖人的無爲而動化，『精氣之動也，……是以天心動化者也。』(同上)

還有所謂『大化』『小化』。大化在於順着人民的本性去治，不自作聰明；小化則是自己想出許多計劃，用去治國。聖人知道『大化』。

『天地四時非生萬物也，神明接，陰陽和，而萬物生之。聖人之治天下，非易民性也，拊循其所有而滌蕩之，故因則大，化則細矣。』(同上)

『因則大』，因循民性去治國，則可大化，卽萬民向化。『化則細』，高誘註『化而欲作則小矣』，以自己的智力，計劃治國，則人民不向化，化則小了。

淮南子對於政治，雖融會了道家儒家法家的思想，旣重無爲又重禮法，旣重神化又重至誠；然而在實際的政治上則重法家所講的『勢』。

『勢』代表在一局面中，人心的趨向。知道這個傾向，要善用它；趨向未成時，可以設法造成它。淮南子非常看重人君的權勢；人君運用權威去造成臣民心情的傾向。

『權勢者，人主之車輿；爵祿者，人臣之轡銜也，是故人主處權勢之要，而持爵祿之柄……

『是故權勢者，人主之車輿也；大臣者，人君之駟馬也。體離車輿之安而手失駟馬之心，而能不危者，古今未有也。』（主術訓）

人君爲能駕御臣下，自己應把持政權，所把持的政權還要使臣下傾心，纔可以有權勢。政權能夠造成勢，在於人君所的權，大於臣下的權；人君使用權時，要使臣下心服。

『怯服勇而愚制智，其所託勢者勝也。故枝不得大於幹，末不得強於本。……是故得勢之利者，所持甚小，其存甚大，所守甚約，所制甚廣。』（主術訓）

勢爲政治法術，然也是自然界的現象。明末王船山講歷史哲學時便特別注重勢，他不從法術方面去講勢，而是從宇宙變化和人事變化去講勢。

淮南子的政治理想，融會道儒法三家的思想；然而在實際上漢朝的政治不是淮南子的理想政治；而且淮南子的理想，在天下太平而皇帝聰明有德時纔可以採行，漢朝的皇帝除了漢武帝以外，都是平庸或昏庸之主！

(6) 天人感應

從老莊的思想說，絕對不能有天人感應的觀念；但是從呂氏春秋以後，天人感應的思想在漢朝成了社會上流行的學說。漢初的齊國多術士，假托黃老談長生之術，同時又講天人的感應，有災異祥瑞的學說。漢朝儒者接受這種思想，漢朝易學專策災異，道家更不能放棄這種學說。淮南子便講天人感應。

天人感應既不是淮南子所創，已見於他種書籍，淮南子所說大都根於他人的書籍。呂氏春秋有月紀，禮記有月令，淮南子的天文訓便是抄襲呂氏春秋的月紀。地形訓（墬形訓）的五行思想，也是呂氏春秋的思想，董仲舒的春秋繁露講論很清楚。

天人感應的思想在漢朝的思想裏，雖然含着許多迷信的成份，然而已經有了一種哲理的基礎，卽是同類的氣，互相感應。天地萬物都由氣而成，氣則週遊天地萬物內，在萬物裏通行。天地不是一所死水的池塘，而是一所活水的湖，湖水週流不斷。因此，同類的氣，互起感應。

『物類相動，本標相應；故陽燧見日則燃而爲火，方諸見月則津而爲水。……人主之情上通于天，故誅暴則多飄風，枉法令則多蟲螟，殺不辜則國赤地，令不收，則多淫雨。』(天文訓)

『物類相動，本標相應。』與呂氏春秋應同篇所說『類固相召，氣同則合，聲比則應，』理論相同，都是以氣同類相感應爲基礎。人主的行政或善或惡，引起天象的反象；人民的共同行動或善或惡，也引起天象的反應。天象的反應則象徵上天將行賞罰。

『夫物類之相應，玄妙深微，知不能論，辯不能解。……君臣乖心，則背譎見於天，神氣相應徵矣。……然以掌握之中，引類於太極之上，而水火可立致者，陰陽同氣相動也。此傳說之所以騎辰尾也。』(覽冥訓)

高誘注說：『日訪五色氣，在兩邊外出爲背，外向爲譎，內向爲珥，在上外出爲冠。』

傳說爲殷王武丁宰相，死後，託精於辰尾星。天人感應的天爲自然界的天象，天象的變換爲種種物理現象，可以說不是哲學。然而自然現象和人事相關連，又和上天的賞罰有密切關係，便不僅是物理現象，而進入人生哲學了。

『聖人者，懷天心，聲然能動化天下者也。故精誠感於內，形氣動於天，則景星見，黃龍下，祥鳳至，醴泉出，嘉穀生，河不滿溢，海不溶波，故詩云：「懷柔百神，及河嶠嶽。」逆天暴物，則日月薄蝕，五星失行，四時千乖，晝冥宵光，山崩川涸，冬雷夏霜。詩曰：「正月繁霜，我心憂傷。」天之與人有以相通也，故國危亡而天文變，世惑亂而虹蜺見，萬物有以相連，精祲有以相蕩也。』（泰族訓）

泰族訓雖代表儒家的思想，天文訓則代表道家的思想。天人感應爲當時儒道的共同學說。淮南子少談上天的賞罰，多談天象的感應；然若祇是這樣，天象的吉凶就沒有意義了。天象的吉凶，象徵上天的賞罰；而上天的賞罰則由人所自致，行善有福，行惡有禍。覽冥訓列擧古代許多天人感應的傳說，後說：『由此觀之，上天之誅也，雖在壙虛幽閒，遼遠隱，重匿襲石室，界障險阻，其無所逃之亦明矣。』

結語

淮南王劉安爲一位能文而有思想的人，他留下來的淮南子雖爲賓客所作，他自己一定也下有手筆。劉安性好方術，頗熱心提倡神仙長生之說。但是在淮南子中沒有這類的思想。淮南子爲內篇，中篇和外篇都不傳，葛洪神仙傳說劉安的中篇八章言神仙黃白之事。

淮南子一書的思想代表道家，漢朝的道家可以說是雜家，融會了道儒法的思想，貫以道家的無爲論。全書的最後一篇要略，爲一篇書後，總括了全書的綱要。

淮南子成書的目的，『所以紀綱道德，經緯人事。』是一部指導治國修身的書。作書的方法，『上考之天，下揆之地，中論諸理。』因此有原道，俶眞，覽冥，講論『道』，天文和墬形談天地現象，其他各篇講人事之理。全書沒有新的思想，也沒有系統的學說，祇是以道家的無爲養性以通於天地萬物，作爲主幹，旁及古先聖王的禮義，和愼到的法家思想。全書的文辭浮華，思想龐雜。全書結尾說：『觀天地之象，通古今之事，……斟酌其淑靜以統天下，理萬物，應變化，通殊類，非循一迹之路，守一隅之指，拘繫牽連之物，而不與世推移也。』（要略）以道家爲主，然不拘守道家的思想，『與世推移』，把老莊的思想雜入了術士和儒家法家的思想，而成了新道家思想却也摧毀了道家的基本。

註：

(1)胡適，中古思想史長編，頁三四二。民六十年版。

(2)同上，頁三五八。

㈢ 六朝的道家思想

(1) 緒言

漢代的儒家，注重經學，先則口授經書原文，後則考訂板本，最後是注釋經書。注釋工作在馬融鄭玄以後，已告零落。漢代儒家在哲學思想方面，既不能發揮孔孟的思想，反而接受了齊學的陰陽五行，造成了象數易學，和道家思想相融會。這也是時代的趨勢，道家思想在漢代已成爲時代思想的基礎。雖然朝廷上的皇帝提倡儒學一尊，社會上一般人也趨向道家。因此到了魏晉南北朝，道家的思想很明顯地主持了思想界，儒家的思想幾乎默默無聞了。況且當是佛教在中國社會，已漸形興盛，南北朝的君主信佛者不少；而佛教在初期爲切合中國人的心理，竟援道入佛；這也表示六朝時代的主要思想，乃是道家。

六朝的時代，從三國到隋末，（二○○年——六○○年）凡四百年。六朝的名詞，指着建都江南建康的吳、晉、宋、齊、梁、陳。從時代上說，則代表漢末到隋末。

六朝哲學思想的形成，政治環境的影響力很大。六朝的政治環境是一個分裂的時代，是一個政局不安和社會紛亂的時代。普通國民迭年遭受戰爭的痛苦，官吏文士多遇殺身之禍，因此當時社會人士的心理，爲一種悲觀的心理，所有的企圖在於逃避現實。六朝哲學思想的形成，也受了道敎和佛敎的影響。道敎從魏伯陽葛洪提倡成仙的主張以後，許多不滿現實生活的人逃往深山，鍊作仙藥。佛敎在漢末傳入中國，高談來世，滅絕痛苦。這些政治和宗敎的影響，便促長了道家厭世的思想。

南北朝哲學的主要思想爲道家思想，南北朝的道家，已經不是純粹的老莊思想，中間滲雜了陰陽五行的學說，由老子注重無形之道，下到注重有形之氣了。

南北朝的道家思想，通常稱爲玄學。玄學按照說文所有解釋爲：

『玄，幽遠也。象幽，而人覆之也。黑而有赤色者爲玄。』

按照廣雅的解釋：

『夫玄也者，天道也，地道也，人道也。』

淮南子也講天地人之道，易經也曾講天地人之道，魏晉時稱這種學術為玄學，一方面指着這種學術深遠虛無，幽邈難明；一方面指着這種學術的對象為「道」，南史王儉傳說宋明帝置「總明觀」，設儒、玄、文、史，四科，每科置學士十人。(南史卷二十二) 玄學成了朝廷正式認可的一門學術。當時又有所謂三玄，三玄乃老子、莊子、周易。玄學竟以周易和老莊相平列，可見玄學已經不是純粹的老莊思想。

六朝的玄學，有兩種工作表現：一種是注經，一種是清談。

六朝注經工作的最著者，有王弼注老，注易，皇侃注論語，向秀郭象注莊子。六朝的清談，則為中國思想史上一個特殊現象。

清談按名詞說應是高雅的談論，在實際上則是一種座談會，評論人物，高談玄理。所謂座談會乃是有似歐洲昔時的「沙龍」。「沙龍」常由歐洲社會貴族中好學術的人士主持，學者，名士，藝術家常以能參加為榮。魏晉南北朝的清談，也是由名門名士主持，學者文人能身與其會，身價自高。魏晉南北朝門閥的制度盛行，又有九品的制度，門閥的豪門貴族，已經沒有戰國時代和漢朝淮南王的門客習俗，不養門客；但創立了清談風尚，主持名士座談會，招集文人學士，終至於結黨成派。

溯源於東漢的清議，盛於魏朝正始年間。正式以清談名於世的是從何晏開始。何晏為貴族，好老莊，長於談論，世說新語文學篇說：

『何晏爲吏部尚書，有位望，時談客盈座。』

注引文章敍錄說：

『晏能請言，而當時權勢，天下談士，多宗尚之。』

王弼曾參加何晏的清談會，當時名士如阮籍，山濤，稽康皆善清談。元康以後，主持清談的人，首推王衍和樂廣。晉元帝南渡以後，清談沒有消寂，反而新關談論的對象，以王敦和王澄爲著。王澄祖述阮籍的放誕，時人譏他輕薄無行。他屬於所謂『四友』。『四友』卽王澄，謝鯤，庾凱，阮修。當時又有所謂『七賢』『八達』，都是清談的著名人物。「七賢」爲山濤、稽康、阮籍、阮咸、王戎、向秀、劉伶。『八達』爲光逸，胡母輔之，謝鯤、阮放、畢卓、羊曼、桓彝、阮孚。這些清談的名士，大都是年青時，已有才名，還有些曾有神童之稱。如何晏，少以才秀知名，七歲明惠如神。王戎是幼而穎悟，七歲神童。王衍幼年知名，辯談不屈。他們的表現也是介然不羣，神彩煥發。他們都不願意像漢朝的學者，白頭窮經，而是喜好幻想，保守家聲。

清談的內容，在初期常是品評人物，這種風氣，繼續不息。但是在倫理方面，則有『四本』『三理』『三玄』。南齊書王僧虔傳中有誡子書說：『才性四本，聲無哀樂，皆言家口實。』

『四本』按世說新語文學篇：『魏志曰：會（鐘會）論才性同異傳于世。四本者，言才性同，才性異，才性合，才性離也。尚書傅嘏論同，中書令李豐論異，侍郎鐘會論合，屯騎尉王廣論離，文多不載。』他們所著的才性論都已經亡佚，不能够知道內容若何。自荀子講性惡以後，漢朝儒者如董仲舒王充討論過性，但並沒有深刻的性論。漢末天下大亂，羣雄割據，大家都求有用之才。曹操用人的標準不在品德，而在才能。性是本，才是用。何晏重性不重才，傅嘏則用才達顯，以求事功。

『三理』在於名辯，其一爲歐陽建倡『言盡意論』，其二爲嵇康『聲無哀樂論』，其三爲嵇康的『養生論』。世說新語文學篇引歐陽建的話：『夫理得于心，非言不暢；物定於彼，非名不辯；名逐物而遷，言因理而變。苟無其二，言無不盡矣。』這種名理論爲邏輯的問題。王弼在易注中曾說：『得意在忘象，得象在忘言。』然弼所說爲易經的象和辭的關係，並不是否認言和物的實際關係。歐陽建以名實相符的原則而談名理；這是三理之一。稽康主張『聲無哀樂』。通常人們都認爲人在喜樂時，說話和歌唱的聲音帶有喜色；人在哀痛時，說話和歌唱帶有悲色。稽康都主張超越現實，聲色之物不能表達人的至理。他在所作琴賦序說：『余少好音聲，長而玩之。以爲物有盛衰，而此無變。』稽康的「養生論」，要求清靜寡慾，又要求吃靈芝醴泉。在名理方面，名實離異，聲不達情；可是在養生上，人能超越現實，則形神相親，名實隨在偶合。

『三玄』指老莊和周易，在名辯方面，則論儒家和道家的同異離合。何晏以儒道相同，王弼論儒道相合，裴頠論儒道相離，葛洪論儒道相異。

清談的方式，首先注重雅談，談吐要文雅，話句要雋永幽默。南北朝是中國語言的一個變化時期，北方豪門和大族南遷，和南方的吳越楚等地的方言相接觸，北方則鮮卑胡人語。清談的文人乃特別注重中原的語言，且喜愛幽默的雅言。清談的第二種方式爲名理；名理本是邏輯的形式，作辯論的方法，使對辯的人針鋒相對。但是清談的名理並不確實墨守邏輯的規律，却注重巧辯以得勝。

名理一詞首見於王符潛夫論考績篇：『有號則必稱於典，名理者必效于實，則官無廢職，位無非人。』王符的名理，有似於孔子的正名，按照事理以求名實相符。魏晉人所談名理並不是正名的名理，也不是名實關係的邏輯名理，而是一種以名而談玄理的方式。

『名』爲魏晉社會非常流行的字眼，如名士，名流，名門，名族、名勝、名言、名望、名筆，名價、名德、名論，等等。『名理』的名和當時流行的『名』有關。『名理』的名，有品評高下次序的意思。或是品評人物，評論他們的高下；或是品評事理對於才和性，對於玄理和實事，評論高下。而這些評論都是浮藻的名言。因此，乃有『清談誤國』的史評。

清談名士的思想，在正始時，趨向老子，在元康時，崇尙莊子，東晉學者，則向慕佛學。此輩名士雖宗於道家的自然無爲，追求養生之道，然又都熱心政治，喜攀名門；其中且有招殺身之禍。他們不以竹林七賢爲法，反對遁居山林，而以成事無心爲處世之法。淸談的內容稱爲玄學，祖述老莊的『道』；玄學的趨向，則趨於儒道合一。

(2) 何晏

何晏，字平叔，年前不詳，大約生于漢獻帝興平元年或二年（公元一九四或一九五），死於魏廢帝正始十年，（公元二四九）。他是漢外戚何進的孫子，小的時候隨着母親在魏武帝宮中，母爲曹操所納，何晏起居形同太子，他又尙金鄉公主，生長在富貴的宮廷裏，養成好修飾，耽情色，驕奢的習慣。正始時，曹爽參政，晏附名曹爽，官至尚書，主選擧，談客盈座，遂成爲玄學的領導人物。正始十年，曹爽敗，爲司馬懿所殺，何晏也同時被殺。

何晏的著述，有論語注，老子注，無爲論，道論和賦。但這些著作早已散佚，現在祇在論語集解，列子張湛注中保留了一些片斷。

何晏思想的趨勢，傾向儒家殊道而同歸，有意把道家的無爲和儒家的名敎結合起來。但他思想的基礎則是道家的『無』。元朝的思想家對於有和無的問題，互相辯論，何晏王弼等道家學者都主張無，裴頠則主張有，作崇有論。

(甲) 無

『天地萬物皆以無爲爲本。無也者，開物成務，無往不存者也。陰陽恃以化生，萬物恃以成形，賢者恃以成德，不肖恃以免身。故無爲之爲用，無爵而貴矣。』(無爲論。見晉書卷四十三，王衍傳)

老子的思想，以『道』爲主，以『無』解釋『道』。何晏和六朝的道家學者重在無爲，乃把『無』特別提出來，以『無』爲本體，『道』祇是『無』的一個勉強用的名詞。老子說

『道曰無』，何晏則以『無曰道』。

『無也者，開物成務，無往而不存者也。』

一切都來自『無』，『無』不是虛無，而是『無往而不存』的本體。這個本體就應該說是『有』，因爲是『存在』。然而因爲是『無往而不存』，便應是超越宇宙的時空，而是一個無限的有。無限的有不可名，不可認識，便稱爲『無』。這個『無』不和『有』相對立，不否定『有』，却是『有』的本體。

一切都來自無，『無』爲萬有的根本，『陰陽恃以化生，萬物恃以成形。』漢朝的哲學思想貫注在『氣』，以『氣』作萬有的根本，陰陽爲氣的變化，萬物因氣而成形。六朝道家少談『氣』，多談『無』。

『有之爲有，恃無以生；事而爲事，由無以成。』（列子，天瑞篇注引）

但是何晏講『無』，所注意的在於無爲，無爲乃是自然。那麼他所講的『無』，是不是就是自然呢？一切都自然而生，自然而成，沒有作爲。何晏講『無』，一定有這種意思；然而却不能以自然爲萬有之本，自然祇是動作的方式，『本』則應是實體。何晏所講的『無』應是實體；實體的動作，則常自然無爲。無爲的思想籠罩了六朝的思想，文學藝術也受這種思想的影響。文心雕龍神思篇說『文之思也，其神遠矣，故寂然疑慮，思接千載，悄焉動容，視通萬里。』可是這種無爲之文，成爲浮華無實的綺麗的文，旣沒有內容，又沒有精神。唐朝韓愈極力反對這種祇有肉而沒有骨的文章，開始義理之文，號爲『文起八代之衰。』

(乙) 道

『夫道者，惟無所有者也。自天地以來，皆有所有矣；無猶謂之道者，以其能復用無所有也。故雖處有名之域，而沒其無名之衆，由以在陽之遠體，而忘其自有陰之遠類也。夏侯玄曰：『天地以自然運，聖人以自然用。』自然者，道也。』(列子，仲尼篇注引)

道，乃是『有』，而且在天地以內；因爲何晏說：『自天地以來，皆有所有矣；然猶謂之道者？以其能復用無所有也。』這豈不是把『道』放在有天地以來的萬有裏嗎？爲什麼這種『有』稱爲道呢？因爲這種有能夠自己表現是『無所有』，即是表現是『無所有』，即是表現無爲而自然。因此，何晏說自然即是道：

然而他又說：

> 『有之爲有，恃無以生；事而爲事，由無以成。夫道之無語，名之無名，視之而無形，聽之而無聲，則道之全焉。』（列子，天瑞篇引）

道之全爲無，或更好說無是道之全。這種『道』，在萬有之先；因爲道是無，故無語，無名，無形，無聲。萬有之先的『道』，和『自天地以來』在萬有中之『道』是不是同一的『道』呢？何晏認爲是同類的。他說：

> 『此比於無所有，故皆有所有矣；而於有所有之中，當與無所有相從，而與夫有所有者不同。同類無遠而相應，異類無近而不相違。譬如陰中之陽，陽中之陰，各以同類自相求從。夏日爲陽，而夕夜遠與冬日共爲陰；

冬日爲陰，而朝晝遠與夏日同爲陽，皆異於近而同於遠也。』（列子，仲尼篇注引）

『道』在萬有之中，不和『有』相同，而和『無』相同，『當與無所有相從。』無和有猶如陰和陽，『各以同類自相求從。』『道』爲無所有，應當從屬於『無』。

在『有所有』中之『道』，稱爲自然，稱爲虛靜無爲；『道』不是實體而是用，即是活動之方式和規律。這種道屬於在天地之先之『無』。

清談常談論這種『道』，魏志卷二十九管輅傳注引輅別傳的話。『輅曰：何（晏）若巧妙以攻難之才，游形之表，未入於神。夫入神者，當步天元，推陰陽，探玄虛，極幽明，然後覽當無窮，未暇細言。

（丙）無　名

『無』爲『道』，『道』便『無名』。何晏曾著無名論，現已亡佚，在列子仲尼篇的注裏引有這篇文章片斷的話。何晏的無名論從認識論方面出發。凡是名，都是由人的有限智識而製成的，用以代表所認識的事物。然而這樣製成的名，並不足以表達事物的眞相。莊子曾說人的理性認識乃是小知，祇認識事物對象的某一方面，惟有氣知，纔和事物相通，能深事物本體之中，纔稱爲大知。何晏以『誠』，才能和事物對象相融會，『誠』即是寂然不動的精神。

『知者，知意之知也。言知者，言未必盡也。今我誠，盡也。』（論語注。『常有知乎哉，無知也。』章注）

『爲民所譽，則有名者也；無譽，無名者也。若夫聖人，名無名，譽無譽，謂無名爲道，無譽爲大。則夫無名者可以言有名矣，無譽者可以言有譽矣；然與夫可譽可名者，豈同用哉。』（列子，仲尼篇注引）

『無』爲『道』，『道』便無名無譽。聖人乃以無名爲道，無譽爲大，較比有名有譽更高。孔子曾以『君子疾沒世而名不稱焉』，道家則求無名無虛。然而在無名無譽中也就有了名有了譽，這是老子以進爲退的辦法。但是從認識方面去說，名和譽不能代表事物的眞相，所以沒有眞正的價值。從另一方面說有和無並不絕對對立而常相矛盾，好比陰陽在近處相違，在遠處相同。『有』的無限爲『無』，『無』的有限爲『有』。無生有，有歸於無，

『皆異於近而同於遠也。』莊子所以有齊物論，一切相通，一切相等，有無相生。

(3) 王弼

(甲) 理

在前面講漢朝易學時，已經講到王弼的易注，現在我們要研究王弼在老注和易注中所發表的思想。

王弼注釋經書，和漢朝經學家的『白首窮經』的鑽研精神相反。他不用研究而用理會或神會，他天才高，年青，思想活潑。在二十歲左右就寫了這兩部經書注釋，大膽創立新說，把漢朝易學很繁雜費解的象數一掃而空，完全憑理性去解釋。他所以很注重『理』。『白首窮經』的研究法，應該說是歸納法，也可以說是有些像朱熹的格物致知法。王弼的注經法就好似陸象山的心即理之法，一切簡賅，可以說是演釋法。

王弼說明他的方法，以簡御繁，以一理而貫通萬事。他說：

『夫衆不能治衆，治衆者至寡者也。夫動不能制動，制天下之動者，貞夫一者也。故衆之所以得咸存者，主必致一也。動之所以得咸運者，原必無二也。物無妄然，必由其理，統之有宗，會之有元，故繁而不亂，衆而不惑。』（周易略例，明彖）

天下事物的變化，千頭萬緒，而其中必有一理。理爲一，以統御萬物的變動。因此，易經的解釋必有一理。

易經變化之理，在於本原深厚，包涵後來一切衍發之理。發展越多，離開本原越遠，所有之理逐漸消失，因而就該回到本原，重新充實自己；這就是易經復歸之理。老子常講嬰孩和江河，嬰孩爲人的本原，樸素善良，精神充沛；江河的本原，淵淵者宗。宋朝二程講人性，以人性本原好比泉水的源泉爲清水，後來流出去了便滲雜了泥渣。這是淵源和流變的關係，先大而終細，先善而後惡；因此便該回復到淵源。

『以天之行，反復不過七日，復之不可遠也。德則小人道消也。復者，返本之謂也。天地以本爲心者也。凡動息則靜，靜非對動者也。語息則默，默非對語者也。然則天地雖大，富有萬物，雷動風行，運化萬變，寂然至

無，是其本矣。故動息地中，乃天地之心見也。若其以有爲心，則異類未獲具存矣。』（易經，復卦彖注）

天地變化之理，一則爲本原深厚，一則爲復反本源，一則爲寂然至無。

（乙）變化的本原

王弼以『道』爲天地萬物發生的本體，『道』卽老莊所講的道，稱爲無。

『混然不可得而知，而萬物由之以成，故曰混成。不知其誰之子，故先天地生。凡有皆始于無。故未形無名之時，則爲萬物之始。及其有形名之時，則長之育之亭之毒之，爲其母也。言道以無形無名始成，萬物以始以成，而不知其所以，玄之又玄也。』（道德經第二十五章注。並參看第二十一章注）

這種思想，爲老子道德經的思想，沒有新的特點。若要說特點，則在於强調『無』。

『道者，無之稱也。無不通也，無不由也。況之曰道，寂然無體，不可爲象。』（論語注疏，邢昺正義引卷七）

這是把道家的思想，牽到儒家的思想裏。論語的道，必定不是無。同樣王弼注易時，以太極爲無，也是同樣的牽强附會。

『是故易有太極，太極生兩儀。』王注說『夫有必始於無，故太極生兩儀也。太極者，無稱之稱，不可得而名，取有之所極，況之太極者也。』（繫辭上第十一章注）

以太極爲無，又說有生於無；這不是易經的原義，而是以老子的道德經牽入易經。這一點，就是王弼的特點。孔穎達作疏，根據王弼的思想，對這一段注，作疏說：『太極謂天地未分之前，元氣混而爲一，卽是太初太一也。故老子云：道生一，卽此太極是也。又謂混元既分，卽有天地，故曰太極生兩儀，卽老子云：一生二也。』王弼以太極爲道爲無，孔穎達乃以太極爲一爲有，由道所生，則離易經的原義更遠了。

道稱爲極，稱爲宗主，又可稱爲『帝』。『帝』乃是儒家唯一尊神之稱；老子不信有『帝』，莊子則信造物者。王弼以『道』似乎『帝』，並不表示他信仰有帝。

『形雖大，不能累其體，事雖殷，不能充其量，萬物舍此而求主，主其安在乎？不亦淵兮似事物之宗乎？……天地莫能及之，不亦似帝之先乎？』（道德經，第四章注）

道爲萬物的宗主，爲萬物的帝，生化一切，掌握一切。然而道的生化和掌握，完全由於自然，絕對是無爲。

『自然者，無稱之言，窮極之辭也。……其一之者，主也。』（道德經，第二十五章注）

『天地任自然，無爲無造，萬物自相治理，故不仁也。』（道德經，第五章注）

『萬物以自然爲性，故可因而不可爲也。可通而不可執也。』（道德經，第二十九章注）

注道德經而主張自然，乃是自然成章。然而王弼注易，也主張自然。

『自然之質，各定其分，知者不爲不足，長者不爲有餘。損益將何加焉？非道之常，故必與時偕行也。』（損卦，彖注）

一切順乎自然，自然是道的特性，然而不是道的本體。道的本體乃是無。『萬物以自然爲性』，自然在萬物的性裏呈虛無的境況，在這種境況裏，物乃和道相通，又彼此相通。唐君毅教授說：『人能無有，而得循此虛通之道而行，即成人之德。此虛通之道中無物，故人之此德，亦爲不德之德。此即人之上德。此虛通之道中，無物可見，亦無一般之物可名，無名謂之玄，故此德亦無名，而爲玄德。人行通道，以有玄德；亦依玄德，以行通道。則于其所遇之物，皆直通、直達，而有之之後，亦恒即通過之，而無之，使其不爲一中間之礙。』(1)所謂虛無通道，即是自然無爲之道。這種道不是本體之道，而是生化之道。

（丙）變化的認識

變化的規律既是自然無爲，便不可爲人所知，也不可爲人所言。但是易經則是談論宇宙變化：則變化便可以爲人所知了。然而易經講變化，不是用普通的語言去講變化；而是聖人對宇宙的變化，心領神會，以無名之名，以無言之言去講變化。王弼注道德經第二十九章說：

『聖人達自然之至，暢萬物之情。故因而不爲，順而不施，除其所以迷，去其所以惑，故心不亂而物性自得矣。』

易傳繫辭常說易卦爲聖人深通天下之賾而有所表現，王弼以易經對於變化的表現有象，言，意，三者，這三者又概括在象中。

『夫象者，出意者也；言者，明象者也。盡意莫若象，盡象莫若言。言生于象，故可尋言以觀象；象生于意，故可尋象以觀意。意以象盡，象以言著。』（周易略例，明象篇）

這段話用爲解釋繫辭傳所說：『聖人設卦觀象，繫辭焉而明吉凶。』（繫辭上第二章）『是故夫象，聖人有以見天下之賾，而擬諸其形容，象其物宜，是故謂之象。聖人有以見天下之動，而觀其會通以行其典禮，繫辭焉以斷其吉凶，是故謂之爻。』（繫辭上第十二）

意，象，言，在易經裏，意指『天下之賾，』即是天地萬物的變化奧妙；象指象徵這些變化的卦，卦是意象；言指卦辭，卽是爻的象辭。但在漢朝易學裏，意象言又有一種意義，每一卦有自己的意義，例如乾爲健，坤爲順；這種卦意就是意。每一卦的卦意有具體事物作代表，例如馬代表健，牛代表順，天代表健，地代表順；這些代表稱爲象。漢朝易學所講象數的象，乃是這種象。用象以解釋易經，稱爲言。漢朝易學者都用象去解釋易經，而他們所用的象，除說卦的象以外，又用互體，卦變，納甲，納辰等等象。王弼批評漢朝易學者的象數易。他說：『象生于意』，先有了意，爲表達意乃制造象。卦爲象，乃聖人所造，以代表宇宙的變化。說卦又製造了一些象，象爲具體的事物，以代表卦象的意義，這又是象之象了。『言生于象』，有了象，須要有解釋，易經卦象的目的在於預示吉凶，聖人乃製象辭以斷吉凶，所以先有了象，然後有言，言卽是辭。在漢易裏也應該是有了意纔生象，有了乾健的意，纔有乾爲馬的象；有了馬的象，然後以馬去解釋乾。這是認識論的次序，易經學者也應遵守。

因此，『言者所以明象，得象而忘言；象者所以存意，得意而忘象。……是故存言者，非得象者也；存象者，非得意也。』

象辭，所以斷吉凶，這是言；象辭由卦象而來，吉凶便是由卦象而來，在易經的形上思想裏，卦象遠超過吉凶的價值，我們有了卦象便要忘了吉凶的斷語。再者卦象由宇宙變化的意義而生，宇宙變化的意義，又遠遠超過卦象的意思。我們則由卦象而得知宇宙變化的意義，我們知道了這種意義便可以忘記了卦象。不然，我們祇知道存斷吉凶之言，而不知道由吉凶之辭以求卦象，『言生于象，而存言焉，則所存者，乃非其言也。』我們祇知道保守卦象，而不知道由卦象以求宇宙象化之道，『象生于意，而存象焉，則所存者，乃非其象也。』漢朝易學者所專心研究的是象，是所逸象，互體、卦變、五行，都是象，而却忘記了宇宙變化之道，同時他們又費盡心血用這種象去注易，而忘記了這些象的意義。漢朝易學變成了一種技術，注易成了一種機械。這種機械化的技術，把易經的意義都掩蓋了。『然則忘象者，乃得意者也；忘言者，乃得象者也。得意在忘象，得象在忘言。故立象以盡意，而象可忘也；重畫以盡情，而畫可忘也。』王弼以神會易經之理，打破漢儒的一切瑣碎的弊端。在認識論上，他並不否認言語和符號的功效，但他不要人祇注意言語和符號而忽略所代表的意義。然而他的話被後代人引用於普通的認識上，則和原義不合符，而則似乎王弼不承認象和言跟所代表的對象不必相合了。唐君毅教授說：『故其得意忘言之語，雖用莊子語，而不必全同其旨。莊子固不謂意以象盡，象以言著也。此明象篇文之要點，乃在人既由言而象，而得意之後，則當知循同一之意，可有不同之象以表之。……此中之義理線索，吾將首重王弼言易之重「由言得象，由象得意」之旨。此象已可是老子之無物之象。由此旨轉進一步，即通及于老子之言『大象無形』之旨。人之心意能知此無形之象，即可通及于老子言道之義。』⑶然『得意忘象』雖可說是一意不拘于一象，不甚合於王弼所說的原義。至於說「忘象」可通於老子的『大象無形』，已是轉變了原義而得到。王弼所言，乃是針對漢朝易學者的易說。

又有人說：『我們就知道這不是由客觀到主觀，不是由存在到思維，而是由主觀（或全自然之神）到客觀，復由客觀回到主觀。王弼復象所說的復其本之意。⑷即是說由有限之言和有限之象而通于無限之道，然後忘言忘象而得「道」之意。這也是轉變了王弼的原義。

王弼注論語『予欲無言』章說：

『予欲無言，蓋欲明本，舉本統末，而示物于極者也。夫立言垂敎，將以通性，而弊于湮。寄旨傳辭，將以正邪，而勢至於繁。旣求道中，不可勝御。是以修本廢言，則天而行化，以淳而觀，則天地之心見于不言。寒暑代序，則不言之令行乎四時，天豈諄諄者哉。』

以簡御繁，乃是王弼的原則，簡在於原本，原本爲道，道爲無。王弼將孔子的無言，解釋爲老莊的無爲，他認爲可以融會道儒爲一。

(4) 阮籍、嵇康

「竹林七賢」在中國學術史上已成了一個通用名詞，這個名詞所指的事實，爲七個文士，相交於竹林，曠達不拘禮節。水經清水注說：

『魏步兵校尉阮籍，中散大夫譙國嵇康，晉司徒河內山濤，司徒琅邪王戎，黃門郎河內向秀，建威參軍沛國劉伶，始命太守阮咸等，同居山陽，結自得之遊，時人號之爲竹林七賢。』

世人已都沿用竹林七賢的名詞，也都相信爲一個相好的團體。但是山濤生於漢獻帝建安十年，（西元二〇五年）阮籍生於建安十五年（西元二一〇年），死於魏元年景元四年（西元二六三年），王戎則死於晉惠帝永興二年（西元三〇五年），彼此的年歲相差相當遠，很難『同住山陽，結自得之遊。』按現代學者的考訂。竹林七賢互相交遊有先後，有主從。一以阮籍爲主，從遊者有阮咸、王戎、劉伶；一以稽康爲主，從遊者有向秀，山濤，然並不同時『同住山陽。』

（甲）阮　籍

阮籍，字嗣宗，陳留尉氏人，生於建安十五年（西元二一〇年）晉書本傳說：『容貌瓌傑，志氣宏放，傲然獨往，任性不羈。』世說新語任誕篇注文引文士傳說：『（籍）後聞步兵厨中有酒三百石，忻然求爲都尉。於是入府舍，與劉伶酣飲。』又引竹林七賢論『籍與伶共飲步兵營中，並醉而死。』時在景元四年（西元二六三）時年五十四。

阮籍生於亂世，三十三歲以太尉蔣濟召，後以病謝歸，爲尚書郎。曹爽時爲參軍，爽敗，爲從事中郎，轉爲東平太守，不數日，棄官而走，後爲步兵校尉。生性喜酒，不守禮法，爲當時人士所忌。

他的人生觀不是莊子的樂天自然派，而是求樂的悲觀派。他有詠懷詩，詩中滿是時光一逝不返，人死空無所留。

『昔年十四五，志尚好詩書。被褐懷珠玉，顏閔相與期。開軒臨四野，登高望所思，丘墓蔽山岡，萬代同一時，千秋萬歲後，榮名安所之。乃悟羨門子，噭噭令自嗤。

本生少年時，輕薄好弦歌，西遊咸陽中，趙李相經過。娛樂未終極，白日忽蹉跎。驅馬復來歸，反顧望三河，黃金百鎰盡，資用常苦多。北臨太行道，失路將如何。

朝陽不再盛，白日忽西出。去世昔俯仰，何以似九秋。人生若塵露，天道邈悠悠。齊景升邱山，涕泗紛交流。孔聖臨長川，惜逝忽若浮。去者余不及，來者吾不留。願登太華山，上與松子遊。漁父知世患，乘流泛輕舟。』

『人生若塵露』，古今人都有這種感慨。何況追求享樂的人，更覺得『娛樂未終極，白日忽蹉跎。』由這種惋惜的心理產生悲觀的情緒，於是或者是想及時行樂，或者是追求長生。前者爲頹廢派的李白，後者爲神仙派的葛洪。阮籍才氣很高，出身富門，幼年讀詩書，以顏回自期；他本不是頹廢派的道家。但因生逢亂世，爲官難保身家，他便藉酒自誤。既稱孔子爲聖人，便不輕蔑禮敎；然而他竟荒誕任性，不遵禮法，乃是一種反抗心理的表現。他憤恨朝廷以孔子的仁義禮智爲標榜，實際上則殘虐橫行。在沒有能力可以推翻這種暴力的情況下，便以輕蔑禮法的行動表示反抗。有似在第二次大戰後，美國的許多青年，反抗招來兩次大戰的社會傳統思想，很偏激地採取破壞文明生活的野蠻方式。這種反抗若來自少數的有理想的人，可以引起社會人士的反省；但若形成一羣人的行動，變成一動新奇的形式，則必受大家的詬罵，而自形消滅。近年美國的「嬉皮」便在無形中息影了。阮籍的狂誕能受人重視，稱之爲達，然而形成了竹林七賢的團體形態，便失去了效力。

世說新語，德行篇注引魏氏春秋以阮籍高深莫測：

『宏達不羈，不拘禮俗。兗巡刺史王昶請與相見，終日不得與言，昶愧嘆之，自以爲不能測也。口不論事，自然高邁。』

玄學和清談，雖和七賢有關係，然玄學家和清談者則都爲當時名門貴宦，而不是竹林一輩不守禮法的人。在哲學思想上，則阮籍和稽康都視爲六朝道家的代表人。

阮籍開頹廢肆酒的生活方式，後代李白便是這派的代表詩人。晉陶潛雖愛醉酒，並不頹廢，祇求清靜，後人稱爲田園詩人，唐王維也是這種詩境的作者。

阮籍作大人先生傳，傳中所說的大人，便是他自己。大人的人生觀，以自然爲根據，以求與天地相通爲原則，打破一切社會規律，任性而行。

『或遺大人先生書曰：「天下之貴，莫貴於君子，服有常色，貌有常則，言有常度，行有常式。……」於是大人先生乃〇然而歎，假雲霓而應之曰！若之云尚何通哉？夫大人者，乃與造物同體，天地並生。逍遙浮世，與道俱成。變化散聚，不常其形。』（阮步兵集）

思想非常豪放，氣概浩大，有莊子的心境。絕對自由，不受限制，生活的表現，『不常其形』。禮法是生活的規律，儒家主張非禮不視聽言形，阮籍譏諷爲褌中的虱，『逃乎深縫，匿乎壞絮，自以爲吉宅也。』阮籍更嚴虐地攻擊禮法爲人名掩蔽一己私慾的工具，乃亡國的因由，『汝君子之禮法，誠天下殘賊亂危死亡之術耳！而乃目以爲善行不易之道，不亦過乎！』（同上）阮籍說明自己的人生觀：

『今君乃飄颻於天地之外，與造化爲友。朝餐湯谷，夕飲西海。將變化遷易，與道周始。』（同上）

集合莊子和屈原離騷的人生觀爲一，周遊於天地之間，超越一切萬物。這是一種幻想的高尚生活；阮籍自己沒有能夠實踐。他與酒合爲一，在醉生夢死裏忘懷萬物。「大人先生」的人生觀來自形上宇宙觀，以『自然』爲天地萬物的根源。阮籍有篇達莊論，篇中說：

『天地生於自然，萬物生於大地。自然者無外，故天地名焉；天地者有內，故萬物生焉。當其無外，誰謂異乎？當其有內，誰謂殊乎？』（阮步兵集）

何晏論天地萬物時，以『無』爲根源；阮籍則以『自然』爲根原。『無』和『自然』當然是『道』；然而何阮的注意點不在『道』的本體，而在『道』的功用，一個乃注意『無』一個注意『自然』。阮籍以『自然』爲宇宙根源，作爲他人生觀的根基。不受禮法的限制，追求絕對的自由，即是任性的自然，不加人爲的拘板。

天地生於自然；自然便應是實體，實體的自然，應是老子的『道』，否則沒有意義。自然實體沒有限制，極大無外；旣然無外，一切都屬於自然，『誰謂異乎？』萬物都在天地以內，與天地同體，『誰謂殊乎？』一切萬物沒有殊異，乃是莊子的齊物論。老莊的思想在六朝時已有轉變。

> 『人生天地之中，體自然之形。身者，陰陽之精氣也；性者，五行之正性也；情者，遊魂之變欲也；神者，天地之所以馭者也。以生言之，則物無不壽；推之以死，則物無不夭。』（同上）

漢朝學者都以人比天地，互成一體。阮籍以人爲『自然』之體形，人的地位在萬物中當爲最高。身、性、情、神，統有宇宙的一切最佳因素，『陰陽之精氣』，『五行之正性』，『遊魂之變欲』，『天地之所以馭者』。阮籍拾取漢朝的思想，以文人的筆法作文，對於這句話的意義，沒有解釋。

『陰陽的精氣』，在漢朝的思想裏用爲指整個的人，陰氣成形體，陽氣成精神。阮籍卻僅說身體，以爲陰陽的精氣，在哲學上不好解釋。

『五行的正性』，易經以陰陽變化時所成者爲性，性屬於陰陽變化之道。漢朝學者講五行，每行有自己的特性，阮籍說『五行之正性』，不能指每一行的特性，應指五行的公共性，也就是五行結合之道。『正性』不是偏性，而是五行結合本來應有之道。

『遊魂之變欲』爲解釋『情』，在哲學上還是一種特出的解釋。『情』爲心之動或爲性之動，動爲欲。欲在心內，爲心之動。心爲魂，由陽氣而成。阮籍用『遊魂』表示心之動，用『變欲』表示心之動變化無常。

『天地之所以馭者』代表『神』，神爲精神，爲心，心爲人的主宰，神便是人的馭者。現在阮籍說『天地之所以馭者』，指神在天地的地位，神不指神靈，指易經所說天地之心，天地的神妙莫測。天地駕馭萬物，以『神』駕馭，因天地生物時，神妙莫測。神在人，也和在天地一樣，爲人之所以馭者。人之神和天地之神相通，宋朝朱熹以人得天地之心爲心。

這一貫的思想，並不是道家的思想，乃漢朝儒家的思想，阮籍乃一個想融會儒道思想的學者。

（乙）嵇　康

嵇康爲竹林七賢的第二個主腦人物，在思想上超過阮籍，在對莊子的了解上，也不是注莊子的向秀郭象所能及的。

晉書本書說：

『嵇康，字叔夜，譙國銍人也。其先姓奚，會稽上虞人，以避怨徙焉，銍有嵇山，家於其側，因而命氏。早孤，有奇才，遠邁不羣。身長七尺八寸，美詞氣，有風儀，而土木形骸，不自藻飾，人以爲龍章鳳姿，天質自然。……學不師受，博覽無不該通。長好老莊。』（晉書卷四十九）

嵇康爲魏長亭公主壻，遷郎中，拜中散大夫。當時司馬氏和魏室曹氏欲爭天下，司馬氏專權，殺戮異已。司馬懿殺曹爽何晏等八族。景元三年（西元二六二年）嵇康和呂安被司馬昭所殺。康生於黃初四年，（西元二二三年）死時，年四十歲。

嵇康的著作，據三國志引魏氏春秋說有高士傳贊及文論六七萬言。現存的有嵇中散集，共十卷，爲明嘉靖黃省曾所刊。據近人考訂，第二卷前面有缺，乃以琴賦補足；第三卷後面有缺，又以養生論補足。第九卷應爲難宅無吉凶攝生論下，全卷遺佚，乃分第六卷自然好學論等二篇爲第七卷，改第七卷爲第八九兩卷，以爲完書。(5)

晉書本傳說嵇康『長好老莊』；他的思想屬於道家。然而他並不講老莊的形上之『道』，也少談『自然』和『無』。他却談『理』。「理」在魏晉淸談家中佔很重要的位置，有所謂『三理』，嵇康所談『聲無哀樂』論卽是三理之一。嵇康旣好老莊，他所出於老莊的，在於『自然』，尤其愛用老莊的『至』，把天地萬物和人分成兩層，『至』和『常』，由『至』的超越時間空間而談養生，追隨莊子的玄想。

(A) 自然人生觀

老子在道德經稱呼『道』爲無，爲大，沒有稱爲『至』；稱呼德，則稱爲上德或至德。莊子用『至』人稱呼得道的人，稱呼天樂爲至樂。『至』代表最高最上，代表超越。『至』和『平常』相對立。

嵇康在文集裡沒有說到宇宙根源之『道』，對於天地萬物之生化，採取漢朝易學的思想。

『夫天地合德，萬物資生。寒暑代往，五行以成。』（嵇中散集，卷五、聲無哀樂論）

天地相合，萬物化生。然而在天地以前，又有什麼呢？嵇康曾說有太素。

『浩浩太素，陽曜陰凝，二儀陶化，人倫肇興。』（嵇中散集，卷十、太師箴）

太素在列子書裡，爲『質之始也。』，在太素以上有太易、太初、太始。太易『未見始也』，太初『氣之始也』，太始『形之始也』。太素爲氣始有質，氣有形質便是萬物。太素便可稱爲元氣。

『夫元氣陶鑠，衆生稟焉。』（嵇中散集，卷六、明膽論）

漢朝儒者也曾講元氣，道家也講，元氣不是『道』，乃是有，而不是無。嵇康的道家思想，表現在人生觀。道家的人生觀，乃自然的人生觀。魏晉的玄學清談，注意在『無』在『自然』。人的生活，反乎自然，擺脫人爲的規律，蔑視社會的毀譽。

『厥初冥昧，不慮不營。欲以物開，患以事成。犯機觸害，智不救生。宗長歸仁，自然之情。』（嵇中散集，卷十、太師箴）

這是老子歸眞返樸的思想，以初民的愚昧無知爲天眞，以人爲的文明的罪惡。人的生活應當純乎自然。但在文明的社會裡，要破除一切制度和習俗，便被視爲狂妄之徒。爲破除制度，若有心而故意去做，則不是人生之道；人生之道，乃是無心於一事，任性而行，自然而通，人不見怪，而是尊之爲至人。

『隱匿之情必存乎心，僞怠之機必形乎事。若是，則是非之議旣明，賞罰之實又篤，不知冒陰之可以無景，而患景之不匿，不知無措之可以無患，而患措之不以，豈不哀哉！』（嵇中散集，卷六、釋私論）

有心則有私，有私則不公，不公則不通萬物之情。他乃說：

『物情順道，故大道無違，越名任心，故是非無措也。是故言君子，則以無措爲主，以通物爲美。』(同上)

任其自然，通於萬物，乃能養生。嵇康把人的嗜欲分爲兩等：一等是不慮而欲的欲，稱爲性之動，即是自然；一種是證而後感的，稱爲智之用，即是人爲的。自然之欲乃是先天的，人爲之欲則是後天的。

『感而思室，饑而求食，自然之理也。誠哉是言！今不使不室不食，但欲令室食得理耳！夫不慮而欲，性之動也；識而後感，智之用也。性動者，遇物而當，足則無餘。智用者，以感而求，勌而不已。故世之所患，禍之所由，常在智用，不在於性動。』(嵇中散集，卷四、答難養生論)

先天之欲，按照莊子的養生論也該節制，以養全精氣。嵇康爲竹林七賢之一，對於酒色並不戒絕，在理論上他接受莊子的理想，在實踐上他却任性。

『然則欲與生不並立，名與身不俱存，略可知矣。而世未之悟，以順欲爲得生，雖有後生之情，而不識生生之理，故動之死地也。是以古之人知酒肉爲甘鴆，棄之如遺，識名位爲香餌，逝而不顧。』（同上）

古人知酒肉爲害，嵇康則與竹林友朋爲樂。他所求的生命，乃是長生。神仙的生命雖不學而得，長壽却可以以養生而得。

『世或有謂神仙可以學得，不死可以力致者。或云上壽百二十，古今所同，過此莫非妖妄者。此皆兩失其情，請試粗論之。夫神仙雖不目見，然記籍所載，前史所傳，較而論之，其有必矣。似特受異氣，稟之自然，非積學所能致也。至於導養得理，以盡性命，上獲千餘歲，下可數百年，可有之耳。……善養生者，……清虛靜泰，少私寡欲，知名位之傷德，故忽而不營，非欲而強禁也。識厚味之害性，故棄而弗顧，非貪而後抑也。外物以累心，不存神氣，以醇白獨著，曠然無憂患，寂然無思慮，又守之以一，養之以和，和理日濟，同乎大順。然後蒸以靈芝，潤以醴泉，晞以朝陽，綏以五絃，無爲自得，體妙心玄，忘歡而後樂足，遺生而後身存。若此以往，庶可與羨門比壽，王喬爭年，何爲其無有哉！』（嵇中散集，卷三、養生論）

仙雖不可學，長壽却可以得。一面用莊子的養生論，『淸靜虛泰，同乎大順；』一面用道教的修鍊法，吃靈芝醴泉。這種人生觀祇能是亂世的消極人生觀，以求逃避人生；決不能成爲積極的人生觀，以救亂世，以建太平。

(B) 理

在前面所引的嵇康著作中，常有『理』字，『自然之理也』，『而不識生生之理』，『導養得理』，『厚味之害理』，『和理日濟』。在其他的著作中，也多見『理』字。

在嵇康的著作中，『理』字的稱呼很多：

有『性理』：

『俯協剛柔，中識性理。』（嵇中散集，卷九、答張遼叔釋難宅無吉凶攝生論）

有『至理』：

『適守至相，便言千萬皆一，校以至理，負情之對，於是乎見。』（答張遼叔釋難宅無吉凶攝生論）

『縱令滋味當染於口，聲色已開於心，則可以至理遣之，多算勝矣。』（嵇中散集，卷四、答向子期難養生論）

有『生理』：

『則欲與生不並立，名與身不俱存，略可知矣。而世未之悟，以順欲爲得生，雖有後生之情，而不識生生之理。』（嵇中散集，卷四、答向子期難養生論）

有『天地之理』：

『以多自證，以同自慰，謂天地之理，盡此而已矣。』（嵇中散集，卷三、養生論）

有『天理』：

『子之所以爲歡者，必結駟連騎食方丈於前也。夫俟此而後爲足，謂天理自然者，皆役身以物，喪志於欲，原性命之情，有累於所論矣。』（嵇中散集，卷四、難養生論）

理字在古代哲學思想中，不佔重要的位置。易經以及中庸大學常用『道』字。易經講天道地道人道，道指變化之道，指人生之道。王弼注易，頗用理字，嵇康則慣用理字了。理爲理由，爲事物當然之理。理常由抽象方面去說，道則由生活方面去體驗。宋朝學者自二程以後，專用理字，理便成爲中國哲學的專門名詞。二程朱熹雖不能說直接受嵇康的影響，然也是學術的進展所造成，嵇康在這方面有了他的貢獻。魏晉期間玄學家清談，清談有談話的對象，除品評人物時，便談事物之理。嵇康在他的書裡收有幾篇文章，爲當時清談的題目，如

『聲無哀樂論』即是清談的一個主題，又如『宅無吉凶攝生論』和『養生論』也是清談的題材。在這些清談的題材中，都應有題材的理由，例如『聲無哀樂論』，客便問說：

『聞之前論曰：治世之音安以樂，亡國之音哀以思。夫治亂在政，而音響應之。故哀思之情，表於金石，安樂之家，形於管弦。……斯已然之事，先賢所不疑也，今子獨以聲無哀樂，其理何居？……由此言之，則外內殊用，彼我異名，聲音自當以善惡為主，則無關於哀樂；哀樂自當以情感，則無係於聲音。』（嵇中散集，卷五）

清談談玄理，『夫聖人窮理，謂自然可尋，無微不照；理蔽則雖近不見。』（同上）這種談論玄理之風，使嵇康注意理字，『聖人窮理盡性，宜享遐期。』（答向子期難養生論）漸次影響宋朝學者，窮理盡性。

(C) 養生

魏晉清談的主題中有一題為「才性四本論」，另一題為三理。三理中的兩理為嵇康的

『聲無哀樂論』和『養生論』。

嵇康爲道家，他的養生論當然是莊子的養生論：

『善養生者，則不然矣。清靜虛泰，少私寡欲。知名位之傷德，故忽而不營，非欲而彊禁也；識厚味之害性，故棄而弗顧，非貪而後抑也。外物以累心不存，神氣以醇白獨著。曠然無憂患，寂然無思慮。又守之以一，養之以和。和理日濟，同乎大順。』（嵇中散集，卷三、養生論）

養生以養心養神爲主，心宜虛靜，神宜醇樸。名利的貪欲，可以傷心；美味的沉溺，足以傷神。守一養和，爲老莊的傳統，『一』應該是自然，應該是人性，人爲養生宜保守自然之性。『和』則是天地元氣，元氣週遊宇內，通於萬物，常是大順。人爲養生，應來精神通於元氣，以能『同乎大順。』

嵇康在老莊的養生方法上，加了道家求長生的方術。秦漢時期，方士講求長生之術。魏晉時，道教已經興盛，葛洪宣傳神仙不死之道。嵇康援受了這種思想，在講了老莊清靜無爲的養生法，便繼續說：

『和理日濟，同乎大順。然後蒸以靈芝，潤以醴泉，晞以朝陽，綏以五弦。無為自得，體妙心玄。忘歡而後樂足，遺生而後身存。若此以往，庶可與羨門比壽，王喬爭年，何為其無有哉！』（嵇中散集，卷三、養生論）

人的生命為精氣和元氣而成，精氣成人的心和五臟五官，元氣成人的精神。養生以清靜寡欲以養精神，以順乎自然以養元氣。靈芝藥物足以助長人的精氣，能使人延年益壽。神仙則為稟受特種異氣之人，不是積學所能學到的。

嵇康集中有『難養生論』，有『答難養生論』，但都沒有獨到的意見。難養生論者以『有生則有情，稱情則自然。若絕而外之，則與無生同，何貴於有生哉？……夫人含五行而生，口思五味，目思五色，感而思室，饑而求食，自然之理也。但當節之以禮耳！今五色雖陳，目不敢視，五味雖存，口不得嘗。……苟心識可欲而不得從，性氣困於防閑，情志鬱而不通，而言養之以和，未之聞也！』（卷四）嵇康的答覆是『誠哉是言！今不使不室不食，但欲令室食得理耳！』靈芝醴泉和金丹石菌，『貞香難歇，和氣充盈，澡雪五臟，疏徹開明。吮之者，體輕又練骸易氣，染骨柔筋，滌垢澤穢，志凌青雲。若此以往，何五穀之養哉！』（卷四）

嵇康的思想，乃時代的產物。清談玄理，虛靜無爲。但是他不能脫離政治，竟被轉入漩渦而遭殺身之禍。

(5) 向秀・郭象

向秀郭象以注莊子而得名，兩人都是晉朝的人，向秀在前，與嵇康同時，郭象在後，卒於晉懷帝永嘉末年（西元三一二年間）。晉書卷四十九，有向秀傳，載向秀作莊子注，自己隱藏起來，只有給少數人看了。『讀者超然心悟，莫不自足一時也。』惠帝時，郭象取向秀的莊注，加以『述而廣之，』晉書卷五十，有郭象傳，則述說：『象爲人行薄，以秀義不傳於世，遂竊爲己注，』。這便是學術史上莊子注的一樁疑案。

晉書兩傳所說不同，一爲『述而廣之』，一爲『遂竊爲己注』。然而根據現代人的考據[6]，在現存張湛列子注所引向秀的莊子注文，和現有的郭象莊子注文，互相比較，都是相同，祇是有的文字稍爲不同，有的文句點定不同，有的在郭注略有補添，在文義方面則沒有不相同的。因此現在通用的莊子郭象注，應視爲向秀的原注，經過郭象的補增而已。按張湛的祖父爲王弼從弟的外甥，張湛距離向秀和郭象的時代不遠，他能看見他們兩個人的莊子注。

對於莊子的思想，向郭的注釋確有所新見，能使『儒墨之迹見鄙，道家之言遂盛焉。』(晉書，向秀傳)向秀的新見，則在於『秀乃為之隱解，發明奇趣。』(同上)以往讀莊子的人，根據文字以求文義；向秀在注釋裡却把莊子文句所隱藏而沒有在文字上說明的意義，說明出來；同時他對莊子的思想，作一種特別奇趣的解釋。這種奇趣解釋便是儒道思想的合一。

(甲) 隱 解

莊子逍遙遊篇說：『若夫乘天地之正，御元氣之辯，以遊無窮者，彼且惡乎待哉。』向郭注說：『天地者，萬物之總名也。天地以萬物為體，而萬物必以自然為正。自然者，不為而自然者也。……故乘天地之正者，卽是順萬物之性也。御元氣之辯者，卽是遊變化之塗也。所遇斯乘，又將惡乎待哉！此乃至德之人，玄同彼我者之逍遙也。……夫唯與物冥而循大變者，為能無待而常通，豈自通而已哉！』

注釋中的天地，代表萬物，萬物則為實有。這一點和莊子的原本思想不很相合。莊子在知北遊篇曾說：『故萬物一也……通天下一氣耳。』又以『乘天地之正』為『順萬物之性』，意義也不相同。至於『與物冥』，在原文後面堯讓天下與許由的一段注釋中說：『夫與物冥者，故羣物之所不能離也。是以無心玄應，唯感之從。汎乎若不繫之舟，東西之非已也。故無行而不與百姓共者，亦無往而不爲天下之君矣。若天之自高，實君之德也。』這種把『與物冥』解釋爲人君與百姓相通，絕對不是莊子的思想，而是注者自已就莊子的文句，想像出來一種隱微的思想。

又如莊子知北遊篇說『有先天地生者，物邪？』

向郭注說：『誰得先物者乎哉！吾以爲陰陽爲先。而陰陽者卽所謂物耳。誰又先陰陽者乎？吾以自然爲先之，而自然卽物之自爾耳，吾以至道爲先之矣，而至道者，乃至無也。既以無矣，又奚爲先。然則先物者誰乎哉？而猶有物而已。明物之自然，非有使然也。』這種注解和莊子的原意相反，以至道爲無而不能在物之先；而且在齊物論『夫以萬物不同而使其自已也』，注說：『無既無矣，不能生生』，乃是和老莊的思想相馳背，老莊以有生於無，向郭注竟說「無」不能生生！而以『物各自主。』知北遊篇說：『無古無今，無始無終，』向郭注說：『非唯無不得化而爲有也，有亦不得化爲無矣。是以有之爲物，雖千變萬化，而不得一爲無也。不得一爲無，故自古無未有之時而常存也。』以有爲常有，有不能自「無」而生。呂吉甫注莊子，則注這幾句話說：『古今終始相待，而有無相待，則皆無矣。儻明此，則知所謂未有天地矣。』(7)呂注和向郭的注便不同了。向郭的思想特別強調物的自生自化，因爲物爲自生自化，物便是有，有旣爲自生，便不是由無而生。莊子所講自化，乃是就自然生化而言，自化卽是自然生化，而不是自有自化。莊子以萬物由道而來，便主張道在萬物。

又如莊子養生主篇的『安時而處順，哀樂不能入也。』莊子的意思是人爲養生，事事任其自然，由自然而和天地相通，忘却自我，以合於『道』；便可以沒有憂患快樂，保養精神。莊子注裡向秀或郭象的注解，則以安時處順，保持自我，旣有自我，則哀樂不能入了，『夫哀樂生於失得也；今玄通之士，無時而不安，無順而不處，冥然與造化爲一，則無往而非我矣，將何得何失，孰死孰生哉！故任其所受，而哀樂無所錯其間矣。』魏晉淸談之士，注意自我，不以我爲無，向秀郭象以自我得養，則哀樂不入。他們在注中又說明養生之主，在於冥極。冥極有什麼意思？『冥極者，任其至分而無豪銖之加。是故雖負萬鈞，苟當耳所能，則忽然不知重之在身；雖應萬機，泯然不覺事之在己；此養生之主也。』所謂冥極，是恰得其當，一分不多，一分不少。這種思想也不是莊子的原意；莊子以『吾生也有涯，而知也無涯』，不要在一生中去求知識，爲知識所累。

向郭注莊子，在莊子的文句中發揮自己的思想；和朱熹注四書相似。朱熹在四書的文句裡發揮他的理和氣哲學思想。

(乙) 儒道合一

魏晉南北朝時，在學者中流行一種趨勢，使儒道兩家的思想相合，又使佛道兩家的思想相合，更有使儒道佛三敎合一的人。向秀郭象的莊子注，顯示出儒道相合的趨勢。莊子的思想對於君臣都不重視，老子則可以視爲無政府無君的論者。漢朝的儒家曾主張提高君主的地位，但又主張君主無爲，宰輔有爲。魏晉的道家不能以老莊爲無君論者，向秀郭象在莊子注中常看重人君的地位和道德，在齊物篇堯要讓位給許由的一段注釋說：

『夫能令天下治，不治天下者也，故堯以不治治之，非治之而治者也。……故無行而不與百姓共者，亦無往而不爲天下君矣。以此爲君，若天之高，實君之德也。』(齊物篇注)

齊物篇說：『吾誰與爲親？汝皆說之乎？其有私焉。如是皆有臣妾乎？其臣妾不足以相治乎？其遞爲君臣乎？』

向郭注說：

『皆說之則是有所私也。有私則不能賅而存矣。故不說而自存，不爲而自生也。若皆私之，則志過其分，上下相冒，而莫爲臣妾矣。臣妾之才而不安臣妾之任則失矣。故知君臣上下手足外內，乃天理自然，豈眞人之所爲哉！夫臣妾者各皆其分耳，未爲不足以相治也。相治也者，若手足耳目四支百體，各有所司而更相御用也。夫時之所賢者爲君，才不應世者爲臣。若天之自高，地之自卑，首自在上、足自居下，豈有遞哉！雖無錯於當，而必自當也。』（齊物篇注）

以君臣上下，爲自然之理；將儒家君臣之分，加入道家自然的要求，老莊也承認有君臣天然之道。

老子曾主張棄智絕聖，莊子的書裡雖多有稱揚聖人的文句，然並不以老子的言爲不當；而且在胠篋篇說：

『由是觀之，善人不得聖人之道不立，跖不得聖人之道不行，天下之善人少而不善人多，則聖人之利天下也少而害天下也多。』

向秀郭象的莊子注說：

『信哉斯言，斯言雖信，而猶不可亡聖者，猶天下之知未能都亡，故須聖道以鎮之也。羣知不亡而獨亡聖知，則天下之害又多於有聖矣。然則有聖之害雖多，猶愈於亡聖之無治也。雖愈於亡聖，故未若都亡之無害也。』

莊子書中常有譏諷孔子的話，在天道篇和天運篇以老子教訓孔子，指責孔子所倡的仁義爲不道德。莊子注却說：

『此常人之所謂仁義者也，故寄孔老以正之。』

在天運篇孔子見老聃講論仁義之道，老聃責斥說道不可求。向秀郭象莊子注說：

『此皆寄孔老以明絕學之義也。』

念。莊子注把孔子老子相並提出，兩位夫子都是爲繼承先代的絕學，修正世俗人對仁義的觀念。莊子注且以仁義爲人之性，莊子的原意則以『古之明大道者，先明天而道德次之，道德已明而仁義次之，仁義已明而分守以之。……』仁義不是人性，乃是所謂聖人所設。莊子注說：

『夫仁義者，人之性也。人性有變，古今不同也。故遊寄而過，去則冥若無滯。而係於一方則見，見則僞生，僞生則責多矣。』(天運篇注)

人性隨時而變，也不是莊子的原有思想。莊子在天運篇說：『古之至人，假道於仁，託宿於義，以遊逍遙之虛。』莊子以至人用仁義作爲修身的外在方法，由仁義而進入虛無的境況。莊子注却說：『隨時而變，無常迹也。』又說：『有爲則非仁義。』把儒家的仁義，和道家的無爲相結合。老子所責斥孔子的事，不在乎孔子所講的仁義，而是在乎孔子去講仁義；仁義爲人性所有，自然而成；若有人宣講仁義，勸人實踐，則是以外面的東西加入人性，反而亂了人性。『外物加之雖小，而傷性大矣。』莊子的原意則是在於責斥孔子所講的仁義，以仁義爲性外之物。故老子對孔子說：『夫仁義憯然乃憤吾心，亂莫大焉。吾子使天下無失其朴，吾子亦放風而動，揔德而立矣。』

向秀在嵇康書中，有難養生論，論中的話，便是儒道合一。

『難曰：若夫節哀樂，和喜怒，適飲食，調寒暑，亦古人之所修也。至於絕五穀，去滋味，寡情欲，抑富貴，則未之敢許也。』（嵇中散集，卷四）

向秀讚成道家的養生論，不讚成道教的長生論。他以爲人在萬物中，所有的特點，在於有心有智。心和智有自然的要求，自然的要求，『好榮惡辱，好逸惡勞。』這是人求生的自然傾向。向秀便說：

『夫天地之大德曰生，聖人之大寶曰位。崇高莫大於富貴，然富貴，天地之情也。……又曰：富與貴是人之所欲也，但當求之以道。』（同上）

這是以易經和論語的思想作爲養生的基礎，嵇康爲道家，向秀却成爲儒家了。

『且生之爲樂，以恩愛相接，天理人倫，燕婉娛心，榮華悅志，服饗滋味以宣五情，納御聲色以達性氣，此天理自然，人之所宜，三王所不易也。今若舍聖軌而恃區種，離親棄歡，約己苦心，欲積塵露以望山海，恐此功在身後實不可冀也。』(同上)

以儒家之道爲聖軌，以道家之道爲區種，可見向秀的思想很看重孔孟之道。

(四) 道教的哲學思想

(1) 道教緣起

中國詩經書經記載古人信仰上天，也信仰上天下地的神祇。天子祭天地，諸侯祭境內的名山大川，庶民祭祖。同時朝廷和地方祭風雨雷電星辰等神明。到了春秋戰國，民間信仰多數神靈和鬼，遇事必卜筮問吉凶，祈禱鬼神賜福。孔子乃有『敬鬼神而遠之』的教訓。戰國末期齊國有方士和術士，講述長生之術。鄒衍宣傳陰陽五行，天人感應的思想，秦末漢初乃有一種齊學。

漢朝有讖緯的學說，緯書解釋或傳述經書，裡面夾有許多五行和神怪的思想。讖書預言國家大事，以天人感應爲依據。方士或術士更以靈芝仙草，延年益壽，又相信神仙，歷舉各處神山仙境。

漢朝易學爲象數易學，根據五行的思想，把卦爻配合一年的日數和節氣，又主張納甲納辰，以月的弦晦和星宿的方位配合卦爻。

道教因着這種種思想，乘着漢朝社會充滿讖緯迷信的信仰和求長生的慾望，乃興起民間。道家學者魏伯陽和葛洪集合漢易和五行的思想，建立了道教的教理。

道教的創始人爲張道陵。張道陵生於漢桓帝時（西元一四七年至一六七年），爲沛國豐邑人，少遊太學，博通五經。到了晚年，他聲言學得了長生術，能够用符水治病，信服的人捐獻五斗米，因此稱爲五斗米道。陵死後，他的兒子張衡，孫子張魯繼續傳道，張魯爲荆州太守劉焉的部下，後來自己獨立，據漢中三十多年。曹操覇權以後，想取漢中，張魯乃降於曹操。魯的兒子張盛居江西的龍虎山，以劍、印，都功籙傳給子孫，號天師。

在張道陵以前，有宮崇在順帝時，獻于吉的天書。天書名爲太平清領書，天書內容以陰陽五行爲宗，雜有巫覡一類的話，朝廷以這書爲妖妄不經，把書查收。桓帝時，襄楷又上這種書，稱爲神書。書爲靈帝時張角所得。角在漢末組織軍隊，宣傳『太平道』，信衆數十萬，遍布靑，徐、幽、冀、荆、揚、袞、豫，各州。但最後張角被誅，信徒多從張魯。

太平道和五斗米道性質相同，都以符咒治病，造義舍，供給旅客酒食。因看當時社會混亂，民遭饑荒，張角張魯都據有地盤，組織宗教軍隊，信徒因此很多。他們的軍隊雖然戰敗被殲滅，這種宗教信仰則已流傳於社會中，道敎乃能繼續存在。

但是在思想方面，最初的太平道和五斗米道都沒有深入的學理，僅祗有民間的迷信。敎理的建立則要等到道家的兩位學者，魏伯陽和葛洪，纔能成立，而葛洪的影響力更大。魏葛兩人屬於道敎的丹鼎派，不主張符咒治病。

(2) 魏伯陽的哲學思想

在講漢朝易學的一章中，已經講到魏伯陽，簡略地說了他的身世和在易學上的創見。魏伯陽爲漢朝易學的殿後人，把易經的象數學引入了道敎的煉丹術。

魏伯陽納甲的理論，以月亮的明晦作象徵，明爲甲，晦爲乙；明爲乾，晦爲坤；明爲陽，陰爲坤。在天象裡祗有月亮有變化，而月亮的變化是受日光的影響；因此月亮的變化，象徵陰陽的變化。陰陽的變化，爲氣的變化；陰陽兩氣來自元氣，元氣也週遊在宇宙之中。道教煉丹，爲延長人的壽命，人的壽命以元氣爲根基，金丹便要和元氣相配合。元氣週遊宇宙，以宇宙中陰陽兩氣的盛衰爲標準，因此煉丹便要以月亮的變化作標準。爲象徵陰陽的變化，易經以八卦作象徵，八卦的變化和月亮的變化便應該有關係，於是乃有納甲說，把八卦、四方、天干、和月亮的明晦，組成一圖，稱爲納甲圖。納甲圖就可以用爲煉丹的根據。

(A) 著作

魏伯陽所著的書，名爲參同契。清朝雍正年間道教弟子朱元育作參同契闡微，在卷首說：

『參同契者，東漢魏眞人伯陽所作。蓋以易道明丹道也。易道之要，不外一陰一陽；丹道之要，亦不外一陰一陽，一陰一陽合而成易，大道在其中矣。參者參任之參；同者，合同之同；契者，相契之契。書中分上中下三篇，篇中分御政養性伏食三家，必參互三家，使大易性情，黃老養性，爐火之事，合同爲一，方與盡性至命之大道相契，舉一端則三者全具其中。』(8)

所謂御政，『陳乾坤坎離之法象，隱然具君臣上下之規模，君主無爲，民主有爲，卽養性伏食兩道之所取則也。』(同上)

乾坤兩卦爲易經八卦和六十四卦的基礎和元素。乾爲父，坤爲母，坎爲中男，離爲中女。乾爲純陽，坤爲純陰，坎則陽居兩陰爻之中，離則陰居兩陽爻之中。乾坤坎離四卦若倒置，性質不變。因此漢朝易學者很看重這四卦。魏伯陽說：『乾坤者，易之門戶，衆卦之父母。坎離匡廓，運轂正軸。』(參同契，第一章) 乾坤爲純陽純陰，坎離則一陽一陰，象徵變化之道。魏伯陽把易經配合煉丹，『乾坤門戶，在丹道爲爐鼎，坎離匡廓，在丹道爲藥物，火候出其中矣。』(同上頁五)

六十四卦除去乾坤坎離，尙有六十卦。六十卦的爻數共爲三百六十爻，正應天的度數。日爲太陽，月爲太陰；陽數以五爲之，陰數以六爲中。兩六爲十二，配於月數；五乘六爲三十，配於一月的日數。每日配兩卦，一月配六十卦，由屯蒙到旣濟未濟。在一日中，屯卦有一陽在下，象徵早晨，蒙卦有一陰在下，象徵昏夜。屯蒙爲反對卦，實則一卦；因此晨昏本是一天，祇是倒置。一天爲一月的象徵，一月爲一年的象徵，於是在煉丹時，便有初爻進火在子時，初爻退火在午時。

『乾爲首，父天之象也；坤爲腹，母地之象也。震爲足，巽爲股，近乎地分，長男，長女之象也。艮爲手，兌爲口，近乎天分，少男小女之象也。坎爲耳，離爲目，運乎天地之中，獨當人位，中男中女之象也。……故學道之士，苟能啓吾之門戶，而乾坤鼎爐可得而識矣。能運吾之轂軸、而坎離藥物而可得而採矣。能鼓吾之橐籥，而六十卦之陽火陰符而可得而行持矣。所謂順之生人也，逆之則成丹也。』（同上頁十一）

人身配合天地，又配八卦，由八卦配天地四時四方所有的關係，配合人身各機官的關係，運氣呼吸和煉丹火候都有了學理的基礎。

（B）天地變化

天地的變化由陰陽相交結而成。魏伯陽以坎離象徵陰陽的交結；故稱坎離爲乾坤之用。

『坎離者，乾坤二用。二用無爻位，周流行六虛。……坎戊月精，離己日光。日月爲易，剛柔相當。』（同上，頁十二）

坎離象徵陰陽的變化，這種變化在天地之中，乃是日月。魏伯陽說：

『易者，象也，懸象著明，莫大乎日月。日含五行精，月受六律紀。五六三十度，度竟復更始。……晦至朔旦，震來受符。當斯之際，天地媾其精，日月相撢持。雄陽播玄施，雌陰化黃包。……經營養鄞鄂，凝神以成軀。衆夫蹈以出，蝡動莫不由。』(同上，頁十九)

朱元育解釋說：『日秉太陽火精，本體光明洞達，中間一點黑處，卽是太陰眞水，陽中藏陰，外白內黑，故取離象。月秉太陰水精，純黑無光，中間一點白處，卽是太陽眞火，陰中藏陽，外黑內白，故取坎象。……晦朔之交日月同宮，月在日下，日居月上，月體爲日所包。其半處之光，全向於天，其半邊之黑，全向於地。……吾身日光月精，互相滋化，而總歸於中宮，不動元神，一能兼兩，悉與造化同其功用。』(同上，頁二十三)

日月相交，萬物乃能化生。易經以天地相交，萬物化生；魏伯陽以日月相交乃生萬物。這種宇宙論思想，用之於煉丹，用之於養氣。參同契卷上第六章爲鍊己立基章，說爲煉己，應該『閉塞其兌，築固靈株。』(同上，頁四十四) 兌爲口，爲一身出入的門戶。人身生命係由元氣而來，因此應該閉塞門戶，不讓元氣漏失。性爲先天一點靈光，命爲先天一點祖炁。性爲陽，由乾入坎中；命爲陰，由坤入離中；坎離代表性命，由日月相交而來。

在煉丹時，以坎中的陽，爲水中之金，離中的陰爲眞水，水中之金爲先天丹母，金丹則爲金水兩竅之用。魏伯陽在卷上第十四章還丹法象說：

『以金爲隄防，水入乃優游。金數十有五，水數亦如之。臨爐定銖兩，五分水有餘。二者以爲金，金重如本初，其土遂不離。二者俱之俱，三物相含受。』（同上，頁八十六）

煉丹以金和水爲根本。『臨爐配合，仍舊是金水二物。但銖兩分數，纖毫不可差錯。眞水眞金，二者須要適均，不可太過，亦不可不及。故水止於五分，當防其有餘而泛濫，不可太過也。金亦須五分，當重如原初之銖兩不可不及也。』（同上，頁八十八）金水相合，以土爲基。坎離位居中央，與戊己相合。坎爲金，離爲水，在中央和土相合。煉丹以坤爲爐，以乾爲鼎，坎離交於黃房，養在坤爐之中。時節一到，大藥便成，乃由坤爐而入乾鼎，便凝成丹。

關於煉丹火候，應嚴加觀察，不能太猛，不能太弱，宜守適當熱度。魏伯陽在參同契第十四章論還丹法象說：

『炎火張於下，龍老聲正勤，始文使可修，終竟武乃成。候視加謹密，審察調寒溫。周旋十二節，節盡更須親。』（同上，頁八十七）

朱元育解釋說：『此中火候不可毫髮差殊。當用文而失之於猛，則火太炎矣。當用武而失之於弱，則火太冷矣。必相其寬猛之宜，調其寒溫之節，方能得中，故曰視候加謹密，審察調寒溫。子時從尾閭起火，應復卦一陽初動，是為天根。直至六陽純乎乾，動極而復靜矣。午時從泥丸退火，應姤卦一陰初靜，是為月窟。直至六陰純乎坤，靜極而復動矣。故曰周旋十二節，節盡須更親。』（同上，頁九十一）

(C) 長生術

魏伯陽的長生術，有兩種方術，一是金丹，稱為外丹，一是內丹，稱為養性。在參同契第二十章，性命歸元，說明若想養性，先要立命。性命同出一源，立命正所以養性。性是乾元，命是坤元，乾坤不能分離，性命也不能分。性為一靈廓徹，不往不來；命則有修不短。因此，要做養性工夫，必須從命宗下手。

性本是太虛，光光淨淨，原來沒有一物。當人在母胞成軀體時，乾元一點元精，和坤元相合，性乃和氣相依。爲立命養性，朱元育解釋性命歸元章說：『元神（性）爲君，安一點於竅內，來去總不出門，豈非性主處內，立置鄞鄂乎？精氣爲臣，嚴立隄防，前後左右，遏絕奸邪，豈非情主處外，築爲城廓乎？隄防旣固，主人優遊於密室之中，不動不搖、不驚不怖。故曰：城廓完全，人民乃安。始而處內之性，已足制情，旣而營外之情，自來歸性，賓主互參，君臣道合，此爲坎離交會，金丹初基，立命正所以養性也。』（同上，卷中、頁三十七）

這種立命養性方法，在學理上是以元氣和精氣作根基。元氣相當於性，精氣相當於命。又以坎離作法象，以金水爲用。但是在實踐上有兩方面的意義。一方面是道家的節情以養性，一方面是道教的呼吸內丹。

道家素以養神爲主，勿使情慾傷神。神在身內，情和外物相接。爲立命養性，人應嚴守隄防，勿使情慾傷神。

道家的呼吸內丹，以補充元氣爲術。魏伯陽在第六章鐘己立身說：

『內以養己，安靜虛無。原本隱明，內照形軀。閉塞其兌，築固靈株。三光陸沉，溫養子珠。視之不見，近而易求。黃中漸通理，潤澤達肌膚。初

正則終修，幹立未可持。一者以掩蔽，世人莫知之。』(同上，卷上，頁四十四)

元氣在人初生時，本來一點靈明，在身內照明人的形軀。使形軀生存，爲保元氣，應用胎息靜坐。命根在人腹內方寸之間，卽爲胎藏。呼吸天地元氣入胎藏，則『溫養子珠』，轉老還童，『潤澤達肌膚。』

(D)三道合一

參同契最後一章，名爲三道由一章，乃是全書結論。魏伯陽以易經老莊和煉丹雖爲三道，實則歸於一。又全書所論御政、養性、伏食，三道也歸於一，這種一，就是易經。

『大易情性，各如其度。黃老用究，較而可御。爐火之事，真有所據。三道由一，俱出徑路。枝莖花葉，果實垂布。正在根株，不失其素。』(同上，頁二十九，卷下)

魏伯陽所要提倡的事，乃是鼎爐煉丹。他假藉易經乾坤的思想，演爲坎離之用。再用八卦象徵月亮盈虛作納甲圖，顯示陰陽結合以及循環的原則。乃都用於煉丹。使煉丹的方術，能有哲理的根據。這一點也是漢末和魏晉間的趨勢，使儒道相結合。

(3) 葛洪的哲學思想

(甲) 傳記

在葛洪自著的抱朴子一書裡，有一篇自敍，等於一篇自傳。在晉書卷七十二，有葛洪傳，簡略不詳。根據這兩篇文據。可以略述葛洪的事蹟。

葛洪字稚川，自號抱朴子，丹陽句容人。生年約在西晉武帝咸寧四年（西元二七八年）晉武帝太康三年（西元三五九年）之間。葛洪的祖父，在吳國官至吏部尚書，封壽縣侯。父親仕吳，官拜太稽太守。他出生時，約當吳國滅亡後的一二年，他具有亡國的憂憤。且憤慨當時吳國有些人士，『無賴之子，白醉耳熱之后，結黨合羣，游不擇類。』（抱朴子，外篇卷二十五、疾謬）也悲嘆當時禮制淪喪，『喪亂以來，事物屢變，冠履衣服，袖袂財制，日月改易，無復一定。』（抱朴子，外篇卷二十六、譏惑）他自己不從俗，在自敍裡說：『洪其於守，常不隨世變，言則率實，杜絕嘲戲，不得其人，終日默然。故邦人咸稱之爲抱朴之士』。（抱朴子，外篇卷五十）葛洪『年十有三，而慈父見背，夙失庭訓，饑寒困瘁。』他在耕田時，向鄉里有書的人家借書，自己斬柴出賣，買紙筆寫字。『年十六，始讀孝經、論語、詩易。貧乏無以遠尋師友，孤陋寡聞，明淺思短，大義多所不通。』但是他這樣遇着書就看，看了經史百家和雜著，約近萬卷。『竟不成純儒，不中爲傳授之師。』

葛洪壯年讀書時，不喜歡河圖洛書，以及星相、算術、九宮、三棊、太一、飛符等書。晚年，他學了風角、望氣、三元、遁甲、六壬、太一的法術，也是『粗知其旨，又不研精。』

葛洪在壯年時，曾任將兵都尉，率兵破敗，紀律嚴肅。敗破後，投戈釋甲，想到洛陽讀書，那時，北方很亂，他返回來，隨着他父親的朋友廣州刺史嵇含到廣州做參軍。不幸嵇含還沒有上任便被殺了。葛洪便留在廣州，意志消沉，乃專心學道，登名山，服食養性，整理所作書籍，提倡金丹派道教。

葛洪學神仙之術，在抱朴子內篇卷內金丹篇有所述說：

> 『昔左元放於天柱山中精思，而神人授之金丹仙經，會漢末亂，不違合作，而避地來渡江東，志欲投名山以修斯道。余從祖仙公又從元放受之；凡受太清丹經三卷及九鼎丹經一卷金液丹經一卷。余師鄭君則余從祖仙公之弟

子也。又於從祖受之，而家貧無用買藥。余親事之灑掃，積久，乃於馬迹山中，立壇盟受之，並諸口訣訣之不書者。』

葛洪在這篇文章裡說，當他寫書時，距離學神仙術已經二十年。寫書時，他近『不惑之年』的四十歲。他學神仙之術便是在二十歲左右，所以他爲老師親事灑掃。在抱朴子卷十六黃白篇說他的老師鄭君曾從左慈受教，並在廬江銅山試作。葛洪後來又從南海太守鮑玄學道，玄收他作女婿。東晉建武中，洪被封關內侯，食句容之邑二百戶。十幾年後，約在五十歲後，留住廣州。晚年在羅浮山修道，卒時，年八十一歲。

葛洪的著述，有內篇二十卷，外篇五十卷，碑頌詩賦百卷，軍書檄移章表箋記三十卷，神仙傳十卷，隱逸傳十卷，然所謂卷，常祇有文章一篇。

(乙) 形上思想

葛洪仿老莊的思想，以宇宙有一最高實體爲根源，老莊稱這實體爲『道』，葛洪稱這實體爲『玄』，又稱爲『元』：

『抱朴子曰：玄者，自然之始祖，而萬殊之大宗也。眇昧乎其深也，故稱微焉；綿邈乎其遠也，故稱妙焉。』（抱朴子，內篇卷一、暢玄）

『自然』，在魏晉的道家思想中，代表宇宙的一切，有時且被舉在『道』以上。葛洪以『玄』爲『自然』的始祖，便是承認『玄』爲宇宙之元，相當於老莊之道。『玄』的特性，眇昧莫測，深微遠妙，來去無形，不能捉摸。『玄』包含乾坤，包含兩儀。『玄』爲氣，充塞宇宙。

『胞胎元一，範鑄兩儀。吐納大始，鼓冶億類，佪旋四七，匠成草昧。轡策靈機，吹噓四氣。』（同上）

『胞胎』、『吐納』、『鼓冶』、『佪旋』、『吹噓』，這些術語，常用爲說明氣的功用。葛洪用牠們來描寫『玄』的特性和功用，則是承認『玄』爲氣。『玄』相當於『道』，葛洪接受老莊的思想，他說：

『道者，涵乾括坤，其本無名。論其無，則影響猶爲有焉。論其有，則萬物猶爲無焉。……強名爲道，已失其眞。況復乃千割百判，億分萬析，使其姓號，至於無垠，去道遼遼，不亦遠哉！』（抱朴子，內篇第九、道意）

葛洪在自述篇稱自己爲儒者，他將易經的宇宙源起思想，混在道家裡，以『玄』和『道』包涵乾坤，產生兩儀，『玄』和『道』就相當於太極了。

葛洪的思想究竟和老莊以及易經，都不完全相同。老莊的『道』爲無形而至高的實體，稱爲無，由無而生有。葛洪的『玄』和『道』，已經是『有』。他在暢玄和道意兩篇裡，用各種文句，渲染『玄』和『道』的偉大，實際上則已表現道教的思想；因爲道教的思想貴有不貴無。

『玄』，胞胎元一，『元一』可以說是老子所說『道生一』的一，『元一』在兩儀以上，則又似乎是太極了。葛洪在地眞篇却以『元一』爲『眞一』。

『玄一之道，亦要法也。無所不辟，與眞一同功。吾內篇第一名之爲暢玄者，正以此守也，守玄一復易於守眞一。眞一有姓字，長短、服色、目。

玄一，但此見之，初求之於日中。所謂知白守黑，欲死不得者也。』（抱朴子，內篇，卷十八、地眞篇）

地眞篇所講，乃是修養長生之術。所謂元一，應是元氣；所謂精一，應是眞氣。人爲修養長生之術，應該保守精氣，以守元氣。魏時劉劭作人物志，其九徵篇中說：『凡有血氣者，莫不含元一以爲質，稟陰陽以立性，體五行而著形。』

葛洪把儒家、道家、道教的思想，混在一處。在根本上是道家的思想，在枝葉上是儒家的思想，在目標宗向上，則是道教。他在明本篇說：『或問儒道之先後，抱朴子曰：道者，儒之本；儒者，道之末也。』（抱朴子，內篇卷十、明本）說明儒道的先後，明本篇就滿篇充斥煉丹養生之術。

（丙）金丹·胎息

葛洪堅決地確定有神仙，又明瞭地肯定神仙可學而成。他作了神仙傳，想從歷史方面證明有神仙，『況列仙之人，盈乎竹素矣，不死之道，曷爲無之？』（抱朴子，內篇卷三、論仙）又在抱朴子一書裡詳述煉丹之術。

『抱朴子曰：天地之大德曰生，生好物者也，是以道家之所至秘而重者，莫過乎長生之方也。故血盟乃傳，傳非其人，戒在天罰。』（抱朴子，內篇卷十四、勤求）

葛洪以儒家易經的話，作爲求長生的理論基礎：『天地之大德曰生。』老莊則反對這種理論，葛洪反而延伸易經的話：『生，好物者也。』天地的大德旣在生生，天地便必愛惜生命，願加保存。道家（道敎）因此主張求長生，乃是適應天道。

求長生之術，在於煉丹養氣。葛洪說：

『抱朴子曰：服藥（金丹）雖爲長生之本，若能兼行氣者，其益甚速。若不能得藥，但行氣而盡其理者，亦得數百歲。然又宜知房中之術。所以爾者，不知陰陽之術，屢爲勞損，則行氣難得力也。』（抱朴子，內篇卷五、至理）

煉丹，養氣，輔以房中之術，可以使人養生而成仙。這中間的學理根據，在於保養人的元氣。人身有元氣，有精氣。元氣周遊宇宙，人在母胎得元氣而有生命，得精氣而有身體百官。精氣常常消耗，元氣亦常損失，人應以金丹固存元氣，以養氣補充元氣，生命乃能長久。葛洪說：

『夫人在氣中，氣在人中。自天地至於萬物，無不須氣以生者也。善行氣者，內以養身，外以却惡。』(同上)

陰陽之術，即是陰陽兩氣結合之道。男爲陽，女爲陰；男女房事，也應適合陰陽之理；以免多耗精氣。

道家的性命圭旨一書，講人的性命。

『夫學之大，莫大於性命。性命之說，不明於世久矣。何謂之性，元始其始，一靈炯炯是也。何謂之命，先天至精，一氣氤氳是也。……謂性者，神之始，神本於性，而性則未始神，神所以由以靈。命者，氣之始，氣本於命，則命則未始氣，氣所由以生。……故嘗論之，人在母腹，呼吸相含，是以母之性命爲性命，而非自爲性命，至於出胎，斷蔕而後，自爲性命，然亦非真常之性命也。必於自爲性命中，而養成乾元面目，露出一點真靈。形依神，形不壞，神依性，神不滅。知性而盡性，盡性而至命，乃所謂虛空本體，無有盡時。天地有壞，這箇不壞，而能重立性命，再造乾坤者也。』(9)

立命養性，爲魏伯陽的主張，後代道教都保守這種思想。性爲神，命爲形，神形結成人的身體。爲養性命，人在自己身體內下功夫。人身由氣而成，氣有元氣和精氣，人補充元氣，可以在身內再造性命，養老還童。

養老還童的第一法，爲金丹。葛洪說：

『夫金丹之爲物，燒之愈久，變化愈妙。黃金入火，百鍊不消，埋之畢天不朽。服此二物，鍊人身體，故能令人不老不死。此蓋假求於外物以自堅固，有如脂之養火而不可滅，銅青塗脚入水不腐。此是借銅之勁，以扞其肉也。金丹入身中，沾洽榮衛，非但銅青之外傳矣。』(抱朴子，內篇卷四、金丹)

葛洪列出九種仙丹：丹華、神符、神丹、還丹、餌丹、鍊丹、柔丹、伏丹、寒丹。第一種丹，神力最大，服後七日成仙，其餘八丹，服後百日成仙。服食金丹，丹能堅固元氣，永不減縮，又使精氣充溢，再不消耗。人便不需要飲食。

胎息養氣的方術，則是藉着呼吸，以天地的元氣來充實身內的元氣。天地的元氣吸入身內，能產生新的生命。葛洪敎胎息法，初學的人吸氣於鼻中，依數息而心中數一二三至一百二十，然後徐徐吐出。凡吸氣的量，應比吐氣的量爲多。吐氣時，自己的耳朶都聽不到聲音，拿一根鳥毛放在鼻孔，鳥毛不動。漸習漸漸加增心中所數的數字，可增至一千。吸氣須吸生氣，不吸死氣。半夜到日中，六時裡的氣爲生氣，日中到夜半，六時裡的氣爲死氣，死氣時，吸氣沒有益處。（抱朴子內篇，卷八、雜應）

葛洪在抱朴子一書的內篇二十章，詳細述說神仙之術，建立了道敎求長生的理論，又講述了求長仙的各種方法。他的這册書，爲道敎的基本文據。

（丁）政治思想

葛洪修長生之術，乃是晚年的事。他少年和壯年時，曾經做過官，率過兵；而且他自己常稱自己是儒家。抱朴子一書的外篇五十，或五十二，專論政治的得失，雖有無爲的思想，但對於政治和人品的評論，則依據儒家的思想。他批評道家說：

『道家之言，高則高矣，用之則弊，遼落迂濶，譬猶干將，不可以縫線，巨象不可使捕鼠。……若行其言，則當燔桎梏，墮囹圄，罷有司，滅刑書，鑄干戈，平城池，散府庫，毀符節。……汎然不繫，反乎天牧，不訓不營，相忘江湖，朝廷闃爾若無，人民則至死不往來。可得而論，難得而行也。』（抱朴子，外篇卷十四、用刑）

這種批評很正確。老莊的主張可說是無政府主義，也又是無文化的主義。實行這種主義等於沒有政治的設施，人都有回到初民的原始生活中去。既然講治國便不能由純粹消極的道家思想，應用積極治國的儒家思想。葛洪生當亂世，眼前人民流離失所的痛苦。這些痛苦的原因，在於沒有一個統一的仁道政府。

(A)　君　道

一位王儲在少時應當入學，預備後日繼位爲王。

『抱朴子曰：蓋聞帝之元儲，必入太學，承師問道。齒於國子者，以知為臣，然後可以為君。』（抱朴子，外篇卷四、崇教）

古來的聖人賢君，無不努力求學。因為求學，『所以淸澄性理，簸揚埃穢。……啓導聰明，飭染質素。……夫周公上聖而日讀百篇，仲尼天縱而韋編三絕，墨翟大賢載文盈車，仲舒命世，不窺園林。』這都是儒家的聖賢，老莊所不齒的人。葛洪稱他們為上聖，為賢人。

人君為政，先自正身。孔子在政治學上，非常强調正身以為政。葛洪說：

『君人者，必修諸己以先四海，去偏黨以平王道，遣私情以標至公，擬宇宙以籠萬殊。真偽既明於物外矣，而兼之以自見；聽受既聰於接來矣，而加之以自聞。』（抱朴子，外篇卷五、君道）

人君正身首在正心，去私心，守正義；然後自己要自見自聞。這不僅不是老莊的無為思想，也不是漢朝儒家所主張的人君無為而治。人君固然要知道任用賢臣，但並不是不聞不問，而應知道駕御衆材。『逡巡以延師友之才，尊重老叟以敦孝悌之行。是以淵蟠者仰赴，

山棲者俯集。』（同上）

(B) 臣節

人君須設臣下，爲治國民。唐虞聖君有股肱之臣，故能熙熙地國治民安。臣下對於人君，猶如手足，猶如形影，共同治國，有輔佐的才，有求治的心。對於人君，臣下應能直言，不怕冒犯人君。

『伏惟命者，偷容之尸素也；違令犯顏，蹇蹇匪躬者，安上之民翰也；先意承指者，佞諂之徒也；匡過弼違者，社稷之骾也。必將伏斧鑕而正諫，據鼎鑊而盡言，忠而見疑，諍而不得者，待放可也。』（抱朴子，外篇卷六、臣節。）

臣下骨格强硬，精神卓越，不阿附人君，敢於諫諍，則可爲國家的棟樑。阿附的臣下，則是『尸素』，『佞諂』之徒。

『抱朴子曰：人臣勳不弘則恥俸祿之虛厚也，績不茂則羞爵命之妄高

也。』（同上）

這是積極有爲主義，人君可以無爲，人臣則必須積極有爲；否則白吃國家的俸祿，於心有愧。然在臣下也不宜一個人獨攬大權，應當分功合作。

『抱朴子曰：臣職分則治，統廣則多滯。』（同上）

若是一個有非常之才，能統籌國家內外的大事，則可以自己專任。

『若乃才力絶倫，文武兼允，入有腹心之高算，出有折衝之遠略，雖事殷而益舉，兩循而俱濟，舍之則彝倫斁，委之而無其人者，兼之可也。』（同上）

君臣之道，君尊臣卑；雖因臣下爲人君的股肱，一體相依；然不能廢棄上下的禮規。

『臣喻股肱，則手足也，履冰執熱，不能辭焉。』（抱朴子，外篇卷六、臣節。）

『清玄剖而上浮，濁黃判而下沉，尊卑等威，於是乎著。往聖取諸兩漢，而君臣之道立；設官分職，而雍熙之化隆。』（抱朴子，外篇卷五、君道）

葛洪身居亂世，鑒於兩漢魏晉的歷史，臣下專橫，擅自廢立，他主張人君不宜被廢，周公伊尹攝政廢立的前例不足爲法。

『夫廢立之事，小順大逆，不可長也！…夫君，天也，父也。君而可廢，則天亦可改，父亦可易也。』（抱朴子，外篇卷七、良規）

兩漢以及魏晉攝政廢立的事，臣下多假藉周公伊尹的先例，以求自己的權勢。

『或輔翼少主，作威作福，……計在自利，未必爲國也。……方策所載，莫不尊君卑臣，強幹弱枝。春秋之義，天不可讎，大聖著經，資父事君。民生不三，奉之如一。而許廢立之事，開不道之端，下陵上替，難以訓

矣。』（同上）

君臣之分，爲儒家傳統的政治思想，因爲君主制度就建築在這種尊卑分等上。孔子所以重名分，君君，臣臣，父父，子子。東漢末年以及魏晉南北朝，君臣之道廢了，朝廷亂了，國家也就亂了。當時的戰爭，不是爭人民的利益，而是爭君主的王位。葛洪處在那個時代，他便强調君臣之分，恢復漢初的制度。

(C) 重　法

因處亂世，社會沒有法紀，葛洪乃主張重法重刑，以保人民的身家。在倫理道德上，應以仁德爲貴；在治國治民上，則以刑法爲要。

『抱朴子曰：莫不貴仁，而無能純仁以致治也。莫不賤刑，而無能廢刑以整民也。』（抱朴子，外篇卷十四、用刑）

孔子曾主張德治，不喜歡法治。儒家荀子則主張法治；因爲在戰國長期的亂世，不用刑法不能恢復社會治安。葛洪在漢末和魏晉長期的亂世，也看到不重刑不足以言治。

『咸云：明后御世，風向草偃，道洽化淳，安所用刑？余乃論之曰：夫德教者，黼黻之祭服也，刑罰者，捍辦之甲胄也。若德教施狡暴，猶以黼黻御剡鋒也。以刑罰施平世，是以甲胄升廟堂也。故仁者，養物之器；刑者，懲非之具。我欲利之，彼欲害之，加仁無悛，非刑不止；刑爲仁佐，於是可知也。』(同上)

『刑爲仁佐』，荀子也有這種思想，後代儒家的賢君良相，也用這種政策。若社會平定，人心向善，施行德治，必可收效。若社會亂離，狡猾之徒乘機爭權，則必用刑法，纔能懲罰罪惡，防止奸非。刑罰雖是惡事，實則是保全人民的工具。葛洪說：『仁者，爲政之脂粉；刑者，御世之轡策。脂粉非體中之至急，而轡策須臾不可無也。』(同上)

葛洪在書中描述當時的社會，禮教淪喪，士不好學。『世道多難，儒教淪喪。文武之軌將就凋墜。』(抱朴子，外篇卷三、勗學)『抱朴子曰：世故繼有，禮教漸頹，敬讓莫崇，傲慢成俗，儔類飲會，或蹲或踞。暑夏之月，露首袒體。』(抱朴子，外篇卷二十五、疾謬)社會既沒有禮教，風俗便敗壞，富者賭博好色，窮者流離失所。『王孫公子優游貴樂，婆娑綺紈之間，不知稼穡之艱難。』（抱朴子，外篇卷四、崇教）『盛務唯在□蒲彈棋，所論極於聲色之間。擧口不逾綺襦紈袴之側，游步不去勢利酒客之門。不聞淸談論道之言，專以醜辭嘲弄爲先。』（疾謬）淸談論道的話聽不到了，品藻人物的評論則仍舊喧嘍人口。品藻的標榜，以外貌爲主。葛洪加以批評：『夫貌望豐偉者不必賢，而形器尫瘁者不必愚，咆哮者不必勇，淳淡者不必怯。』（抱朴子，外篇卷二十一、淸鑒）他自己則按善惡的標準，描述各種人品：聖人、賢人、道人、孝人、仁人、忠人、明人、智人、達人、雅人、重人、淸人、義人、信人、文人、武人、儒人、益人、廉人、貞人、篤人、節人、辯人、謙人、順人、幹人、理人、術人、勇人、嚴人、藝人、黠人、勤人、勁人、審人、果人、謹人、良人、朴人。以上爲善人的品行。悖人、逆人、凶人、惡人、雪人、讒人、佞人、暴人、姦人、諂人、虛人、貪人、淫人、闇人、損人、劣人、弊人、邪人、悍人、怯人、淺人、頑人、惑人、薄人、妬人、客人、愚人、小人、迷人、奢人、荒人、嬾人、輕人、穢人、笨人、嚚人、蔽人、亂人、拙人、懕人、驕人、蕩人、叛人、僞人、刺人，以上爲惡人的品行。魏晉淸談喜品評人物，葛洪則按倫理道德描述善人惡人的品行，表現他對倫理道德的重視。當時的人，趨炎附勢，狂誕輕薄，酗酒好訟，崇尚門第。葛洪在書中譏刺這種風尚，擧出行善的表率。他的品評，乃有心於匡正世道人心。

葛洪抱朴子的思想，和他一生爲人的生活相合，他從少年就學習長生之術，晚年入山煉丹，然而青年壯年時曾做過官，出身又是仕宦之家。因此，他有儒家的治世思想，又有道教的出世思想。他在抱朴子內外篇，『內篇言神仙方藥，鬼怪變化，養生延年，禳邪却禍之事，屬道家。其外篇，言人間得失，世事臧否，屬儒家。』（抱朴子，外篇卷五十、自敍）葛洪自己聲明既是儒家之徒，又是道教術士。

結語

南北朝時，道教盛行南北，和佛教爭衡，所出經典，盡屬附會神說，傳授金丹長生之術。所引哲學思想，均不出陰陽五行。北魏寇謙之，爲傳揚道教最有力的人物。他所著的雲中音誦新科誡和籙圖眞經，全是服氣導引和金丹玉漿的秘法，沒有哲學思想。

道教到了唐代，不僅和儒佛鼎立，且因國姓和老子相同，更受尊崇。道教學者有孫思邈著千金方，司馬承禎著坐忘論，張志和著元眞子，羅隱著兩同書，譚峭著化書。在哲學上都遵循魏伯陽、葛洪的途徑。

道教的思想，乃是秦漢以來思想的結滙。秦末漢初，齊學興盛。齊學宣傳陰陽五行，求長生之術，崇拜神仙，影響了漢朝的思想。漢朝易學繼承齊學的陰陽五行學，加以讖緯的色彩。鄭玄注經，滲入五帝星官律歷的迷信。魏晉時學者反對漢學的趨勢，以老莊的思想，注解易經和論語，排斥讖緯的迷信，趨向儒道的結合。道教則接收齊學的陰陽五行，信仰神仙，講求長生；又接受漢易的卦氣說，以納甲解釋煉丹術，再則接受社會流傳的鬼神信仰，加以新傳來的佛教的禱告儀典。把這幾種成素，混合一起，以老莊的哲理觀念作爲形式，道教便構成一種宗教。在唐朝時，盛極一時，宋元以後仍能遍傳民間，和佛教信仰相連，成爲中國民間的宗教。但因道教缺乏哲學思想，在中國思想界沒有發生影響，僅對民間的宗教生活，成爲一種重要的成份。

註：

(1) 唐君毅中國哲學原論。原道篇三，頁九〇四、新亞書局民六十二年版。

(2) 中國思想通史第三卷，一九七五年版。頁一一七，『主要的術語爲意、象、言三者。我們不能以常識或近代語來比附這些用語。象指什麼呢？……不是自然的一般現象，乃是聖人擬諸天而立的特定形容，以達到所謂『兆見曰象』。……言又指什麼呢？如『言者尙其辭』……不是一般的名理，乃擬況於『象』的特種比喩，不屬於普通推理範圍之內，好像代數學裡的X。……最后，意指什麼呢？這決非哲學上本質之義，乃是聖人效法天地自然的樞機，存乎其人的一種秘密。」

(3)唐君毅中國哲學原論。原道篇三，頁八八六。

(4)中國思想通史。第三卷，頁一一八。

(5)中國思想通史。第三卷，頁一六二。

(6)中國思想通史。第三卷，頁二一〇——二一五。

(7)焦竑莊子翼，卷五

(8)朱元育參同契闡微，自由出版社。民五十七年。

(9)性命圭旨尹眞人門人著，自由出版社。頁八、九、十。